JN299908

ドイツ資本主義と空港

山田徹雄

日本経済評論社

目　次

序 …………………………………………………………………………………… 1

    1　問題意識　1
    2　先行研究　2
    3　キー・ワーズ　2

第1章　ドイツの空港 ……………………………………………… 7

    1　業界団体と空港　7
        1.1　ドイツ空港連盟の歴史　7
        1.2　ドイツ航空会社連盟　9
        1.3　ドイツ航空会社連盟と夜間飛行問題　12
    2　ドイツにおける「国際空港」　13
        2.1　国際空港の輸送実績比較　13
        2.2　国際空港の資本関係　17
    3　ドイツにおけるローカル空港　21
        3.1　ローカル空港の輸送実績　21
        3.2　ローカル空港の資本関係　23
    4　低運賃航空会社　25
        4.1　低運賃航空会社に関する用語法　25
        4.2　ヨーロッパのローコスト・キャリア　25
        4.3　LFAと業界団体　26
    5　小　括　29

第2章　フラポルト株式会社と空港　……………………… 35

- 1　フラポルト株式会社　35
  - 1.1　フラポルト株式会社の前史　35
  - 1.2　フラポルト株式会社の戦略　36
  - 1.3　フラポルト株式会社の資本関係　38
    - 1.3.1　フラポルト株式会社の株主　38
    - 1.3.2　フラポルト株式会社の子会社　42
  - 1.4　フラポルト株式会社の経営組織　44
- 2　フランクフルト・ライン／マイン空港　46
  - 2.1　世界の空港におけるフランクフルト・ライン／マイン空港の位置　46
  - 2.2　フランクフルト・ライン／マイン空港の基本情報　51
  - 2.3　フランクフルト・ライン／マイン空港の空間的輸送関係　51
- 3　フランクフルト・ハーン空港　53
  - 3.1　フランクフルト・ハーン空港の基本情報　53
  - 3.2　軍用空港から民間空港へ　53
  - 3.3　フランクフルト・ハーン空港の資本関係　55
  - 3.4　フランクフルト・ハーン空港と航空貨物　55
  - 3.5　フランクフルト・ハーン空港と旅客輸送　58
    - 3.5.1　フランクフルト・ハーンとライアンエア　60
    - 3.5.2　ライアンエア　63
- 4　ハノーファー空港　66
  - 4.1　ハノーファー空港の基本情報　66
  - 4.2　ハノーファー空港の歴史　67
  - 4.3　ハノーファー空港の空間的輸送関係　68
- 5　小　括　70

第3章　連邦政府と空港 ……………………………………………… 77

1　「ベルリン空港」 77

  1.1　ベルリン3空港の過去・現在・未来 77

    1.1.1　ベルリン3空港の歴史 77

    1.1.2　ベルリン3空港の現状 79

    1.1.3　ベルリン3空港の未来 81

  1.2　「ベルリン空港」の資本関係と会社組織 83

  1.3　ベルリン3空港における空間的輸送関係 84

  1.4　イージージェットとドイツ航空市場 88

    1.4.1　イージージェットの創立とビジネスモデル 88

    1.4.2　イージージェットのドイツ市場参入 91

      1.4.2.1　企業買収によるドイツ市場参入の試み 91

      1.4.2.2　ドイツ市場への本格的参入 93

      1.4.2.3　イージージェットの路線網拡大とシェーネフェルト空港 95

  1.5　エア・ベルリン 96

    1.5.1　エア・ベルリンの創立とビジネスモデル 96

    1.5.2　エア・ベルリンのネットワーク拡大 101

    1.5.3　エア・ベルリンの組織と資本関係 105

    1.5.4　エア・ベルリンの機材 108

2　ケルン／ボン空港 110

  2.1　ケルン／ボン空港の基本情報 110

  2.2　ケルン／ボン空港有限会社の資本関係 110

  2.3　ケルン／ボン空港の時系列分析 113

  2.4　ケルン／ボン空港の空間的輸送関係 120

    2.4.1　旅客輸送と地域連関 120

　　　　2.4.2　ケルン／ボン空港とローコスト・キャリア　123
　　　　　　2.4.2.1　ジャーマンウィングズとユーロウィングズ　124
　　　　　　2.4.2.2　ジャーマンウィングズ　125
　　　　　　2.4.2.3　ルフトハンザ・シティーライン　126
　　　　　　2.4.2.4　ハパークロイドおよびTUIフライ　131
　　　　2.4.3　貨物輸送と地域連関　132
　　　　2.4.4　インテグレーターとケルン／ボン空港　137
　3　ミュンヘン空港　139
　　3.1　ミュンヘン空港の基本情報と歴史　139
　　3.2　ミュンヘン空港設備の拡充　142
　　　　3.2.1　第2ターミナルの建設　142
　　　　3.2.2　ミュンヘン・エアポート・シティー　144
　　3.3　ミュンヘン空港の資本関係と経営組織　145
　　　　3.3.1　ミュンヘン空港の資本関係　145
　　　　3.3.2　ミュンヘン空港の経営組織　147
　　3.4　ミュンヘン空港の空間的輸送関係　148
　　　　3.4.1　旅客輸送と地域連関　150
　　　　3.4.2　貨物輸送と地域連関　154
　　3.5　ミュンヘン空港の展望　154
　4　小　　括　156

第4章　中部ドイツ空港株式会社と空港 ……………………… 167

　1　中部ドイツ空港株式会社　167
　　1.1　中部ドイツ空港株式会社コンツェルン　167
　2　ライプツィヒ／ハレ空港　170
　　2.1　ライプツィヒ／ハレ空港の基本情報と資本関係　170
　　2.2　ライプツィヒ／ハレ空港の歴史　172

  2.3　ライプツィヒ／ハレ空港再建期における輸送の定量把握　176

  2.4　ライプツィヒ／ハレ空港の空間的輸送関係　177

  2.5　ライプツィヒ／ハレ空港の展望　179

 3　ドレスデン空港　181

  3.1　ドレスデン空港の基本情報と資本関係　181

  3.2　ドレスデン空港の歴史　183

  3.3　ドレスデン空港の空間的輸送関係　187

  3.4　ツィルス航空　188

   3.4.1　ツィルス航空　188

   3.4.2　ツィルス航空定期便　190

 4　小　　括　191

第5章　コンソーシアムと空港　197

 1　ホッホティーフ・エアポート　197

  1.1　ホッホティーフ・エアポートの沿革　197

  1.2　HTAおよびHTACによる投資構造　198

  1.3　ホッホティーフ・グループの関与する空港の投資構造　200

 2　デュッセルドルフ国際空港　203

  2.1　デュッセルドルフ国際空港の基本情報　203

  2.2　デュッセルドルフ国際空港の騒音問題　205

   2.2.1　アンガーラントの和議とデュッセルドルフ空港　205

   2.2.2　デュッセルドルフ国際空港の現状　208

  2.3　デュッセルドルフ国際空港有限会社の資本関係　210

   2.3.1　デュッセルドルフ空港有限会社の子会社　210

   2.3.2　メンヒェングラードバッハ空港　210

   2.3.3　デュッセルドルフ空港有限会社の役員　212

  2.4　デュッセルドルフ国際空港の空間的輸送連関　212

3　もうひとつの「デュッセルドルフ空港」 214
          3．1　ヴィーツェ空港の基本情報と資本関係 215
              3．1．1　ヴィーツェ空港の基本情報 215
              3．1．2　ヴィーツェ空港の資本関係 216
          3．2　ヴィーツェ空港の沿革 217
          3．3　ヴィーツェ空港の空間的輸送関係 224
      4　ハンブルク空港 225
          4．1　ハンブルク空港の基本情報 225
          4．2　ハンブルク空港の沿革とHAM21計画 226
          4．3　ハンブルク空港有限会社の資本関係と会社役員 230
              4．3．1　ハンブルク空港有限会社の資本関係 230
              4．3．2　ハンブルク空港有限会社の役員 230
          4．4　ハンブルク空港の空間的輸送関係 230
      5　小　　括 235

第6章　州政府と空港 ……………………………………… 243

      1　ニュルンベルク空港 243
          1．1　ニュルンベルク空港の基本情報と沿革 243
              1．1．1　ニュルンベルク空港の基本情報 243
              1．1．2　ニュルンベルク空港の沿革 244
          1．2　ニュルンベルク空港有限会社の資本関係と会社組織 247
          1．3　ニュルンベルク空港の空間的輸送関係 249
      2　シュトゥットガルト空港 251
          2．1　シュトゥットガルト空港の基本情報と沿革 251
              2．1．1　シュトゥットガルト空港の基本情報 251
              2．1．2　シュトゥットガルト空港の沿革 252
          2．2　シュトゥットガルト空港有限会社の資本関係と会社役員

　　　　　　会　253

　　　2．3　シュトゥットガルト空港における空間的輸送関係　254

　3　小　　　括　258

第7章　地方自治体と空港 ……………………………………………… 263

　1　ドルトムント空港　263

　　　1．1　ドルトムント空港の基本情報と沿革　263

　　　1．2　ドルトムント空港有限会社の資本関係　266

　　　1．3　ドルトムント空港と空間的輸送関係　266

　　　1．4　ニーダーライン地方におけるドルトムント空港　267

　2　ミュンスター／オスナブリュック空港　270

　　　2．1　ミュンスター／オスナブリュック空港の基本情報と沿革　270

　　　2．2　ミュンスター／オスナブリュック空港有限会社の資本関
　　　　　　係　272

　　　2．3　ミュンスター／オスナブリュック空港の空間的輸送関係　275

　3　ブレーメン空港　275

　　　3．1　ブレーメン空港の基本情報と沿革　275

　　　3．2　ブレーメン空港の資本関係　278

　　　3．3　ブレーメン空港の空間的輸送関係　278

　4　小　　　括　280

第8章　周辺空港 ………………………………………………………… 283

　1　コペンハーゲン空港　283

　　　1．1　コペンハーゲン空港の基本情報と沿革　283

　　　　　1．1．1　コペンハーゲン空港の基本情報　283

　　　　　1．1．2　コペンハーゲン空港の沿革　284

　　　1．2　コペンハーゲン空港における経営　286

1.3　コペンハーゲン空港とSAS　292
　　　1.4　コペンハーゲン空港株式会社と国際的資本関係　296
　　　　　1.4.1　コペンハーゲン空港株式会社の株主構成　296
　　　　　1.4.2　親事業体とコペンハーゲン空港株式会社　302
　　　　　1.4.3　MApによる国際分散投資ポートフォリオ　305
　　　　　1.4.4　コペンハーゲン空港株式会社による海外空港投資　307
　　　1.5　コペンハーゲン空港と空間的輸送関係　311
　　2　ユーロエアポート　315
　　　2.1　ユーロエアポートの基本情報と沿革　315
　　　2.2　ユーロエアポートの管理組織　318
　　　2.3　ユーロエアポートの空間的輸送関係　318
　　　2.4　ストラスブール空港の空間的輸送関係　318
　　3　小　　括　322

結　　語 …………………………………………………………… 329

参考文献　333
引用空港一覧　359
引用エアライン一覧　372
あとがき　377

凡　例

1．引用する文献・資料が多言語にわたることから、欧文の文献・資料を再び引用する場合は、ラテン語表記によって示した。
2．ウェブ資料を引用する場合には、末尾にダウンロードした日、月、西暦年を記載した。記載する順序は、著者名、資料名、in interrete sub: サイト・アドレス、ダウンロード日月年である。
　（例）Air Berlin, Firmenprofil, in interrete sub: http://www.airberlin.com/site/abouthistory, 31. 10. 2007
3．空港、航空会社について記述する場合、原則として初出に際してIATA-Codeを示した。
　（例）ベルリン・テーゲル空港（IATA-Code: TXL）
4．地名は、原則として当該する国において使用される標準言語の発音に近い表記で記述したが、わが国において慣例として用いられてきた表記が一般化している場合には、これを尊重した。
　（例）コペンハーゲン、フィンランドなど。
5．ドイツ国境に接するオランダの地名表記は、地域における発音ではなく、オランダ語の標準的発音に準拠して記した。
　（例）Venloはフェンローではなくヴェンローとした。
6．フランス領「コルシカ」は、コルシカ方言ではなくフランス標準語表記で「コルス」とした。
7．空港における「乗り継ぎ」（transfer）と「通過」（transit）は、利用する資料において区別されずに記載されている事例が多数であることからいずれも「トランジット」として扱った。
8．研究書においては、巻末に索引をつけることが常識ではあるが、本書においては「引用空港一覧」、「引用エアライン一覧」を掲載するほうが有益であると考え、索引を省いた。

序

1　問題意識

　本書は、ドイツの空港を資本関係と空間的輸送関係に着目して分析する。時系列分析に関する記述は必要最低限に留め、横断面分析に重点を置いた。

　問題意識の根底には、19世紀におけるドイツの鉄道を通してみた「ドイツ資本主義」の空間的構成がある。19世紀ドイツの鉄道は、領邦による「国有化」がドイツの経済的分立のモメントとなり、また領邦間の競争を内包するものであったこと、また、空間的輸送関係が地域経済圏を基盤としていたことを、筆者はすでに指摘した[1]。

　この問題意識の延長の上に、21世紀の重要な交通インフラのひとつである空港について、以下の仮説を設定した。

(1) 空港によって地域の中心となる都市相互にネットワークが形成され、それが唯一のハブ空港を中心とするネットワークでなく、多角的輸送関係が形成されているのではないか。

(2) 地域の中心都市に置かれた空港には、州、地方自治体によるバックアップがあり、それによって空港の地域間競争が展開されているのではないか。

(3) 空港の集客範囲（Einzugsgebiet, catchment area）は、国境によって分断されることはないのではないか。

　以上の仮説を検証するために、ドイツにおける都市空港およびその周辺にあるいくつかの空港を分析対象とした。

　本書の構成は、暫定的に資本関係を基準とするが、この基準は絶対的ではない。

連邦政府が関与する空港においても、地域の公的資本がそれと同等以上に関与する事例がみられるからである。

さまざまな空港をリバース・エンジニアリングし、「ドイツ資本主義」の空間的構成を現代の視点から再検討することを、本書は目指している。

2　先行研究

ドイツにおける空港の発展史を記述した研究には、ドイツの民間空港の歴史を概観した研究[2]のほか、個別空港の発展史を記述した社史およびモノグラフは多数存在する。ベルリンの空港[3]、ブレーメン空港[4]、ドルトムント空港[5]、ドレスデン空港[6]、フランクフルト・ライン／マイン空港[7]、フランクフルト・ハーン空港[8]、ハンブルク空港[9]、ハノーファー空港[10]、ライプツィヒ／ハレ空港[11]、ミュンヘン空港[12]、ミュンスター／オスナブリュック空港[13]、ニュルンベルク空港[14]、シュトゥットガルト空港[15]など、それぞれの空港の成立と発展を概観する資料には事欠かない。

一方、空間的輸送関係という明確な問題意識をもった研究はほとんどない[16]。また民営化議論に立脚した空港の所有・経営に関するマクロ的研究は存在するが[17]、経営内資料に依拠して個別資本レベルまで立ち入った研究は従来ほとんどなされてこなかった。こうした事情に鑑み、本書においては、各空港によって公表された『営業報告書』、『報道発表』、『フライト・プラン』を分析する作業を通じて、仮説の検証を行った。本書の一部は、すでに発表した論文に依拠した個所もあるが、すべて統一的問題意識のもとで書き直した。

3　キー・ワーズ

各章の分析において、重要な概念となっているキー・ワーズを予め提示する。
第1章　キー・ワーズ

　　　ドイツ民間空港連盟（ADV）、ドイツ航空会社連盟（BDF）、ローコ

スト・キャリア（LCC）、ローフェア・エアライン（LFA）、ローコスト・エアポート（LCA）、ヨーロッパ低運賃航空会社協会（ELFAA）

第2章 キー・ワーズ

フラポルト株式会社、エアポートシティー、機関投資家、大陸間輸送、ライアンエア、もうひとつのフランクフルト空港、2地点間輸送（Punkt-zu-Punkt-Verkehr）

第3章 キー・ワーズ

イージージェット、インテグレーター、ベルリン／ブランデンブルク国際空港（BBI）、イージーブランド、一層式経営システム、UPS、FEDEX、ミュンヘン・エアポート・シティー、エアバスA380

第4章 キー・ワーズ

中部ドイツ空港株式会社、インターフルーク、信託公社、DHL、アエロ・ロジック（AeroLogic GmbH）、ツイルス航空

第5章 キー・ワーズ

ホッホティーフ・エアポート（HTA）、ホッホティーフ・エアポート・キャピタル（HTAC）、ブート（BOOT）、官民パートナーシップ、アンガーラントの和議、もうひとつのデュッセルドルフ空港、ニーダーライン商工会議所、エウレギオ、ライアンエア、ポーラールート、HAM21

第6章

ニュルンベルク空港有限会社、エア・ベルリン、シュトゥットガルト空港有限会社、バイエルン州、バーデン・ヴュルテンベルク州、TGV

第 7 章

> ドルトムント空港有限会社、ヴァルター航空（LGW）、ドルトムント市自治体企業株式会社（DSW21）、ミュンスター／オスナブリュック空港有限会社、ニュルンベルク経由便、ブレーメン空港有限会社、イージージェット、ライアンエア

第 8 章

> トランジット空港、エーアソン橋、ポーラールート、SAS、スターリン航空（Stering）、コペンハーゲン空港株式会社（CPH）、マッコーリー空港（MAp）、マッコーリー銀行（MBL）、LPT、ステイプルド・セキュリティー、空港の民営化、ユーロ空港、管理役会（Conseil d'administration, Verwaltungsrat）、ストラスブール空港

1）拙著『ドイツ資本主義と鉄道』日本経済評論社、2001年。
2）Treibel, Werner, *Geschichte der deutschen Verkehrsflughäfen*, Bonn, 1992.
3）Grenzdörfer, Joachim et al., *Berliner Flughäfen im Wandel*, Koblenz, 1990; Berliner Flughafengesellschaft mbH, *Gelandet in Berlin — Zur Geschichte der Berliner Flughäfen*, Berlin, 1974; von Przychowski, Hans, *Luftverkehr in Berlin — Die Flughäfen im Wandel der Zeit 1945-1996*, Berlin, 1996; idem, *Luftbrücken nach Berlin — Der alliierte Flugverlehr*, Berlin, 1996; Knode, Mareike, *Tempelhof — Das Fliegende Herz Berlins*, München et Berlin, 2005; Grenzdörfer, Joachim et al., *Geschichte der ostdeutschen Verkehrsflughäfen*, Bonn, 1997.
4）Spörer, Siegfried, *Airport Bremen*, Bremen, 1999; idem, *Bremen und sein Airport — Aufbruch in's Jahre 2000*, Bremen, 1988.
5）Högl, Günter, *Horizonte — Zur Wirtschafts- und Kulturgeschichte des westfälischen Luftverkehrs*, Essen, 2001.
6）Flughafen Dresden GmbH, *Flughafen Dresden — Geschichte und Gegenwart der Dresdener Luftfahrt*, Dresden, 2002.
7）Fraport AG, *80 Jahre Flughafen-Gesellschaft in Frankfurt 1924-2004*, Frankfurt a.M., 2004; Flughafen Frankfurt/Main AG, *60 Jahre Flughafen Frankfurt, 1936-1996*, Frankfurt a.M., 1996; Flughafen Frankfurt Main AG, *50 Jahre Flughafen Frankfurt*

1936-1986, Frankfurt a.M., 1986.
8） GDP: Aviaion in Kooperation mit Flughafen Frankfurt-Hahn GmbH, *Frankfurt-Hahn — Europe's Benchmark for Low-Cost Airport Operation*, Liverpool, 2005.
9） Flughafen Hamburg GmbH, *Vom Flugbahnhof zum Terminal — Flughafen Hamburg 1929-1999*, Hamburg, 1999; Aviatic Verlag GmbH, *90 Jahre Hamburg Airport 1911-2001*, Hamburg, 2001; Flughafen Hamburg GmbH, *Chronik Flughafen Hamburg 1911-1986*, Hamburg, 1986.
10） Tschörner, Thomas, *50 Jahre Flughafen Hannover*, Hannover/Langenhagen, 2002.
11） Hesse, Wolfgang et al., *70 Jahre Flughafen Leipzig Halle*, Leipzig, 1997; Edition Axe Menges, *Brunnert und Partner — Flughafen Leipzig/Halle*, Stuttgart et London, 2004.
12） Anspach, Ingo, *Wie im Flug — Die 50-jährige Geschichte der Flughafen München GmbH*, München, 1999; Flughafen München GmbH, *Flughafen München Perspektiven*, Planegg, 1993.
13） Flughafen Münster/Osnabrück GmbH, *Zurück in die Zukunft — 20 Jahre FMO*, Osnabrück, 1992.
14） Windsheimer, Bernd, *50 Jahre Airport Nürnberg 1995-2005*, Nürnberg, 2005.
15） Stadt Filderstadt und Geschichtswerkstatt Filderstadt, *Der Flughafen Stuttgart 1937-1992*, Filderstadt, 1992.
16） Rita, Csörgis, Der Flughafen Nürnberg und seine Entwicklung nach der Osterweiterung der Europäischen Union, Masterarbeit im Studiengang International Business der Friedrich-Alexander-Universität Erlangen-Nürnberg, 2006は、EUの東方拡大に伴う空港の輸送関係を扱った数少ない研究である。
17） Reiche, Dirk, *Privatisierung der internationalen Verkehrsflughäfen in Deutschland*, Wiesbaden, 1999; Wolf, Hartmut, Privatisierung der Flughäfen? Zu dem Rahmenbedingungen für eine effiziente Flughafenpolitik nach der Liberalisierung des EU-Luftverkehrs in: *Die Weltwirtschaft*, Heft 2, 1996; Deutsche Verkehrswissenschaftliche Gesellschaft, *Privatisierung deutscher Flughäfen*, Bergisch-Gladbach, 1996; Wolf, Hartmut, *Grundsatzfragen einer Flughafenprivatisierung in Deutschland*, Kiel, 1997, Bickenbach Frank et al., *Ausbau der Flughafeninfrastruktur*, Berlin et Heidelberg, 2005.

第1章　ドイツの空港

　第1章においては、ドイツの空港を取り巻く環境をとりあげる。具体的には、(1) 空港の業界団体の構成を発生史の視点から検討すること、(2) 航空会社の業界団体の空港に対する姿勢を明らかにすること、(3) ドイツの空港を序数的、基数的に格付けすること、(4) 空港の所有関係を概観すること、(5) ヨーロッパにおける低運賃航空会社の動向を明らかにすること、以上の視点を踏まえ、第2章以降において個別空港の分析を進める。

1　業界団体と空港

1.1　ドイツ空港連盟の歴史

　「ドイツ民間空港連盟」（Arbeitsgemeinschaft Deutscher Verkehrsflughäfen、略称ADV）は[1]、1947年にシュトゥットガルトに設立され、設立当初の構成員はブレーメン、エッセン、フランクフルト・アム・マイン、ハンブルク、ハノーファー、ケルン、マンハイム、ミュンヘン、シュトゥットガルトの各空港であった。その後、1950年までに、ニュルンベルク空港、ベルリン空港が加わった。
　ADVは1950年に、シュトゥットガルトに法人登記し、ドイツの諸空港の連邦レベルにおける公的法人としての機能を持つに至り、ドイツ連邦共和国における航空行政の審議機関としての役割を果たすようになった。定款に記された主要業務は、空港の共通利害を擁護すること、また、構成員の共通利害に関わるすべての法律と規程を準備し実施する際、連邦当局および州当局と協議することであった。このように業務を設定した結果、ADVの役割は空港の利益団体に留まらず、ドイツの空港全体の振興と発展に寄与することとなった。戦後期、ADVは航空

立地ドイツを建設するために、学術研究と教育活動を通じてとりわけ航空技術分野において貢献した[2]。

1955年、「航空高権」(Lufthoheit) がドイツ連邦共和国に返還されたことによって、ADVには別の課題が生じた。すなわち、国際的接触の義務、および経験に基づく情報交換（Erfahrungsaustausch）である。

1960年、ベルリン・テーゲル空港が操業を開始。ザールブリュッケン空港およびミュンスター／オスナブリュック空港も加わり、この時点においてドイツには13の空港が定期便を運行するに至った。国際定期便を持たないADVメンバー空港のために、ADV内部に「小規模空港・飛行場」研究グループ (Arbeitsgruppe Kleine Flughäfen und Flugplätze) が創られた。

1961年、オーストリア空港連盟 (Arbeitsgemeinschaft Österreichischer Flughäfen、略称AÖV) およびその傘下にあるグラーツ、インスブルック、クラーゲンフルト、リンツ、ザルツブルクの各空港は、ドイツ語圏にある空港がADVと問題意識を共有しているとの理由から、ADVの「賛助会員」(korrespondierende Mitglieder) となった。その後、バーゼル／ミュールーズ空港、チューリッヒ空港もADVの賛助会員となった。

1971年、「小規模空港・飛行場」研究グループを母体として、「ローカル民間空港・民間飛行場」(Regionale Verkehrsflughäfen und Verkehrsflugplätze) グループがADV内部に創られた。

このようにして、ドイツの空港は「国際空港」と「ローカル空港」の格付けがなされ、現在に至るまで続いている。

1990年、ドイツ再統一によってベルリン・シェーネフェルト、ドレスデン、エアフルト、ライプツィヒ／ハレおよび旧東独にある多くのローカル空港がADVに参加した。

2004年、フランクフルト・ハーン空港がADV理事会メンバーとなったことによって、ADVは29の国際民間空港、39のローカル民間空港・飛行場および2つの特別空港を数えるようになった[3]。

2005年、オーストリアのクラーゲンフルト空港がADVからの退会を通知した。一方、ジュネーヴ国際空港 (Aeroport International de Genève) が賛助会員と

して参加する申請をし、ADV はこれを受け入れた。

2007年、ドイツにおける ADV 会員空港は、国際民間空港が19、ローカル民間空港・民間飛行場が38である。10月の ADV 総会において、新たに5カ所のローカル空港を国際空港と認定した。すなわち、フリードリヒスハーフェン、カールスルーエ／バーデン・バーデン、リューベック、ニーダーライン、パーダーボルンの各空港である。ADV の報道発表は、このことを「ドイツにおける分散的空港構造の明確な認識」(ein klares Bekenntnis für das dezentrale Flughafensystem in Deutschland) と伝えた[4]。

これらの新たに認定された国際空港を、利用旅客数（2006年）から見ると以下の通りである。

パーダーボルン／リップシュタット	1,272,205人
カールスルーエ／バーデン・バーデン	835,843
リューベック	677,638
フリードリヒスハーフェン	657,749
ニーダーライン（ヴィーツェ）	585,403

これに次ぐ地位にあるローカル空港は、

アルテンブルク／ノーリツ	198,244
ロストック／ラーゲ	169,915
アウグスブルク	143,895

であり、上記5空港がローカル空港において並外れた旅客数を有していたことがわかる[5]。

1.2　ドイツ航空会社連盟

ドイツにおいて、空港による利益団体が誕生したのは、前述の通り第2次大戦後まもなくのことであったが、航空会社による利益団体である「ドイツ航空会社連盟」(Bundesverband der Deutschen Fluggesellschaften、略称 BDF) の前身である「ドイツ航空企業研究会」(Arbeitsgemeinschaft Deutscher Luftfahrtunternehmen、略称 ADL) がそれよりずっと遅れて誕生したことは、ドイツ航空界をナショナルフラッグ・キャリアであるルフトハンザが事実上独占していたか

らにほかならない。

1976年4月29日、ババリア／ジャーマンエア（Bavaria/Germanair）、ハパーク・ロイド（Hapag Lloyd）およびLTUによってADLが結成され、本部はボンに置かれた。まもなくADLの構成は、現在では存在しないアエロ・ロイド（Aero Lloyd）、現存するコンドル（Condor）、ババリア・ゲルマニアを受け継ぐゲルマニア（Germania）、後のハパークフライ（Hapagfly）であるハパーク・ロイド、LTUへと拡大し、その中心的活動を以下の点に求めた。

(1) チャーター航空会社と旅行代理店の関係を明確に規定するチャーター契約の枠組み作り
(2) 目的地となる国への交通権の確立とドイツ、ヨーロッパにおける空の自由化への戦い（当時はADLに参加していないルフトハンザを除けば、航空市場は定期便については完全に規制されていた）
(3) 航空会社の一層の透明化への戦い

以上、3点であった。

ヨーロッパにおける航空の自由化、特にいわゆるLCC（Low Cost Carrier）の出現によってチャーター便キャリアと定期便運行会社のビジネスモデルが、市場において多用な形態をとるようになった。

ADLが空港への関与を展開するようになり、ルフトハンザもADLの活動に関心を示すようになった。2003年6月、ADLの理事に加わったヨアヒム・フーノルト（Joachim Hunold）は、ADLを強化するためにルフトハンザを会員に加えるために尽力し、2005年、ADL会頭に就任すると同時にルフトハンザを正会員とした。

この年、ADLは本部をボンからベルリンへと移し、またその活動テーマを「空港、安全、環境」（Flughäfen, Sicherheit, Umwelt）とした。

このヨーロッパ・レベルのテーマを追求するために、ADLはヨーロッパ航空連盟（Association of European Airlines、略称AEA）、国際航空連盟（International Air Carrier Association、略称IACA）およびイギリス航空連盟（British Air Transport Association、略称BATA）と姉妹団体（Bruderverband）となり連携を強めた。また、ADLの名称を「ドイツ航空会社連盟」（BDF）と改め、

業界団体であることを明確化した[6]。

　現在、BDF に加盟している航空会社は、エア・ベルリン（Air Berlin）、コンドル（Condor）、ユーロウイングズ（Eurowings）およびジャーマンウイングズ（Germanwings）、ゲルマニア（Germania）、ハンブルク・インターナショナル（Hamburg International）、ルフトハンザ（Lufthansa）、TUI フライ（TUIfly）である。これらの航空企業の概略は以下の通りである[7]。

　エア・ベルリンは、1978年に設立され、ドイツで第2の航空会社である。その路線網には、国際的な大都市と休暇旅行の拠点およびドイツ国内線が含まれている。エア・ベルリン・グループはエア・ベルリン本体のほか、エア・ベルリンが24％出資するオーストリアのエアライン・ニキ（Airline NIKI）、49％出資するベルエア・スイス航空会社（Schweizer Fluggesellschaft Belair）、100％子会社dba ミュンヘン航空会社（Münchner Fluggesellschaft dba）、同じく100％子会社LTU デュッセルドルフ航空会社（Düsseldorfer Fluggesellschaft LTU）がある。

　コンドル航空サービス有限会社（Condor Flugdienst GmbH）には、トーマス・クック（Thomas Cook AG）が71.5％、ルフトハンザ（Deutsche Lufthansa AG）が24.9％を出資する。2004年に再編され、低価格のパック旅行商品（Full-Service-Produkt）を提供し、主に休暇旅行の拠点に航空機を飛ばしている。

　ルフトハンザが49％資本参加するユーロウイングズ航空輸送株式会社（Eurowings Luftverkehrs AG）は、1975年に設立されたニュルンベルク航空サービス（Airlines Nürnberger Flugdienst、略称NFD）と1976年に設立されたドルトムント・ローカル航空会社（Regionalfluggesellschaft in Dortmund、略称RFG）が1993年に合併することによって成立した。ルフトハンザの飛行プランの枠内で、ルフトハンザの要請に応じて運行しているが、ジャーマンウイングズとともにドイツを代表するノーフリルキャリア（Non Frills Airlines）である。

　ゲルマニア航空有限会社（Germania Fluggesellschaft mbH）は、1979年に設立された航空機リース会社で、所有する42機のうち、25機をウエットリース、17機をドライリースする事業を営む。

　ハンブルク・インターナショナルは、独立系のチャーター便航空会社である。チャーター顧客には、トーマス・クック、TUI、エガー・ツアーズ（Öger Tours）

などの旅行代理店が含まれている。

　ルフトハンザ・ドイツ航空株式会社（Deutsche Lufthansa AG）は、およそ400の系列企業からなるコンツェルンを形成し、コンツェルン総体としての従業員数は10万5,000人にのぼる。

　TUI フライは、2007年にハパーク・ロイド・エクスプレス（Hapag-Lloyd Express、略称 HLX）とハパーク・フライの統合によって成立した。ロンドンの TUI 旅行会社（TUI Travel PLC）の子会社であり、TUI 旅行会社には TUI 株式会社が資本参加している。

1.3　ドイツ航空会社連盟と夜間飛行問題

　BDF が現在取り組む最大の問題は、空港における夜間離着陸の禁止に関わるテーマである。2007年現在、ドイツの国際空港において、夜間離着陸を禁止しているのは、フランクフルト・ライン・マイン、デュッセルドルフ、ハンブルク、シュトゥットガルト、ブレーメン、ベルリン・テーゲル、ベルリン・シェーネフェルトの各空港であり、夜間離着陸が制限されているのは、ライプツィヒ／ハレ、ニュルンベルク、ミュンヘンの各空港である。特に滑走路の拡張問題を抱えるフランクフルト・ライン・マイン空港に関して、BDF は「フランクフルトと競争状態にあるアムステルダム、パリ、ロンドンなど、ドイツ以外のヨーロッパにある重要な航空ハブはすべて、経済的に必須である夜間飛行の営業を保証している」と指摘し、「ドイツは競争に乗り遅れるのではないか？」（Verschäft Deutschland den Wettbewerb?）と危機感をつのらせる[8]。

　2007年6月、ライプツィヒ市は2006年の夏期スケジュール以降、ライプツィヒ空港において23時30分から5時30分の離着陸を禁止する決定を行った。これに対して BDF は「航空立地ドイツにとって全く誤ったシグナル」（völlig falsches Signal für den Luftverkehrsstandort Deutschland）であるとして、強く反発した[9]。

　11月に連邦行政裁判所が、この決定を支持する決定を下したことに対して、BDF は直ちに報道発表し、「地元の眼鏡はあまりに曇っている」（Lokale Brille ist zu unscharf）、「旅行者の輸送がドイツを拠点として飛ぶべきか、それとも旅行者はドイツから連れていってもらうべきか、社会的、政治的に明らかにしなけ

ればならない。航空会社が拠点を構える国において本質的な価値創造がなされるのだ」、「ドイツは夜であっても、世界はとうに目覚めている」と述べ、国際競争におけるドイツの立ち遅れに懸念を示した[10]。

2　ドイツにおける「国際空港」

ドイツにおいて「国際空港」(internationale Flughäfen) というとき、公式には「ドイツ民間空港連盟」(Arbeitsgemeinschaft Deutscher Verkehrsflughäfen、以下、ADVと略記) の公式構成員空港をいう。ADVによって「国際空港」に認定されていない空港においても、「国際線」を運航させている空港も存在する[11]。したがって、ドイツの国際空港は、わが国における第1種空港と第2種空港をあわせたものと考えられる。ここにおいては、ドイツの国際空港についてその輸送規模と資本関係を確定し、その性格付けを行う。

2.1　国際空港の輸送実績比較

さしあたり、ドイツの空港が世界的視点においてどの程度の存在であるかを見る。年間の旅客数を表1-1から検討すると、フランクフルト・ライン／マイン空港が第8位にランクするほか、ミュンヘン空港が33位、デュッセルドルフ空港、ベルリン・テーゲル空港が100位以内に入っている。

貨物取扱量を基準とする表1-2では、フランクフルト・ライン／マイン空港が7位、ケルン／ボン空港が32位、ミュンヘン空港が89位である。100位には入らないものの、フランクフルト・ハーン空港が138位にランクされる。

次にドイツ国内の空港が、ドイツ再統一以降、どのように変化を遂げたのかを表1-3によって検討する。

ドイツの代表的空港とされるフランクフルト・ライン／マイン空港を基準として、国際空港間の序数的意義を検討する。ドイツ再統一以降、空港間の順位に変動が生じてきた。この間ミュンヘン空港がデュッセルドルフ空港に代わってフランクフルト空港に次ぐ地位を確保し、かつルフトハンザ・ドイツ航空の第二のハブとしてその地位を確定してきた[12]。ベルリンの3空港においては、「ベルリン・

表1-1 世界の空港におけるドイツの国際空港（旅客数基準、2005年）

世界の空港における順位	空港
8	フランクフルト・ライン／マイン
33	ミュンヘン
84	デュッセルドルフ
97	ベルリン・テーゲル
110	ハンブルク
121	ケルン／ボン
123	シュトゥットガルト
176	ハノーファー
191	ベルリン・シェーネフェルト
234	ニュルンベルク
276	フランクフルト・ハーン
324	ライプツィヒ／ハレ
348	ドレスデン
350	ブレーメン
352	ドルトムント
381	ミュンスター／オスナブリュック
565	フリードリヒスハーフェン
583	ベルリン・テンペルホフ

典拠：ADV, *Fluggastaufkommen der Weltflughäfen im Jahre 2005* et ACI, *Worldwide Airport Traffic Report 2005.*

表1-2 世界の空港におけるドイツの空港（貨物取り扱い重量基準、2005年）

世界の空港における順位	空港
7	フランクフルト・ライン／マイン
32	ケルン／ボン
89	ミュンヘン
138	フランクフルト・ハーン
179	デュッセルドルフ
233	ハンブルク
248	シュトゥットガルト
284	ベルリン・テーゲル
297	ハノーファー
324	ベルリン・シェーネフェルト
333	ライプツィヒ／ハレ
244	ニュルンベルク

典拠：ADV, *Cargoaufkommen der Weltflughäfen im Jahre 2005* et ACI, *Worldwide Airport Traffic Report.*

ブランデンブルク国際空港」構想によって、テーゲルからシェーネフェルトへの交替が開始したことが読み取れる[13]。ケルン／ボン空港は民間への転用によって、また首都移転に伴う政策的投資によって、その比重を高めつつある[14]。また、LCCによる戦略的空港として、フランクフルト・ハーンおよびドルトムントが国際空港としての地位を確保しつつある[15]。

次に、表1-4によって航空貨物について検討する。

航空貨物の輸送においては、長距離便が一般的であることから、フランクフルト・ライン／マインの優位性は揺るがない。フランクフルト空港以外では、旅客輸送における順位とは異なった特徴が見られる。ケルン／ボン空港、ハーン空港は航空貨物においては重要な拠点となっていることが確認できるであろう。

2006年において、ドイツの国際空港に離着陸した旅客は全体で、およそ1,200万人強であった。このうち、国内線利用者は29.2％、ヨーロッパ線利用者は51.9％、また非ヨーロッパ線利用者は18.8％である。ヨーロッパ線の旅客内訳は、EU内

表1-3　ドイツの国際空港における旅客数の相対比較

(各年度 Frankfurt Rhein/Main＝100)

2006年における国内順位	1991年	1996年	2001年	2006年
1　フランクフルト・ライン／マイン	100.0	100.0	100.0	100.0
2　ミュンヘン	38.8	40.5	48.6	58.9
3　デュッセルドルフ	40.7	37.5	31.7	31.5
4　ハンブルク	23.3	21.3	19.4	22.6
5　ベルリン・テーゲル	24.5	21.7	20.4	22.4
6　シュトゥットガルト	14.7	16.6	15.6	19.1
7　ケルン／ボン	11.2	14.2	11.7	18.5
8　ベルリン・シェーネフェルト	3.9	4.6	3.8	11.4
9　ハノーファー	10.3	11.3	10.5	10.7
10　ニュルンベルク	5.1	5.6	6.5	7.4
11　フランクフルト・ハーン				6.7
12　ライプツィヒ／ハレ	0.2	5.4	4.3	4.1
13　ドルトムント			2.2	3.8
14　ドレスデン	2.1	4.2	3.3	3.4
15　ブレーメン	3.7	4.0	3.7	3.2
16　ミュンスター／オスナブリュック	0.9	2.5	3.2	2.9
17　ベルリン・テンペルホフ	0.5	1.8	1.6	1.2
18　ザールブリュッケン	0.9	0.9	0.9	0.7
19　エアフルト		0.9	0.6	0.6

注：出発旅客数＋到着旅客数を基本データとし、トランジットは含まない。
典拠：ADV, *Verkehrsergebnisse der internationalen Flughäfen im Jahre 1991, 1996, 2001 et 2006*を基に算出。

が76.8％と圧倒的に多く、またシェンゲン協定国内の移動はヨーロッパ線の57.7％を占めていた[16]。

以下、表1-5～表1-7において、空港の相対的優位性を定量的に確定する。

表1-3と表1-5を比較すると、フランクフルト空港に対して他の空港の劣位という印象が一変する。ミュンヘン空港がフランクフルトを上回る旅客を吸引しているのみならず、他の空港においてもフランクフルト空港との格差が大幅に縮小する。ミュンヘン、ハンブルク、シュトゥットガルト、ドレスデン、ライプツィヒなどが地域の中心的交通拠点であることが明白である。また、ベルリンの3空港を合計すると、相対比率は113.3となり、フランクフルトを凌駕する。フランクフルト・ハーンのみ無視し得る値を示しているのは、アクセスの問題があるからであろう[17]。

EU線においても、フランクフルト空港と他の空港との格差は比較的小さい。

表1-4　ドイツの国際空港における航空貨物重量の相対比較

(各年度 Frankfurt Rhein/Main = 100)

2006年における国内順位	1991年	1996年	2001年	2006年
1　フランクフルト・ライン／マイン	100.0	100.0	100.0	100.0
2　ケルン／ボン	17.4	23.5	30.0	33.7
3　ミュンヘン	4.9	5.6	8.3	11.0
4　フランクフルト・ハーン				5.5
5　デュッセルドルフ	3.9	4.2	3.4	2.9
6　ハンブルク	3.5	2.6	1.7	1.5
7　ライプツィヒ／ハレ	0.1	0.1	0.4	1.2
8　シュトゥットガルト	1.3	1.3	1.0	0.9
9　ベルリン・テーゲル	1.2	1.2	0.8	0.6
10　ニュルンベルク	0.8	2.8	0.8	0.5
11　ハノーファー	1.2	0.8	0.3	0.2
12　エアフルト			0.0	0.1
13　ベルリン・シェーネフェルト	0.5	0.0	0.6	0.1
14　ブレーメン	0.2	0.1	0.1	0.0

注：到着航空貨物重量＋発送航空貨物重量を基に算出。トランジットは除く。また、郵便は含まない。
典拠：ADV, *Verkehrsergebnisse der internationalen Flughäfen im Jahre 1991, 1996, 2001 et 2006*を基に算出。

表1-5　国内線旅客数の比較（2006年）

(Frankfurt Rhein/Main = 100)

順位		相対比率
1	ミュンヘン	149.7
2	フランクフルト・ライン／マイン	100.0
3	ベルリン・テーゲル	89.2
4	ハンブルク	76.3
5	デュッセルドルフ	61.2
6	ケルン／ボン	54.8
7	シュトゥットガルト	48.7
8	ニュルンベルク	24.9
9	ベルリン・シェーネフェルト	22.0
10	ドレスデン	19.2
11	ハノーファー	17.6
12	ライプツィヒ／ハレ	13.3
13	ブレーメン	13.1
14	ミュンスター／オスナブリュック	7.1
15	ドルトムント	2.5
16	ベルリン・テンペルホフ	1.9
17	エアフルト	1.1
18	ザールブリュッケン	1.1
19	フランクフルト・ハーン	0.0

典拠：ADV, *Monatsstatistik*, Dezember 2006.

表1-6　EU線旅客数の比較（2006年）

(Frankfurt Rhein/Main = 100)

順位		相対比率
1	フランクフルト・ライン／マイン	100.0
2	ミュンヘン	77.7
3	デュッセルドルフ	41.9
4	ベルリン・テーゲル	26.9
5	ケルン／ボン	26.2
6	ハンブルク	25.7
7	シュトゥットガルト	25.7
8	フランクフルト・ハーン	24.4
9	ベルリン・シェーネフェルト	22.8
10	ハノーファー	13.8
11	ニュルンベルク	10.8
12	ドルトムント	8.6
13	ブレーメン	3.6
14	ライプツィヒ／ハレ	2.4
15	ミュンスター／オスナブリュック	2.2
16	ベルリン・テンペルホフ	1.2
17	ドレスデン	0.8
18	ザールブリュッケン	0.4
19	エアフルト	0.1

典拠：ADV, *Monatsstatistik*, Dezember 2006.

この中で、デュッセルドルフは、空港の順位が国内線よりも上位にある。ハーンは国内線において最下位であったが、EU線においては8位に位置し、ライン／マイン空港を十分に補完する役割を果たしている（表1-6参照）。

非ヨーロッパ線においては、フランクフルト・ライン／マイン空港の圧倒的優位性が確認された（表1-7参照）。これを補う位置にあるのがミュンヘン空港である。表1-3において、フランクフルト空港がドイツにおける主要空港とされるのは、インターコンチネンタル路線の運行に帰することができる。

表1-7 非ヨーロッパ線旅客数の比較（2006年）
（Frankfurt Rhein/Main = 100）

順位		相対比率
1	フランクフルト・ライン／マイン	100.0
2	ミュンヘン	21.8
3	デュッセルドルフ	8.1
4	シュトゥットガルト	2.5
5	ハンブルク	1.8
6	ニュルンベルク	1.6
7	ベルリン・テーゲル	1.4
8	ベルリン・シェーネフェルト	1.2
9	ケルン／ボン	1.0
10	ハノーファー	0.7
11	ライプツィヒ／ハレ	0.6
12	ドレスデン	0.0
13	エアフルト	0.0
14	ザールブリュッケン	0.0
15	ミュンスター／オスナブリュック	0.0
16	フランクフルト・ハーン	0.0
17	ベルリン・テンペルホフ	0.0

注：Bremen, Dortmundは、非ヨーロッパ線の運行はなし。
典拠：ADV, *Monatsstatistik*, Dezember 2006.

2.2 国際空港の資本関係

ドイツにおける空港民営化の議論は、所有と経営を指標として展開されてきた[18]。このような伝統的な論点にリスク管理の視点を加えて、空港を類型化したのがライヘ（Dirk Reiche）である。以下、ライヘの視角に立ち、1990年代中葉におけるドイツの国際空港状況を概観する[19]。

ライヘの類型を簡略化すると、表1-8のように記すことができる。

このような類型設定をした上で、1996年時点におけるドイツの国際空港を、類型3に分類し、唯一デュッセルドルフ空港のみを類型4と確定した。その根拠となるADVによるデータは、表1-9である。

ライヘが空港の類型モデルを提示して以降、およそ10年間にドイツの空港における資本関係がどのような変化を遂げたかが表1-9、表1-10を比較することによって明らかとなる。その変化とは、

表1-8 空港の類型モデル

	所　有	経　営	リスク管理
類型1	公的所有（連邦、州）	政府官庁	公的管理
類型2	分権的公的機関（州、都市など）	分権的公的機関（州、都市など）	公的管理
類型3	公的所有	民間経営	損失補填による間接的に公的管理
類型4	公的所有と民間所有	民間経営	公的および民間管理
類型5	民間所有	民間、競争的目標設定	民間管理

典拠：Reiche, Dirk, *Privatisierung der internationalen Verkehrsflughäfen in Deutschland*, Wiesbaden, 1999, p. 12.

(1) 新たにドルトムント、エアフルト、ハーン、ケルン／ボンが国際空港として ADV から認定され、国内の国際空港は14から17へと増加したこと（ただし、ベルリンの3空港は経営主体が単独であることから、1空港とカウントする）。

(2) フランクフルト・ライン／マイン、ハンブルクの2空港において、連邦政府がその持分を手放したこと。

(3) 全体として、ライヘのいう類型3から類型4への移行がなされ、民間経営を実現するために株式会社（フランクフルト・ライン／マイン空港）または有限会社（その他の空港）が経営主体となったこと。

(4) ライプツィヒ／ハレ、ドレスデン空港持分の90％以上を有する中部ドイツ空港株式会社が設立されたこと。このことは、一見すると、民間による持分支配の印象を与えるが、中部ドイツ空港株式会社の資本構成が

　　ザクセン州　　　　　　67.1％
　　ザクセン・アンハルト州　13.6％
　　ライプツィヒ市　　　　　8％
　　ドレスデン市　　　　　　6.2％
　　ハレ市　　　　　　　　　5.2％

である点を考慮すると[20]、州政府の持分が迂回的に実現されていると評価できる。第2章以下においては、これらの国際空港を

(1) フラポルト株式会社の関与するフランクフルト・ライン／マイン空港、フランクフルト・ハーン空港、ハノーファー空港（第2章）

表1-9　ドイツの国際空港の所有構造（1996年）

	所有比率（%）	所有者
Berlin	37.0	Stadt Berlin
	37.0	Brandenburg
	26.0	Bundesrepublik Deutschland
Bremen	100.0	Freie und Hansestadt Bremen
Dresden	69.9	Freistaat Sachsen
	25.1	Stadt Dresden
	5.0	Landkreis Meißen/Radebeul
Düsseldorf	50.0	Stadt Düsseldorf
	50.0	Hochtief/Aer Rianta
Frankfurt/Main	45.24	Hessen
	28.89	Stadtwerke Frankfurt
	25.87	Bundesrepublik Deutschland
Hamburg	64.0	Freie und Hansestadt Hamburg
	26.0	Bundesrepublik Deutschland
	10.0	Schleswig-Holstein
Hannover	50.0	Stadt Hannover
	50.0	Niedersachsen
Leipzig/Halle	54.0	Freistaat Sachsen
	17.8	Sachsen-Anhalt
	15.0	Stadt Leipzig
	7.3	Stadt Halle
	3.5	Landkreis Leipziger Land
	2.0	Landkreis Delitzsch
	0.4	Stadt Schkeuditz
München	51.0	Freistaat Bayern
	26.0	Bundesrepublik Deutschland
	23.0	Stadt München
Münster/Osnabrück	35.22	Stadtwerke Münster
	30.42	Kreis Steinfurt
	17.28	Stadtwerke Osnabrück
	5.92	Verkersgesellschaft Stadt Greven
	5.10	Landkreis Osnabrück
	6.06	Sonstige
Nürnberg	50.0	Stadt Nürnberg
	50.0	Freistaat Bayern
Saarbrücken	100.0	Saarland
Stuttgart	50.0	Stadt Stuttgart
	50.0	Baden Württemberg

典拠：ADV, *Stamm- und Grundkapital der Flughäfen*, 1996.

表1-10　ドイツにおける国際空港の所有構造（2007年10月現在）

空　港	空港企業	出資者	比率（%）
Berlin	Flughafen Berlin-Schönefeld GmbH/Berliner Flughafen GmbH	Land Berlin Land Brandenburg BR Deutschland	37.0 37.0 26.0
Bremen	Flughafen Bremen GmbH	Hansestadt Bremen	100.0
Dortmund	Flughafen Dortmund GmbH	Dortmunder Stadtwerke Stadt Dortmund	74.0 26.0
Dresden	Flughafen Dresden GmbH	MDF AG Freistaat Sachsen Landkreis Meißen Landkreis Kamenz	94.0 4.3 0.8 0.8
Düsseldorf	Flughafen Düsseldorf GmbH	Airport Partners GmbH Stadtwerke Düsseldorf, Gesellschaft für Beteiligungen mbH	50.0 50.0
Erfurt	Flughafen Erfurt GmbH	Land Thüringen Stadt Erfurt	95.0 5.0
Frankfurt	Fraport AG	Land Hessen Stadt Frankfurt a.M. Deutsche Lufthansa AG Julius Bär Gruppe Streubesitz Capital Group Artisan Partners	31.62 20.19 9.96 5.10 24.55 4.70 3.88
Hahn	Flughafen Frankfurt-Hahn GmbH	Land Rheinland-Pfalz Land Hessen Fraport AG und Nord LB	17.5 17.5 65.0
Hamburg	Flughafen Hamburg GmbH	Airport Partners GmbH Freie und Hansestadt Hamburg	49.0 51.0
Hannover	Flughafen Hannover-Langenhagen GmbH	Hannoversche Beteiligungs GmbH Stadt Hannover Fraport AG und Nord LB	35.0 35.0 30.0
Köln/Bonn	Flughafen Köln/Bonn GmbH	BR Deutschland Land Nordrhein-Westfalen Stadt Köln Stadt Bonn Rhein-Sieg-Kreis Rheinisch Bergischer Kreis	30.9 30.9 31.1 6.1 0.6 0.4
Leipzig/Halle	Flughafen Leipzig/Halle GmbH	MDF AG Freistaat Sachsen Lkr. Delitzsch Lkr. Leipziger Land Stadt Schkeuditz	94.0 4.6 0.5 0.5 0.4
München	Flughafen München GmbH	BR Deutschland Freistaat Bayern Stadt München	26.0 51.0 23.0
Münster/Osnabrück	Flughafen Münster/Osnabrück GmbH	Stadt Werke Münster Kreis Steinfurt Stadtwerke Osnabrück GmbH Verkehrsges. Lkr. Osnabrück Verkehrsges. Stadt Greven Sonstige	35.2 30.4 17.3 7.2 5.9 4.0
Nürnberg	Flughafen Nürnberg GmbH	Freistaat Bayern Stadt Nürnberg	50.0 50.0
Saarbrücken	Flughafen Saarbrücken Betriebsges. mbH	Flughafen Saarbrücken Besitzges. MbH Stadt Saarbrücken	99.0 1.0
Stuttgart	Flughfen Stuttgart GmbH	Land Baden-Württemberg Stadt Stuttgart	50.0 50.0

典拠：ADV, *Gesellschafter und Beteiligungsverhältnisse-internationale Verkehrsflughäfen*, 2007.

(2) 連邦政府の関与するベルリン3空港、ケルン／ボン空港、ミュンヘン空港（第3章）
(3) 中部ドイツ空港有限会社の関与するドレスデン、ライプツィヒ／ハレ空港（第4章）
(4) 民間資本が最も関与するデュッセルドルフ、ハンブルク空港（第5章）
(5) 州政府の関与が大であるニュルンベルク、シュトゥットガルト空港（第6章）
(6) 地方自治体による積極的関与が見られるブレーメン、ドルトムント、ミュンスター／オスナブリュック空港（第7章）

に分類して検討を加え、

(7) ドイツ周辺に位置するコペンハーゲン空港およびユーロエアポート（ミュールーズ／バーゼル／フライブルク空港）と比較し（第8章）、ドイツの空港の地帯構造を明らかにする。

3　ドイツにおけるローカル空港

3.1　ローカル空港の輸送実績

すでに、ドイツ空港連盟の項において指摘したように、パーダーボルン／リップシュタット、カールスルーエ／バーデン・バーデン、リューベック、フリードリヒスハーフェン、ニーダーラインの各空港が2007年より国際空港に移行した。これらの空港はいずれも定期便に加えてチャーター便を運行しているところに共通点がある。それ以外のローカル空港においても、定期便を運行するアルテンブルク・ノーリッツ、ロストック・ラーゲは年間利用者が10万人を超えている（表1-11参照。なお、同表においてジェネラルアビエーションとは、航空運送事業以外の目的で飛行を行う場合をいい、わが国では、ジェネアビと言われている）。

表1-11　ドイツにおけるローカル空港の輸送実績（2006年）

空　港	交通種類 L（定期便） P（チャーター便） AL（ジェネラルアビエーション）	旅客人数	航空貨物（t）
Altenburg-Noritz	L, AL	198,244	10.4
Augsburg	P, AL	143,895	5.0
Barth	AL	11,641	
Bayreuth	AL	6,689	
Braunschweig	L, P, AL	97,560	24.3
Chemnitz/Jahnsdorf	AL	1,492	
Cottbus-Drewitz	AL	9,415	
Cottbus-Neuhausen	AL	5,712	
Egelsbach	AL	95,304	
Eisenach-Kindel	AL	14,566	
Essen/Mühlheim	AL	33,414	
Friedrichshafen	L, P, AL	657,749	3.1
Gera	AL	40,819	
Heringsdorf	L, P, AL	31,051	
Hof-Plauen	L, P, AL	34,976	2.1
Jena-Schöngleina	AL	13,841	
Karlsruhe/Baden-Baden	L, P, AL	835,843	537.2
Kassel	AL	22,748	
Kiel	L, AL	30,528	0.8
Lahr	P, AL	25,483	
Lübeck	L, P, AL	677,638	
Magdeburg	AL	31,675	
Memmingen	P, AL	4,715	
Mönchengladbach	AL	31,274	5.6
Neubrandenburg	L, AL	15,183	2,343.8
Niederrhein	L, P, AL	585,403	
Paderborn/Lippstadt	L, P, AL	1,272,205	81.0
Passau-Vilshofen	AL	15,826	
Rostock-Laage	L, P, AL	169,915	394.2
Schwerin-Parchim	P, AL	3,172	
Siegerland	AL	32,070	
Speyer/Ludwigshafen	AL	53,825	
Stendal-Borstel	AL	33,043	
Strausberg	AL	38,684	
Welzow	AL	9,672	
Zweibrücken	P, AL	39,296	1,026.6

典拠：ADV, *Regionale Verkehrsflughäfen und Verkehrslandeplätze in der ADV*, 2007.

3.2 ローカル空港の資本関係

　ローカル空港・飛行場および特別空港の資本関係を示したのが表1-12である。国際空港に対して連邦政府、州、大都市が資本参加していた状況を地域化したのがローカル空港の状況である。

　州政府の関与はブラウンシュヴァイク、エッセン／ミュールハイム、フリードリヒスハーフェン、カッセル、キール、パッサウ・フィルスホーフェン、ツヴァイブリュッケンの7空港に限られている。全体としては、郡、ゲマインデなど地方自治体もしくは自治体企業による出資が多く見られ、特にゲマインデ・レベルによる資本参加が最も多い。こうした公的部門による関与と同程度に民間企業による出資が行われ、公私混合形態が主流といえる。商工会議所による出資はアルテンブルク・ノーリツ、ビーレフェルト、フリードリヒスハーフェン、パーダーボルン／リップシュタット、シュパイアー／ルードヴィヒスハーフェンに見られる。

　アウグスブルク空港は、アウグスブルク市が全額出資する「アウグスブルク空港有限会社」によって所有され、経営は「ミュンヘン空港有限会社」が50％出資する「アウグスブルク空港経営有限会社」によって担われている。カールスルーエ／バーデン・バーデン空港に過半数の持分を有する企業は「バーデン・エアパーク有限会社」（Baden-Airpark GmbH）であり、後者には「シュトゥットガルト空港有限会社」が66.7％、「バーデン・エアパーク持分参加有限会社」（Baden-Airpark Beteiligungs GmbH）が33.3％資本参加する。同様にメンヘングラードバッハ空港に70％参加する企業とは、デュッセルドルフ空港有限会社である。したがって、これら3空港は近隣にある大空港の傘下にある[21]。

　特別空港の範疇にあるハンブルク・フィンケンヴェルダー空港を所有するのは「ドイツエアバス有限会社」（Airbus Deutschland GmbH）であり、オーバーファッフェンホーフェン空港はEDMO航空経営有限会社（EDMO Flugbetrieb GmbH）が所有する。なお、バイロイト空港は「都市直轄経営」（Städtischer Regiebetrieb）であるため、会社形態をとっていない[22]。

表1-12 ローカル空港・飛行場、特別空港の持分参加比率（2006年11月現在）

空港	経営形態	州（％）	郡（％）	都市、ゲマインデ（％）	地方自治体企業（％）	商工会議所（％）	企業（％）	民間団体（％）	その他（％）
Altenburg-Nobitz	GmbH		69	29		2			
Augsburg									
Flug.GmbH	GmbH			100					
Betr.ges.mbH	GmbH		10	25			50		
Bayreuth									
Bielefeld	GmbH			25.2		0.5	54.1	20.2	
Braunschweig	GmbH	17.8	4	60.4			17.8		
Chemnitz/Jahnsdorf	GmbH		48	52					
Cottbus-Drewitz	GmbH		62.5	27.5				10.0	
Cottbus-Neuhausen	GmbH			20	80				
Egelsbach	GmbH		40	20	40				
Eisenach-Kindel	GmbH		54	36					10
Essen/Mühlheim	GmbH	33.3		66.7					
Friedrichshafen	GmbH	17.39	20.10	20.10	7.86	4.80	29.75		
Gera	GmbH			100					
Hamburg-Finkenwerder							100		
Heringsdorf	GmbH		100						
Hof-Plauen	GmbH		40	40			20		
Jena-Schöngleina	GmbH		37	37			26		
Karlsruhe/Baden-Baden	GmbH						66.7		33.3
Kassel	GmbH	50	16.7	33.3					
Kiel	GmbH	55		45					
Lahr	GmbH						100		
Lübeck	GmbH			10.0			90.0		
Magdeburg	GmbH			100					
Marl-Loemühle	GmbH			0.8			99.2		
Memmingen	GmbH & Co.KG						97.87	2.13	
Meschede	GmbH		100						
Mönchengladbach	GmbH			0.01	29.96		70.03		
Neubrandenburg	GmbH		31.4	56.3	12.3				
Niederrhein	GmbH		0.04	0.03			99.93		
Oberpfaffenhofen	GmbH						100		
Paderborn/Lippstadt	GmbH		92.1	5.9		2.0			
Passau-Vilshofen		60	40						
Rostock-Laage	GmbH		35.6	64.4					
Schwerin-Parchim	GmbH		100						
Siegerland	GmbH		88.7	3.3			6.5	1.5	
Speyer/Ludwigshafen	GmbH			6.3	12.6	51.0	23.8		6.3
Stendal-Borstel	GmbH		55	40				5	
Stralsund-Barth	GmbH		25	75					
Strausberg	GmbH			100					
Welzow	GmbH		16	33	6		45		
Zweibrücken	GmbH	25.5		25.5			49		

典拠：ADV, *Beteiligungsverhältnisse-regionale Verkehrsflughäfen und Landeplätze*, 2006.

4 低運賃航空会社

4.1 低運賃航空会社に関する用語法

　低運賃を標榜する航空会社についてドイツでは、Low-Cost Airlines, Discount-Flieger, Billigfluglinien, no frills Airlines などさまざまな名称が使われてきた[23]。
　英語でしばしば用いられる Low Cost Carrier（LCC）など、コスト削減に重点が置かれる用語が供給サイドの視点が重視されていることは、Low cost-Angebot, Low cost-Market, Low cost-Luftverkehrsangebot など、その派生語から判断できる[24]。これに対して、低運賃を表す low fares airlines（LFAs）を用いれば、需要サイドから航空会社を見ることになる[25]。Discount-Flieger, Billigfluglinien, No-Frills Carrier も同じ範疇に属すと考えられる。
　このほか、no frills airlines, No-Frills Carrier も頻繁に使われるが、これらは経営戦略の一環として用いられる場合が多い。
　本書においては、航空会社の立場から低運賃航空について言及する場合には、ローコスト・キャリアを用い、乗客サイドからの言及には LFA を用いるが、ビジネス・モデルとしてノーフリルを使用する場合もある。

4.2 ヨーロッパのローコスト・キャリア

　ヨーロッパにおける航空の規制緩和は、1987年以降段階的に進展したが、アイルランドとイングランドにおいてはこれに先立ち、1980年代中葉以降に自由化が実施され、ヨーロッパにおける最初のローフェアー航空会社（low fares airline、以下 LFA と略記）ライアンエア（Ryanair, IATA-Code: FR）が誕生した。
　EC における空の自由化は、(1) 1987年において運賃規制が緩和され、(2) 1990年に EU 内において自国から他国への航空機の乗り入れと以遠権が認められ、運賃規制が撤廃された。(3) 1993年にはすべての航空会社に EU 共通のライセンスが与えられ、(4) 1997年に至ると共通ライセンスを有するすべての航空会社に EU 域内を基準とするカボタージュ権が与えられた[26]。

第3段階の自由化が開始した1993年、ライアンエアはイギリスとヨーロッパ大陸間の路線を開設した。一方、イージージェット（easyJet, ICAO-Code: EZY）は、1995年にロンドンとスコットランド間に最初の路線を開き、1996年には大陸への輸送を開始した。この2社がヨーロッパにおける2大LFAである[27]。

LFAは2地点間（point-to-point）直行便を開設することによって伝統的航空会社に対して差別化をはかってきた[28]。

LFAは2地点間ルートにおいて、比較的利用頻度の低い空港を利用してきた。表1-13は、ヨーロッパの都市と主要空港、および都市近郊、隣接地域にある副次的空港との関係を示しているが、LFAは副次的空港を利用し、かつそういった空港の成長に貢献してきた。ケルン／ボン空港、フランクフルト・ハーン空港、ヴィーツェ空港の急成長はLFAなしに語ることはできない[29]。

このような規制緩和によって誕生したLFAはLCA（low cost airports）を産み、LCAは集客範囲（catchment area）を確実に増大した。ハーパークロイドが同社の航空便を利用してケルン／ボン空港からヴェネツィアへ出発した旅行者について行った調査によると、その集客範囲は以下のようになっている[30]。

0～10km圏	7％
10～20km圏	22％
20～50km圏	25％
50～100km圏	29％
100～250km圏	10％
250～500km圏	7％

4.3　LFAと業界団体

イージージェットCEO、レイモンド・ウェブスター（Raymond Webster）は、2005年5月15日の報道発表において、イージージェットがヨーロッパ低運賃航空会社協会（European Low Fares Airlines Association、略称ELFAA）に加盟することを発表し、以下の言明をした。

「あまりにも長い間われわれの業界は、すべての航空会社とその利用者の利益を代表すると称する航空会社の団体によって支配されてきた。実は、伝統的

表1-13 ヨーロッパにおける都市と空港

都　市	主要空港	副次的空港
Amsterdam	Schipol	Rotterdam
Barcelona	Aeroport del Prat	Girona, Reus
Berlin	Tegel	Schönefeld
Brussels	Zaventem	Charleroi
Copenhagen	Kastrup	Malmö
Cracow	Balice	Katowice
Düsseldorf	Düsseldorf International	Köln/Bonn, Weeze
Frankfurt	Rhein-Main	Hahn
Glasgow	Abbotsinch	Prestwick
Hamburg	Hamburg Airport	Lübeck
London	Heathrow, Gatwick	Stansted, Luton
Milano	Malpensa	Bergamo
Paris	Charles de Gaule, Orly	Beauvais
Rome	Fiumcino	Ciampino
Stockholm	Arlanda	Skavsta, Västerås
Wien	Wien International	Bratislava

注：地名および空港名は出典における記述を訂正していない。
典拠：ELFAA, *Liberalisation of European Air Transport: The Benefits of Low Fares Airlines to Consumers, Airports, Regions and Environment*, Brussels, 2004, p. 21.

な航空会社は顧客よりもむしろ、過去の遺産となった航空会社の利益に排他的なまでに資する働きをする業界を創り出すような貢献をしてきた」。

「ここ2年間、ELFAAは、急速な成長を遂げ、かつ顧客に顔を向けたビジネスの一部門であるヨーロッパの低運賃航空会社の世間に認められる代弁者としての地位を確保してきた。低運賃航空会社は過度の規制の足かせやヨーロッパのナショナルフラッグ・キャリアによる固く身を閉ざした独占を振りほどいてきた。しかし、その効果はイージージェットの不在によって限られていた」。

イージージェットによる参加表明を、FLFAA事務局長ヤン・スキールズ（Jan Skeels）は歓迎し、これによって「ELFAAはヨーロッパの低運賃航空会社への搭乗者の大多数を占めると自慢できる」と語った[31]。

ELFAAは、いわゆるローコスト・キャリアによって2003年に設立され、2004年1月から公式の活動を開始した業界団体であり、イージージェットを加えることによって、11社となった。表1-14～表1-16はイージージェット加盟時点におけるELFAA会員航空会社を比較したものである。

表1-14 ELFAA加盟航空会社の比較 (1)

航空会社(国名)	年間搭乗者(A)	従業員(B)	(A)／(B)
Air Berlin(ドイツ)	13,800,000	2,300	7,956
Flybe(イギリス)	4,500,000	1,500	3,000
Hapag-Lloyd Express(ドイツ)	2,700,000	315	8,751
Norwegian(ノルウェー)	2,100,000	380	5,526
Ryanair(アイルランド)	27,500,000	2,200	12,500
Sky Europe(スロバキア)	950,000	485	1,958
Sterling(デンマーク)	1,800,000	610	2,950
Sverigefly(スウェーデン)	150,000	25	6,000
Transavia(オランダ)	4,200,000	1,550	2,709
Wizzair(ハンガリー)	900,000	250	3,600
easyJet(イギリス)	24,300,000	3,727	6,519

典拠：easyJetに関してはeasyJet, *Preliminary Results for the 12 months to September 2004*, 23. November 2004による。その他の航空会社に関してはEuropean Low Fares Airline Association, *Members' Statistics*, January 2005.

表1-15 ELFAA加盟航空会社の比較 (2)

航空会社(国名)	カバーする国数	目的地数	路線数
Air Berlin(ドイツ)	15	85	832
Flybe(イギリス)	7	42	113
Hapag-Lloyd Express(ドイツ)	9	28	61
Norwegian(ノルウェー)	13	29	25
Ryanair(アイルランド)	19	94	211
Sky Europe(スロバキア)	13	22	64
Sterling(デンマーク)	11	31	105
Sverigefly(スウェーデン)	1	5	3
Transavia(オランダ)	17	62	71
Wizzair(ハンガリー)	10	15	30
easyJet(イギリス)	10	44	153

典拠：easyJetに関してはeasyJet, *Preliminary Results for the 12 months to September 2004*, 23. November 2004による。その他の航空会社に関してはEuropean Low Fares Airline Association, *Members' Statistics*, January 2005.

 従来、ライアンエアが突出した搭乗者を示していたが、これに匹敵するのがイージージェットである。ただし、従業員1人あたりの輸送効率で、イージージェットはライアンエアにはるかに及ばない。運行路線ではエア・ベルリンが先行し、目的地数は、エア・ベルリン、ライアンエアが多く、イージージェットがやや劣る。各社の保有する航空機は、運行効率を上げるために機種の数は少なく、全体としてはボーイング737クラスが多用されている[32]。

表1-16 ELFAA加盟航空会社の比較 (3)

航空会社（国名）	航空機保有数	保有する航空機の機種
Air Berlin（ドイツ）	46	35 × Boeing 737-800 5 × Boeing 737-400 3 × Boeing 747-700 3 × Fokker F100
Flybe（イギリス）	30	16 × Bombardier Q400 8 × BAe 146-300 6 × BAe 146-200
Hapag-Lloyd Express（ドイツ）	11	8 × Boeing 737-700 3 × Boeing 737-500
Norwegian（ノルウェー）	13	13 × Boeing 737-300
Ryanair（アイルランド）	79	70 × Boeing 737-800 9 × Boeing 737-200
Sky Europe（スロバキア）	13	7 × Boeing 737-500 6 × Embraer 120ER
Sterling（デンマーク）	12	10 × Boeing 737-700
Sverigefly（スウェーデン）	2	2 × Saab 340
Transavia（オランダ）	26	9 × Boeing 737-700 17 × Boeing 737-800
Wizzair（ハンガリー）	6	6 × Airbus A320
easyJet（イギリス）	92	38 × Boeing 737-300 33 × Boeing 737-700 21 × Airbus 319

典拠：easyJet に関しては easyJet, *Preliminary Results for the 12 months to September 2004*, 23. November 2004による。その他の航空会社に関しては European Low Fares Airline Association, *Members' Statistics*, January 2005.

　その後、エア・ベルリンは後述するように伝統的航空会社と LCC の中間市場を志向するようになり、ELFAA のメンバーから脱退した。2008年6月現在の ELFAA 加盟航空会社を、表1-17に示した。ライアンエアとイージージェットがずば抜けた規模を誇っているが、すべての航空会社に共通するのは、高いロード・ファクターである[33]。

5　小　括

（1）ドイツの空港は、国際線においてフランクフルト・ライン／マイン空港が

表1-17　ELFAA加盟航空会社（2008年6月現在）

航空会社	搭乗者数（2007年7月～2008年6月）単位100万人	平均ロード・ファクター（%）	運行路線数（2008年6月）	常勤従業員数（2008年6月）
clickair（スペイン）	6.1	68.9	55	740
easyJet（イギリス）	41.3	83.3	340	6,500
Flybe（イギリス）	6.9		160	3,023
Jet2.com（イギリス）	3.9	81.0	90	1,175
Myair.com（イタリア）	1.5	67.0	42	320
Norweigian Air Shuttle（ノルウェー）	7.5	80.0	140	1,500
Ryanair（アイルランド）	53.3	81.2	712	5,981
Sky Europe（スロヴァキア）	3.7	75.0	77	714
Stering（デンマーク）	4.5	75.0	124	967
Sverige Flyg（スウェーデン）	0.5	80.0	14	150
transavia.com（オランダ）	5.5	76.3	90	1,779
Wizz Air（ハンガリー）	5.1	85.0	117	800

典拠：European Low Fares Association, *Members' Statistics*, June 2008.

ずば抜けた規模を誇っているとはいえ、国内線、EU線の旅客数においては多極分散的構成を示している。フランクフルト・アム・マイン、ミュンヘン、ベルリン、デュッセルドルフ、ハンブルク、シュトゥットガルトなど地域の中心都市が航空の拠点を形成していた。なによりも、地域分散的空港の構成は業界団体ADVが明確に認識していることである。

（2）このような地域構成は、ドイツ企業の空間的構成と一致する。1998年における上場企業の地域的解析は、「現代ドイツの空間的構造は、ニーダーライン経済圏、フランクフルト都市経済圏、ミュンヘン都市経済圏の三芯構造を持ち、それらに比べて生産力のいくらか劣るハンブルク都市経済圏、シュトゥットガルトを中心とする経済圏が『西』ドイツに存在し、これに陸の孤島のようにベルリン首都経済圏が付随する形態をとる」[34]ことを明らかにしている。

（3）空港の業界団体であるADVは、ドイツ語圏にある空港のみならず、（賛助会員という形で）フランス語圏に立地するバーゼル／ミュールーズ空港、ジュネーヴ空港をも包摂している。

（4）航空会社の業界団体BDFは、ドイツの空港の24時間営業が制約されている点を指摘し、国際競争から立ち遅れていることを懸念しているが、この点、わ

が国の空港営業時間とも相似的である。

（5）ライアンエアやイージージェットなど低運賃航空会社が、ドイツの空港に進出することによって「弱小空港」が成長する機会を与えてきた。

1）　Arbeitsgemeinschaft Deutscher Verkehrsflughäfen は、ドイツ語圏における空港の利害を代表する法人であることから、用語固有の意味ではなく、実態を踏まえ、「ドイツ民間空港連盟」と日本語表記した。Verkehrsflughafen は Militärflughafen に対して使用されるため「軍用空港」に対する意味で「民間空港」の訳語を当てたのであって、「公」に対する「民」ではない。なお、同団体の英語表記は、German Airports Association である（ADV, ADV at a glance, in interrete sub: http://www.adv-net/eng/gfx/adv.php, 27. 01. 2008）。

　　以下、その歴史に関する記述は、ADV, Chronik, in interrete sub: http://www.adv-net.org/de/drv/adv/rueckblick.php, 27. 01. 2008による。
2）　Arbeitsgemeinschaft Deutscher Verkehrsflughäfen が「ドイツ民間空港研究会」と訳すことができるのは、ADV の初期の活動を反映しているからである。
3）　ADV 理事会（ADV-Direktorium）は、国際空港によって構成されている。「特別空港」（Sonderflughafen）とは、主として航空機製造、航空機部品製造会社が利用する空港で、ミュンヘン郊外にあるオーバーファッフェンホフェン空港（Sonderflughafen Oberpfaffenhofen）とハンブルク郊外にあるフィンケンヴェルダー空港（Sonderflughafen Finkenwerder）である。前者は、軍用機メーカー、ドルニエ（Dornier）によって1936年に建設され、Fairchild Dornier GmbH が経営破綻した後、空港は EDMO-Flugbetrieb GmbH によって経営されている（EDMO-Flugbetrieb GmbH, Akutuelles, in interrete sub: http://www.edmo-airport.de/Service/Aktuelles.html, 27. 01. 2008）。現在、同空港を利用しているのは、航空機の整備・修理を行う RUAG Aerospace Service GmbH、エアバスの部品を製造する RUAG Aerospace Structure GmbH、ドルニエ328の販売を行う 328 Support Service GmbH である（EDMO-Flugbetrieb GmbH, Unternehmen, in interrete sub: http://www.edmo-airport.de/Seiten/Unternehmen_Satndort.html, 27. 01. 2008）。また、後者は、ドイツ・エアバス有限会社（Airbus Deutschland GmbH）の所有下にある（ADV, *Beteiligungsverhältnisse regionaler Verkehrsflughäfen und Landsplatz*, 2006）。
4）　ADV, Pressemitteilung Nr. 29/2007, 26. Okt., 2007.
5）　ADV, *Regionale Verkehrsflughäfen und Verkehrslandeplätze in der ADV*, 2006.
6）　BDF, Historie, in interrete sub: http://www.bafaero/der_bdf/index.php, 29. 01. 2008.
7）　以下、BDF 加盟航空会社の概略は BDF, Mitglieder in interrete sub: http://www.

bdfaero.de/der_bdf/mitglieder/index.php, 29. 01. 2008による。
8) BDF, Stellungsnahme, "Drohendes Nachtflugverbot in Frankfurt, Verschläft Deutschland den Wettbewerb?", Berlin, 03. 09. 2007 in interrete sub: http://www.bdfaero.com/themen/stellungnahmen.php?year=2007, 30. 01. 2008.
9) BDP, Pressemitteilung, 20. 06. 2007.
10) BDF, Pressemitteilung, 02. 11. 2007.
11) 例えば、デュッセルドルフ・ヴィーツェ空港がその一例であった（拙稿「もうひとつのデュッセルドルフ空港」『人文学フォーラム』〔跡見学園女子大学〕第7号、2009年参照）。
12) 拙稿「ミュンヘン『フランツ・ヨゼフ・シュトラウス空港』」『跡見学園女子大学文学部紀要』第38号、2005年。
13) 拙稿「イージージェットとドイツ航空市場」『人文学フォーラム』（跡見学園女子大学）第4号、2006年。
14) 拙稿「ケルン／ボン『コンラート・アデナウワー空港』――政治空港からローコスト・キャリアとインテレーターのハブへ――」『跡見学園女子大学文学部紀要』第39号、2006年。
15) 拙稿「もうひとつのフランクフルト空港――国際ハブ空港　フランクフルト・ハーン――」『立教経済学』第58巻第4号、2005年。
16) ADV, *Monatsstatistik*, Dezember 2006より算出。
17) 前掲拙稿「もうひとつのフランクフルト空港」。
18) 例えば、Wolf, Hartmut, Privatisierung der Flughäfen? Zu dem Rahmenbedingungen für eine effiziente Flughafenpolitik nach der Liberalisierung des EU-Luftverkehrs in: *Die Weltwirtschaft* Heft 2, 1996.
19) Reiche, Dirk, *Privatisierung der internatinalen Verkehsflughäfen in Deutschland*, Wiesebaden, 1998.
20) ADV, *Gesellschafter und Beteiligungsverhältnisse — internationale Verkehrsflughäfen*, 2006.
21) ADV, *Beteiligungsverhältnisse-regionale Verkehrsflughäfen und Landeplätze*, 2006.
22) Ibid..
23) これらは、Flughafen Frankfurt-Hahn, Offizielle Webseite des Flughafen Frankfurt-Hahn, in interrete sub: http://www.flughafen-hahn.de/default.aspx, 29. 09. 2004において用いられている用語である。
24) 以上の用語は、Institut für Verkehrswissenschaft an der Universität zu Köln, *Die regionalwirtschftlichen Auswirkungen des Low cost-Markets im Raum Köln/Bonn*, Köln, 2004において記されている。

25) ELFAA, *Liberalisation of European Air Transport: The Benefits of Low Fares Airlines to Consumers, Airports, Regions and Environment*, Brussels, 2004.
26) Ibid.
27) Ibid., p. 4. イージージェットに関する文献については、Jones, L., *easyJet, The Story of Britain's Biggest Low-Cost Airlines*, London, 2005が同社の歴史、経営姿勢を明快に記述しているが、本書の分析はこれに依拠することはなかった。
28) ELFAA, *Liberalisation of European Air Transport: The Benefits of Low Fares Airlines to Consumers, Airports, Regions and Environment*, Brussels, 2004, p. 13.
29) フランクフルト・ハーン空港とライアンエアの関係については、前掲拙稿「もうひとつのフランクフルト空港」、ケルン／ボン空港とハパークロイド、ジャーマン・ウイングズの関係については、前掲拙稿「ケルン／ボン空港『コンラート・アデナウワー空港』」参照。また、ライアンエア、ハーパクロイドを誘致して急成長をとげた空港として、ヴィーツェ空港（Airport Weeze）＝ニーダーライン空港（Flughafen Niederrhein）がある。イージージェットとドルトムント空港の関係については、拙稿「イージージェットとドイツ航空市場」98頁、101～103頁、および拙稿「もうひとつのデュッセルドルフ空港」『人文学フォーラム』（跡見学園女子大学）第7号、2009年、参照。
30) ELFAA, op. cit., p. 20.
31) easyJet, Press Release, 15. September 2005.
32) ELFAAに関する情報は、ELFAA, in interrete sub: http://www.elfaa.com で見ることができる。
33) ロード・ファクター（Load Factor）は、運用中の航空機に働く荷重を、機体の総重量で割った値をいい、「荷重係数」と訳されることもある。旅客機の運行では搭乗率を示す。
34) 拙稿「ドイツ企業の空間的構成――上場企業の地域解析――」『跡見学園女子大学文学部紀要』第36号、2003年、98頁。

第2章　フラポルト株式会社と空港

　第2章においては、フランクフルト・ライン／マイン空港を経営するフラポルト社の資本関係と経営組織を明らかにし、また、フランクフルト・ライン／マイン空港の空間的地域連関を分析してその性格を確定する。フラポルト社が持分を有するフランクフルト・ハーン空港およびハノーファー空港の沿革と航空輸送の地域連関も、この章でとりあげる。その際、ハーン空港発展の契機なったライアンエアのドイツ進出がハーン空港経営に与えた影響をも考察対象とする。

1　フラポルト株式会社

1.1　フラポルト株式会社の前史

　現在のフランクフルト・ライン／マイン空港の前身であるレプシュトック飛行船港（Luftschiffhafen am Rebstock）は、第1次大戦後の1924年に設立された「西南ドイツ航空株式会社」（Südwestdeutsche Luftverkehr AG、略称SWL）のもとでフランクフルト・レプシュトック飛行場（Flugplatz Frankfurt-Rebstock）として計画的航空業務が開始された。同社の出資者には、フランクフルト市、ユンカー航空機製造所（Junkers Flugzeugwerke）のほか、多数の銀行、商人、企業家が名を連ねた。創業時点の資本金は40万ライヒスマルクであったが、翌年には、プロイセン政府とドイツ帝国が出資することとなり、資本金は120万ライヒスマルクになった。レプシュトック飛行場は、飛行船および飛行機の発着能力が限界となったことによって、1936年「ライン／マイン空港・飛行船港」（Flug- und Luftshiffhafen Rhein-Main）が建設され、前者は飛行場としての機能を停止した。同年、フランクフルトから飛行船、ツェッペリン号とヒンデンブルク号が

リオ・デ・ジャネイロへの定期便の運行を開始するとともに、ルフトハンザがJu 52による運行を開始した。

第2次大戦中の爆撃によって空港は壊滅的な打撃を被った後、1945年にはアメリカ軍による接収が始まり、ライン・マイン空軍基地が設けられた。SWLは、アメリカ軍によってサウス・ウエスタン・エアラインズ（South Western Airlines）と誤訳され、空港を去らねばならなかった。1947年、SWLは戦後第1回の株主総会を開催し、「ライン／マイン交通株式会社」（Verkehrsaktiengesellschaft Rhein-Main、略称VAG）と名称変更を行い、監査役会議長にフランクフルト市長ヴァルター・コルプ（Oberbürgermeister Waltar Kolb）を選出した。同社は、翌48年、増資によって資本金は300万ライヒスマルク（通貨改革後の180万マルクに相当する）となり、同時に新しい持分が決定された。それによると、フランクフルト市が33.7%、ヴィーズバーデン郡が29%、ヘッセン州が23.83%、旧ドイツ帝国が14.43%の持分となった。

VAGは1954年に「フランクフルト／マイン空港株式会社」（Flughafen Frankfurt/Main AG、略称FAG）と名称変更した。FAGの資本金は241億7,500万マルクとなり、監査役会議長には、ヘッセン州首相ツィン博士（Hessische Ministerpräsident Dr. Zinn）が選出された。1955年7月15日の取締役会において、FAGの持分は、ヘッセン州45.242%、フランクフルト市28.891%、ドイツ連邦25.867%と決定され、この比率は20世紀の間、維持されることとなった。

2001年、株式上場とあわせて、同社は「フランクフルト・エアポート・サービス・ワールドワイド　フラポルト株式会社」（Fraport AG Frankfurt Airport Service Worldwide）の名を冠して現在に至っている。この「エアポート・サービス・ワールドワイド」こそが、現在の会社事業を物語っている[1]。

1.2　フラポルト株式会社の戦略

2001年1月29日、「フランクフルト・エアポート・サービス・ワールドワイド　フラポルト株式会社」（Fraport AG Frankfurt Airport Service Worldwide）という新たな会社名が登記を終えた。フランクフルト／マイン空港株式会社によるその前年、2000年度の営業報告書は、フラポルト株式会社の営業報告書（Fraport

第 2 章　フラポルト株式会社と空港　37

図 2-1　空港の変化

伝統的空港		新しい展望
ハブ空港（Hub-Airport）	→	エアポートシティー（Airport City）
乗客（Passagiere） 訪問客（Besucher） 従業員（Mitarbeiter）	→	顧客（Kunden） 消費者（Konsumenten）
フロアとインフラ （Fläche und Infrastruktur）	→	不動産の管理・開発のための可能性 （Möglichkeiten für Immobilien-management und -entwicklung）

典拠：Fraport AG, *Geschäftsbericht 2006*, p. 31.

AG, *Geschäftsbericht 2000 — Standortexpansion, Aufbruch und Veränderung —*, Frankfurt am Main, April 2001）として発表された。報告書の副題は、「立地の拡張、突破、変化」とされた。

「当社の高いレベルの革新性と投資意欲、正しいコンセプトによってフランクフルト空港をヨーロッパにおける主要なハブとすることにFAGが成功したことを継承することを、新しい社名が表している」[2]との指摘は、「立地の拡張」(Standortexpansion）とは、なによりもフランクフルト・ライン／マイン空港の拡張・拡充を意味する。当該報告書における「監査役会報告」は、新たに設置した空港開発担当取締役の職位にバーブラ・ヤクバイト教授（Prof. Barbra Jakubeit）を充て、フランクフルト空港の拡充に関わることを記している[3]。

「グローバルな空港市場の挑戦に対応するためにわが社を新たに方向付けしたシグナルを送ることも、新しい社名が表している」[4]ことから、「突破」とは事業のグローバル化のことである。

このような視点から「インフラの提供者から近代的なサービスグループへ」(Vom Infrastruktur-Anbieter zum modernen Dienstleistungskonzern)[5]変化を遂げることが課題となる。『営業報告書　2006年』は、同社の基本戦略の方向性を 3 点に集約して記した（図 2-1）。

このことから、フラポルト社が空港を航空機の発着およびそれに付随する業務を行うだけでなく、空港経営と並んで不動産管理・開発を第 2 の中核的業務に据

えていることに留意すべきであろう6)。

さらに、同報告書においては、エアポートシティーが発展する背景となる経済展望として

1. アジア便の増大と観光業の成長による航空需要の増加
2. アジアへのアウトソーシングの進展
3. アジア企業がヨーロッパ市場をターゲットとすることによる貿易増加
4. ジャンボジェット定期便の巨大ハブ空港への集中
5. 湾岸諸国が脱石油による新たな投資機会を求めている（エアポートシティーが魅力的な投資機会である）こと
6. 貨物ターミナル、旅客ターミナルのアップグレードによる空港の特化と競争力強化

を記した7)。

1.3　フラポルト株式会社の資本関係

1.3.1　フラポルト株式会社の株主

フラポルト株式会社の部分民営化（Teilprivatisierung）によって、同社は2001年6月、同社株をフランクフルト市場へ上場した。株式資本の約29％にあたる2,610万5,000株が新規公開された。「ブックビルディング方式（需要積み上げ方式）」（Bookbuilding-Verfahren）による公募発行価格は35ユーロ、初値は35.40ユーロであった。

公募予約時点における注文の13％が個人投資家によるものであり、機関投資家はドイツ、ヨーロッパ、アメリカに及んだ。個人投資家への割り当ての28％が地元フランクフルト／ライン・マイン地域であった8)。

この結果、同社株主は、表2-1の構成となった。

同社は、株式公開に先立ち、2000年度以降の決算報告において、会計基準を国際会計基準に改め9)、また株式公開後、取締役会は2002年9月にコーポレートガバナンスコード（die Corporate Governance-Grundsätze, Fraport-Kodex）を定めた10)。

『営業報告書　2004年』は、浮動株を有する株主構成を表2-2のように報じた。

表2-1 フラポルト株式会社の株主構成 (2001年)

株　主	構成比 (％)
ヘッセン州 (Land Hessen)	32.1
フランクフルト市 (Stadt Frankfurt am Main)	20.5
連邦政府 (Bundesrepublik Deutschland)	18.4
浮動株 (Streubesitz)	29.0

典拠：Fraport AG, *Geschäftsbericht 2001*, p. 7.

表2-2 浮動株の構成 (2004年)

株主の種類	構成比 (％)
個人投資家 (Privatanleger)	30
アメリカの機関投資家 (Institutionelle USA)	25
イギリスの機関投資家 (Institutionelle UK)	23
ヨーロッパ大陸の機関投資家 (Institutionelle Kontinentaleuropa)	22

典拠：Fraport AG, *Geschäftsbericht 2004*, p. 50.

　2005年12月19日、フラポルト社の株式は欧州主要企業600社で構成されるダウジョーンズStoxx600指数（'Dow-Jones-600-index'）に採用された[11]。

　この年の10月26日、ドイツ連邦政府はこの時点での持分18.16％の株式を2つのトランチ（Tranchen）に分けて投資家に公開した。11.58％はブックビルディング方式により直接、投資家に販売し（その結果、浮動株比率は41.4％になった）、残りのトランチは17カ月の期限でコールオプションと転換社債の組み合わせとし、このトランチの購入者は2007年3月に連邦政府の持ち株（6.58％）を引き継ぐ権利を得た。

　ルフトハンザ・ドイツ航空株式会社（Deutsche Lufthansa AG）は、2005年10月28日時点でフラポルト株の4.95％を所有していることを発表し、また11月8日には5.10％まで買い進み、5％ラインを超えたと報じた。これとは別に、ユリウス・ベール投資管理会社（Julius Bär Investment Management LLC）は、2006年2月10日、前年の11月3日時点で所有株式が5％を超え、持ち株比率が5.4％になっていることを発表した。これらを総合すると、2005年末における株主構造は表2-3になる[12]。

　機関投資家によるフラポルト株への投資はこれ以降も進み、2008年2月29日現在の株主構造は、表2-4に示した通りである。

表2-3　フラポルト株式会社の株主構成（2005年12月31日）

株　主	構成比（%）
ヘッセン州（Land Hessen）	31.7
フランクフルト自治体企業有限会社（Stadtwerke Frankfurt am Main GmbH）	20.3
ルフトハンザ（Deutsche Lufthansa AG）	5.0
連邦政府（未転換債権）	6.6
ユリウス・ベール投資管理会社（Julius Bär Investment Management LLC）	5.4
浮動株（Streubesitz）	31.0

典拠：Fraport AG, *Geschäftsbericht 2005*, p. 60.

表2-4　フラポルト株式会社の株主構成（2008年2月29日）

株　主	構成比（%）
ヘッセン州（Land Hessen）	31.62
フランクフルト自治体企業有限会社（Stadtwerke Frankfurt am Main GmbH）	20.19
ルフトハンザ（Deutsche Lufthansa AG）	9.96
ユリウス・ベール・ホールディング（Julius Bär Holding AG）	5.09
キャピタル・グループ（The Capital Group Companies, Inc.）	4.70
アーティザン・パートナーズ（Artisan Partners Ltd. Partnertship）	3.87
モルガン・スタンレイ（Morgan Stanley）	3.76
タウバ・ホドスン・ストネックス・パートナーズ（Taube Hodson Stonex Partners Limited）	3.01
浮動株および従業員持ち株（Streubesitz, inkl. Mitarbeiter）	17.80

典拠：Fraport AG, Aktionärsstruktur, in interrete sub: http://www.fraport.de, 01. 03. 2008.

　この間に、ファンドによるフラポルト株への投資が拡大していることが明らかとなる。

　5％を超える持ち株比率を有するユリウス・ベール・ホールディングは、19世紀に起源をもつユリウス・ベール・グループの親会社で、チューリッヒを本拠とする。創業者一族ベールが会長の職にあり、株式は公開されている[13]。

　フィデリティーに匹敵する資産を管理しているキャピタル・グループもフラポルト株を投資対象に加えている。キャピタル・グループの創業は、1929年ニューヨーク市場の暴落を予見し、持ち株をクラッシュ以前に売却したことで知られるラブレイス（Jonathan Bell Lovelace）が1931年にロスアンゼルスに設立した投資会社 Capital Research and Management Company に起源を求めることができる。1960年代にジュネーブに進出して以降、グローバルな投資ファンドを設定してきた[14]。

第2章　フラポルト株式会社と空港　41

　アーティザン・パートナーシップによる「アーティザン国際ファンド」(Artisan International Fund) のポートフォリオ (2007年12月31日現在) を投資地域別に見ると

　　　北米　　　　　　　　　　　　　　　　　　　　1.8%
　　　ヨーロッパ　　　　　　　　　　　　　　　　　62.1%
　　　エマージング・マーケット　　　　　　　　　　19.3%
　　　太平洋地域 (日本、香港、シンガポール、オーストラリア)　16.8%

という資産構成である。ポートフォリオに占めるドイツ株比率は、17.8%であり、国別で最も多い[15]。

　このポートフォリオに組み込まれたドイツ企業 (そのポートフォリオに占める比率) は

　　　Allianz SE (1.08%)
　　　Bayer AG (2.67%)
　　　Daimler AG (2.34%)
　　　Deutsche Telekom AG (1.82%)
　　　Fraport AG (1.19%)
　　　IVG Immobilien AG (0.23%)
　　　Linde AG (1.75%)
　　　RWE AG (1.33%)
　　　Siemens AG (1.13%)
　　　United Internet AG (0.43%)
　　　Wacker Chemie AG (3.37%)

となり、いわゆる優良銘柄が網羅され、フラポルト社もそのひとつに数えられている[16]。

　モルガン・スタンレーについては、わが国においても金融機関として広く認知されているので、あらためて言及はしない。

　タウバ・ホドスン・ストネックス・パートナーズはロンドンに本社を構え、1996年、ニルス・タウバ (Nils Taube)、ジョン・ホドスン (John Hodson)、ケイト・ストネックス (Cato Stonex) によって設立された独立のファンド・マネ

ジメント会社であるが、もともとロスチャイルド投資管理会社（J. Rothschild Investment Management）の社内投資グループであった[17]。

アーティザン国際ファンドのポートフォリオ構成から類推できるのは、フラポルト社が優良企業としてファンドから認識されているということであろう。

なお、フラポルト社の株式が、この時点において株式指標銘柄として採用されているものは、

　　Dow Jones STOXX Sustainability Index（DJSI STOXX）
　　Dow Jones Sustainability World Index（DJSI World）
　　FTSE4Good-Index

である[18]。

1.3.2　フラポルト株式会社の子会社

「フランクフルト／マイン空港株式会社」時代には、フランクフルト／マイン以外の空港に対する投資は国内に限定され、フランクフルト・ハーン空港およびザールブリュッケン空港の持分所有のみであった。

フラポルト社の成立する直前においては、FAG はザールブリュッケン空港経営有限会社（Flughafen Saarbrücken Betriebsgesellschaft mbH）に対しては51％の持分を有していたが、後にこれは解消されることとなった[19]。

フランクフルト・ハーン空港に関しては、空港を所有するハーン持分所有有限会社（Holding Unternehmen Hahn GmbH）とハーン経営有限会社（Hahn Verwaltungs GmbH）が存在し、FAG は前者の73.37％、後者の74.90％にあたる持分を有していた[20]。

2000年1月をもって、両社は統合しハーン空港有限会社（Flughafen Hahn GmbH）が誕生し、同社にはフラポルト社が74.9％、残りはラインラント・プファルツ州が持分を有するに至った[21]。

FAG はまた、2000年にアメリカのベヒテル社（Bechtel Enterprises International Ltd.）、ペルーのコサピ社（Cosapi S.A.）とコンソーシアムを組み、リマ空港の経営権の入札に成功した[22]。

しかしながら、内外の空港に対する投資が本格化するのは、フラポルト社が成

第2章 フラポルト株式会社と空港

表2-5 フラポルト株式会社の子会社 (2008年2月現在)

企業名	所在地	持分 (%)	主要業務
ACF Airmail Frankfurt GmbH	Frankfurt am Main	40	フランクフルト空港における航空便取り扱い
AirIT Airport IT-Services Hahn AG	Lautzenhausen	100	ハーン空港における情報インフラ整備
AirIT International GmbH	Frankfurt am Main	50	空港ITに関するコンサルティング、ソリューション
AirIT Systems Hannover GmbH	Langenhagen	50	ITシステムの構築、サービス
Air-Transport IT Services, Inc.	Orlando Florida, USA	100	アメリカの空港に対するITサービスの提供
Airport Assekuranz Vermittlungs-GmbH	Frankfurt am Main	100	保険仲介
Airport Cater Service GmbH	Frankfurt am Main	100	空港従業員の賄い
APS Airport Personal Service GmbH	Frankfurt am Main	100	人材派遣、ヘッドハンティング
ASG Airport Service Gesellschaft mbH	Frankfurt am Main	49	航空機の洗浄、キャビンの清掃
Cairo Airport Company	Kairo, Ägypten		カイロ国際空港の経営
Delhi International Airport Privates Limited	Delhi, Indien	10	デリー空港の経営（3年契約で延長可）
Energy Air GmbH	Frankfurt am Main	100	航空燃料の供給
Flughafen Frankfurt-Hahn GmbH	Lautzenhausen	65	空港経営
Flughafen Hannover-Langenhagen GmbH	Hannover	30	空港経営
Fraport Cargo Service GmbH	Frankfurt am Main	100	航空会社、運送会社、インテグレーターを対象とする航空貨物の取り扱い
Fraport Ground Services Austria GmbH	Wien, Österreich	100	ウィーン空港の荷役業務
Fraport IC Ictas Antalya Airport Terminal Investment Inc.	Antalya, Türkei	51	アンタルヤ空港のターミナル経営
Fraport Immobillienservice und -entwicklungs GmbH & Co. KG	Flörsheim am Main	100	不動産開発
Fraport Twin Star Airport Management AD	Varma, Bulgarien	60	パルマ空港、ブルガス空港の拡張、経営
Fraport Security Services GmbH	Frankfurt am Main	100	ライン／マイン空港およびハーン空港におけるセキュリティー
gedas operational services GmbH	Frankfurt am Main	50	情報サービス
Gesellschaft für Cleaning Service mbH & Co. Airport Frankfurt/Main KG	Frankfurt am Main	40	ビル清掃
ICTS Europe Holdings B.V.	Amsterdam, Niederlande	100	ヨーロッパ70カ所における航空安全サービス
Lima Airport Partners S.R.L. (LAP)	Lima, Peru	100	リマ空港の経営
Media Frankfurt GmbH	Frankfurt am Main	51	ライン／マイン空港、ハーン空港における広告スペースの賃貸
Medical Airport Service GmbH	Kelsterbach	50	建設現場における安全性のコンプライアンス管理
N*ICE Aircraft Srevices & Support GmbH	Frankfurt am Main	52	航空機の融氷
Perishable Center GmbH + Co. Betriebs KG	Frankfurt am Main	10	生鮮食品貨物センター
Shanghai Frankfurt Airport Consulting Service Co. Ltd.	Shanghai, China	50	中国における空港コンサルティング、空港人材育成
Tradeport Hong Kong Ltd.	Hong Kong, China		香港国際空港における流通センターの所有と経営
Zentrum für Integrierte Verkehrsysteme GmbH	Darmstadt		交通ネットワークシステム

典拠：Fraport AG, Töchter & Beteiligungen in interrete sub: http://www.fraport.de/cms/fraport_worldwide/rubril/14/13385.toechter_beteiligungen, 24. 02. 2008.

立して以降のことであった。表2-5によって、同社がカイロ、デリー、ウィーン、アンタルヤ、リマ、バルガ、ブルガス、上海、香港などにおいて、短期間に積極的な空港関連投資を行ってきたことがわかる。

1.4 フラポルト株式会社の経営組織

フラポルト株式会社の経営・管理組織を『営業報告書』、ホームページによって確認すると、取締役→監査役の順序で記載されている。この点、他のドイツにおける株式会社、有限会社に見られる順序（監査役→取締役）と一線を画す。同社の役員会は、ドイツに伝統的な二層構造（two-tire system）――取締役（Vorstand）と監査役（Aufsichtsrat）――から成り、管理役会（Verwaltungsrat）のみを置く一層構造（one-tire system）ではない[23]。

フランクフルト空港における戦略的業務を統括し、フラポルト株式会社による国内外の持分参加に関わる権限を有する取締役会は、表2-6に示した構成である。フラポルト・コンツェルンを率いる取締役会議長ヴィルヘルム・ベンダー博士は、ドイツ鉄道株式会社の出身で、フラポルト社によるフランクフルト空港の拡張、同社の財務の強化、特に株式上場に際してリーダーシップを発揮し、コンツェルンの海外展開と新たな業務展開に尽力してきた。取締役会副議長シュテファン・シュルテ博士はドイツ銀行出身、取締役マティアス・ツィーシャンク博士はBASF株式会社、ドイツ鉄道株式会社に前歴を持つ。労務担当重役ヘルベルト・マイは労働組合出身である。なお、フラポルト社取締役会議長は、系列空港であるハノーファー空港の監査役を兼ね、副議長は系列空港フランクフルト・ハーンの監査役を兼ねる[24]。

フラポルト株式会社のトップマネジメントは、上記の取締役会のもとに「本部長」（Bereichvorstände und Generalbevollmächtige）が構成されている（表2-7参照）。取締役が他社の監査役を兼任しているのに対して、本部長はフラポルト社専従であり、実質的に業務の遂行を行っている。構成メンバー5名のうち、グランド・サービス部門本部長、ペーター・シュミットはNATO空軍の兵站管理の前歴を持つ。空港セキュリティーマネジメント部門本部長、フォルカー・ツィンテルと航空・ターミナル経営、空港拡張部門本部長マルティン・ビエンは、同

第 2 章　フラポルト株式会社と空港　45

表 2-6　取締役会の構成（2008年 2 月13日現在）

	その他の企業における兼職
取締役会議長（Vorstandsvorsitzender） ヴィルヘルム・ベンダー博士（Dr. Wilhelm Bender）	（監査役会議長） ・Flughafen Hannover-Langenhagen GmbH 　（2006年 3 月16日まで） （監査役） ・Flughafen Hannover-Langenhagen GmbH 　（2006年 3 月17日より） ・Lufthansa CityLine GmbH ・NOVA Allgemeine Versicherung AG/SINGAL IDUNA Allgemeine-Versicherung AG ・Thyssenkrupp Services AG ・Frankfurt Rhein Main GmbH International Marketing of the Region
取締役会副議長（Stellvertrender Vorsitzender） 航空・ターミナル経営、ターミナル拡張担当取締役（Vorstand Flug- und Terminalbetrieb, Ausbau） シュテファン・シューレ博士（Dr. Stefan Schule）	（監査役会議長） ・FIS Flug- und Industriesicherheit Service- und Beratungs-GmbH ・ICTS Europe Holding B.V. （監査役） ・DELVAG Luftversicherungs AG ・DELVAG Rückversicherungs AG ・Flughafen Frankfurt-Hahn GmbH ・Frankfurter Sparkasse AG
内部統制・財務担当取締役（Vorstand Controlling und Finanzen） マティアス・ツィーシャンク博士（Dr. Mathias Zieschang）	不明
労務担当取締役（Vorstand Arbeitsdirektor） ヘルベルト・マイ（Herbert Mai）	（監査役会議長） ・Fraport Cargo Servives GmbH（FCS） ・FCS Flug- und Industriesicherheit Service- und Beratungs-GmbH ・Gateway Gardens Projektentwicklungs GmbH 　（2006年 2 月 7 日より）

典拠：Fraport AG, Das Top-Management der Fraport AG, in interrete sub: http://www.fraport.de, 13. 02. 2008; Fraport AG, *Geschäftsbericht 2006*.

　社の前身であるフランクフルト・マイン株式会社時代からのたたき上げ。空港内ショップ・テナント部門本部長、カール＝ハインツ・ディートリヒはメトロ・アッセット・マネジメント（METRO Asset Management, Düsseldorf）からの転職。不動産・ファシリティー部門本部長、マルティン・シュレーゲルはデュースブルク港湾株式会社（Duisburger Hafen AG）からの転職である[25]。

表2-7 本部長の構成(2008年2月13日現在)

ペーター・シュミッツ(Peter Schmitz)	グランド・サービス部門(Bereichsvorstand Bodenverkehrsdienste)
フォルカー・ツィンテル(Volker Zintel)	空港セキュリティーマネジメント部門(Generalbevollmächtiger Airport Security Management)
マルティン・ビエン(Martin Bien)	航空・ターミナル経営、空港拡張部門(Generalbevollmächtiger Flug- und Termminalbetrieb, Ausbau)
カール=ハインツ・ディートリッヒ(Karl-Heinz Dietrich)	空港内ショップ・テナントマネジメント部門(Generalbevollmächtiger Handels- und Vermietungsmanagement)
マルティン・シュレーゲル(Martin Schlegel)	不動産・ファシリティーマネジメント部門(Generalbevollmächtiger Immobilien- und Facility Management)

典拠:Fraport AG, Das Top-Management der Fraport AG, in interrete sub: http://www.fraport.de, 13. 02. 2008.

これら本部長はすべて、前歴との職務上の連続性が見られる。

監査役20名の構成は、ヘッセン州から3名、フランクフルト市から2名、連邦政府から1名、民間株主から4名、被雇用者代表10名と規定されている[26]。

2008年における監査役会の構成員を表2-8に示した。ヘッセン州財務大臣、フランクフルト市上級市長、連邦交通省次官など公的部門から選出された監査役と並んで、ダイムラー・クライスラー監査役会議長、ルフトハンザAG代表取締役など民間企業役員から選ばれた監査役、それに被雇用者代表によって構成されている。

2 フランクフルト・ライン/マイン空港

2.1 世界の空港におけるフランクフルト・ライン/マイン空港の位置

旅客輸送を基準として、世界の空港を概観すると、アメリカの2空港とロンドン・ヒースローが2002年以降、ベスト3を占めているほか、羽田空港が4位を維持してきた。フランクフルト・ライン/マインは2003年以降、パリ・シャルル・ド・ゴールに次いで8位である(表2-9)。

しかし国際線旅客のみを対象とする表2-10においては、ロンドン・ヒースロー(LHR)、パリ・シャルル・ド・ゴール、アムステルダムに次いで4位にある。こ

第2章　フラポルト株式会社と空港　47

表2-8　監査役会の構成（2008年2月13日現在）

	その他の企業における兼職
議長（Vorsitzender） カールハインツ・ヴァイマール（Karl-heinz Weimar） Hessischer Finanzminister	（監査役会議長） ・Flughafen Kassel GmbH （重役会副議長） ・Landesbank Hessen-Thüringen Girozentrale （管理役） ・Investitionsbank Hessen AG （監査役） ・FIZ Farnkfurter Innovationszentrum Biotechnologie GmbH ・Future Capital AG ・HA Hessen Agentur GmbH ・Messe Frankfurt GmbH
副議長（Stellvertretender Vorsitzender） ゲロルト・シャウプ（Gerold Schaub） Stellvertretender Landesbezirksleiter ver.di Hessen	（監査役） ・Lufthansa Systems Group GmbH
マンフレット・ビショップ博士（Dr. Manfred Bischoff） Chairman of the Supervisory Board of DaimlerChrysler AG	（監査役会議長） ・DaimlerChrysler Luft- und Raumfahrt-Holding AG （監査役） ・DaimlerChrysler AG ・Voith AG ・SMS GmbH ・Royal KPN N.V. ・Nortel Networks Corporation und Nortel Networks Limited ・Unicredit S.p.a.
イェルク=ウヴェ・ハーン（Jörg-Uwe Hahn） Fraktionsvorsitzender der FDP im Hessischen Landtag	（監査役会議長） ・Flughafen Frankfurt-Hahn GmbH ・TaunusFilm GmbH
ヨアヒム・v・ハルボウ博士（Dr. Joachim v. Harbou） Jurist Präsident der IHK Frankfurt am Main	（監査役会議長） ・ISF Internationale Schule Frankfurt-Rhein-Main Geschäftsführungs GmbH （監査役） ・Nestlé Deutschland AG ・FIZ Frankfurter Innovationszentrum Biotechnologie ・TechnologieStiftung Hessen GmbH ・Städtische Bühnen Frankfurt am Main GmbH
イェルク・ヘンナケス（Jörg Hennerkes） Staatssekretär im Bundesministerium für Verkehr, Bau und Stadtentwicklung	（監査役） ・Deutsche Bahn AG（2006年2月1日より） ・DFS Deutsche Flugsicherung GmbH（2006年3月1日より）
ヘルムート・ホフマン（Helmut Hofmann） Betriebsratmitglied	なし
ローター・クレム（Lothar Klemm） Mitglied des Hessischen Landtags Hessischer Staatsminister a.D.	（監査役会議長） ・MANIA Technologie AG ・ZIV — Zentrum für integrierte Verkehrssysteme GmbH ・FunkTiket AG （監査役） ・IQB Career Services AG
ヴォルフガング・マイルフーバー（Wolfgang Mayrhuber） Vorsitzender des Vorstands Deutsche Lufthansa AG	（監査役会議長） ・Lufthansa Cargo AG （監査役） ・BMW AG ・Münchner Rückversicherungs Gesellschaft ・Eurowings Luftverkehrs AG ・Lufthansa Service Holding AG

	・Lufthansa Technik AG ・Thomas Cook AG ・HEICO Corporation, Miami, Florida（管理役） ・Swiss International Air Lines AG
ツァファー・メミゾグル（Zafer Memisoglu） Betriebsratsmitglied	（監査役） ・Gesellschaft für Cleaning Service mbH & Co. Airport Frankfurt/Main KG
アデルハイト・リーデル＝ツィースラ（Adelheid Riedel-Ciesla） Gewerkschaftsvertrterin ver.di	不明
ガブリエレ・リーケン（Gebriele Rieken） Betriebsratsmitglied	なし
ハラルト・ロゼ（Harald Rose） Gewerkschaftsvertreter ver.di	（監査役会副議長） ・FIS Flug- und Industriesicherheit Service- und Beratungs-GmbH
ペトラ・ロスブライ（Petra Rossbrey） Zuständig für Sonderprojekte im Vorstandsressort Flug- und Terminalbetrieb, Ausbau, Fraport AG	なし
ペトラ・ロート名誉博士（Dr.h.c.Petra Roth） Oberbürgermeisterin Frankfurt am Main	（監査役会議長） ・Frankfurter Aufbau AG ・Mainova AG ・ABG Frankfurt Holding Wohnungsbau- und Beteiligungsgesellschaft mbH ・Messe Frankfurt GmbH ・Stadtwerke Frankfurt am Main Holding GmbH ・Stadtwerke Verkehrsgesellschaft Frankfurt am Main GmbH
ヴェルナー・シュミット（Werner Schmidt） Betriebsratsmitglied	（監査役会議長） ・Arbeitsgemeinshaft unabhängiger Flughafenbeschäftiger（AUF e.V.） ・Komba-Gewerkschaft, Kreisverband Flughafen Frankfurt/Main （監査役） ・SMW Abwasser GmbH
エドガー・シュタイスカル（Edgar Stejskal） Konzern-Betriebsratsvorsitzender	（監査役） ・Airmail Center Frankfurt GmbH
クリスティアン・シュトレンガー（Christian Strenger） Dipl.-Kaufmann	（監査役会議長） ・The Germany Funds（USA） （監査役） ・DWS Investment GmbH
アーヒム・ファントライケ（Achim Vandreike） Bürgermeiste a.D.	（監査役） ・ABG Frankfurt Holding Wohnungsbau und Beteiligungsgesellschaft mbH（2006年6月30日まで） ・Messe Frankfurt GmbH（2006年6月30日まで） ・Frankfurter Aufbau AG（2006年6月30日まで） ・Eintracht Frankfurt Fußball AG
ペーター・ヴィヒテル（Peter Wichtel） Betriebsratsvorsitzender	（取締役会議長） ・Unfallkasse Hessen （監査役） ・gedas operational Services GmbH & Co. KG

典拠：Fraport AG, Das Top-Management der Fraport AG, in interrete sub: http://www.fraport.de, 13. 02. 2008; Fraport AG, *Geschäftsbericht 2006*.

表2-9 世界の空港ランキング（旅客数基準）

	2000年	2001年	2002年	2003年	2004年	2005年	2006年
1	アトランタ（ATL）	アトランタ（ATL）	アトランタ（ATL）	アトランタ（ATL）	アトランタ（ATL）	アトランタ（ATL）	アトランタ（ATL）
2	シカゴ（ORD）	シカゴ（ORD）	シカゴ（ORD）	シカゴ（ORD）	シカゴ（ORD）	シカゴ（ORD）	シカゴ（ORD）
3	ロスアンゼルス（LAX）	ロスアンゼルス（LAX）	ロンドン（LHR）	ロンドン（LHR）	ロンドン（LHR）	ロンドン（LHR）	ロンドン（LHR）
4	ロンドン（LHR）	ロンドン（LHR）	東京（HND）	東京（HND）	東京（HND）	東京（HND）	東京（HND）
5	ダラス（DFW）	東京（HND）	ロスアンゼルス（LAX）	ロスアンゼルス（LAX）	ロスアンゼルス（LAX）	ロスアンゼルス（LAX）	ロスアンゼルス（LAX）
6	東京（HND）	ダラス（DFW）	ダラス（DFW）	ダラス（DFW）	ダラス（DFW）	ダラス（DFW）	ダラス（DFW）
7	フランクフルト（FRA）	フランクフルト（FRA）	フランクフルト（FRA）	フランクフルト（FRA）	パリ（CDG）	パリ（CDG）	パリ（CDG）
8	パリ（CDG）	パリ（CDG）	パリ（CDG）	パリ（CDG）	フランクフルト（FRA）	フランクフルト（FRA）	フランクフルト（FRA）
9	サンフランシスコ（SFO）	アムステルダム（AMS）	アムステルダム（AMS）	アムステルダム（AMS）	アムステルダム（AMS）	アムステルダム（AMS）	北京（PEK）
10	アムステルダム（AMS）	デンバー（DEN）	デンバー（DEN）	デンバー（DEN）	デンバー（DEN）	ラスベガス（LAS）	デンバー（DEN）

注：カッコ内はIATA-Code。
典拠：Airports Council International, *Passenger Traffic 2000, 2001, 2002, 2003, 2004, 2005, 2006*より作成。

こにフランクフルトの国際線ハブとしての特徴が浮かび上がる。なお、ロンドン・ガトウィック（LGW）が8位にあるのは、LCCの拠点として近年急速に旅客を集めるに至った結果である[27]。

航空貨物においてフランクフルトは、世界の空港中8位にあるが、旅客輸送同様、2002年以降、パリ・シャルル・ド・ゴールの後塵を配すことになった。一方、国際線貨物においては、香港、ソウル、成田、アンカレッジに次ぐ位置にある。

表2-10 世界の空港ランキング（国際線旅行者、2006年度）

	空港	旅客数
1	ロンドン（LHR）	61,348,340
2	パリ（CDG）	51,889,936
3	アムステルダム（AMS）	45,940,939
4	フランクフルト（FRA）	45,697,176
5	香港（HKG）	43,274,765
6	東京（NRT）	33,860,094
7	シンガポール（SIN）	33,368,099
8	ロンドン（LGW）	30,016,837
9	バンコク（BKK）	29,587,773
10	ドバイ（DXB）	27,925,522

典拠：Airports Council International, *Statistics: The Top 10 World Airports*, July 2007.

表 2-11 世界の空港ランキング（航空貨物基準）

	2000年	2001年	2002年	2003年	2004年	2005年	2006年
1	メンフィス(MEM)	メンフィス(MEM)	メンフィス(MEM)	メンフィス(MEM)	メンフィス(MEM)	メンフィス(MEM)	メンフィス(MEM)
2	香港(HKG)	香港(HKG)	香港(HKG)	香港(HKG)	香港(HKG)	香港(HKG)	香港(HKG)
3	ロスアンゼルス(LAX)	アンカレッジ(ANC)	東京(NRT)	東京(NRT)	東京(NRT)	アンカレッジ(ANC)	アンカレッジ(ANC)
4	東京(NRT)	ロスアンゼルス(LAX)	ロスアンゼルス(LAX)	アンカレッジ(ANC)	アンカレッジ(ANC)	東京(NRT)	ソウル(SEL)
5	ソウル(SEL)	東京(NRT)	アンカレッジ(ANC)	ソウル(SEL)	ソウル(SEL)	ソウル(SEL)	東京(NRT)
6	ニューヨーク(JFK)	マイアミ(MIA)	ソウル(SEL)	ロスアンゼルス(LAX)	ロスアンゼルス(LAX)	パリ(CDG)	上海(PVG)
7	アンカレッジ(ANC)	フランクフルト(FRA)	シンガポール(SIN)	パリ(CDG)	パリ(CDG)	フランクフルト(FRA)	パリ(CDG)
8	フランクフルト(FRA)	パリ(CDG)	フランクフルト(FRA)	フランクフルト(FRA)	フランクフルト(FRA)	ロスアンゼルス(LAX)	フランクフルト(FRA)
9	シンガポール(SIN)	シンガポール(SIN)	パリ(CDG)	マイアミ(MIA)	シンガポール(SIN)	上海(PVG)	ルイヴィル(Louisville)
10	マイアミ(MIA)	ルイヴィル(Louisville)	マイアミ(MIA)	シンガポール(SIN)	マイアミ(MIA)	シンガポール(SIN)	シンガポール(SIN)

典拠：Airports Council International, *Cargo Traffic 2000, 2001, 2002, 2003, 2004, 2005, 2006*より作成。

表 2-12 世界の空港ランキング（国際線航空貨物、2006年度）

	空港	到着貨物＋発送貨物 (t)
1	香港(HKG)	3,578,991
2	ソウル(ICN)	2,307,817
3	東京(NRT)	2,235,548
4	アンカレッジ(ANC)	2,129,796
5	フランクフルト(FRA)	1,996,632
6	シンガポール(SIN)	1,911,214
7	パリ(CDG)	1,832,283
8	上海(PVG)	1,829,041
9	台北(TPE)	1,686,423
10	アムステルダム(AMS)	1,526,501

典拠：Airports Council International, *Statistics: The Top 10 World Airports*, July 2007.

この点においては、パリを凌いでいる（表 2-11、表 2-12参照）。

フランクフルトは、国際線旅客においては、ロンドン、パリ、アムステルダムと並んでヨーロッパにおける拠点空港であり、国際線貨物においては、パリとともにヨーロッパの拠点となっていることが分かる。

2.2 フランクフルト・ライン／マイン空港の基本情報

フランクフルト・ライン・マイン空港（IATA-Code: FRA）は、離着陸用に
　　北滑走路（Start- und Landebahn Nord）　延長4,000m、幅60m
　　南滑走路（Start- und Landebahn Süd）　延長4,000m、幅45m
離陸用滑走路として
　　西滑走路（Startbahn West）　延長4,000m、幅45m
を持ち、なお着陸用滑走路として
　　北西滑走路（Landebahn im Nordwesten）　延長2,800m
の建設を計画中である。

旅客用として、129の航空会社によって307の目的地、109カ国に定期便を開設しているほか、貨物用として、31の空港会社によって84の目的地、44カ国に定期便を運行している[28]。

空港へのアクセスは、ICEの乗り入れる「フランクフルト／マイン長距離列車用空港駅」（Frankfurt/Main Flughafen Fernbahnhof）によって都市間交通が確保されるとともに、地域快速（RE）、地域列車（RB）、都市近郊電車Sバーン（S-Bahn）が発着する「フランクフルト／マインローカル線用空港駅」（Frankfurt/Main Flughafen Regionalbahnhof）によってフランクフルト中心部や近郊地域への連絡が確保されている。フランクフルト・ハーン空港へは、日に19便直通バスが運行されている。ドイツにおける他の空港同様、駐車場設備も完備し、第1ターミナルに1万台、第2ターミナルには4,500台の駐車スペースがある[29]。

2.3 フランクフルト・ライン／マイン空港の空間的輸送関係

次にライン／マイン空港が旅客輸送、貨物輸送においてどの地域と結ばれているかを表2-13～表2-15によって観察する。旅客輸送対象地域は、シェンゲン協定締結国との関係が最も緊密である。それ以外では、シェンゲン協定非締結国であるヨーロッパ、北米、極東との連関が強い。ドイツ国内との関係は比較的小さい。

これを国別に見ると、アメリカ合衆国との関係が最も緊密であるが、スペイン、イタリア、イギリス、フランスなど西ヨーロッパを合計すればアメリカを凌ぐ。

表2-13　目的地域別旅客輸送割合（2007年）

地　域	比率（%）
ドイツ国内	12.4
シェンゲン地域内（ドイツを除く）	28.5
シェンゲン地域外のヨーロッパ	19.5
北アフリカ	2.2
南アフリカ	1.4
その他アフリカ	1.0
北　米	14.8
中　米	1.4
南　米	1.3
中近東	4.7
極　東	12.6
オーストラリア／オセアニア	0.2

典拠：Fraport AG, *Frankfurt Airport Luftverkehrsstatistik 2007*, p. 19.

表2-14　目的国別旅客輸送割合（2007年）

目的国	比率（%）
アメリカ合衆国	12.9
スペイン	6.4
イタリア	5.0
イギリス	4.2
フランス	3.3
トルコ	3.0
オーストリア	2.7
カナダ	2.4
インド	2.3
中　国	2.2
スイス	2.9
ギリシャ	1.9
ロシア	1.9
日　本	1.8
ポルトガル	1.6
合　計	87.9

典拠：Fraport AG, *Frankfurt Airport Luftverkehrsstatistik 2007*, p. 18.

表2-15　目的地域別貨物輸送割合（2007年）

地　域	比率（%）
ドイツ国内	1.6
シェンゲン地域内（ドイツを除く）	5.0
シェンゲン地域外のヨーロッパ	5.8
北アフリカ	0.8
南アフリカ	2.9
その他アフリカ	1.6
北　米	22.0
中　米	0.5
南　米	4.5
中近東	9.7
極　東	45.4
オーストラリア／オセアニア	0.2

典拠：Fraport AG, *Frankfurt Airport Luftverkehrsstatistik 2007*, p. 28.

アジアではインド、中国など急速に経済発展が進んだ国との関係が日本より大きい。

一方、貨物輸送においては、極東のシェアが45％を越え、北米のシェア（22％）をはるかに凌いでいる。

全体として、大陸間輸送の拠点としてのフランクフルト・アム・マインの特徴が浮かび上がるであろう。

3 フランクフルト・ハーン空港

3.1 フランクフルト・ハーン空港の基本情報

フランクフルト・ハーン空港（Flughafen Frankfurt-Hahn, IATA-Code: HHN）は、フランクフルト・アム・マインの西南西120km、ラインラント・プファルツ州ライン・フンスリュック郡（Rhein-Hunsrück-Kreis）にある「もうひとつのフランクフルト空港」である[30]。

滑走路の延長は3,045mから3,800mに延伸する計画が策定されている[31]。

旅客ターミナルの年間収容能力は、600万人まで可能であり、チェックイン・カウンターを11、搭乗ゲートを11備えている。

24時間離着陸できる空港であることから、航空貨物輸送のメリットが大きい。1999年にACL（Advanced Cargo Logistic GmbH）の航空貨物センターが設置され1万5,000トンの処理能力がある。ハーンはドイツで4位、ヨーロッパで17位、世界で85位の航空貨物空港でもある。

駐車場のスペースは合計9,700台分あり、日に100便あるバスによって、フランクフルト・アム・マイン、ケルン、ザールブリュッケン、マインツ、ハイデルベルク、ルクセンブルクなどと結ばれている[32]。

3.2 軍用空港から民間空港へ

フランクフルト・ハーン空港の前史は、1947年、フランス軍占領のもとで建設が始まり、その後アメリカ軍の軍用飛行場として利用されていた施設の民間への転用に遡る。1990年、東西冷戦の終結を契機に、ラインラント・プファルツ州にある軍用地の民間への転換が論議され、翌91年、アメリカ軍はハーン飛行場の解放を通知した[33]。

1992年、フランクフルト・ハーン飛行場開発・経営会社（Entwicklung- und Betriebsgesellschaft Frankfurt-Hahn）が設立され、この会社の優先課題は、民間用の空港を経営する認可申請をすることであった。同社への出資者＝社員（Gesellschafter）は、"das Land Rhienland-Pfalz, Landkreise Rhein-Hunsrück, Cochem-Zell, Birkenfeld und Bernkastel-Kues sowie die Verbandsgemeinde Kirchberg"と記され、州および郡を基盤とする公的企業をもって空港経営が始まった。

同空港の最初の顧客は、ドイツの大手旅行代理店 TUI Tourist Union International であった。1993年5月22日、マジョルカ島へのチャーター便によって TUI 主催のツアー客が、航空会社コンドルの飛行機に搭乗する前に、空港の整備が緊急に行われなければならなかった。すなわち、今まで公営カジノに使われていたホールは暫定ターミナル（Interimsterminal）に改装された。もっともこのターミナルは暫定措置（Zwischenerlösung）とされたにもかかわらず、その後6年間使われることになったが。また管制塔は民間の航空管制に合わせて改修され、滑走路の標識灯は解体修理されることになる。

民間による空港利用の正式認可が下りるまでの期間、個別の飛行許可によって（auf der Basis einer Sondergenehmigung）民間機の離着陸が行われた。1993年8月14日、軍用空港ハーンの民間との共用（Mitbenutzung）の認可が降りたが、民間機の利用は昼間に限られていた。翌94年4月19日、24時間飛行が認められるようになり、最初の1年間に7,000人の搭乗者がハーンを後にした。民間への空港の完全開放、24時間民間によるフル利用が実現したのは、1997年10月以降のことであった。

フランクフルト・ハーン空港が飛躍的発展を遂げる契機となったのは、以下の2点である。

(1) 1998年1月1日、フランクフルト・アム・マイン空港株式会社、現在のフラポルト株式会社がフランクフルト・ハーン有限会社に過半数の出資をするようになり、その成果が貨物輸送にまもなく現れたこと、

(2) 1999年4月には、ヨーロッパ最大のローコスト・キャリアであるライアンエアが同空港に居を構えたこと、

以上である。

2003年6月4日、ハーン空港は第2ターミナルの開業式典を行った。このときの招待客の顔ぶれは象徴的であった。すなわち、ラインラント・プファルツ州交通大臣バウクハーゲ（Hans-Arthur Bauckhage）、フラポルト社マーケティング部

長ラインハルト゠レーマン（Annegret Reinhard-Lehmann）、ライアンエアCOOコーリー（Michael Cawley）は、それぞれ空港の発展を支える機関の看板を背負っていることがわかる[34]。

表2-16 フランクフルト・ハーン有限会社の資本関係（2005年以降）

出資者	出資比率（％）
フラポルト株式会社	65.0
ラインラント・プファルツ州	17.5
ヘッセン州	17.5

典拠：Basis-Information Frankfurt-Hahn in OWF, in terrete sub: http://www.flughafen-hahn.de/default.aspx, 29. 09. 2004.

3.3 フランクフルト・ハーン空港の資本関係

2002年1月、フランクフルト・ハーン空港は資本金を350万ユーロから3,050ユーロへ増資を行い、この資金は空港の拡張に充てられることとなった。フランクフルト・ハーン有限会社の資本関係は、資本金3,050万ユーロのうち、ライン・マイン空港を所有するフラポルト株式会社が73.07％を所有し、残りの26.93％をラインラント・プファルツ州が所有することとなった。執行役員であるイェルク・シューマッヒャー（Jörg Schmacher）、アンドレアス・ヘルファー（Andreas Helfer）はいずれもフラポルト社からの派遣である。

この持分関係が、2005年の増資（資本金5,000万ユーロへ）によって表2-16のように変化する。

フラポルト社が依然として最大の株主であるが、新たにヘッセン州がラインラント・プファルツ州と同格参加することとなる。このような資本関係は、現在（2008年3月現在）も変わっていない[35]。

3.4 フランクフルト・ハーン空港と航空貨物

フランクフルト・ハーン空港に貨物定期便を開設しているのは、アエロフロート（Aeroflot）、エール・フランス・カルゴ（Air France Cargo）、エジプト・エア（Egypt Air）である。アエロフロートは、現在4機のDC-10-Fをハーンに常駐させ、ヨーロッパにおける航空貨物の拠点としている[36]。

航空貨物においてハーンへいち早く進出したのは、エール・フランス・カルゴであり、1997年に年間12万トンの処理能力を持つ貨物積み替えセンターを開設し、ハーンをドイツおよび東欧に関わる航空貨物基地とした[37]。

一方、空港設備においては、1999年にACL社（Advanced Cargo Logistic GmbH）が15万トンの貨物収容能力を有する貨物輸送センターを完成させた[38]。

2001年12月3日より、フライ・カー社（FlyCar）は、自動車メーカーの需要に応えるため、ハーン空港からスウェーデンのラップランドにあるアルヴィッツヤウル行きの貨物定期便を開始した。毎週月曜日と金曜日にアエロ・ロイド（Aero Lloyd）のエアバスA320機を運行させ、2月・3月期にはさらに水曜日に1便増便した。ヨーロッパのみならず、日本や韓国の自動車メーカーも冬期適格性テスト（Wintertauglichkeit）をスウェーデン北部において行っていることを想起したい[39]。

アエロフロートがハーンから初めてチャーター便を飛ばしたのは、2000年4月1日のことで、最初の貨物はエレクトロニクス機器および自動車部品であった。航空貨物の輸送においてハーンとアエロフロートの関係は、旅客輸送におけるハーンとライアンエアの関係同様、密接であった。ハーン空港における貨物輸送に関しては公表されているデータが少ないので、以下、報道発表における断片的資料をもとにアエロフロートの定期便と同空港の関係を論ずる[40]。

アエロフロートは、2002年3月にヨーロッパにおける貨物輸送のハブをルクセンブルクからハーンへ移動し、貨物輸送機をイリューシンからDC-10に切り替えてハーン空港に常駐させた。当時の定期便は、ハーン発モスクワ経由東京行き週1便、ハーン発オスロ、ノボシビルスク経由東京行き週2便であった。8月に2機目のDC-10を投入し、東京行き週2便、北京行き週2便となった。

アエロフロートは、2003年10月に始まる冬期運行スケジュールとともに、DC-10をさらに2機投入した。このダイヤ改正に伴い、上海行き週2便、東京経由大阪行き週1便が組まれ、また同時にモスクワ行き週3便を毎日運行する改正が行われた。

アエロフロートによって輸送されている貨物として、コンピュータ、薄型テレビ、携帯電話などの機械・器具のほか、白熊、トラ、ラマなどの動物、ノボシビルスクの児童施設用の救援物資が記録されている。東京発便にハイテク製品が積載されていたことは想像に難くないが、東京行き便には、なにが詰まれていたのであろうか。記されているのは、オスロ経由の便についてのみである。オスロ経

由便には、ノルウェー産の新鮮な鮭が積み込まれ東京に向かうこと、そのために、ハーン出発時点では、最大15トンまでしか積載せず、残りのおよそ49トンがオスロで積み込まれる、との記載がある。

このようにアエロフロートの定期便は、極東方面への輸送ルートにおいて大きな役割を果たしている。

また、チャーター便で、合計50万ボトルのボジョレ・ヌボーが日本向けに発送されたことが、2003年11月12日の報道発表でなされている。この発表を要約すると以下の通りである[41]。

アエロフロートと日通（Nippon Express）は、すでに3年間ボジョレ・ヌボーの輸送に関わってきた。今回は、1機あたり60トン、すなわち、2万5,000ボトルずつ4機のDC-10に積み込んで東京へ発送した。これに対して、近鉄（Kintetsu World Express GmbH）はキューネ・ナゲル社（Küne & Nagel）と共同で初めてハーンから東京へボジョレ・ヌボーを輸送した。従来、近鉄はパリから輸送してきたが、ハーン空港の有する膨大な発送能力と24時間利用可能な利便性を勘案し、発送空港を変更した。1機あたり120トン、すなわち12万5,000ボトル輸送できるアントノフを3機用意した。

このようにアエロフロートは定期便のみならず、チャーター便においても極東ルートが重要な意義を有している。

フランクフルト・ハーンとアエロフロートの密接な関係を、ハーンの2人の執行役員は「ハッピー・バースデー・アエロフロート　フランクフルト・ハーンにおけるアエロフロートの4年」と題する報道発表において、次のように述べた[42]。

「貨物部門の営業の成果に関して、わが社はとりわけアエロフロートに感謝しなけらばならない。この強力なパートナーとともに、わが社は国際競争力においてさらに高い地位を目指すことができる」（執行役員 Jörg Schmacher）。

「多くの空港が今年度の始めに、貨物輸送統計の低下を示している。わが社は第1四半期において著しい成長を遂げた唯一のドイツの空港である。……このことは、わが社が貨物のパートナーを当てにできることを示している」（執行役員 Andreas Helfer）。

ハーンにおける貨物取扱高は、2000年に極大値を記録した後、停滞を示したが

表2-17 フランクフルト・ハーン空港における航空貨物取扱高
(単位：トン)

年度	貨物取扱高
1996	1,275
1997	5,501
1998	133,986
1999	168,437
2000	191,001
2001	134,021
2002	138,131
2003	158,873
2004	191,114
2005	228,920

典拠：Flughafen Frankfurt-Hahn, Statistik 1996-, in Basis-Information Frankfurt-Hahn in OWF, in interrete sub: http://www.flughafen-hahn.de/default.aspx, 21.03.2008.

再び増加に転じたのは、アエロフロートの寄与が大きい（表2-17参照）。

3.5 フランクフルト・ハーン空港と旅客輸送

　フランクフルト・ハーン空港における直行定期便を目的地別に分類して、地域連関を考察する。以下、Gesamtflugplan Frankfurt-Hahn（2008年3月現在）に依拠して議論を進める。

　週7便以上設置されている地域を表2-18によって概観すると、ロンドン便が週22回設置され目的地別には最多である。しかしながら、ヘロナ、マドリード、パルマ・デ・マジョルカ、ポルト、レウス、バレンシアなどスペイン、ポルトガルの保養地と頻繁に結ばれ、これにイタリアのローマ、ミラノ、ピサ、ペスカラ、ヴェネツィア、さらにフランスのモンペリエを加えると、地中海地方への便がこの空港の中心をなしていることが分かる。

　さらに、オスロ、ストックホルム、イェテボリ、タンペレへの便によって北欧と結ばれている。東欧との連絡は、週7便以上あるのはブラチスラバに限られているが、このほかにブダペスト（週4便）、グダニスク（週4便）、リガ（週4便）、カウナス（週4便）、カトヴィーツェ（週6便）行き直行便が設置されている。

　もうひとつ、注目すべき点は、大都市への連絡がメガ空港への直行便はなく、副次的空港への連絡が一般的であることだ。ロンドンへはヒースローではなく、スタンステッドと結ばれている。ローマへはレオナルド・ダ・ヴィンチ国際空港＝フィウミチーノ空港（Aeroporto internazionale Leonardo da Vinci=Aeroporto di Fiumicino）ではなく、ジョヴァン・バッティスタ・パスティーネ国際空港＝チアンピーノ空港（Aeroporto internazionale Giovan Battista Pastine=Aeroporto di Ciampino）と結ばれる。同様の例は、ストックホルムについては、アーランダ空港ではなく、スカブスタ空港であること、オスロがガーデモエン空港ではな

くトルプ空港であること。ミラノについては、主要空港であるミラノ・マルペンサ国際空港（Aeroporto internazionalle Milano-Malpensa）（MXP）でもなければ、副次的空港であるミラノ・リナーテ国際空港（Aeroporto internazionale Milano-Linate）（LIN）でもなく、ミラノから45km離れ、ベルガモから5kmの地点にあるミラノ・オリオ・アル・セリオ空港（Aeroporto di Milano-Orio al Serio）、通称ベルガモ空港であること。さらに、ヴェネツィアにおいてもヴェネツィア・マルコ・ポーロ空港（Aeroporto di Venezia Marco Polo）（VCE）を回避し、軍用空港を民間に転用したトレヴィーゾ空港（Aeroporto di Treviso-Sant' Angelo "Antonio Canova"）（TSF）を利用している。出発地のハーン空港自体、フランクフルト・ライン／マイン空港の副次的空港であることと対応したルート設定である[43]。

表2-18 フランクフルト・ハーン空港発路線別直行定期便数：目的地別、週あたり出発便数（2009年3月現在）

	都市（空港）	便数
1	ロンドン（スタンステッド）	22
2	ローマ（チアンピーノ）	14
2	ヘロナ	14
2	ミラノ（ベルガモ）	14
5	ストックホルム（スカブスタ）	13
6	ベルリン（シェーネフェルト）	7
6	ブラチスラバ	7
6	イェテボリ	7
6	ケリ	7
6	マドリード	7
6	オスロ（トルプ）	7
6	パルマ・デ・マジョルカ	7
6	ペスカラ	7
6	ピサ	7
6	ポルト	7
6	レウス	7
6	タンペレ	7
6	バレンシア	7
6	モンペリエ	7
6	ヴェネツィア（トレヴィーゾ）	7

典拠：Gesamtflugplan Frankfurt Hahn, in interrete sub: http://www.hahn-airport.de/Gesamtflugplan.aspx, 22. 03. 2008 より作成。

このような路線ネットワークを形成する主体はなにであろうか？　表2-19によってハーン空港発直行定期便の運行会社を特定する。毎週286便運行されるフライトのうちで、277便までがライアンエアによって運行されている。上記の地中海便はもっぱらライアンエア（RyanAir, IATA-Code: FR）によることになる。残りの9便は、中東欧最大のローコスト・キャリアであるヴィズ・エア（Wizz Airways, IATA-Code: W6）によるカトヴィーツェ便（週4便）、XLエアウェイズ（XL Airways, ICAO-Code: GXL）によるアルヴィッツヤウル便（週3便）、アイスランド唯一のローコスト・キャリアであるアイスランド・エクスプレス（Iceland Express: ICAO-Code FHE）によるレイキャヴィック便（週2便）のみ

表2-19 フランクフルト・ハーン空港発直行定期便：航空会社別、週あたり出発便数（2008年3月現在）

航空会社名	航空会社コード	週あたりの便数
ライアンエア（Ryanair）	FR	277
ヴィズエア（Wizz Air）	W6	4
XL航空（XL Airways）	GXL	3
アイスランド・エクスプレス（Iceland Express）	FHE	2

典拠：Gesamtflugplan Frankfurt Hahn, in interrete sub: http://www.hahn-airport.de/Gesamtflugplan.aspx, 22. 03. 2008より作成。

である[44]。したがって、フランクフルト・ハーン空港の旅客輸送はひとえにライアンエアに依存している。

3.5.1 フランクフルト・ハーンとライアンエア

フランクフルト・ハーンをローコスト空港（Low-Cost-Airport）に転換させるきっかけとなったのは、1994年4月におけるライアンエアの進出であった。ライアンエアの最初のフライトはロンドン・スタンステッド空港への週2便である。ライアンエアはサウスウエスト・エアラインズから経営戦略を学び、ハーンはライアンエアからローコスト・コンセプトを学んだ。ライアンエアのローコスト経営モデルとは

(1) 2地点間の飛行便（Punkt-zu-Punkt-Verkehr）に特化し、長い待ち時間や高コストを惹き起こす乗り換えや長距離便を提供しない

(2) 単一の機種を配し、若い乗務員を配置する

(3) 機内サービスは有料とする

(4) チケット販売はインターネットやコールセンターを通じて行う

(5) 比較的小規模の空港を利用する

というものであった。このようなローコスト・キャリアを支援するのがフランクフルト・ハーンである。すなわち、ローコスト空港では、出発ターミナルには贅沢な調度や大理石の床は必要ではなく、搭乗用サテライトやコンピュータによる予約システムも不要である。ハーンに求められたのは、着陸から離陸まで25分で整備が行われること（いわゆるターン・アラウンド・タイムの短縮）、各機が1

日のうちに少なくとも4地点に飛び、夜間には拠点に戻ることができること、乗務員を効率よく配置し、宿泊コストを発生させないことであった[45]。

ライアンエアによるフランクフルト・ハーンのハブ化は、2002年に始まる。これに先立ち、空港側では、旅客ターミナルを拡充することを2001年7月6日、報道関係者に発表した。当時4,200m^{2}の面積をもつターミナルは、年間利用客40万人を想定していたが、120万人の利用者を収容できるように面積を2倍以上に拡大し、出発ロビーと到着ロビーの階を分離し、チェックイン・カウンターを増設する内容であった。工期は2002年初頭までとし、ライアンエアの増便に備えたのであった[46]。

フランクフルト・ハーン有限会社の執行役員であるシューマッヒャーとヘルファーは、11月の報道発表において、ハーンがライアンエアのハブになることに触れ「このことは空港発展の一里塚（ein Meilenstein）である。ライアンエアとともにローコスト輸送の頂点に立てたからである」[47]と評価した。

一方ライアンエアの側では、フランクフルト・ハーンを同社航空ネットワークのハブのひとつとすることについて、以下の広告をうった[48]。

低運賃がドイツに到着する（Low Fares Arrive in Germany）

　高い料金の航空会社であるルフトハンザがおおいにうろたえたことに、ライアンエアは2月にヨーロッパ大陸に第2の拠点を設け、すでに飛ばしている3路線に加えて、フランクフルト・ハーンから新規に7路線を開業させた。London（Stansted）、Glasgow（Prestwick）、Shanonへの既存ルートに加えてOslo（Torp）、Bournemouth、Perpignan、、Montpelier、Pisa、Pescara、Venice（Treviso）へ毎日30便運行している。

　　　　　　　　　アウフ　ヴィーダーゼーエン　ベイビー！

　フランクフルト（ハーン）を基地とする3機の新しい航空機、100人以上の新しいパイロット、客室乗務員、エンジニアとともに、最初の12カ月に150万人以上の乗客がわが社の新しいヨーロッパの基地を、われわれとともに飛び立つであろう。ドイツの消費者はすでにわが社の低運賃を気に入っている。わが社が乗り込んで以来、消費者はルフトハンザの高運賃を80％も節約しているのだ。

表2-20 フランクフルト・ハーン空港における搭乗者数

年度	搭乗者数
1996	18,000
1997	20,814
1998	29,337
1999	140,706
2000	380,281
2001	450,774
2002	1,457,527
2003	2,431,551
2004	2,760,379
2005	3,079,528

典拠: Flughafen Frankfurt-Hahn, Statistik 1996-, in Basis-Information Frankfurt-Hahn in OWF, in interrete sub: http://www.flughafen-hahn.de/default.aspx, 21. 03. 2008.

　この広告において、フランクフルト・ハーンをヨーロッパ大陸における第2の拠点としているのは、ライアンエアがすでにブリュッセルのシャルルロワ空港を拠点にしていたからであった。

　2002年2月、3月にライアンエアは、ボーイング737-800をハーンに常駐させ、今までのロンドン・スタンステッド、グラスゴー（Prestwick）、シャノン線に加えてノルウェー、イタリア、フランスへのルートを開設した。12月にはさらに2機を常駐させて新たに4路線を開設。翌2003年にはイェテボリ、ケリ線の設置によってハーン空港はライアンエアにとってヨーロッパにおける2大拠点のひとつ（ロンドン・スタンステッド空港と並び）になった。2004年にはレウス、タンペレ線を開設し、スペイン、フィンランドと結んだ。

　2005年には、7機目をハーンに常駐させるとともに、ダブリン線を開設した。このような積極的路線開設によって、2006年度においてライアンエアはハーンから27地点への直行便を有するに至った。

　ハーンにおけるライアンエアの将来計画は

（1）　2012年までに、常駐機を7機から18機にすること

（2）　ハーン空港の新しいターミナル建設に必要な資金の50%（1,200万ユーロ）を負担すること

（3）　直行定期便の目的地を50まで増やすこと

（4）　それによって、2012年には、搭乗者を800万人とすること

である[49]。

　ハーンにおけるライアンエア効果は搭乗者数の急激な増加となって現れた（表2-20参照）。

3.5.2　ライアンエア

　ライアン一族によって資本金1ポンドをもって設立され、アイルランドの弱小航空会社であったライアンエアの発展史とヨーロッパ大陸への進出については、資料2-1に記した。同社の発展は、2,000万ポンドにのぼる累積赤字を解消するためにアメリカのサウスウエスト航空をビジネスモデルとし、「低運賃、機内でのノーサービス」を実行したことによって実現した[50]。

　2000年にインターネットの予約サイトを開設して以来、ローコスト経営が軌道に乗ったのである[51]。

　ライアンエアは、伝統的な航空業界に殴りこみをかけた。このことは、同社の報道発表における激しい他社攻撃に現れた。

　伝統的な、ナショナルフラッグ・キャリアであったBAに対しては、高運賃とそれによる顧客の離反を指摘し、激しい言葉で攻撃を繰り返した[52]。ルフトハンザを引き合いにした「低運賃がドイツに到着する」と題する広告と同じ問題意識に立つ。

　一方、同じローコスト・キャリアであるイージージェットに対しては、ライアンエアは「定刻到着率」(punctuality performance)、すなわち、飛行機が目的地に定刻以前もしくは定刻から15分以内に到着した比率において、常に勝っていることを繰り返し、かつ激しく広報した[53]。

　同業他社に対する批判の激しさと並んで、行政・司法当局に対する批判においても、言葉を選ばない。「アイルランドでは交通省が、政府所有の空港による独占を保護するという誤った政策をとり続けている」[54]と政府の航空行政を批判する。また、エール・フランスを優遇するフランスの地方裁判所が、ストラスブール空港におけるライアンエアの低運賃にクレームをつけたことにより、ライアンエアがストラスブール空港を撤退し、カールスルーエ・バーデン空港にフライトを移すことになった件に次のような言及をした。この結果、ストラスブール〜ロンドン線は、高運賃のエール・フランスの独占となり、この区間の利用者は2万人から3,000人強に激減した。フライトを移したライアンエアは損失を免れ、「この事例において損を蒙ったのは、エール・フランスの高運賃を負担できず、もはやストラスブール空港を使わなくなったフランスの一般消費者、観光客だけであ

資料2-1　ライアンエアの年譜

1985年	15座席のターボプロップ1機（Bandeirante）によりアイルランド北東にあるWaterfordからLondon Gatwickへの路線を就航させた。キャビンが狭隘であるため、客室乗務員は身長が5フィート2インチ以下でなければならなかった。
1986年	Dublin-London Luton路線を就航させた。これに伴い46座席のターボプロップ2機（BAE 748）を購入した。競合路線をもつBA（British Airways）、Aer Lingusの往復運賃£209に対して、片道£99の料金であった。
1987年	最初のジェット機（BAC1-11）3機をルーマニア国営航空Taromからウエットリースで入手。これによって、Dublin発Liverpool, Manchester, Glasgow, Cardiff便およびLutton発Cork, Shannon, Galway, Waterford, Knock便に投入した。
1990/91年	コスト削減のために新たな経営陣を組織して、アメリカのサウスウエスト航空（Southwest Airlines）の経営をビジネスモデルとして「低運賃・(機内での)ノーサービス」(low fares/no frills) を標語に改革を実施した。
1995年	London-Dublin線において、最大の搭乗客数を有する航空会社となり、またアイルランドにおいてはすべての路線で最大の航空会社となる。
1997年	EUが航空業界の規制緩和を行ったのに伴い、大陸への新ルートを開設。London Stanstedから、Stockholm Skavsta, Oslo Torpへのルートおよび Dublin発Paris Beauvais, Brussels Charleroi便を開設した。ライアンエア・ホールディングスの株式をニューヨークのNASDAQ市場およびダブリン市場に上場。
1998年	ロンドン市場への上場。45機の737-800シリーズを発注。発注額は20億ドルに達した。アイルランド交通消費者委員会（Irish Transport Users Committee）からエアライン・オブ・ザ・イヤー（Airline of the Year）に選ばれた。また国際航空雑誌（International Aviation Week magazine）より最もうまく経営されている国民的航空（Best Managed National Airline）に選ばれた。
1999年	5機の737-800を投入。このころから、機材のリプレイスを積極化。
2000年	インターネット予約のサイト（ryanair.com）を開設。開設後3カ月で週あたり5万件以上の予約があった。
2001年	インターネット予約が全予約数の75％に達した。ブリュッセルのシャルルロワ空港（Charleroi）にヨーロッパ大陸の拠点を設けた。737-800を常駐させ、Dublin, London, Glasgow, Shannon, Venice, Paris, Carcassone便を開設。
2002年	フランクフルト・ハーンにヨーロッパ大陸における第2の拠点を開設。ボーイング社と長期提携関係を結んだ（ボーイングではライアンエアが2002〜10年に737-800シリーズを150機注文することを予想）。インターネット予約率が94％に達した。
2003年	ボーイング社に737-800型機、100台を発注。2月にイタリアに初の拠点（Milano Bergamo）を設けた。4月にはスウェーデンに拠点（Stockholm Skavsta）を設けた。
2004年	グーグルにおいて2003年度における最も人気のある航空会社に選ばれる。また2月にはイギリス、ヨーロッパ市場におけるイギリス人に最も好まれる航空会

社に選ばれた。ローマ（Rome Ciampino）とバルセロナ（Barcerona Girona）に新たな拠点を設けた。インターネット予約サイト（ryanair.com）による予約が98％に達した。

2005年　新たに、Liverpool John Lenonn Airport, Shannon, Pisa, Nottingham East Midlands, Cork に拠点を設け、ヨーロッパに15拠点空港を有するに至る。ボーイング737-200をすべて退役させ、737-800に置き換えた。

2007年　Alicante, Belfast, Bristol, Düsseldorf, Valencia を新たな拠点空港に加えた。
3月にIATAはライアンエアが世界最大の国際航空事業者であることを認めた。10月に創業者であるライアン博士（Dr. T. A. Ryan）が死去。

典拠：Ryanair, About Ryanair, in interrete sub: http://ryanair.com/about, 24. 03. 2008; Ryanair, *Annual Report and Financial Statement*, 1999-2006をもとに作成。

表2-21　ライアンエア搭乗者数の推移
（単位：1,000人）

年度	搭乗者数
1985	5
1990	745
1995	2,260
2000	7,002
2005	30,946

典拠：Ryanair, About Ryanair, in interrete sub: http://ryanair.com/about, 24. 03. 2008.

表2-22　ライアンエア搭乗者に占めるフランクフルト・ハーン利用者

年度	ライアンエア搭乗者のうちでフランクフルト・ハーンに離着陸した者の比率（％）
1996	0.6
1997	0.5
1998	0.6
1999	2.6
2000	5.4
2001	4.8
2002	10.8
2003	12.4
2004	11.2
2005	9.9

典拠：Flughafen Frankfurt-Hahn, Statistik 1996-, in Basis-Information Frankfurt-Hahn in OWF, in interrete sub: http://www.flughafen-hahn.de/default.aspx, 21. 03. 2008およびRyanair, About Ryanair, in interrete sub: http://ryanair.com/about, 24. 03. 2008より算出。

った」とフランスの司法当局を批判した[55]）。

ライアンエアの急成長は、搭乗者数が急激な増加を示したことによって確認できる（表2-21参照）。それでは、ライアンエアにとってフランクフルト・ハーンがどの程度の存在であろうか？　表2-22が示すように、ハーンを拠点とした2002年以降、ライアンエアの搭乗者のうちで1割が、ハーン空港を利用していることが分かる。したがって、ライアンエアにとっても、ハーン空港の存在が不可欠であり、ハーン空港がヨーロッパ大陸進出の橋頭堡としての役割を果たしていると考えられる。

2006年における定期便国際線の搭乗者数を航空会社別に見ると、ライアンエア

表2-23 定期便国際線の航空会社別搭乗者数
(2006年)
(単位:1,000人)

	航空会社	年間搭乗者数
1	ライアンエア	40,532
2	ルフトハンザ	38,236
3	エール・フランス	30,417
4	ブリティッシュ・エアウェイズ	29,498
5	KLM	22,322
6	イージー・ジェット	21,917
7	アメリカン・エアラインズ	21,228
8	シンガポール・エアラインズ	18,022
9	エミレイツ	16,748
10	キャセイ・パシフィック	16,667

典拠:IATA, Scheduled Passengers Carried, in interrete sub: http://www.iata.org/ps/publications/wats-passener-carried.htm, 16.04.2008.

が世界の航空事業において首位にあり、以下、ルフトハンザ、エール・フランス、ブリティッシュ・エアラインズ、KLM、イージー・ジェットと続く(表2-23参照)。

4 ハノーファー空港

ハノーファー空港を経営する「ハノーファー・ランゲンハーゲン空港有限会社」(Flughafen Hannover-Langenhagen GmbH)は、フラポルト社の傘下にある。

4.1 ハノーファー空港の基本情報

ハノーファー空港(IATA-Code: HAJ)は、離着陸用滑走路として、
　北滑走路(Nordbahn)　延長3,800m、幅45m
　南滑走路(Südbahn)　延長2,340m、幅45m
のほか、離陸最大重量7.5トン以下の離陸用短距離滑走路(延長780m、幅22.5m)を有し、ハノーファーの北、11kmの地点(ランゲンハーゲン)にある24時間営業の空港である。ハノーファー中央駅へはSバーンにより、約17分で到着できる。

駐車スペースは、空港内に1万3,000台収容する駐車場のほか、空港敷地外に2,900台収容する駐車場がある。

旅客ターミナルの年間収容能力は800万人、航空貨物の年間取扱能力は、およそ6万トンである。

空港内の雇用は、およそ5,200件であり、そのうち900が空港会社に雇用されている[56]。

4.2 ハノーファー空港の歴史

　ハノーファー空港の建設計画は、1950年に始まった。1951年7月、連合軍の航空局は、ハノーファー近郊に空港を建設する認可を与え、11月に延長1,680mの南滑走路の建設が始まった。わずか6カ月の工期で、1952年4月26日、空港が開設された。最初に定期便を開設したのは、BEAとSASであったが、54年までにパンナム（Pan American）、KLM、エール・フランス（Air France）が定期便を開設した。ルフトハンザが定期便を開設したのは、1956年10月のことであった。ジェット機の離着陸に対応するために、1959年には南滑走路が2,340mに延伸された[57]。

　1966年、BEAはロンドン線にジェット機トライデントを就航させた。この年、北並行滑走路が営業を開始し、1969年には、2,700mに延伸された[58]。

　1970年代には、ジャンボジェット、ボーイング747の寄港にあわせて、旅客サービスのためのインフラ整備が進行した。1971年には、1,600台以上の駐車スペースのあるP1が完成し、空港ホテル・ホリデーインが開業した。旅客ターミナルA、Bは1973年に開設した。73年にはハパーク・ロイドが整備基地を設置し、75年には空港からアウトバーンへの接続路が完成した[59]。

　1980年代にはハパーク・ロイドがハノーファーを拠点としての機能を強化したほか、年間4万トンの処理能力を持った航空貨物センターが2年の工期をかけて完成した[60]。

　1990年には、P2駐車場の操業開始によって駐車スペースが1,100台増強された。また、北滑走路が3,800mに延伸されたことによって大陸間輸送が可能となり、ハパーク・ロイドはニューヨーク線、トロント線、マイアミ線を開設した。1995年には、Sバーンの接続工事が開始し、コンドルがアジア、アフリカ、カリブ諸島への直行便を運行するに至る。第3の旅客ターミナル（Terminal C）が2年半の工期を終えて操業開始したのは、1998年であった。これによって、空港は年間800万人の旅客収容能力を備えるに至る[61]。

　2000年にはSバーンの完成によってハノーファー中央駅への接続が実現した。2004年に新しい経営者ラオウル・ヒッレ博士（Geschäftsführer Dr. Raoul Hille）

のもとで新たな経営戦略「顧客志向と顧客関係の強化」(Stärkung von Kundenorientierung und Kundenbindung)が決定された[62]。

4.3　ハノーファー空港の空間的輸送関係

ハノーファー空港がどのような空間的連関を有するからを Hannover Airport, *Direktflugplan: Linienverker Sommer 2007* を手がかりに検討する。

まず、路線別に週あたりの定期便数を分類すると表2-24のようになる。

この表から、ハノーファー空港がヨーロッパの大都市間輸送において重要な拠点となっていることがわかる。ドイツ国内のミュンヘン、フランクフルト、シュトゥットガルトのみならず、パリ、チューリッヒ、アムステルダム、ロンドン、コペンハーゲン、ブリュッセルなど西ヨーロッパの大都市とは、週に20便以上の定期便を持ち、ビジネス客需要を充足していることがうかがえる。一方パルマ・デ・マジョルカ便、アンタルヤ便は観光客用の路線と考えられる。

ハノーファー空港において、ルフトハンザのほかにも、旧ナショナルフラッグ・キャリアであるエール・フランス、現在ではエール・フランス傘下にある KLM が大きなウエイトを占めていることが分かる。同資料を詳細に検討すると、このうち、ルフトハンザは、週165の定期便を運行し、首位である。ルフトハンザ便の内訳は、フランクフルト行きが49便、ミュンヘン行きが53便で、同航空のハブへの接続が確保されているほか、シュトゥットガルトへ31便、ブリュッセルへ20便を運行する。このほか、他社の機材による共同運航便として、コペンハーゲン行き20便（SAS とコードシェア）、ロンドン・ヒースロー行き20便（ブリティッシュ・エアウェイズとコードシェア）、ウィーン行き19便（オーストリア航空とコードシェア）、チューリッヒ行き28便（スイス航空とコードシェア）があり、他国の大手航空会社との提携が進んでいる。エールフランス便はすべてパリ・シャルル・ド・ゴール行きである。同様に、KLM 便はすべてアムステルダム行きである。

このような、伝統的航空会社と並んで、TUIfly、エア・ベルリン、コンドルなど新興勢力が大きな役割を演じている[63]。

エア・ベルリンはミュンヘン線25便、ウィーン線13便、ロンドン・スタンステ

ッド線12便、チューリッヒ線11便など大手航空会社と競合する区間を運行する。ルフトハンザがロンドン・ヒースロー線を運行するのに対して、エア・ベルリンはロンドン・スタンステッド空港を足場としてコストの削減に努めている。同様に、エールフランスの運行するパリ・シャルル・ド・ゴール線に対抗するのがTUIflyによるパリ・オルリ線7便である。

　観光需要の目的地への運行を見ると、以下のようになる。パルマ・デ・マジョルカへは、エア・ベルリンが21便、TUIflyが14便、コンドルが9便であり、アンタルヤについてはTUIflyが7便、コンドルが4便、エア・ベルリンが3便であり、ローコスト・キャリアの独壇場となる。

　ハノーファー空港CEOが語るように、「国際空港の必要条件を満たす伝統的輸送とローコスト輸送のダブルシステム」[64]が、ここに実現されている。

表2-24　ハノーファー空港発路線別直行定期便数

	都市（IATA-Code）	便　数	
1	ミュンヘン（MUC）	78	
2	パリ	62	
	（CDG）	シャルル・ド・ゴール	55
	（ORY）	オルリ	7
3	フランクフルト（FRA）	49	
4	シュトゥットガルト（STR）	42	
5	パルマ・デ・マジョルカ（PMI）	44	
6	チューリッヒ（ZRH）	39	
7	アムステルダム（AMS）	34	
8	ロンドン	31	
	（LHR）	ヒースロー	19
	（STN）	スタンステッド	12
8	ウィーン（VIE）	31	
10	コペンハーゲン（CPH）	25	
11	ブリュッセル（BRU）	20	
12	マンチェスター（MAN）	19	
12	イスタンブール	19	
	（IST）	アタテュルク	15
	(SAW)	サビア・ギョクチェン	4
14	モスクワ	16	
	(DME)	ドモジェドヴォ	9
	(SVO)	シェレメーチエヴォ	7
15	アンタルヤ（AYT）	15	
16	バルセロナ（BCN）	14	
17	プラハ（PRG）	11	

典拠：Hannover Airport, *Direktflugplan: Linienverker Sommer 2007*より作成。

表 2-25 ハノーファー空港発直行定期便：航空会社別、週あたり出発便数（2007年夏スケジュール）

航空会社名	航空会社コード	週あたりの便数
Deutsche Lufthansa	LH	165
TUIfly	X3	142
Air Berlin	AB	113
Air France	AF	38
KLM	KL	34
Condor	DE	28
Swiss	LX	28
SAS	SK	26
Flybe	BE	21
Welcome Air	ZW	21
British Airways	BA	20
British Midland	BD	19
Austrian Airlines	OS	19
Turkish Airlines	TK	17
Iberia	IB	14
Czech Airlines	OK	11
Siberia Airlines	S7	10
Rossiya	FV	8
KD Avia	KD	7
Kras Air	7B	7
Aeroflot	SU	7

注：コードシェア便は、機材と乗務員を提供する航空会社のフライトとして計算。
典拠：Hannover Airport, *Direktflugplan: Linienverker Sommer 2007*より作成。

5 小　括

(1) 21世紀に入って、フランクフルト・ライン／マイン空港を経営する会社は、フランクフルト／マイン空港株式会社からフラポルト株式会社へと改組された。部分民営化によって連邦政府の持ち株は解消され、株式の公開・フランクフルト市場への上場に伴い、コーポレート・ガバナンスコードが採用された。

(2) フラポルト株式会社は、ヘッセン州とフランクフルト市自治体企業によって過半数の株式が所有されているが、ファンドによって積極的に投資対象とされている。このことは、フラポルト社が「優良企業」と投資家に認識されたことの表れであるといえよう。

(3) フラポルト株式会社は、伝統的な空港経営から顧客志向の新しいマーケティング、資産の有効活用、他の空港への投資など新しい経営方針を策定した。内外の空港に積極的に投資を行い、その中には、ハーン空港、ハノーファー空港への投資・空港経営への関与が含まれている。

(4) フランクフルト・ライン／マイン空港の空間的輸送関係において、旅客輸送は西ヨーロッパ、北米、極東のウエイトが大きい。これに対して、貨物輸送は、極東との関係が最も強く、北米との関係のほぼ2倍のウエイトを占めていることが特徴である。総じて、同空港はインター・コンチネンタル機能が大であると

いえよう。

　(5) 冷戦の終結を機に軍用空港から民間空港へ転用され、フラポルト社の関与以降、急激な発展を遂げたフランクフルト・ハーン空港は、ライアンエアの拠点空港化によってフランクフルトの副次的空港としての地位を確立した。

　(6) ライアンエアはサウスウエスト航空からローコスト経営を学び、ハーン空港はライアンエアのローコスト経営方法を空港に転用した。

　(7) ハーン空港は、24時間営業というメリットを活かして、貨物輸送においても大きな実績を残している。それは特にアエロフロートによる極東ルートが大きな役割を果たしている。

　(8) ハノーファー空港には、ルフトハンザ、エール・フランスなど伝統的な航空会社と TUI フライのようなローコスト・キャリア、エア・ベルリンのような準ローコスト・キャリアが寄航している。伝統的航空会社による都市間輸送、ローコスト・キャリアによる保養地便、両者を担当する準ローコスト・キャリアという市場のセグメンテーションがなされている。

1) Rebstock Projektgesellschaft mbH, Rebstockpark Frankfurt am Main — Herkunft mit Zukunft, in interrete sub: http://www.rebstockpark-ffm.de/rebstock.htm, 24. 02. 2008; Fraport AG, Fraport-Unternehmen-Chronik, in interrete sub: http://apps.fraport.de/fraportchronik/de/jsp/unt_chronik_banner.jsp, 24. 02. 2008; Kutscher, Markus, *Geschichte der Luftfahrt in Frankfurt am Main*, Frankfurt, 1995.
2) Fraport AG, *Geschäftsbericht 2000*, p. 6.
3) Bericht des Aufsightsrats in: Fraport AG, *Geschäftsbericht 2000 — Standortexpansion, Aufbruch und Veränderung —*, Frankfurt am Main, April 2001.
4) Fraport AG, *Geschäftsbericht 2000*, p. 6.
5) Ibid.
6) Ibid., p. 31 et 35.
7) Fraport AG, *Geschäftsbericht 2006*, p. 3.
8) Fraport AG, *Geschäftsbericht 2001*, p. 6-7.
9) Fraport AG, *Geschäftsbericht 2000*, p. 50.
10) フラポルト・コーデックスは「ドイツにおける取引所値付け会社のための政府委員会によるコーポレートガバナンス基準」(Corporate-Governance-Kodex der Regierungskommission für deutsche börsennotierte Gesellschaften) に依拠している。フ

ラポルト・コーデックスの基本的な姿勢は、Fraport AG, *Geschäftsbericht 2002*, p. 12 et Fraport AG, *Geschäftsbericht 2003*, p. 11を参照。また、本田良巳「ドイツ・コーポレート・ガバナンス・コードの概要」『大阪経大論集』第59巻第4号、2008年、をも参照。

11) Fraport AG, *Geschäftsbericht 2005*, p. 59.
12) Ibid., p. 59-61.
13) Julius Bär Holding Ltd., *Annual Report 2007*; Julius Bär Group, in interrete sub: http://www.juliusbaer.com/global, 06. 03. 2008.
14) Capital Group Companies, Timeline, in interrete sub: http://www.capgroup.com, 06. 03. 2008.
15) Artisan Funds, Artisan International Fund, in interrete sub: http://www.artisanfunds.com, 03. 03. 2008.
16) Artisan Funds, Artisan International Fund Portfolio Holdings as of 12/31/2007, unaudited.
17) Taube Hodson Stonex Partners Limited, in interrete sub: http://www.sjpp.co.uk, 05. 03. 2008.
18) Fraport AG, Basisdaten, in interrete sub: http://www.fraport.de, 01. 03. 2008.
19) Fraport AG, *Geschäftsbericht 2000*, p. 51.
20) Ibid., p. 51. Holding Unternehmenは、holding campany（持株会社）を独訳した記述であるが、しばしば有限会社の持分所有者（Gesellschafter）となることから、「持分所有会社」とした。
21) Fraport AG, *Geschäftsbericht 2000*, p. 25 et 51.
22) Ibid., p. 25.
23) ただし、ドイツにおいてもEU会社法に準拠して2004年10月8日以降に設立された企業、いわゆる「ヨーロッパ株式会社」（Societas Europaea）には、一層構造もみられる（久保寛展訳「ドイツにおけるコーポレート・ガバナンスの最近の展開」[Baum, Harald, Reform der Corporate Governance in Deutschland]『同志社大学ワールドワイドビジネスレビュー』第5巻第1号、2003年）。
24) Fraport AG, Das Top-Management der Fraport AG in interrete sub: http://www.fraport.de, 13. 02. 2008.
25) Ibid.
26) Ibid.
27) ロンドン・ガトウィックは、ライアンエアが最初に就航した空港であり（資料2－1参照）、またイージージェットもガトウィック空港を利用している（第3章参照）。
28) Fraport AG, *Zahlen, Daten, Fakten 2007 zum Flughafen Frankfurt*, April, 2007, p.

11.
29) Ibid., p. 21 et 29.
30) 前掲拙稿「もうひとつのフランクフルト空港」。
31) Frankfurt-Hahn, Pressemeldung, 30. 12. 2004.
32) Frankfurt-Hahn, Basis-Information Frankfurt-Hahn in OWF, in interrete sub: http://www.flughafen-hahn.de/default.aspx, 21. 03. 2008.
33) Offizielle Webseite des Flughafen Frankfurt-Hahn (Abk.OWF), in interrete sub: http://www.flughafen-hahn.de/default.aspx, 29. 09. 2004. 以下の記述は、Frankfurt-Hahn, Presse-Information 07-03（2003年5月21日の報道発表）における配布資料（Über zehn Jahre Flughafen Frankfurt-Hahn）による。
34) Frankfurt-Hahn, Presse-Information 10-03, 04. 06. 2003.
35) Frankufurt-Hahn, OWF, in interrete sub: http://www.flughafen-hahn.de/default.aspx, 22. 03. 2008.
36) Frankfurt-Hahn, Fracht in Bewegung — Geschäftsbereich Cargo, in Basis-Information Frankfurt-Hahn in OWF, in interrete sub: http://www.flughafen-hahn.de/default.aspx, 21. 03. 2008.
37) Ibid.
38) Ibid.
39) Frankfurt-Hahn, Pressemeldung, 30. 11. 2001. なお、フライ・カー社は、ドイツの自動車メーカーのために1999年以来アルヴィッツヤウル行きの便を運行し、すでにシュトゥットガルト、ミュンヘン、ハノーファー発の便を持っていた（http://www.fly-car.de）。
40) ここで依拠する資料はBasis-Information Frankfurt-Hahn; Frankfurt-Hahn, Presse-Information, 10. 10. 2002; Aerofloat Daten und Fakten ab Frankfurt-Hahn, 09. 24. 2003; Frankfurt-Hahn, Aktuelle Pressemeldung, 24. 09. 2003; Frankfurt-Hahn, Presse-Information 28-01, 12. 11. 2003; Frankfurt-Hahn, Pressemeldung 15-04, 06. 05. 2004である。
41) Frankfurt-Hahn, Pressemitteilung, 12. 11. 2003.
42) Frankfurt-Hahn, Pressemeldung 15-04, 06. 05. 2004.
43) Ryanair.com-Where We Fly, in interrete sub: http://www.ryanair.com/SITE/EN, 17. 03. 2008.
44) Mit drei Low-Cost-Airlines auf Erfolgskurs, Basis-Information Frankfurt-Hahn in OWF, in interrete sub: http://www.flughafen-hahn.de/default.aspx, 20. 03. 2008.
45) Frankfurt-Hahn — der erste deutsche Low-Cost-Flughafen, Basis-Information Frankfurt-Hahn in OWF, in interrete sub: http://www.flughafen-hahn.de/default.aspx, 29. 09. 2004.

46) Presse-Information, Frankfurt-Hahn, 06. 07. 2001.
47) Frankfurt-Hahn, Pressemeldung, 22. 11. 2001.
48) Ryanair, *Annual Report and Financial Statement*, 2002〔別冊〕.
49) Linienflüge ab Frankfurt-Hahn, Basis-Information Frankfurt-Hahn in OWF, in interrete sub: http://www.flughafen-hahn.de/default.aspx, 21. 03. 2008.
50) Ryanair, About Ryanair, in interrete sub: http://ryanair.com/about, 29. 09. 2004.
51) 2000年1月からウェブ上で予約を開始した成果を9月30日の報道発表において、次の内容のコメントを行った。旅行代理店が扱っていた航空券の比率は、60％から10％以下にまで低下し、8カ月が経過した現在、売上の90％が直接販売になっている。「中間（搾取）者を排除することによって」コストを削減し、一層安価な航空運賃を実現できる、と（Ryanair, Half Year Commentary & Press Release, 30. 09. 2001）。
52) Ryanair, Press Release, 12. 02. 2004, ibid., 05. 04. 2004, ibid., 14. 05. 2004, ibid., 21. 05. 2004, ibid., 09. 06. 2004 et ibid., 05. 07. 2004. 報道発表において、BAを名指しでいかに激しい修辞を繰り返したかについては、拙稿「もうひとつのフランクフルト空港」〔資料3〕を参照。
53) Ryanair, Presse Release, 19. 03. 2004, ibid., 09. 06. 2004, ibid., 14. 07. 2004, ibid., 10. 08. 2004 et ibid., 14. 09. 2004. イージージェットを批判する報道発表においては、しばしば、同社CEO、レイモンド・ウェブスター（Raymond Webster：愛称、レイ・ウェブスター）を名指しで、定刻到着率、搭乗者数、平均航空運賃においてライアンエアが勝っていることを訴えた。この点について、拙稿「もうひとつのフランクフルト空港」〔資料2〕を参照。
54) Ryanair, Half Year Commentary & Press Release, 30. 09. 2001.
55) Ryanair, *Annual Report & Financial Statements*, 2004, p. 6. カールスルーエ・バーデン空港とストラスブール空港は、国境をはさむとはいえ、同一のエウレギオ空間にあることを考慮すべきであろう（Knorts, Heike, *Ökonomische Integration und Desintegration am Oberrhein*, Frankfurt am Main et al., 2003）。
56) Hannover Airport, Flughafen-Informationen: Daten und Fakten, in interrete sub: http://www.hannover-airport.de/daten_und_fakten.html, 09. 03. 2008.
57) Hannover Aipport, Flughafen-Informationen: 1950 bis 1959, in interrete sub: http://www.hannover-airport.de/153.html, 09. 03. 2008.
58) Hannover Aipport, Flughafen-Informationen: 1960 bis 1969, in interrete sub: http://www.hannover-airport.de/153.html, 09. 03. 2008.
59) Hannover Aipport, Flughafen-Informationen: 1970 bis 1979, in interrete sub: http://www.hannover-airport.de/153.html, 09. 03. 2008.
60) Hannover Aipport, Flughafen-Informationen: 1980 bis 1989, in interrete sub:

http://www.hannover-airport.de/153.html, 09. 03. 2008.
61) Hannover Aipport, Flughafen-Informationen: 1990 bis 1999, in interrete sub: http://www.hannover-airport.de/153.html, 09. 03. 2008.
62) Hannover Aipport, Flughafen-Informationen: ab 2000, in interrete sub: http://www.hannover-airport.de/153.html, 09. 03. 2008.
63) エア・ベルリンは第3章において記述するように、準ローコスト・キャリアの範疇に属している。
64) Hannover Airport, *Geschäftsbericht 2006*, p. 4.

第3章　連邦政府と空港

　第3章では、連邦政府が出資者となっているベルリン、ケルン／ボン、ミュンヘンの空港について分析する。ベルリンの3空港のうち、すでにテンペルホフ空港は2008年に営業を停止し、テーゲル空港も2011年に閉鎖が予定され、ベルリンの空の玄関がシェーネフェルトに統合される過程が進行している。この状況に鑑み、ベルリンについては3空港の過去、現状および将来計画に言及しつつ、資本関係と空間的輸送関係を明らかにする。ローコスト・キャリアの発着が多いシェーネフェルト空港については、特にイージージェット、エア・ベルリンの経営にも触れる。

　ケルン／ボン空港については、政治空港から民間空港へと移行することによって、ローコスト・キャリアとインテグレーターのハブへと転換した過程に注目しつつ議論を進める。

　フランクフルト・ライン／マイン空港に匹敵するハブ空港へと成長したミュンヘン空港については、近年におけるその成長過程を跡付け、またルフトハンザとのコラボレーションに着目する。

1　「ベルリン空港」

1.1　ベルリン3空港の過去・現在・未来

1.1.1　ベルリン3空港の歴史

　ベルリンには、テーゲル空港（IATA-Code: TXL）、テンペルホフ空港（IATA-Code: THF）、シェーネフェルト空港（IATA-Code: SXF）が存在する。

　このうち、テンペルホフ空港は、2008年10月30日を持って、80余年にわたる同

空港の営業を終えた。最終便は21時50分発、ツィルス航空マンハイム行きのドルニエ328であった[1]。

テンペルホフ空港は、ベルリンで最も古く、創業は1924年に遡る。現在も存続する「ベルリン空港有限会社」(Berliner Flughafen Gesellschaft mbH) が創立されたのは、この時であった。1926年にはルフトハンザがチューリッヒへの定期便の運行を開始した。翌27年には地下鉄南北線から分岐したCⅡ線が空港への接続を実現した。今日、空港駅はU6線のParadestrasse駅と名称を変えている。

第2次世界大戦後、テンペルホフはソヴィエト連邦軍によって占領された後、アメリカ軍に引き渡された。ベルリン封鎖に伴い、1948年6月から1949年3月にフランクフルトと西ベルリンを結ぶ空輸 (Luftbrücke) によってテンペルホフは自由ベルリンの象徴 (Symbol für ein freies Berlin) となり、最頻時には90秒間隔で離着陸が行われたこともある。

1950年より、空港は部分的に民間利用を許され、BEA (British European Airways、後のBritish Airways)、パンナム、エール・フランスが運行された[2]。

テンペルホフは、Uバーン環状線の内部にあり、都心に最も近い立地上の優位を持つと同時に、滑走路が短く、空港設備が狭隘であるため輸送能力に限界がある (表3-1参照)。そのため、3空港のうちで利用客数が最も少なかった。

テーゲル空港の創業は1930年まで遡るが、当時はロケット発射場であり、空港として機能するよう、後に整備された。ベルリン封鎖を契機として、その当時ヨーロッパ最長の2,400m滑走路が建設された。民間航空機の利用はターミナルが建設される1960年まで、時代を下らねばならない。1973年に滑走路が3,000mに延伸され、1975年以降、BAとパンナムがテンペルホフからテーゲルへ移転した。ドイツ再統一とともにルフトハンザが、1990年に居を構えた[3]。

表3-1より明らかなように、テーゲルは旅客輸送においても貨物輸送においても、ベルリン最大の空港であるが、最大の問題は鉄道による接続がないことである。Uバーンによる空港への接続計画は幾度となく浮上したが、結局、実現しないままに終わった。

シェーネフェルト空港の前身は、1934年に設立されたヘンシェル航空機製造所 (Henschel-Flugzeugwerke) に遡る。この工場は1945年、ソビエト軍に接収され、

表3-1 ベルリン3空港の比較

	テーゲル空港 (TXL)	テンペルホフ空港 (THF)	シェーネフェルト空港 (SXF)
滑走路延長（m）	3,023×46 2,428×46	1,840×42.5 2,094×42.5	3,000×45 2,710×45
創業年	1930	1924	1934
都心からの距離	8 km	6 km	18km
年間利用旅客数（2007年、トランジットを除く）	13,345,188	390,493	6,313,343
年間航空貨物取扱高（2007年、トランジット、トラッキングを除く）(t)	14,830	538	3,870

典拠：ADV, *Monatsstatistik*, Dezember 2007; Flughafen Berlin-Schönefeld GmbH, *Zahlen-Daten-Fakten der Berliner Flughäfen*, 2006; http://www.berlin-airport.de/PubDeutsch/PubTempelhof, 27. 07. 2005 (このサイトは現在、休止している); http://www.berin-airport.de/PubDeutsch/PubTegel, 27. 07. 2005 (このサイトは現在、休止している); http://www.berin-airport.de/PubDeutsch/Pubschoenefeld, 27. 07. 2005.

1947年に民間空港へと転用され、DDR時代にはインターフルーク（Interflug）による航空機運行の拠点となった。

ドイツ再統一以降、シェーネフェルトはテーゲルへの輸送の集中によってその意義を失っていたが、21世紀に入るとイージージェット、ジャーマンウィングズなどLCCの進出によって息を吹き返した[4]。

このようなシェーネフェルトの復活は、「いばら姫の眠りから覚めた」（aus seinem Dornröschenschlaf erwacht）[5]という形容が相応しい。

シェーネフェルトは都心から最も離れた地点にある空港であるが、長距離列車、ローカル列車、Sバーンが接続しアクセスに優れている。特に、エアポート・エクスプレス（Airport Express Schönefeld）によってシェーネフェルト空港駅～ベルリン中央駅～ツォーロギッシャー・ガルテン～シュパンダウ（路線番号RB14）またはヴァンゼー（路線番号RB7）とタクト運行がなされ、利便性が高い空港となっている[6]。

1.1.2 ベルリン3空港の現状

これら3空港における搭乗者数に関して、テーゲルが他の空港を圧倒しているが、2000年以降、シェーネフェルトの成長とテーゲル、テンペルホフの低下がみ

表3-2 ベルリン3空港における搭乗者数（トランジットを除く）

年度	ベルリン3空港合計搭乗者数	テーゲル空港の比率（%）	テンペルホフ空港の比率（%）	シェーネフェルト空港の比率（%）
1992	8,920,433	74.4	9.3	16.2
1997	11,368,162	75.8	9.6	16.4
2002	12,056,578	81.5	5.0	13.3
2007	20,008,703	66.6	1.7	31.5

典拠：ADV, *Monatsstatistik*, Dezember 1992, 1997, 2002, 2007より作成。

表3-3 ベルリン3空港における搭乗者の内訳（2007年）

(単位：%)

発着地域＼空港	テーゲル	テンペルホフ	シェーネフェルト
ドイツ国内	49.4	40.0	18.6
ヨーロッパ（ドイツを除く）	47.6	59.4	76.7
（シェンゲン協定国）	(30.9)	(58.2)	(35.8)
ヨーロッパ以外	3.0	0.0	4.8
合　計	100.0	100.0	100.0

典拠：ADV, *Monatsstatistik*, Dezember, 2007より作成。

られるようになった。1990年代に、テーゲルのシェアーはおよそ75%であったが、2007年には67%へと低下した。テンペルホフに至っては、9%台から2%以下へとシェアーを低下させた。これに対してシェーネフェルトの比率はおよそ16%から31%を超えるまでに成長してきた（表3-2参照）。

目的地別に搭乗者を見ると、シェーネフェルトは国内線の旅客が極端に少なく、ヨーロッパ線の比率が極めて高い。これに対してテンペルホフ、テーゲルにおいては国内線の利用者も多数存在している（表3-3参照）。

ベルリンの空港を飛び立つ定期便の目的地について地域別に観察すると、テーゲルとシェーネフェルトはほぼ同じ傾向を示し、前者の北米線と後者の中南米線の住み分けが、唯一の違いである。これに対して、テンペルホフは、ヨーロッパの範囲での運行に留まっており、また対象とする目的地も多くはない（表3-4参照）。

LCCの運行に関しては、目的地数においてシェーネフェルトが際立って多い。特に、ドイツを除くヨーロッパの目的地49ヵ所にLCCはシェーネフェルトを起

表3-4　ベルリン3空港発直行定期便の目的地（2006年）

	テーゲル	テンペルホフ	シェーネフェルト
直行便目的地総数	106（39カ国）	14（7カ国）	101（37カ国）
国内線目的地数	9	8	5
ヨーロッパ線目的地数	86	6	82
中近東線目的地数	3		2
アフリカ線目的地数	6		9
北米線目的地数	2		
中南米線目的地数			3

典拠：Flughafen Berlin-Schönefeld GmbH, *Zahlen-Daten-Fakten der Berliner Flughäfen*, 2006.

表3-5　ベルリン発LCC直行便の目的地（2006年）

	テーゲル	テンペルホフ	シェーネフェルト
直行便目的地総数	28（12カ国）	4（3カ国）	54（22カ国）
国内線目的地数	8	2	5
ヨーロッパ線目的地数	20	2	49

典拠：Flughafen Berlin-Schönefeld GmbH, *Zahlen-Daten-Fakten der Berliner Flughäfen*, 2006.

表3-6　ベルリン3空港における航空貨物取扱高（トランジット、トラッキングを除く）

年度	ベルリン3空港合計航空貨物取扱高（t）	テーゲル空港の比率（％）	テンペルホフ空港の比率（％）	シェーネフェルト空港の比率（％）
1992	22,195	74.2	4.5	21.1
1997	33,780	56.3	0.7	42.8
2002	26,367	56.0	1.8	37.7
2007	19,238	77.0	2.7	20.1

典拠：ADV, *Monatsstatistik*, Dezember 1992, 1997, 2002, 2007より作成。

点に運行されている点に注目したい（表3-5参照）。

　ベルリンの空港を利用する航空貨物は、他の空港と比較して決して多いとはいえない（第1章参照）。これら3空港のなかでは、テーゲルが現在でも70％を超えるシェアーを保っている（表3-6参照）。

1.1.3　ベルリン3空港の未来

　1996年、ベルリン州、ブランデンブルク州および連邦政府は「ベルリン／ブランデンブルク国際空港」（der internationale Flughafen für Berlin und Brandenburg, BBI）（geplante IATA-Code: BER）をシェーネフェルトに建設し、テーゲ

ルとテンペルホフを閉鎖する決定をした。2000年には、シェーネフェルト空港近隣の自治体に対して計画資料を提示する第1回住民説明会を行い、2001年には民間の反対者および公共の利害関係者から意見聴取を行った。2006年3月16日、連邦行政裁判所は、シェーネフェルト空港を首都空港BBIへと発展的に解消することを認める決定をした[7]。

当初、会社側では、テーゲルは新空港の完成時に閉鎖し、テンペルホフは2004年10月31日に業務を終了する予定であった。テンペルホフの閉鎖は、ベルリン上級行政裁判所による仮決定で、2004年の閉鎖は見送られた[8]。

変更後の年次計画では、2008年にテンペルホフを閉鎖し、2011年にテーゲルを閉鎖するとともに、BBIの操業を開始するようになった[9]。

BBIは、エアバスA-380に完全に対応できる滑走路と誘導路、ターミナルを設置する。計画の概要は以下の通りである[10]。

(1) 現在970haであるシェーネフェルト空港の総面積を1,470haに拡張する[11]。

(2) ミットフィールド・ターミナルビル（Midfield Terminalgebäude）が、2つの平行滑走路の間に建設され、平行滑走路の間隔は1,900mとなり、それぞれ独立に運用する[12]。

(3) ミットフィールド・ターミナルは6層構造となり、創業時点において22万〜25万人の収容能力を持つ。

(4) シェーネフェルト空港の北滑走路の閉鎖。

(5) シェーネフェルト空港の南滑走路を3,000mから3,600mへと延伸し、新北滑走路（BBI Nordbahn）とする。

(6) 新規に4,000m滑走路を建設して新南滑走路（BBI Südbahn）とする。

(7) BBIは65機以上を収容するエプロン（Flugzeg-Abstellposition）を備える。

(8) 国内線からユーロッパ線、インターコンチネンタル線へのトランジットは中央ターミナルの一つ屋根の下で行えるようにする（One-Roof-Konzept）。

(9) 付帯設備を除いた新空港自体の建設費は20億ユーロとする。

図 3-1　ベルリン空港有限会社

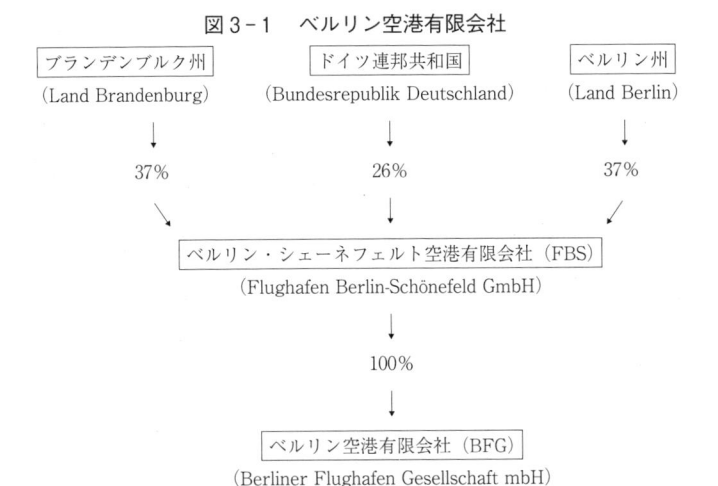

```
  ブランデンブルク州          ドイツ連邦共和国              ベルリン州
 (Land Brandenburg)    (Bundesrepublik Deutschland)    (Land Berlin)
        ↓                        ↓                         ↓
       37%                      26%                       37%
         ↘                       ↓                       ↙
              ベルリン・シェーネフェルト空港有限会社（FBS）
                 (Flughafen Berlin-Schönefeld GmbH)
                              ↓
                            100%
                              ↓
                    ベルリン空港有限会社（BFG）
                (Berliner Flughafen Gesellschaft mbH)
```

典拠：Berliner Flughafen, Verwaltung, in interrete sub: http://www.berlin-airport.de?DE/UeberUns/DasUnternehmen/Geschaeftsfuerung, 21. 03. 2008.

新空港へのアクセスを確保するために

(1) 鉄道のBBI駅は6線からなる3ホーム設置して、ターミナルへ直結する。現在運行されているエアポート・エクスプレス（都心まで30分）のほかに、都心まで20分で到着できる特別快速エアポート・シャトルを運行する、

(2) Sバーン、バスのフリークエント・サービスを行う、

(3) ドイツ鉄道がBBI駅を路線網に組み入れ、ローカル列車、遠距離列車を運行して、特にポーランド、チェコへの直通連絡を行い、ICEの乗り入れを実現する、

(4) アウトバーンA113と空港を直接接続する、

(5) 連邦道路96aを4車線として、ポツダムへの連絡を容易にする

等の改善がなされる。

1.2　「ベルリン空港」の資本関係と会社組織

ベルリン空港は、連邦政府が出資する3空港のひとつである。ブランデンブル

表3-7　ベルリン空港有限会社の正規従業員数

空港＼年度	2000	2001	2002	2003	2004	2005	2006
シェーネフェルト	609	623	622	624	680	720	750
テーゲル	617	613	614	617	559	539	537
テンペルホフ	341	328	313	291	258	242	232
合　計	1,567	1,564	1,549	1,532	1,497	1,501	1,510

典拠：Flughafen Berlin-Schönefeld GmbH, *Zahlen-Daten-Fakten der Berliner Flughäfen 2006*, p. 26.

ク州とベルリン市が等分出資する37％に加えて、連邦政府が26％の持分を有するベルリン・シェーネフェルト空港有限会社（FBS）は、ベルリン3空港を運営するベルリン空港有限会社（BFG）の持ち株会社の形態をとり、空港従業員はベルリン空港有限会社によって雇用されている。

ベルリン空港有限会社における正規雇用従業員の空港別配置を、表3-7によって確認すると、2000年以降、総従業員数に大きな変動がないにもかかわらず、テーゲル、テンペルホフからシェーネフェルトへの移動が始まっていることが分かる。ベルリン・ブランデンブルク国際空港への統合がすでに開始されている動きといえよう[13]。

ベルリン・シェーネフェルト空港有限会社（FBS）の監査役は表3-8のようになっている。ベルリン市州から4名、ブランデンブルク州から4名、連邦政府から2名、それに労働側から5名が選出されている。

執行役員は、表3-9に示したライナー・シュヴァルツ博士とマンフレット・ケルトゲンの2名、である。

1.3　ベルリン3空港における空間的輸送関係

以下において、『2007／2008年版、冬期ダイア』（Berliner Flughäfen, *Flugplan, Winter 2007/2008*）を手がかりに、ベルリン3空港の空間的輸送関係を分析する。

ベルリンから就航しているルートを見ると、西ヨーロッパの大都市が上位に並ぶ（表3-10参照）。特にシュトゥットガルト、ケルン／ボン、ミュンヘンなどドイツ西部、南部と密接な繋がりが見られ、これに次いで、ブリュッセル、ロンドン、フランクフルト・アム・マイン、デュッセルドルフ、パリと結ばれている。

表3-8 ベルリン空港有限会社監査役（2008年9月現在）

選出母体	氏　名	
ベルリン州代表 (Vertreter des Landes Berlin)	クラウス・ヴォヴェライト（Klaus Wowereit）	(Regierender Bürgermeister von Berlin)
	クラウス・タイヘルト（Klaus Teichert）	(Staatssekretär, Senatsverwaltung für Finanzen)
	ヘラルト・ヴォルフ（Herald Wolf）	(Senator, Senatsverwaltung für Wirtschaft, Arbeit und frauen)
	ミヒャエル・ツェーデン（Micheal Zehden）	(Geschäftsführer, A-Z Hotelmanagement und Beratungs GmbH & Co.KG)
ブランデンブルク州代表 (Vertreter des Landes Brandenburg)	マティアス・プラツェック（Matthias Platzeck）	(Ministerpräsident, Landesregierung Brandenburg)
	ウルリヒ・ユンクハンス（Ulrich Junghanns）	(Minister, Ministerium für Wirtschaft des Landes Brandenburg)
	ライナー・シュペール（Rainer Speer）	(Minister, Minsterium der Finanzen des Landes Brandenburg)
	ギュンター・トロップマン（Günter Troppmann）	(Vorstandsvorsitzender, Deutsche Kreditbank AG)
連邦政府代表 (Vertreter des Bundes)	エンゲルベルト・リュトケ・ダルトルップ博士（Dr. Engelbert Lütke Daldrup）	(Staatssekretär, Bundesministerium für Verkehr, Bau- und Wohnungswesen)
	ヘンリー・B．コルデス（Henry B. Cordes）	(Ministerialdirektor, Bundesministerium der Finanzen)
労働者代表 (Arbeitnehmervertreter)	ホルガー・レスラー（Holger Rößler）	(Gewerkschaftssekretär ver.di. Bezirk Berlin)
	ハンス＝ヨアヒム・ビュヒナー（Hans-Joachim Büchner）	(Betriebsrat FBS, FBS GmbH)
	クラウディア・ハインリッヒ（Claudia Heinrich）	(Betriebsrat FBS, FBS GmbH)
	フランツィスカ・ハンマーマイスター（Franziska Hammermeister）	(BFG mbH, Abteilung Projekte & DEV)
	スフェン・ムンソニウス（Sven Munsonius）	(Betriebsrat BFG, BFG mbH)

典拠：Berliner Flughäfen, Aufsightsrat der FBS, in interrete sub: http://www.berlin-airport.de/DE/UeberUns/Dasunternehmen/Aufsichtsraete, 13. 01. 2009.

　ベルリンの立地を背景にモスクワへも週87便が運行されている。

　ベルリン3空港における利用頻度の高い上位5社について、出発便の運行状況を検討する。

表3-9　ベルリン・シェーネフェルト空港有限会社およびベルリン空港有限会社執行役員

ライナー・シュヴァルツ博士（Dr. Rainer Schwarz）	（Sprecher der Geschäftsführung und kaufmännischer Geschäftsführer）
マンフレット・ケルトゲン（Manfred Körtgen）	（Geschäftsführer Betrieb/BBI）

典拠：Berliner Flughäfen, Geschäfsführung, in interrete sub: http://www.berlin-airport.de/DE/UeberUns/Das Unternehmen/Geschaeftsfuerung, 13. 01. 2009.

表3-10　ベルリン3空港における旅客輸送
～出発便目的地と週便数～

	目的地	便数
1	シュトゥットガルト	300
2	ケルン／ボン	299
3	ミュンヘン	202
4	ロンドン	179
5	ブリュッセル	163
6	フランクフルト・アム・マイン	157
6	デュッセルドルフ	157
8	ウィーン	115
9	パ　リ	100
10	モスクワ	87
11	ニュルンベルク	85
12	コペンハーゲン	81
13	マンハイム	70
14	チューリッヒ	64
15	ミラノ	60
16	パルマ・デ・マジョルカ	54
17	マドリード	47
18	ストックホルム	45
19	アムステルダム	40
20	メミンゲン	37
21	バルセロナ	36
22	ローマ	34
23	ニューヨーク	33
24	バーゼル	31
25	オスロ	29
25	ブダペスト	29
27	カールスルーエ／バーデン・バーデン	28
28	ダブリン	26
29	ルクセンブルク	24
30	ブリストル	23
31	ワルシャワ	22
32	ヘルシンキ	21
33	リ　ガ	20

典拠：Berliner Flughäfen, *Flugplan*, Winter 2007/2008より作成。

ルフトハンザは週あたりの便数が最も多く、814便を運行している。ミュンヘン、フランクフルトという同社のハブ空港への接続便と並び、シュトゥットガルト、デュッセルドルフ、ケルン／ボン、ニュルンベルクへの国内便が上位を占め、それに次いでチューリッヒ、ウィーン、ブリュッセル、パリなど西ヨーロッパの大都市への直行便が運行されている。ルフトハンザはテーゲルを起点としているために、3空港における搭乗者比較においても、テーゲルが優位にある。

　ルフトハンザに次いで週あたり出発便数が多数を占めるのがエア・ベルリンである。エア・ベルリンはLCCのひとつと考えられているが、航空運賃は伝統的大手航空会社とLCCの中間に設定されている。出発地点はルフトハンザと同様、テーゲ

ルである。エア・ベルリンの出発便数は692に達している。ミュンヘンを筆頭にシュトゥットガルト、ケルン／ボン、デュッセルドルフ、ウィーン、ロンドン、フランクフルト、ニュルンベルクなど内外の大都市間連絡が上位を占めるが、代表的な保養地、パルマ・デ・マジョルカ行きが週49便運行されていることから、ビジネス客のみならず観光客をも射程に入れたルート設定である点が特徴である。なお、ロンドン便がスタンステッド（STN）行きであるところに、大手ルフトハンザとの差別化が見られる。また、テーゲル〜カールスルーエ／バーデン・バーデン線は同社による独占的運行となっている。

表3-11　ベルリン空港におけるルフトハンザ出発便

利用空港　テーゲル	出発便総数　週814便
目的地	週あたり便数
1　ミュンヘン	165
2　フランクフルト	122
3　シュトゥットガルト	105
4　デュッセルドルフ	97
5　ケルン／ボン	73
6　ニュルンベルク	57
7　チューリッヒ	49
8　ウィーン	46
9　ブリュッセル	44
10　パリ・シャルル・ド・ゴール	30

典拠：Berliner Flughäfen, *Flugplan*, Winter 2007/2008より作成。

表3-12　ベルリン空港におけるエア・ベルリン出発便

利用空港　テーゲル	出発便総数　週692便
目的地	週あたり便数
1　ミュンヘン	101
2　シュトゥットガルト	79
3　ケルン／ボン	62
4　デュッセルドルフ	61
5　パルマ・デ・マジョルカ	73
6　ウィーン	49
7　ロンドン（STN）	33
8　フランクフルト	32
9　ニュルンベルク	29
10　カールスルーエ／バーデン・バーデン	28

典拠：Berliner Flughäfen, *Flugplan*, Winter 2007/2008より作成。

　運行頻度3位のイージージェットは、シェーネフェルトを起点に週331便を持つ。イングランド系の航空会社であるため、イングランド、アイルランドへの定期便を多数運行しているが、フランス、スイス、スペイン、イタリアの大都市に多角的に接続している。目的地となる大都市の空港では、主要空港ではなく、副次的空港を利用するところにLCCとしての特徴が見られる。ロンドンのルートン（LTN）、ガトウィック（LGW）、パリのオリ（ORY）、ミラノのマルペンサ（MXP）、ローマのチアンピーノ（CIA）などがそれにあたる。シェーネフェル

表3-13 ベルリン空港におけるイージージェット出発便

	利用空港	シェーネフェルト	出発便総数	週331便
		目的地		週あたり便数
1		ロンドン (LTN)		35
2		パリ (ORY)		31
2		バーゼル・ミュールーズ・フライブルク		31
4		ブリストル		18
4		ミラノ (MXP)		18
6		ロンドン (LGW)		17
7		バルセロナ		16
7		マドリード		16
9		ローマ (CIA)		15
10		グラスゴー		12
10		リヴァプール		12

典拠：Berliner Flughäfen, *Flugplan*, Winter 2007/2008より作成。

ト～ロンドン (LTN) 線、シェーネフェルト～パリ (ORY) 線、シェーネフェルト～バーゼル線、シェーネフェルト～ブリストル線、シェーネフェルト～ロンドン (LGW) 線、シェーネフェルト～ローマ (CIA) 線、シェーネフェルト～グラスゴー線、シェーネフェルト～リバプール線はイージージェットにより独占的に運行されている。

　イージージェットに次いで就航路線の多い、TUIフライ（表3-14参照）およびジャーマンウィングズ（表3-15参照）は、いずれもケルン／ボン、シュトゥットガルトと結んでいる。前者はこのほか、メミンゲン線を運行し、後者はミュンヘン、ツヴァイブリュッケンと結んでいる。

1.4　イージージェットとドイツ航空市場

1.4.1　イージージェットの創立とビジネスモデル

　イージージェットは、イギリスとキプロスに国籍を持つステリオス (Haji-Ilannou Stelios) によって創立された。ステリオスは、海運会社ステルマ・タンカーズ (Stelmar Tankers) を設立以降、1995年にイージージェットを立ち上げ、1998年からはイージー・ブランドのもとに、ベンチャー企業グループを展開し、インターネットカフェ (easyinternetCafe)、レンタカー (easyCar)、個人金融 (easyMoney)、インターネット・ポータルとメールサービス (easy.com)、旅行 (easy intercity travel service)、音楽配信 (easyMusic)、ローコスト映画館 (easyCinema)、ホテル (easyHotel)、クルージング (easyCruise)、デリバリー (easyPizza)、固定電話 (easyTelecom)、移動電話 (easyMobile)、男性用化粧品 (easy4Men) などの事業を展開してきた[14]。

イージージェットのウェブサイトは、「伝統的な航空会社に特徴的である不必要なコストと飾り（frills）を削減することによってローコストを維持するために」として、以下のコンセプトを掲げる15)。

(1) インターネットを利用して流通経費を削減（Use of the Internet to reduce distribution costs）

(2) 物的資産活用の最大化（Maximise the untilization of the substantial assets）

表3-14　ベルリン空港におけるTUIフライ出発便

利用空港　テーゲル	出発便総数　週216便
目的地	週あたり便数
1　ケルン／ボン	98
2　シュトゥットガルト	53
3　メミンゲン	37
4　ザルツブルク	8
5　ヴェネツィア（VCE）	6
6　クラーゲンフルト	4

典拠：Berliner Flughäfen, *Flugplan*, Winter 2007/2008より作成。

表3-15　ベルリン空港におけるジャーマンウィングズ出発便

利用空港　シェーネフェルト	出発便総数　週182便
目的地	週あたり便数
1　シュトゥットガルト	64
2　ケルン／ボン	62
3　ミュンヘン	34
4　ツヴァイブリュッケン	16
5　モスクワ（VKO）	6

典拠：Berliner Flughäfen, *Flugplan*, Winter 2007/2008より作成。

(3) チケットレス旅行（Ticketless travel）
(4) ノー・フリーランチ（No free lunch）
(5) 空港の効率的利用（Efficient use of airports）
(6) ペーパーレス業務（Paperless operations）

このコンセプトにおいて、(1)に関しては、1998年にインターネットによるチケット販売を開始し、2005年までに航空券販売の95％がインターネット経由となった。(2)において「物的資産」とは、航空機を指す。(3)は、利用者がインターネットを通じて予約した際、予約内容がeメイルによって返信され、チケットを発行しないことをいう。(4)において「ノー・フリーランチ」（ただ飯は食わせない）とは、機内食、機内飲料は有料であることをいう。(5)の「空港の効率的利用」とは、寄航から離陸までの時間（turnaroud time）を30分としていることを意味する。(6)において企業の業務、管理がIT化されていることを示す。

以上のコンセプトは、以下に述べるビジネスモデルを創りだした[16]。
(1) 密度の濃い2地点間ネットワーク
　・大きな集客力を持った地域を抱える大空港を結ぶ
　・フリークエント・サービス
　・ビジネス旅行客と余暇利用客にとって魅力的
(2) 強力で目に見えるブランド
　・消費者への（ブランドの）強力な浸透
　・革新的、効率的な広告によるサポート
(3) ダイナミックな運賃
　・単純な運賃構造、予約が早ければ早いほど支払いが少ない
　・同一路線で最低の運賃をめざす
　・需要主導のマネジメント
(4) 100％の直販
　・イージージェットは仲介業者にコミッションを払わない
　・90％以上をオンラインで販売
(5) 航空機の高度な活用
　・大型、近代的、効率的、比較的環境にやさしい航空機
　・エアバスA319を導入して、旧世代のボーイング737を引退させることによって、汎用性を増し、複雑性を減らす
　・高度に資産（航空機）を活用してユニットコストを引き下げる
(6) スケール・メリット
　・高成長を維持する秘訣は業務においてスケール・メリットを生かすこと
　・このことによって成長の限界費用も低減できる
　・スケール拡大によって経済性が増す

以上のビジネスモデルはライアンエアと類似した点が多いが、最も際立った相違は、「われわれのビジネスモデルは、ライアンエアがヨーロッパ大陸に拠点を築いた比較的小規模な公的所有下にある空港には依存しない。対照的にイージージェットは、大都市にある大空港を利用している。」[17]という指摘に端的に表現されている。ライアンエアがフランクフルト・ハーンをヨーロッパ大陸におけるハ

表3-16 イージージェットの機種保有計画

	Airbus 319	Boeing 737-700	Boeing 737-300	合計
2003年9月30日現在	1	27	46	74
2004年9月30日	21	33	38	92
2005年9月30日	55	32	21	108
2006年9月30日	86	32	8	126
2007年9月30日	117	32	0	149

典拠：easyJet. *Preliminary Results 2004 for the 12 months to September.*

ブとしていることに対して、後述するようにイージージェットがベルリン・シェーネフェルトを拠点とする理由が明確である。とはいえ、実際には後に「比較的小規模な公的所有下にある」ドルトムント空港を拠点化することから、この原則は遵守されているとはいえない。

　両社の違いはむしろ航空機材の相違であろう。ライアンエアはボーイングを主力機種としているが、イージージェットはエアバスを積極的に導入している。ボーイングからエアバスへの転換計画を、イージージェットは2004年に表3-16のように公表した[18]。

　イージージェットがボーイングからエアバスへの機材転換を図った背景には、航空機自体の特性以外にも重要な点があった。環境の変化によって企業成長が減速したり加速した場合に、納期について柔軟に対応することをエアバスが受け入れているからである。事実すでに契約済みの航空機のうち、3機のA319については購入時期を2008会計年度に延期しているが、エアバス社に対する追加的支払いは発生しなかった。なお、エアバスを主力機種とするにあたり、新たな乗務員の採用と訓練のために2004会計年度に640万ポンドの経費を計上した[19]。

1.4.2　イージージェットのドイツ市場参入

1.4.2.1　企業買収によるドイツ市場参入の試み

　2002年5月8日、イージージェット社（easyJet plc）とブリティッシュ・エアウェイズ社（British Airways plc）は、イージージェットがブリティッシュ・エアウェイズ（BA）のドイツ法人子会社ドイチェ・ブリティッシュ・エアウェイズ（Deutsche BA、以下DBAと略記）を買収するオプションを得ることについ

て合意を得たことを発表した。この合意内容は、以下のように整理できる。

(1) イージージェットに、2003年3月31日までに随時、DBAを買収する権利が与えられ、この期限はイージージェットによって2003年7月3日まで延期することができる。

(2) イージージェットは、DBAがローコスト航空モデルに転換するのを援助するために、3名のマネージャーを派遣し、500万ユーロの資金を供与し、オプションの行使に至るまで毎月追加的に60万ユーロを資金供与する。

(3) イージージェットがオプションを行使した場合には、さらに3,000万ユーロから3,900万ユーロの範囲でBAに支払う（その金額は、オプション行使の時期による）。

またDBAの現状について、2001年3月31日までの会計年度において、3億4,400万ユーロの売上を計上し、300万人以上の年間搭乗者を数えていること、ドイツ国内に定期便を7路線持ち、ボーイング737-300を16機保有し、従業員がおよそ800人であることが指摘された。イージージェットCEO、レイ・ウエブスターが特に強調したのは、「ドイツはヨーロッパ市場において最大の国内市場であるが、イギリスと比べてローコスト航空会社の供給が貧弱である。したがってドイツ市場はローコスト航空会社にとってヨーロッパの中心市場へと発展する潜在能力があり、わが社はその発展の一翼を担いたい」という点であった[20]。

このオプション契約の期限が近づいた2003年3月18日、イージージェットはこの契約を破棄すると発表した。その際、越えられないハードル（insurmountable hurdle）であるとした点は

(1) ドイツの労働関連の法律が硬直的であるために、中心となるスタッフの雇用条件が受け入れられないこと

(2) DBAを含め、ドイツ市場におけるすべての航空会社のパフォーマンスが悪化し、その主たる要因がルフトハンザによるアグレッシブな価格戦略であること

である[21]。

この間、イージージェットはDBA関連で支払われた経費として2002会計年度

に910万ポンド、2003会計年度に780万ポンドを計上した[22]）。

1.4.2.2　ドイツ市場への本格的参入

　イージージェットが、DBA買収を断念した後、再びドイツ市場へ参入する動きをみせたのは、2003年11月3日の記者会見においてであった。この日、CEOレイモンド・ウエブスターは、ベルリン・シェーネフェルト空港に永続的拠点を置き、6カ国、11路線を就航させることを発表した。この報道発表は、連邦交通省事務次官（Tiro Braune）、ベルリン・シェーネフェルト空港有限会社筆頭執行役員（Dieter Johannsen-Roth）、ブランデンブルク州首相（Mathias Platzeck）、ベルリン市長（Klaus Wowereit）が同席して行われた。ウエブスターは「われわれはDBAを分析してドイツ市場について多くのことを知った。ベルリンがすでにヨーロッパで最も魅力的な寄港地であることは明らかである。ドイツ経済が成長を取り戻し、2004年にはEUが東方へ拡大すると、ベルリンは文化的にもビジネスにおいても将来の大きな成長市場のひとつになるであろう」と述べ、就航される以下の路線を公表した。

　　ベルリン→ロンドン・ルートン（日3便）
　　ベルリン→パルマ・デ・マジョルカ（日2便）
　　ベルリン→コペンハーゲン（日2便）
　　ベルリン→パリ（オルリまたはシャルル・ド・ゴール）（日2便）
　　ベルリン→リヴァプール（日1便）
　　ベルリン→ブリストル（日1便）
　　ベルリン→ニューカッスル（日1便）
　　ベルリン→アテネ（日1便）
　　ベルリン→ニース（日1便）
　　ベルリン→バルセロナ（日1便）
　　ベルリン→ナポリ（日1便）

　予約開始時点の運賃は片道、税金・手数料込みで25ユーロとした[23]）。

　この共同記者会見において、ウエブスターは、さらに「これは始まりにすぎない。次年度中にわれわれは、ベルリンにさらに多くの飛行機を常駐させ、さらに

多くの従業員を雇い、もっと多くの路線を就航させ、ベルリン市をオレンジ色に染め、ベルリンのローコスト航空のナンバーワンになる」と付け加えた[24]。

　この言葉を裏切ることなく、翌年2月には、さらにベルリン・シェーネフェルトを起点とする路線にバーゼル線（日2便）、ブダペスト線（日1便）を追加することも公にし、東欧市場への進出をも図った[25]。

　イージージェットが進出する以前にベルリン・シェーネフェルトに定期便を運行していたローコスト・キャリアは、ジャーマンウイングズ——ケルン／ボン、シュトゥットガルトと連絡——、イタリアのヴォラーレ（Volare）——ローマ、ミラノ、ヴェネツィア、フランクフルト・ハーンと連絡——、オランダのヴィー・バード（V BIRD）——デュッセルドルフ・ヴィーツェと連絡——の3社および期間限定でロンドン・スタンステッド線片道39ユーロを就航させたKLM系列のバズ（Buzz）であり、これらの航空会社の路線網は限られ，シェーネフェルトを拠点空港とすることはなかった[26]。

　したがって、イージージェットの進出は空港にとってのみならず、ベルリン市、ブランデンブルク州にとってもメリットが大きかったことは、イージージェットがシェーネフェルトを拠点化する発表が、前述のように「共同記者会見」（gemeinsame Pressekonferenz）で行われたことに伺われる。その際、空港側はどのような発表を行ったのであろうか。

　空港の筆頭執行役員ヨハンセン＝ロート（Dieter Johannsen-Roth）が会見において述べたことを要約すれば、次のようになる。

（1）　シェーネフェルト空港のターミナル設備の3分の1に相当するターミナルB全体を長期的にイージージェットに貸与するということは、共通の成果を望みつつ、空港の負担なしで利益を追求するパートナーをイージージェットに見出したという確信に基づいて行った決定であること。

（2）　イージージェットによって空港の利用者数がわずか2年で倍増することが期待できること。

（3）　航空機の常駐によって1機あたり100人の雇用が生み出され、それをイージージェットはベルリン・ブランデンブルク地域で募集すること。さらに周辺地域を含め、搭乗者100万人ごとに1,000人の直接・間接の新

たな雇用が期待できること、

以上である[27]。

イージージェットがシェーネフェルト空港を拠点とする第1便が飛び立った日（2004年4月28日）、ヨハンセン＝ロートは「われわれは、新しい航空会社とともに、シェーネフェルト空港をベルリン・ブランデンブルク国際空港へと拡張する経済的基盤を創りだしている」と述べた[28]。

前年末に発表した路線が次々と就航するなか、イージージェットは東欧への新規路線を矢継ぎ早に発表した。その中には、ブダペスト線（6月17日発表）、ブラチスラバ線（8月4日発表）、リガ線（10月27日発表）、タリン線（同）、クラクフ線（同）が含まれている。これを称してシェーネフェルト空港マーケティング部長キーカー（Burkhard Kieker）は、「ベルリンにおいて他のどの航空会社もイージージェットほど東ヨーロッパに目的地を持つものはない。……目下、ベルリン・シェーネフェルト空港はとりわけイージージェットによってドイツで最も急速に成長する民間空港になっている」と語った[29]。

ジュネーブ線、リュブリャナ線、ブラチスラバ線、リガ線が就航した11月25日、空港は、「シェーネフェルトは今年度乗降客数を170万人から350万人へと倍増させた。そのうち、2004年4月28日にようやくSXFで航空業務を開始したイージージェットだけで、100万人以上の乗客を運んだ」と発表した[30]。

1.4.2.3　イージージェットの路線網拡大とシェーネフェルト空港

イージージェットはどのようにして、拠点空港を築いてきたのであろうか。表3-17によってその足跡をたどる。イギリス以外の国における最初の拠点空港は、ジュネーヴ（1999年）であった。2001年にはアムステルダムとベルファスト、2002年にはパリに拠点を築いたが、これらは2004年のベルリン拠点空港化と比較すると、就航路線数は限定されていた。イージージェットにとって、ベルリンこそヨーロッパ大陸における橋頭堡にほかならない。表3-18をも参照すれば、ドイツの東部（ベルリン）と西部（ドルトムント）に戦略拠点を築いたといっても言い過ぎでない。

ドイツ国内に発着するイージージェットの定期便において、ベルリン・シェー

表3-17 イージージェット拠点空港と新規就航路線数

拠点空港＼年度	1995	1996	1997	1998	1999	2000	2001	2002	2003	2005
ロンドン・ルートン	2	5	2	4	1				2	7
リヴァプール			2		5	1			1	2
ロンドン・スタンステッド				6	10	4	2		1	5
ジュネーヴ					5					3
アムステルダム							6			
ブリストル							10	2	3	4
ロンドン・ガトウィック							1	8	6	8
ベルファスト							2			4
イースト・ミドランズ								8		2
パリ・シャルル・ド・ゴール								3		
パリ・オルリ								1	5	2
ニューカスル									8	4
ベルリン										19
ドルトムント										8
タリン										1
ブダペスト										3

典拠：easyJet, Information, in interrete sub: http://www.easyjet.com/DE/Informationspaket, 27. 02. 2005をもとに作成。

ネフェルト空港は北欧、東欧、南欧、イギリスと連絡するネットワークの中心を形成してきた。

1.5 エア・ベルリン

1.5.1 エア・ベルリンの創立とビジネスモデル

　エア・ベルリンの創立は、1978年に遡る。当時、ベルリンにある空港には連合軍の航空会社しか離着陸ができなかったことから、アメリカのオレゴン州にAir Berlin Inc.の名称で元パンナム機長キム・ランドグレン（Kim Lundgren）によって現在のエア・ベルリンの起源となる会社が設立された。1979年4月、同社はボーイング707によってベルリンからマジョルカ島への運行を開始した。ベルリンに対する連合軍の占領状態が解消するに伴い、連合国はベルリンにおける特権を失った。ランドグレンはドイツ国内で多数株主となるパートナーを探す必要に迫られ、LTUマネージャーであったフーノルト（LTU-manager Joachim Hunold）に白羽の矢を立てた。フーノルトのもとで、「エア・ベルリン航空有限会社」（Air Berlin GmbH & Co. Luftverkehr KG）がベルリンに設立されたのは1991年4月

表3-18 イージージェット定期便の就航（ドイツ関係）

就航年月日	拠点空港	目的地
1998.10.25	ロンドン・スタンステッド	ミュンヘン
2004. 4.28	ベルリン・シェーネフェルト	ロンドン・ルートン
	ベルリン・シェーネフェルト	リヴァプール
2004. 3. 1	ベルリン・シェーネフェルト	ニューカスル
2004. 3. 6	ベルリン・シェーネフェルト	パリ・オルリ
2004. 3.13	ベルリン・シェーネフェルト	アテネ
	ベルリン・シェーネフェルト	コペンハーゲン
	ベルリン・シェーネフェルト	ニース
2004. 3.20	ベルリン・シェーネフェルト	バーゼル
	ベルリン・シェーネフェルト	ブリストル
	ベルリン・シェーネフェルト	パルマ・デ・マジョルカ
2004. 6. 9	ベルリン・シェーネフェルト	バルセロナ
	イースト・ミドランズ	ケルン／ボン
2004. 6.17	ベルリン・シェーネフェルト	ブダペスト
	ベルリン・シェーネフェルト	ナポリ
2004. 6.22	リヴァプール	ケルン／ボン
2004. 7.15	ドルトムント	パルマ・デ・マジョルカ
	ドルトムント	パリ・シャルル・ド・ゴール
	ドルトムント	ローマ
2004. 7.29	ドルトムント	アリカンテ
	ドルトムント	ニース
2005. 9. 1	ロンドン・ルートン	ドルトムント
	ドルトムント	ブダペスト
	ドルトムント	プラハ
2004. 9.27	ロンドン・ガトウィック	ケルン／ボン
2004.10.27	タリン	ベルリン
2004.10.31	ドルトムント	クラクフ
	ベルリン・シェーネフェルト	マドリード
	ベルリン・シェーネフェルト	クラクフ
2004.11.25	ベルリン・シェーネフェルト	ブラチスラバ
	ベルリン・シェーネフェルト	ジュネーヴ
	ベルリン・シェーネフェルト	リュプリャナ
	ベルリン・シェーネフェルト	リガ
2005. 3.27	ベルリン・シェーネフェルト	バレンシア
2005. 4. 8	ベルリン・シェーネフェルト	オルビア（サンルディーニャ）
	ベルリン・シェーネフェルト	ピサ
2005. 6.17	バーゼル・ミュールーズ・フライブルク	アリカンテ
	バーゼル・ミュールーズ・フライブルク	バルセロナ
	バーゼル・ミュールーズ・フライブルク	ニース
2005. 6.24	バーゼル・ミュールーズ・フライブルク	パルマ・デ・マジョルカ
	バーゼル・ミュールーズ・フライブルク	ナポリ
	バーゼル・ミュールーズ・フライブルク	ローマ（チアンピーノ）
2005. 8.10	バーゼル・ミュールーズ・フライブルク	マラガ
2005. 8.11	バーゼル・ミュールーズ・フライブルク	ハンブルク

2005. 8.11	バーゼル・ミュールーズ・フライブルク	マドリード
2005. 9.21	バーゼル・ミュールーズ・フライブルク	ミラノ（マルペンサ）
	バーゼル・ミュールーズ・フライブルク	ローマ
2005.10.30	ドルトムント	バルセロナ
	ドルトムント	ミラノ（マルペンサ）
2005.10.31	バーゼル・ミュールーズ・フライブルク	パリ・シャルル・ド・ゴール
	ロンドン・ルートン	ブレーメン
2005.12. 1	ブリストル	ハンブルク
2005.12.16	ドルトムント	ジュネーヴ
2006. 3.10	バーゼル・ミュールーズ・フライブルク	アムステルダム
	バーゼル・ミュールーズ・フライブルク	リスボン
	バーゼル・ミュールーズ・フライブルク	プラハ
2006. 3.26	ベルリン・シェーネフェルト	マラガ
2006. 4. 3	ドルトムント	マラガ
2006. 5. 3	グラスゴー	ベルリン・シェーネフェルト
2006. 5.29	バーゼル・ミュールーズ・フライブルク	イスタンブール
2006.10.30	バーゼル・ミュールーズ・フライブルク	ミュンヘン
2006.12. 1	ジュネーヴ	ハンブルク
2007. 4. 4	エディンバラ	ミュンヘン
2007. 5.11	ベルリン・シェーネフェルト	ヴェネツィア
	ベルリン・シェーネフェルト	リスボン
2007. 5.30	ドルトムント	エディンバラ
2007. 5.31	ドルトムント	テッサロニキ
2007. 6.29	バーゼル・ミュールーズ・フライブルク	オルビア（サルディーニャ）
2007.10. 1	ロンドン・ガトウィック	グダニスク
2007.10.29	ブリュッセル	ベルリン・シェーネフェルト
2007.10.19	リヨン	ベルリン・シェーネフェルト
2007.10.30	バーゼル・ミュールーズ・フライブルク	マラケシュ
	バーゼル・ミュールーズ・フライブルク	ポルト
	ブリストル	グダニスク
	ベルファスト	グダニスク
2007.11. 5	ロンドン・ルートン	ハンブルク

典拠：easyJet, Routeinformation und Datum der Ersteinfürung, in interrete sub: http://www.easyjet.com/DE/Unsere/Informationspaket/, 15. 01. 2008.

のことであった。

　2004年1月にエア・ベルリンはニキ（NIKI）──Niki Laudaによる航空会社──とヨーロッパ初の「低運賃協定」（Low-Fares-Allianz）を締結した。

　2006年に、同社は株式市場への上場を果たし、また同年dba航空会社（dba Luftverkehrsgesellschaft München）を買収することに成功した。翌2007年8月、カルテル庁はエア・ベルリンによるデュッセルドルフ航空会社LTU（Düsseldorfer Fluggesellschft LTU）の買収を認めた[31]。

第1章において確認したように、エア・ベルリンはかつてLCCの加盟するELFAAの一員であったが、現在では、EIFAAから脱会している。

　エア・ベルリンは、典型的なローコスト・キャリアとは異なった特徴を持つ。このことは、同社CEO、フーノルトの言葉を借りれば「われわれは、なるほどローコスト・キャリアではあるが……ノーフリルではない」[32)]ことになる。

　同社がローコストと伝統的航空会社のサービスを併せ持つことを、CEOは、以下のように指摘する。

　「日本製のハイブリッド車は目下、世界中で売れ筋商品である。エア・ベルリンはドイツで最初の、目下のところ唯一のハイブリッド・キャリアである。しかもヨーロッパ最大の」（Hybrid-Autos aus Japan sind derzeit weltweit Vekaufs-Renner. Air Berlin ist der erste und bislang einzige Hybrids-Carrier in Deutschland —— und der größte in Europe.)[33)]。

　企業戦略の中心にあるのは、成長と収益に関して企業価値の向上であり、その中核にあるのが航空部門で唯一のハイブリッド戦略（HYBRID-STRATEGIE）であることを、同社の『営業報告書　2007年』は明言する。極度に制限したサービスしか行わない純粋の低コストキャリア"no frills airlines"と伝統的な高価格航空会社"full-fare airlines"の間にある隙間（Lücke）を埋めるヨーロッパでただひとつの航空会社である、と。このハイブリッド戦略に基づく経営モデルの成果が、買収を通じたヨーロッパの航空業界の整理統合に一役かっている、というのが同社の主張である[34)]。

　エア・ベルリンのマーケティング戦略は、国内市場と国外市場においてブランドの認知度を広げることによって新しい顧客集団を開拓すること（durch Vergrösserung des Bekanntnisheitsgrade der Marke im Inland und Ausland neue Kundenkreise zu erschließen）に絶えず注力することである。すでにドイツにおいてはエア・ベルリンの市場認知度は92％に達している。マーケットの拡大には、ウェブサイトと活字媒体を通じた広告に加えて、スポンサー活動を積極的に行っている[35)]。

　また、リピーターによる顧客の囲い込みのために、グループ会社共通のマイレージ・サービスを行っている[36)]。

表3-19　エア・ベルリン航空チケット販売ルート

販売ルート	比率（％）
航空券の小売	62.8
エア・ベルリン・ウェブサイト	29.0
エア・ベルリン・サービスセンター	2.6
エア・ベルリン・チケットカウンター	1.7
旅行代理店	27.0
社内販売	2.3
チャーター便企画会社・旅行企画会社	37.2

典拠：Air Berlin, *Geschäftsbericht 2007*, p. 63.

エア・ベルリンのワンランク上の機内サービスは、伝統的航空会社に見られるビジネスクラスの充実を挙げることができる。2008年から、ツーリスト路線において、従来のビジネスクラスを格上げした「リラックスクラス」（Relax Class）を設置する。一方、長距離路線（ニューヨーク、ロスアンゼルス、マイアミ、フォルトマイヤーズ、北京、上海の各線）においては座席を180°傾けることができるリクライニングシート（"Contour" Sitze）を備えた「プレミアム・ビジネスクラス」（Premium Bisiness Class）を設置することとした。LCC において、無料の機内食を提供することは一般にないが、エア・ベルリンの長距離便のプレミアム・ビジネスクラスでは複数メニューから選択が可能であり、エコノミークラスにおいても、無料の標準機内食が提供される[37]。

　エア・ベルリンの航空券は、その3分の2が小売であり、パック販売は比較的少ない。特にエア・ベルリンの直販だけで30％を超える水準となっている。旅行代理店経由の販売が3割以下と低水準であるのは、伝統的航空会社には見られない特徴である（表3-19参照）。

　例えば、エア・ベルリンが買収したLTUとコンドルはチャーター便旅行企画会社・旅行代理店（Reiseveranstalter und Reisebüro）に航空券をまとめて大量販売していたが、この点、エア・ベルリンによる小売販売とは大きな違いがある[38]。

　このようなエア・ベルリンの経営は、交通・旅行関連雑誌、ビジネスマン向けの雑誌において、各種の受賞によって高い外部評価を得てきた。受賞理由は、低価格にもかかわらず質の高いサービスが評価されたことによる。同社の謳う「ハイブリッド戦略」が、功を奏しているといえる（表3-20参照）。

表3-20 エア・ベルリンに対する外部評価（エアライン表彰の実績 [awards]）

評価団体	受賞（年度）
ADAC	Beste Airline（2006）
BUSINESS TRAVELL WORLD	Beste Short Haul Business Airline（2007）
CAPITAL	Airline des Jahres（2005）（2006）（2007）
CASH	Beste Low-Cost-Airline（2007）
DANISH TRAVEL AWARD	Beste Low-Cost-Carrier（2007）
HOLIDAYCHECK	Die beliebste Airline（2005）
REISEBLICK	Airline des Jahres-Kurzstrecke（2007）
REISE & PREISE	Beste Low Cost Carrier und betster Ferienflieger Europa（2005）
SKYTRAX	Beste Low-Cost-Airline Europa（2007）（2005）
	Beste Low Cost Airline der Welt（2006）
	Low Cost Airline Service Excellence Airline Award（2006）
STIFTUNG WARENTEST	Testsieger（2005）
THE GUARDIAN	Beste Short-Haul Airline（2005）
TRAVEL CHANNEL	Beste Low-Cost-Airline（2006）（2007）（2008）
URLUB PERFEKT	Die Besten Leistungen für Kids（2007）
WORLD TRAVEL AWARD	Europe's Leading Budget/No Frills Airline（2007）

典拠：Air Berlin, *Geschäftsbericht 2007*, p. 35.

1.5.2 エア・ベルリンのネットワーク拡大

2007年3月27日、エア・ベルリンは3つの重要なニュースをリリースした[39]。

ひとつは、エア・ベルリンがデュッセルドルフ航空会社LTU（Düsserdorfer Fluggesellschaft LTU）を買収したことである。LTUの資本金買収額は1億4,000万ユーロであり、LTUの負債総額1億9,000～2億ユーロをエア・ベルリンは引き継ぐことになり、買収資金の多くは2億5,000万ユーロにのぼる新株と転換社債の発行によって賄われることとなった。この報道発表において、エア・ベルリンCEO、フーノルトは、買収によって生じるシナジー効果を年間7,000万ないし1億ユーロと推計した。

LTUの保有する機材は15機の中距離ジェットと11機の長距離ジェットであった。長距離路線として、ドミニカ共和国、アメリカ合衆国、タイ、カナリア諸島、北アフリカ、トルコへの便を有するLTUの路線網は、エア・ベルリンと補完関係を持つことになる。

また、LTUのヨーロッパ線を組み入れることによって、エア・ベルリンはライアンエア、エールフランス／KLM、ルフトハンザに次ぐ地位をヨーロッパ線

において占めることになる。

　この買収の主たる目的は、デュッセルドルフ空港のプレゼンスを増すことにあり、報道発表において、「デュッセルドルフ空港の集客範囲（Einzugsgebiet）は、ドイツで最も重要な市場であり、ヨーロッパではロンドンに次ぐ」と評価された。

　この報道発表による第2の重要な点は、コードシェアパートナーの変更に関わることであった。従来コードシェアパートナーであったTUIflyとのコードシェアを解消し、新たにトーマス・クック傘下にあるコンドル（保有機材36機、年間輸送実績780万人）をパートナーに選んだ。TUIコンツェルンに属する航空会社ハパークロイドがエア・ベルリンとの競合関係にあり、一方的に利益を得ているとの認識に立ち、エア・ベルリンはトーマス・クックに接近した。

　これによって、エア・ベルリン、LTU、コンドルは運行スケジュールを調整し、チケットを相互販売し、3社のジェットがドイツの目的地に平行運行することを回避した。

　第3の要点は、エア・ベルリン株式公開会社がベルエア・スイス航空株式会社（Schweizer Fluggesellschaft Belair Airlines AG）の持分49％を獲得する計画を発表したことであった。ベルエアはホテルプラン・グループ（Hotelplan Gruppe）の子会社であり、ホテルプラン・グループはミクロス商業コンツェルン（Handelskonzern Migros）の100％子会社である。ホテルプラン株式会社（Hotelplan AG）は、20億スイスフランの年間売上を誇る国際的旅行業（internationalle tätige Reiseorganization）を営む。ベル・エアの保有する機材3機は、2機のボーイング757-200と1機のボーイング757-300である。

　エア・ベルリンはベルエアを獲得することによって、スイス市場をホテルプランの営業網とともに組み入れることになる。

　LTUの統合に関して、2007年3月の報道発表においては、LTUをエア・ベルリングループの独立した企業と位置付け、当分の間（auf absehbare Zeit）LTUブランドを維持するとされたにもかかわらず、9月にはそれを覆す発表がなされた。ドミニカ共和国、南アフリカ、キューバ、タイ線など、古くからLTUブランドで親しまれた観光路線には、今後もLTUブランドを維持するものの、中距離・長距離のビジネス線においてはエア・ベルリンブランドで（unter den Na-

表3-21 エア・ベルリン空港別年間搭乗者数（2007年）(1) LTUを除く

空　港	搭乗者数
パルマ・デ・マジョルカ	5,694,895
ベルリン（3空港）	4,880,418
デュッセルドルフ	4,039,544
ミュンヘン	3,347,088
ハンブルク	2,520,566
ニュルンベルク	2,356,513
ケルン	1,361,216
ウィーン	1,260,919
ハノーファー	1,212,596
スタンステッド	1,156,760
その他	16,599,845
合　計	44,430,360

典拠：Air Berlin, *Geschäftsbericht 2007*, p. 58.

表3-22 エア・ベルリン空港別年間搭乗者数（2007年）(2) LTUを含む

空　港	搭乗者数
デュッセルドルフ	6,498,725
パルマ・デ・マジョルカ	5,942,079
ベルリン（3空港）	5,100,972
ミュンヘン	4,343,813
ハンブルク	2,532,631
ニュルンベルク	2,362,042
ケルン	1,475,423
ウィーン	1,261,060
ハノーファー	1,217,263
フランクフルト	1,168,189
その他	21,208,165
合　計	53,110,362
うち、LTU	8,680,002

典拠：Air Berlin, *Geschäftsbericht 2007*, p. 58.

men Air Berlin）運行する決定を行った。その理由として同社CEOが指摘したのは、ヨーロッパ線においてLTUがマーケットシェアーを低下させていること、またアメリカ合衆国便、中国便のビジネス客には国際的に無名のLTUブランドよりも、航空会社を示す「エア」とドイツの首都を表す「ベルリン」を称することが得策であることを挙げた[40]。

　エア・ベルリンがLTUを統合することによって、いかなる効果を生じたかを表3-21、表3-22を比較することによって検討する。同社の搭乗者が最も多数を占める目的地空港がパルマ・デ・マジョルカであることは、統合の有無に関わりがない。しかし、LTUを統合することによって、ドイツ国内における最も重要な空港がベルリンからデュッセルドルフへと変化したことは、いくら強調してもしすぎることはない。エア・ベルリンはLTU統合の主たる動機（デュッセルドルフ空港のプレゼンスの向上）が実体化することによって、同社の名称が体を表さなくなったのである[41]。

　エア・ベルリンブランドによるニューヨーク便は、2008年11月1日から予約を開始した。エコノミークラスの場合、デュッセルドルフ発の片道運賃は最低129ユーロ（税・手数料込み）と設定され、ドイツ国内からの乗り継ぎには、これに

40ユーロが加わる[42]。

　一方、2008年3月1日に就航したデュッセルドルフ発、北京便および上海便の料金設定は次のようになっている。エコノミークラスの片道最低料金は、北京まで279ユーロ、上海まで289ユーロ、新たに設置されたプレミアム・ビジネスクラスにおいては、北京まで1,149ユーロ、上海まで1,199ユーロ、ドイツ国内からの接続便による追加料金は40ユーロとなった（いずれも税・手数料込み）[43]。

　エア・ベルリンの中国進出は中国国内線とのネットワーク構築を伴い、中国で第4の規模を誇る海南航空（Hainan Airlines）とパートナー関係を締結した。海南航空が計画する北京～ベルリン線がエア・ベルリンのドイツ国内線との接続の便宜を図ると同時に、エアベルリンのデュッセルドルフ～北京線が海南航空の中国国内線との接続を図る協定を締結した。「このパートナーシップによってわれわれは中国ビジネス（China Geschäft）の確固たる基盤を持つことになる」とは、エア・ベルリン CEO の弁である[44]。

　しかしながら、エア・ベルリンの中国線は、需要が少なかったために短期間の運行で中止することになった[45]。

　エア・ベルリンがトーマス・クック傘下にあるコンドルとコードシェアを行うことは、単に旅客輸送における利点の追求に留まらなかった。このことによって、トーマス・クックとの提携の第1歩を踏み出すことになる。エア・ベルリン PLC は、トーマス・クックとの間で2段階の持分交換（Anteilaustausch）を通じて、コンドル航空サービス有限会社（Condor Flugdienst GmbH）の持分を引き受けることに合意した。

　その内容は、以下の通りである。

　コンドル航空サービス有限会社は、トーマス・クックグループ PLC が75.1%の持分を有し、ルフトハンザ・ドイツ航空株式会社が24.9%の持分を有していることから、2009年2月10日までにコンドルに対するトーマス・クックの持分をエア・ベルリンに譲渡する。残りのルフトハンザ所有下にある24.9%の持分は、トーマス・クックがコール・オプションを行使して（aufgrund der Ausübung einer Kaufoption）ルフトハンザから買取り、2010年にエア・ベルリンに譲渡する。これには、ルフトハンザが優先買取権を行使しないことが前提となる（ルフトハ

ンザは2009年までに、優先買取権を行使するか否かを決定する)。また、コンドルに対するエア・ベルリンの持分参加はカルテル庁の承認が必要である。

トーマス・クックはエア・ベルリンから見返りとして、現金およびエア・ベルリン株5億ユーロを受け取るほか、エア・ベルリンによる新株発行に対するオプションを獲得する。最終的にコンドルはエア・ベルリン株に最大29.9％参加することになる。株式交換成立後、トーマス・クックはエア・ベルリンに3名の取締役を派遣する[46]。

この提携について、トーマス・クックCEOフォンテンラ＝ノヴォア（Manny Fontenla-Novoa）は、「この株式交換はトーマス・クックの株主に非常に重要な価値を生み出すことになり、コンドルの長期的な将来を保証することになる。われわれは、エア・ベルリンの最大株主として、エア・ベルリンによる広範な飛行便の提供によって利益を得る。……エア・ベルリンはトーマス・クックの長期的戦略パートナーとなり、われわれにフライト能力を提供し続けるであろう」と語った[47]。

1.5.3 エア・ベルリンの組織と資本関係

Air Berlin PLCの株式は、クセトラ（XETRA）およびフランクフルト証券取引所において公式市場取引（amtliche Handel）されている。このほか、店頭取引（Freiverkehr）されている株式取引所はベルリン、ブレーメン、デュッセルドルフ、ハンブルク、ミュンヘン、シュトゥットガルの各市場である。2007年12月31日現在の不動株比率は82.8％であり、株主構成は表3-23に示したように分散的である[48]。

しかし、2008年1月に、以下の機関投資家からの株式保有状況報告があった。

  9．Januar 2008: Haarlem One B.V.   18.562％
  11．Januar 2008: Moab Investments Limited 3.1004％
  17．Januar 2008: Deutsche Bank Group 14.25％

これによって不動株比率は50％台へと急激に低下した[49]。

2008年1月末における株主の空間的構成は、ドイツのみで60％以上を占め、オランダ、スイスなどを含めヨーロッパ大陸がその中心となっている（表3-24参

表 3-23 株主構造（2007年末）

株　主	所有比率（%）
Hans-Joachim Knieps	8.40
Metolius Foundation	7.61
Werner Huen	4.95
Severin Schulte	4.13
Rudolf Schulte	4.00
Joachim Hunold (CEO)	3.20
Johannes Zurnieden	1.52
Ringerike GmbH & Co. Luftfahrtebeteiligungs KG	0.97
Air Berlin PLC 社員持ち株	0.22
不動株（5％未満の個人所有を含む）	82.80

典拠：Air Berlin, *Geschäftsbericht 2007*, p. 43.

表 3-24　エア・ベルリン株主の空間構成（2008年1月31日現在）

国　名	比率（%）
ドイツ	60.65
オランダ	19.31
スイス	10.89
ルクセンブルク	2.19
オーストリア	1.76
アメリカ合衆国	1.72
イギリス	1.52
その他	1.96

典拠：Air Berlin, *Geschäftsbericht 2007*, p. 45.

表 3-25　エア・ベルリンの執行取締役

役職	氏　名	前　職
CEO	ヨアヒム・フーノルト（Joachim Hunold）	Braatens Air Transport am Flughafen Düsseldorf, LTU-Gruppe
COO	カール・ローツ（Karl F. Lotz）	LTU Fluggesellschaft KmbH & Co KG, CHS Cabin und Handling Service GmbH
CCO	エルケ・シュット（Elke Schütt）	Aeroamerika, Air Berlin Inc.
CFO	ウルフ・ヒュットマイヤー（Ulf Hüttmeyer）	Commerzbank Bremen, Commerzbank South East Asia

典拠：Air Berlin, Firmenprofil, in interrete sub: http://www.airberlin.com/site/aboutvorstand_detail.php?vorstand=1&LANG=deu, 06. 04. 2008.

照）。

　エア・ベルリンは株式公開と同時に、イギリスの株式公開会社 englische PLC (public limited company) の法的形態をとることを決定し、エア・ベルリン航空株式公開合資会社（Air Berlin PLC & Co. Luftverkehrs KG）を組織し、ロンドンに登記しつつ本社機能をベルリンに置いた。このため、マネジメント機能と監査機能がひとつの重役会（Gremium）に統合され、1層式経営システム（monistisches System, one-tire system）を採る。エア・ベルリンではこの重役会を Vorstand または Board of Directors と呼んでいることから、本書ではこれを「取締役会」と訳す。取締役会の構成は、経営機能（Geschäftsführunsaufgabe）を持つ執行取締役（Executive Directors, Vorstände）と監査機能（Überwachungs-

表3-26 エア・ベルリンの社外取締役

氏　名	現職（前職）
取締役会議長　ヨハネス・ツルニーデン (Chairman des Board of directors　Johannes Zurnieden)	フェニックス・ライゼン有限会社社長 Geschäftsführender Gesellschafter der Phoenix Reisen GmbH, Bonn
エックハルト・コルデス博士 (Dr. Eckhard Cordes) (2008年3月6日退任)	フランツ・ハニエル有限会社およびメトロ株式会社取締役会議長 Vorstandsvorsitzender der Franz Haniel & Cie. GmbH, Duisburg sowie der Metro AG, Düsseldorf
フリードリヒ・カール・ヤンセン (Friedrich Carl Janssen) (2008年3月6日就任)	オッペンハイマー銀行合資会社人事担当 persönlich haftender Gesellschafter des Bankhaus Sal. Oppenheimer jr. & Cie KGaA
ハンス＝ヨアヒム・ケルバー博士 (Dr. Hans-Joachim Körber)	元メトロ株式会社取締役会議長 Ehemaliger Vorstandsvorsitzender der Metro AG, Düsseldorf
ハインツ＝ペーター・シュルター (Heinz-Peter Schlülter) (2008年3月6日就任)	トリメット・アルミニウム株式会社取締役会議長 Vorstandsvorsitzender der Trimet Aluminium AG, Düsseldorf
ニコラス・テラー (Nicholas Teller)	コメルツ銀行取締役 Mitglied des Vorstands der Commerzbank AG, Frankfurt
クラウス・ヴュルファース (Claus Wülfers)	元ハーパーク・ロイド株式会社取締役 Ehemaliger Vorstand der Hapag-Lloyd AG, Hamburg

典拠：Air Berlin, Geschäftsbericcht 2007, p. 15; Air Berkin, Non-Executive Directors, in interrete sub: http://ir.airberlin.com/aufsichtrat.php?lang=de, 08. 04. 2008.

aufgabe) を持つ社外取締役（Non-Executive Directors, Aufsichtsräte）から構成されている[50]。

エア・ベルリンの執行取締役は表3-25の構成をしている。

エア・ベルリンのCEOフーノルトは、ブラーテン航空系のハンドリング会社からLTUのセールス・マーケティング部長へと転進した前歴を持つ。COOであるローツは、LTUからハンドリング会社CHSの執行役員に転進した前歴を持っている。CCOシュットはアメリカ法人時代からエア・ベルリンに奉職してきた。CFOヒュットマイヤーはコメルツ銀行の出身である[51]。

一方、社外取締役の構成は、金融機関（オッペンハイマー銀行、コメルツ銀行）、旅行業（フェニックス・ライゼン、ハパーク・ロイド）などの経営者からなる（表3-26参照）。

表 3-27　2007年度執行取締役の報酬

(単位：1,000ユーロ)

氏　名	年間報酬額
ヨアヒム・フーノルト（Joachim Hunold）	1,992
ウルフ・ヒュットマイヤー（Ulf Hüttmeyer）	947
カール・ローツ（Karl Fiedrich Lotz）	610.5
エルケ・シュット（Elke Schütt）	606.5

注：取締役の年間報酬額には、役員報酬のほか、ボーナス、株式オプション評価額など業績に関わる報酬が含まれる。
典拠：Air Berlin, *Geschäftsbericcht 2007*, p. 100, 101-103.

表 3-28　2007年度社外取締役の報酬

(単位：1,000ユーロ)

氏　名	年間報酬額
エックハルト・コルデス博士（Dr. Eckhard Cordes）	89
ハンス＝ヨアヒム・ケルバー博士（Dr. Hans-Joachim Körber）	89
ニコラス・テラー（Nicholas Teller）	60
クラウス・ヴュルファース（Claus Wüfers）	60
ヨハネス・ツルニーデン（Johannes Zurnieden）	179

注：社外取締役の年間報酬は、役員報酬のみ。
典拠：Air Berlin, *Geschäftsbericcht 2007*, p. 100, 101-103.

表 3-29　エア・ベルリン株式公開会社の連結決算対象子会社数

年度	子会社数
2005	32
2006	41
2007	68

典拠：Air Berlin plc., *Geschäftsbericht 2005, 2006 et 2007*より作成。

　執行取締役と社外取締役の待遇を表 3-27および表 3-28によって、比較する。執行取締役には成果配分による業績報酬があるが、社外取締役の報酬は役員報酬のみである。また、株式オプションは、執行取締役のみその権利が与えられているが、社外取締役にはそれがない。執行取締役のうちでは、CEO が最高の報酬を得ているほか、CFO が COO を上回る報酬を得ている。

　前項において、エア・ベルリンによる M&A が短期間に展開されていることを指摘したが、これに伴って同社の連結決算子会社数は、2005～07年の間におよそ3倍に増加した。

1.5.4　エア・ベルリンの機材

　エア・ベルリンの保有する機材は、2007年に至るまで表 3-30が示す構成とな

表3-30 エア・ベルリン・グループの保有機材構成

	2005年末	2006年末	2007年末
A319	0	4	8
A320	2	11	30
A321	0	4	4
A330-200	0	9	9
A330-300	0	3	3
B737-300	14	14	0
B737-400	5	0	0
B737-500	1	1	10
B737-700	3	6	12
B737-800	37	35	35
B757	0	0	2
B767	0	0	1
F100	17	17	10
	79	104	124

典拠：Air Berlin plc., *Geschäftsbericht 2005, 2006 et 2007*より作成。

表3-31 2006年に計画された機材構成

年度	ボーイングからの納入	エアバスからの納入	リース	引退させる機材
2007	1	12	−1	―
2008	8	9	−8	―
2009	10	9	−11	―
2010	13	9	−21	−3
2011	14	10	−13	−3
2012	13	―	−6	−5
2013	13	―	―	−6
2014	13	―	―	−6

典拠：Air Berlin, *Geschäftsbericht 2006*, p. 63.

っていた。最大就航距離が2,420kmであるフォッカーを除けば、4,000～5,000km台の就航距離をもつ中距離ジェットが中心の構成で、エアバスよりボーイングを多数有する[52]。

2006年度において、エア・ベルリンは、dbaを含めて62機をリースの形で保有していた。自己所有機材を増やし、リース物件を減らすために表3-31の計画を立てた。

同時に、自己所有機材が不足する繁忙期（Spitzenzeiten）には、6カ月以内の短期間ウェット・リースによって需要に応えることを決定した[53]。

2007年7月、ボーイング社がドリームライナー、B-787をロールアウトするにあたって、エア・ベルリンCEO、フーノルトと財務担当取締役、ヒュットマイヤーはシアトルにおいて、合計50機のボーイング長距離ジェット、ドリームライナーの納入に関する契約を行った。

そのうち、25機は確定契約（fest bestellen）とし、残りの25機はオプション契約（Optionen bzw. Vorverkaufsrechte vereinbart）であった。25機の確定契約のリストプライスは40億ドルであったが、実際の購入価格は契約者双方で内密にされている。エア・ベルリンが発注したバージョンは787-8型で、272座席（うち30席がビジネス仕様）を備え、最大就航距離は1万5,200kmである。エア・ベルリンが長距離輸送能力を向上させる目的で発注したことは疑いない[54]。

エア・ベルリンは長距離用機材を充実させるとともに、短距離用機材の更新を図っている。2008年4月、エア・ベルリンはカナダの航空機メーカー、ボンバルディア（Bombardier）のターボプロップQ400を10機確定発注（Festbestellung）し、さらに10機にオプション契約を行った。確定発注のリストプライスは2億6,700万ドルにのぼる。この76座席短距離用ターボプロップはフォッカー100の代替機となり、短距離区間における運行コストの削減を目指す[55]。

2 ケルン／ボン空港

2.1 ケルン／ボン空港の基本情報

ケルン／ボン空港（IATA-Code: CGN）は、ケルン市長から最初のドイツ連邦共和国首相に就任したコンラート・アデナウワーの尽力によって現在の「ケルン／ボン空港有限会社」の前身である「ケルン／ボン空港有限会社ポルツ」（Köln-Bonner Flughafen G.M.B.H. zu Porz）が1950年に創業され[56]、民間航空への礎を置いたことに始まる。このことから、ケルン／ボン空港は「コンラート・アデナウワー空港」と呼ばれている[57]。

滑走路はボーイング747クラスのジェット機が離着陸できる延長3,815mの「大陸間滑走路」（Interkontinentalbahn）に加えて1,866mの平行滑走路（parallele Start- und Landebahn）および2,459mの横風用滑走路（Querwindbahn）を備え、24時間営業を行う空港である。空港全体で1万2,460人の雇用を抱え、2つのターミナルで年間1,400万人の収容能力を有している。第1ターミナルには、35のゲートと46のチェックインカウンター、第2ターミナルには、20のゲートと40のチェックインカウンターを備えている[58]。

2.2 ケルン／ボン空港有限会社の資本関係

表3-32は、ケルン／ボン空港有限会社の資本金に対する出資状況を示す。ケルン市が最大の出資者であるが、これとほぼ同額を連邦政府とNRW（ノルトライン・ヴェストファーレン州）による公的企業が出資し、この3者によって全体

第3章 連邦政府と空港　111

表3-32　ケルン／ボン空港有限会社の持分（資本金：10,821,000ユーロ）

有限会社社員（Gesellschafter）＝出資者	持分比率（％）
ケルン市（Stadt Köln）	31.12
ドイツ連邦共和国（Bundesrepublik Deutschland）	30.94
ノルトライン・ヴェストファーレン州持分参加管理有限会社（Beteiligungsverwaltungsgesellschaft des Landes Nordrhein-Westfalen）	30.94
ボン市公営企業有限会社（Stadtwerke Bonn GmbH）	6.06
ライン・ジーク郡（Rhein-Sieg-Kreis）	0.59
ライニッシュ・ベルギッシュ郡（Rheinisch-Bergischer-Kreis）	0.35

典拠：Flughafen Köln/Bonn GmbH, *Geschäftsbericht 2006*, p. 49.

表3-33　ケルン／ボン有限会社の監査役

	氏名	選出母体	現職
議長	フォルカー・ハウフ博士（Dr. Volker Hauff）	Land Nordrhein-Westfalen	Senior Vice President BearingPoint, Frankfurt am Main
第1副議長	ペーター・マルクヴァルト（Peter Marquardt）	Arbeitnehmervertreter	Angestellte FKB
第2副議長	マルティン・ベルシェル（Martin Börschel）	Stadt Köln	Rechtsanwalt
第3副議長	ロベルト・ショル（Robert Scholl）	Bundesrepublik Deutschland	Ministerialdirektor
監査役	ヌレトディン・アイディン（Nuretdin Aydin）	Arbeitnehmervertreter	Oberlader FKB
監査役	ヴォルフガング・ベッカース＝シュヴァルツ（Dr. Wolfgang Beckers-Schwarz）	Rheinisch-Bergischer Kreis	Geschäftsführer
監査役	ベルント・ドレヴェス（Bernd Drewes）	Arbeitnehmervertreter	Angestellter FKB
監査役	ビナリス・エディス（Binalis Edis）	Arbeitnehmervertreter	Oberlader FKB
監査役	イェルク・フランク（Jörg Frank）	Stadt Köln	Organisator
監査役	ギュンター・コツロヴスキー（Günter Kozlowski）	Land Nordrhein-Westfalen	Staatssekretär
監査役	ヴァルトラウト・マイヤー（Waltraude Mayer）	Arbeitnehmervertreterin	Angestellte FKB
監査役	フォルカー・エルター博士（Dr. Volker Oerter）	Land Nordrhein-Westfalen	Ministerialdirigent
監査役	ティロ・シュミット（Thilo Schmidt）	Bundesrepublik Deutschland	Ministerialdirigent
監査役	ペーター・ミヒャエル・ゾエニウス（Peter Michael Soénius）	Stadt Köln	Stadtkämmerer
監査役	ペトラ・フォン・ヴィック（Petra von Wick）	Bundesrepublik Deutschland	Regierungsdirektorin

典拠：Flughafen Köln/Bonn GmbH, *Geschäftsbericht 2006*, p. 52.

表 3-34　ケルン／ボン空港有限会社の執行役員

筆頭執行役員（Vorsitzender Geschäftsführung）	ミヒャエル・ガルフェンス（Michael Garvens）、ケルン市在住
技術担当執行役員	ヴォルフガング・クラプドア（Wolfgang Klapdor）、ケルン市在住

典拠：Flughafen Köln/Bonn GmbH, *Geschäftsbericht 2006*, p. 51.

　の90％以上の持分を占める。残りの持分のほとんどをボン市による公的企業が出資している。

　監査役会の構成は、資本の側から10名、労働側から5名選出される。ドイツ連邦共和国、ノルトライン・ヴェストファーレン州持分参加管理有限会社、ケルン市からそれぞれ3名、その他の持分所有者から1名が選ばれる[59]。

　この基準に従って実際に選出されている監査役を表3-33に示した。監査役会議長は NRW を選出母体とし、第1副議長は労働側を、第2、第3副議長はそれぞれケルン市、連邦政府を代表する。「その他の持分所有者から」選出されているベッカーズ＝シュヴァルツは、ライニッシュ・ベルギッシュ郡を母体としており、全体としては地域の利害を反映した構成となっている。

　監査役会によって選出された執行役員ミヒャエル・ガルフェンス、ヴォルフガング・クラプドアの2人はいずれもケルン市の在住者である。

　第1章において確認したように、連邦政府による国際空港への関与をフランクフルト、ハンブルクの部分民営化以前の資本参加比率によって比較すると

　　　　ケルン／ボン　　　　30.94％
　　　　ベルリン　　　　　　26.00％
　　　　ハンブルク　　　　　26.00％
　　　　ミュンヘン　　　　　26.00％
　　　　フランクフルト（マイン）　25.87％

であった。他の空港に対する持分参加比率はおおむね26％であるのに対して、ケルン／ボン空港に対してのみ連邦政府は30％以上の持分参加を行っている。この点に関して、すでに記したように同じ NRW にあり、わずか50km しか離れていない国際空港デュッセルドルフの持分構成は、「民営化」によって、デュッセル

ドルフ市が50％、民間企業が50％となり、連邦政府が全く関与しない状況となった（第1章参照）。

ケルン／ボン空港の土地が連邦政府の所有地であり、貸借関係が2020年まで継続していること、また連邦の航空警察隊およびドイツ国防軍の司令部が2つ置かれていることから、連邦政府の関与が大きくなるのも一見もっともにも思える[60]。

しかしながら、連邦政府はすでに1995年に同空港の民営化に同意を与えている[61]。

そればかりか、NRW州政府もケルン／ボン空港有限会社の持分を手放す意図を持つ。否、州政府は、デュッセルドルフ空港に対する持分とケルン／ボン空港に対する持分を整合的に解消したいと考えている。それを妨げてきたのがケルン市とデュッセルドルフ市の利害争い（Interessenkonflikte der jeweiligen städtischen Eigentümer Düsseldorf und Köln）であった。こうしたなかで、デュッセルドルフ空港の「民営化」が先行したのは、空港火災に伴う投資資金需要によって民間資金を活用せざるをえなくなったからである。一方、ケルン／ボン空港に関しては、出資者のうちでボン市は民営化に賛成の立場に立つ。残りの出資者であるケルン市と郡は、その持分を手放すつもりはない。特にケルン市においては、1997年末に、連邦と州が将来手放す持分を市が買い取ることによって、過半数の議決権を獲得するという動議をSPDとCDUが共同でケルン市議会に提出している。ケルン市はRWE株の売却によって、買収に十分な流動性を確保できるとの認識である。連邦も州も、持分の売却先は現在参加している市、郡を対象とするのではなく、民間の第三者を想定しているにもかかわらず[62]。

2.3 ケルン／ボン空港の時系列分析

この項では、資料3-1「ケルン／ボン空港の年譜」を手がかりに議論を進める[63]。

第2次世界大戦に際して、ドイツ空軍基地を母体とするCGNは、50年代にはイギリス空軍の軍事施設としての色彩が強く民間の利用は極めて限定されていた。しかも、敗戦国ドイツを象徴して、当初は外国の航空会社による国際線が発着し、ルフトハンザのニューヨーク線の運行が開始されたのは、ようやく1961年のこと

であった。冷戦時代のCGNは暫定首都ボンへのアクセスを確保するいわば「政治空港」であった。このことは、国賓クラスが頻繁にこの空港を利用してきたことから伺われる。

　空港整備はまず、航空貨物設備中心になされた。大型貨物センターの建設（1971年）、第3貨物ロビーの建設（1977年）、第4貨物ロビーの建設（1985年）、第5貨物ロビーの建設（1987年）、第6貨物ロビーの建設（1989年）によってハード面の整備が行われた。このうち、第5、第6貨物ロビー建設の決定が行われた1986年は、UPS（United Parcel Service）がCGNをヨーロッパのハブとする決定をした年でもあった。

　空港の名称にコンラート・アデナウワー（Konrad Adenauer）が付け加えられた1994年にはさらに第7貨物センターが完成をみた。

　CGNにおける旅客輸送の発展は、1990年代にルフトハンザ・ドイツ航空の子会社DHL（後のルフトハンザ・シティーライン）が専用待合室を設置した（1991年）後、デュッセルドルフ空港の大火（1996年）を機に同社が管理機能をCGNに移転したことによって始まった。とはいえ、旅客数が飛躍的に増大したのは、いわゆるローコスト・キャリアであるジャーマンウイングズ、ハパークロイド・エクスプレスがほぼ同時に（2002年）、CGNを拠点空港にしたことが契機となった。ローコスト経営は空港のテナントにも反映し、2003年にはバーガーキングが空港内にファースト・フードのレストランを開業した。また、2004年にはヨーロッパ最大のローコスト・キャリアのひとつであるイージージェットが、イギリス行きの便を次々と開設することとなる。

　従来、CGNは「ドライブ・イン・エアポート」を標榜し、駐車場の拡充に努め、1998年に第2パーキング、1999年に第3パーキングを建設した。空港への鉄道接続問題はすでに1993年に議論されていたが、鉄道建設工事が実際に開始されたのは、2000年末のことであった。

　空港駅の開通については、2004年度『営業報告書』が詳細に記しているので、以下それに沿って説明しよう[64]。

　2004年6月12日、空港駅の開業式典が連邦交通相シュトルペ（Manfred Stolpe）、ボン上級市長ディークマン（Bärbel Dieckmann）、ケルン上級市長シュラ

第3章　連邦政府と空港　115

資料3-1　ケルン／ボン空港（CGN）の年譜

1938年	ドイツ空軍は、ヴァーン・ハイデ（Wahner Heide）にある砲兵隊射撃場に空軍基地を設置。
1948年	占領軍はこの基地を拡大。1,866mの滑走路を敷設、コントロールタワーと多数のロビーを建設。
1949年	民間空港に関する協議が持たれ、いわゆる暫定的首都ボン、経済中心地ケルンおよび両市の広域圏を国際航空網に接続することが話し合われた。
1950年	イギリス占領軍民間航空委員会（CAB）によって、ケルン、ボン両市に対して1年間の期限でヴァーン空港の施設を利用する免許が与えられた。 ケルン、ボン市は、1950年に設立された「ケルン・ボン空港ヴァーン有限会社」（Köln-Bonner Flughafen Wahn GmbH zu Porz）にその権限と義務を委託した。この会社の出資者は、ドイツ連邦共和国、ノルトライン・ヴェストファーレン州（以下NRWと略記）、ケルン市、ボン市、ジーク郡、ポルツ市でライニッシュ・ベルギッシュ郡はこの時点では参加していない。空港社長（Flughafendirektor）はProf.Dr.-Ing. Heinrich Steimann（1964年まで）。 BEAがベルリン行きの運行を最初に行った（9月23日）。
1951年	BEAは、1月1日より毎日、ロンドン→ケルン／ボン→ベルリンの定期運行を開始。2月1日、空港設備がドイツの管理下に移され、「ケルン・ボン空港ヴァーン有限会社」として商業登記された。 12月31日、CABによって与えられた免許が失効し、空港設備が再びイギリス軍の管理下に。民間航空は軍事利用によって制約され、1日あたりの発着は8回に制限された。サベナ航空が4月1日より同空港の利用を開始した。
1952～57年	イギリス空軍によって、民間航空機による空港利用はさしあたり、週8便にその後14便に制限された。
1953年	世界最初のジェット機コメット1号（Commet 1）がCGNに着陸。外相会議のためにSchumann, Poncet, Acheson, Edenが空港に到着。 横風用滑走路（2,460m）建設のため4月24日～5月11日、軍事演習のため7月23日～30日滑走路の閉鎖。
1957年	民間航空機の利用制限が解除。 NRW州の経済交通省は、イギリス空軍より空港管理を引き継ぐ（10月2日）。
1958年	NRW州議会によって、CGNを国際空港へと拡張を行う認可が与えられる。Carl Mudlagkが経営担当執行役員（kaufmännischer Geschäftsführer）に就任（3月1日）。
1959年	アメリカの大統領Eisenhowerが訪問（8月26日）。空港拡張のための州建設局（Staatsbauamt für den Flughafenausbau）がCGN内に設立された（4月1日）。3,800m滑走路建設の工事に着工（9月13日）。
1960年	フィンランド航空（Finnair）がキャラヴェル（Caravelle　フランス製の中距離ジェット機）によってKopenhagen—Helsinli線を運行開始（4月1日）。スイス航空（Swissair）がDC8によるNew York線を開設（4月1日）。
1961年	NRW州経済・中小企業・交通大臣Dr. Lauscherによって、大滑走路の開通式

が行われる（3月17日）。エール・フランスによって最初の長距離チャーター便、アンカレッジ経由東京行きが飛んだ（3月20日）。ルフトハンザ・ドイツ航空による国際線 Köln/Bonn-New York 線が開業（3月30日）。6月に免税店が開店。ボン市交通局によってボンと空港を結ぶバス路線が開通。

1962年　Charles de Gaulle が大統領 Heinrich Lübke を訪問（9月4日）。

1963年　John F. Kennedy が Konrad Adenauer を訪問（6月23日）。新ターミナル建設計画を NRW 州土地計画・住居建設・公共事業省に提出。

1964年　空港社長（Flughafendirektor）Prof.Dr.-Ing Heinrich Steimann が引退（9月22日）。新たに設置された技術担当執行役員（technischer Geschäftsführer）に Dr.-Ing. Wilhelm Grebe が就任（11月2日）。

1965年　新ターミナルの起工式（7月8日）。

1966年　8月に分散的搭乗手続きシステムを持つドライヴ・イン・ターミナルの建設開始。

1967年　Mudlagk の後任として Wolfgang Diederich が経営担当執行役員に就任（1月1日）。

1968年　空港会社は「ケルン／ボン空港有限会社」Köln/Bonn Flughafen GmbH として再編。

1969年　新ターミナルの棟上（1月23日）。宇宙飛行士 Neil Armstrong, Michael Colins 等が訪問（10月12日）。

1970年　大統領 Gustav Heinemann によって新ターミナルの開業式典が催される（3月20日）。貨物センターの棟上（9月17日）。ルフトハンザのジャンボジェットによるニューヨーク行き定期便が、11月1日より毎日運行。

1971年　年間2万5,000トンの処理能力を持つ貨物センターおよび付属施設が完成し、空港会社に引渡し（4月20日）。フランスの Pompidou が訪問（7月1日）。日本の天皇が訪問（10月11日）。トルコの大統領 Sunay が訪問（10月19日）。オランダの女王が訪問（10月26日）。インドの首相（Indira Gandhi）が訪問（11月10日）。連邦宰相 Brandt がノーベル平和賞受賞のために Oslo へ出発（12月9日）。

1972年　ウガンダ国家元首 General Idi Data が訪問（2月7日）。スウェーデン国王 Gustav VI Adorf が訪問（5月8日）。スペイン皇子夫妻 Prinz Juan Carlos und Prinzessin Sophia が訪問（9月25日）。

1973年　荷物引渡し所の拡張工事。空港の事業所アンケートによると、空港内の事業所数67、雇用2,100人。

1974年　空港ホテル Holiday Inn 開業（12月18日）。アメリカの Kissinger が訪問（3月4日）。ユーゴスラビア国家元首チトーが訪問（6月27日）。スリランカ首相 Frau Bandaranaika が訪問（9月9日）。

1976年　貨物施設の拡張。ルフトハンザ・サーヴィス有限会社 LSG (Lufthansa Service GmbH) の拡張。イスラエル貨物航空 (Israelische Cargo Air Lines) によってテル・アヴィヴとケルン／ボンを結ぶ農産物のための「緑の空の架け橋」(Grüne Airbrücke) による輸送開始（11月1日より）。

1977年　第3貨物ロビーの建設。貨物施設の拡充により年間処理能力が10万トンとなる。事業所アンケートによると、事業所数90、雇用2,487人。

第3章　連邦政府と空港

1978年　年間旅客数が初めて200万を超える。
1979年　07, 25, 14L, 32R, 32L の進入路に VASIS を導入。搭乗客へのアンケートにより、当空港利用者の平均像は、40歳（チャーター便は35歳）の男性、年間利用回数は10回以上。執行役員 Prof.Dr.-Ing. Wilhelm Grebe が引退し、後任の技術担当執行役員には Dipl.-Ing. Günter Schade が就任（12月1日）。
1980年　ローマ教皇 Johannes Paul II が訪問（11月15日）。
1981年　軍事施設内の旧管制塔の取り壊し（10月）。空港がIIIBカテゴリーの認可を受けた（12月1日）。
1982年　路面電車に "Abflug Köln/Bonn" の広告を出す（ケルンにおいて車両全体に広告を塗るのはこれが最初）。
1983年　ターミナルにおいて第1回ケルン／ボン旅行見本市（Köln/Bonner Reisemarkt）を開催（1月15／16日）。事業所調査（事業所91、雇用2,547）。
1984年　旧ターミナル（"Flower-Airport" -Terminal）の解体（12月）。ケルン市上級市長 Nobert Burger が空港会社の監査役会議長に就任（12月19日）。コンコルド（BA）が当空港に初めて着陸（12月20日）。第4貨物ロビーの棟上（11月20日）。
1985年　第4貨物ロビーの開業式が連邦交通相 Dr. Doringer の出席のもとに行われる。これによって貨物ロビーの面積が4,000m^{2}から1万6,000 m^{2}へ拡張され、フロントヤードも拡張された（3月12日）。執行役員 Dip.-Kfm.Wolfgang Diederich が退任。SAS が CGN をヨーロッパにおける航空貨物のハブとする決定（12月2日）。
1986年　経営担当執行役員に Heinz Gombel が就任（1月1日）。エール・フランスのコンコルドが初めて着陸（6月21日）。UPS が CGN をヨーロッパにおけるハブとする決定。第5／6貨物ホールと業務用ビルを建設を決定。旅行代理店 Hapag Lloyd の専用カウンターが旅客ターミナルに設置される。GAT（General Aviation Terminal）が操業開始。
1987年　UPS は、ケルン／ボンとアメリカにおける UPS のハブの間で航空貨物の扱いを開始（2月17日）。ローマ教皇 Paul II がケルン／ボンに到着（4月30日）。アメリカ大統領 R. Reagen が出国（6月17日）。LTU は、11月に週4便を就航。第5貨物ホールの業務用ビルに入居（11月5、6日）。
1988年　エクスプレス・キャリア TNT は、エア・ドゥ・コロニュ（Air de Cologne）を買収し、ケルン／ボンにハブを設置、9月より毎日14便を CGN より飛ばす。貨物のフロント・ヤードを拡張。LNU は9月に週7便を就航。
1989年　ルフトハンザと業務提携。第6貨物ホールの完成と ITS の業務用ビルの拡張。
1990年　ルフトハンザは、ケルン／ボン発ニューヨーク経由、ニューアーク行きの定期便を就航。
1991年　湾岸戦争の影響が航空輸送に出る。DLT（現在の Lufthansa CityLine）専用待合室の完成。
1992年　湾岸戦争の影響が深刻化。
1993年　空港への鉄道の接続が論議される。社員総会（Gesellschafterversammlung〔注〕株式会社の株主総会のあたる）において、空港の名称にコンラート・アデナウワーを付加し Flughafen Köln/Bonn Konrad Adenauer とすることを決議（12

月7日）。Condor 社の長距離便（Florida, Mexico, Kuba, Dominikanische Rep.）がチャーター便全体に好影響をもたらす。UPS と10年間の契約。

1994年　空港命名式典（10月4日）に出席したのは、Bundeskanzler Helmut Kohl, Bundesminister Nobert Blüm, Landesminister Kniola, OB Nobert Burger (Köln), OB Hans Daniel (Bonn), Künsterin Yrsa von Leistner。CGN における休暇旅行客数が年間100万を超える。第7貨物ホールの完成。ケルン上級市長 Burger が監査役を辞任し（12月12日）、後任として Oberstadtdirektor Lothar Ruschmeier (Köln) が監査役会議長に就任。執行役員では Heinz Gombel が再選される（12月12日）が、Dipl.-Ing.Günter Schade は、高齢を理由に1995年12月31日をもって退任。

1995年　月間利用客数が8月に初めて50万人の大台を超えて53万6,514人を記録。Günter Schade の後任に Wolfgang Klapdor が技術担当執行役員に選出される。NRW 州中小企業・技術・交通省は、空港への鉄道接続に関する経済性を鑑定し、評価した。

1996年　デュッセルドルフ空港で大火（4月11日）。CGN はすべての交通を引き受ける。Lufthansa CityLine は、ケルン／ボンに移転する決定をし、1998年末までに、技術・航空運営基盤のみならず、経営管理も CGN に移すこととした。

1997年　連邦交通相 Matthias Wissmann 出席のもとに第2ターミナルの起工式および駐車場 P2の棟上式（6月30日）。新たな規制強化された夜間飛行規制（Nachtflugregelung）が発効（11月1日）。Lufthansa CityLine の新しい管理棟の起工式（12月16日）。

1998年　第1ターミナル到着ロビーの近代化が決定（1月初旬着工）。駐車場 P3の建設開始。TNT は、10年以上にわたって事業展開の末、ケルン／ボンの業務を中止し、Lüttich に移転（2月28日）。駐車場 P2の営業開始（3月16日）。

1999年　駐車場 P3の営業開始（3月26日）。ケルン・サミットの開催（6月2～21日）。ICE／S-Bahn 接続に関わる契約に調印（9月20日）。

2000年　第2ターミナルの操業開始（6月21日）、落成式（9月21日）。Heinz Gombel が経営担当執行役員を退任（12月31日）。新執行役員に Werner Schniedermann が就任（10月1日）。空港接続線建設の鍬入れが Porz-Wahn 駅で行われる（12月3日）。

2001年　Werner Schniedermann 病気のため退任（5月31日）。Michael Garvens に経営担当執行役員就任の打診（9月19日）。事業所アンケートによると空港にある事業所数264、従業員9,568人。地上騒音防止のため、Wahnheide に住む1,300戸に換気設備を設置する（9月）。

2002年　Michael Garvens が執行役員として着任（2月1日）。ジャーマンウイングズ（Germanwings、略称 gw）によりケルン／ボン発最初のローコスト・キャリアがスタート（10月27日）。Hapag-Lloyd-Express の就航によってケルン／ボンはドイツのローコスト・キャリアのためのハブとなる（11月）。

2003年　バーガーキング（Burger King）がファースト・フード・レストランを開業（3月28日）。ローコスト・キャリアによって空港が転換点を迎え、ドイツで最も急成長する空港になったことから、空港のバランスシートが改善。旅客数は前年

比40％増。イラク航空が週２便テヘラン直行便を就航。Mehr Passagiere, mehr Flugziele, mehr Arbeitspläzte und mehr Gewinn（旅客も、目的地も、雇用も利益も増えた）——ケルン／ボン空港における１年間のローコスト経営の収支は、すべての路線の成果である。ケルン／ボン空港有限会社の監査役会は、Michael Garvens を筆頭執行役員に任命。同時に技術担当執行役員 Wolfgang Klapdor との契約を2010年まで延長（12月10日）。

2004年　ケルン／ボン空港とケルン商工会議所、ボン／ライン・ジーク商工会議所の委託によるケルン大学の調査は、ローコスト・キャリアが地域の経済と労働市場に及ぼす積極的な影響を証明した。空港駅の開業式典が連邦交通相 Manfred Stolpe の出席のもとに行われた（６月12日）。ヨーロッパ最大のローコスト・キャリアのひとつ、EasyJet が Liverpool と結んだ（６月22日）。翌週にはさらに、Nottingham および London-Gatwick と結んだ。９月の利用客数は、87万8,000 となり、過去最大の月間利用客となった。

2005年　FedEx は、ケルン／ボンからメンフィスへ週４便を２月に開設。Volker Hauff がライン・ヴェストファーレン州の代表として監査役会議長に選出された（３月16日）。

2006年　UPS は、総工費１億2,600万ドルを投じてヨーロッパにおける貨物集積センターとなるビルをケルン／ボンに開業。コンチネンタル航空は、ケルン／ボン～ニューヨーク線を毎日１便就航させた。ブラジル航空 BRA は、ケルン／ボンからリオ・デ・ジャネイロへ週４便、ノンストップ線を開設。

2007年　FedEx は、ケルン／ボン空港を中央・東ヨーロッパのための新しいハブとすることを発表。第１ターミナルに新たに完成した A／B エリア（Bereich A/B）が創業開始。26のチェックインカウンターを備え、もっぱらジャーマンウイングズが利用する。年間利用客が初めて1,000万人を超えた。

典拠：Köln Bonn Airport, Presse/Geschichte, in interrete sub: http://www.koeln-bonn-airport.de/, 14. 04. 2008.

ンマ（Fritz Schramma）、駅長メードルン（Hermut Mehdorn）の出席のもとに行われた。これによって、CGN は、ICE をはじめとするヨーロッパの高速鉄道網と S バーンによる近距離鉄道網に組み入れられたことになる。総工費５億3,200ユーロにのぼる建設資金は、

　　ボン／ベルリン調整資金による連邦の出資　　２億5,600万ユーロ
　　NRW 州による出資　　　　　　　　　　　　　２億2,200万ユーロ
　　駅舎建設のための空港会社による出資　　　　　5,400万ユーロ

であった。連邦からの出資について、シュトルペは以下のように語っている。

　鉄道の接続は、この地域にとって、財政的に最も重要な調整計画（eines der finanziell bedeutsamsten Ausgleichsprojekte）である。というのは、ボンからベ

ルリンへの政府移転後、連邦がこの地域に膨大な資金を自由に使えるようにしたからこそ、鉄道の接続が実現したからである。……鉄道の接続は、議会と政府の転出後に、この地域が構造変化を成功させたシンボルである。

また、駅長のメードルンは、長い間ケルン／ボンはドライヴ・イン・エアポートの典型とみなされてきたが、飛行機と車と鉄道が有機的に結びつくようになり、フランクフルトやデュッセルドルフを上回る便宜を供与するようになったことを強調した。

20分間隔のタクト運行されているSバーンがカバーする範囲はもとより、ヴィーズバーデン（空港駅まで34分）、マインツ（同71分）など従来CGNの射程に十分組み入れられていなかった南部からのアクセスが飛躍的に改善された。このことは、フランクフルト・ハーン空港と互角に競争できることを意味していた[65]。

2.4 ケルン／ボン空港の空間的輸送関係

2.4.1 旅客輸送と地域連関

ケルン／ボン空港は、ドイツ最大のローコスト・キャリアの空港であるばかりでなく、ヨーロッパ大陸で最大のローコスト・キャリア空港である、と同社『営業報告書 2006年』は伝えている。ローコスト・キャリアによる搭乗者数は670万人を数え、ミュンヘン空港における470万人をはるかに凌いでいる。ドイツの19国際空港全体におけるローコスト・シェアが22.9％であるのに対して、ケルン／ボンは68％に達し、同空港とLCCの関係は密接である。ケルン／ボン空港におけるジャーマンウィングズのマーケットシェアは36％であり、HLX（2007年からはTUIフライ）は18％に達していた。ローコスト・キャリアがケルン／ボンに進出した2002／2003年冬期スケジュールにおける目的地数は16地点であったが、それ以降

  2003年夏期スケジュール 40地点
  2004年夏期スケジュール 55地点
  2005年夏期スケジュール 68地点
  2006年夏期スケジュール 85地点

表3-35 ケルン／ボン空港における航空会社別週あたり出発便数

	航空会社	便数
1	ジャーマンウィングズ	411
2	TUIフライ	207
3	ルフトハンザ	168
4	エア・ベルリン	141
5	KLM	21
6	オーストリア航空	18
7	サンエクスプレス	15
8	コンドル	13
9	イージージェット	12

典拠：Köln Bonn Airport, *Flugplan April-Juni 2008*より作成。

表3-36 ケルン／ボン空港における目的地別週あたり出発便数

	目的地	便数
1	ベルリン	175
	シェーネフェルト	34
	テーゲル	141
2	ミュンヘン	130
3	パルマ・デ・マジョルカ	74
4	ハンブルク	66
5	ロンドン	51
	ガトウィック	12
	ヒースロー	21
	スタンステッド	18
6	ウィーン	38
7	アンタルヤ	24
8	チューリッヒ	23
9	アムステルダム	21
10	パリ（シャルル・ド・ゴール）	13
10	プラハ	13

典拠：Köln Bonn Airport, *Flugplan April-Juni 2008*.

2007年夏期スケジュール　　100地点へと拡大していった[66]。

　航空会社別に週あたりの出発便を検討する。表3-35によると、ジャーマンウィングズの便がずば抜けて多く、それに次いでTUIフライが前者の半数の運行をしている。上位9社のうちでLCCが6社を占め、ケルン／ボンがローコスト・キャリアの空港であることが定量的に裏付けられる。伝統的キャリアではルフトハンザ、KLM、オーストリア航空などドイツに隣接した国の旧ナショナルフラッグ・キャリアによる運行が見られる。

　目的地別に出発便を見る表3-36によると、内外の大都市との接続が西ヨーロッパを中心になされている。こうしたなかで、保養地であるパルマ・デ・マジョルカ、アンタルヤへの運行が多く見られる。

　各目的地と運行航空会社の関係を次に検討する（以下、表3-37～表3-43参照）。ベルリン線においては、TUIフライ、ルフトハンザ、エア・ベルリンがテーゲルへ、またジャーマンウィングズがシェーネフェルトへ運行している。このなかでは、TUIフライの運行頻度が最大である。

表3-37 ケルン／ボン空港におけるベルリン線の運行状況

ベルリンの到着空港	航空会社	週便数
シェーネフェルト	ジャーマンウィングズ	34
テーゲル	TUIフライ	51
テーゲル	ルフトハンザ	46
テーゲル	エア・ベルリン	44

典拠：Köln Bonn Airport, *Flugplan April-Juni 2008*.

表3-38 ケルン／ボン空港におけるミュンヘン線の運行状況

航空会社	週便数
ルフトハンザ	63
エア・ベルリン	44
TUIフライ	51

典拠：Köln Bonn Airport, *Flugplan April-Juni 2008*.

表3-39 ケルン／ボン空港におけるパルマ・デ・マジョルカ線の運行状況

航空会社	週便数
エア・ベルリン	25
ジャーマンウィングズ	23
TUIフライ	14
コンドル	7
ゲルマニア（ST）	3
Spanair（JKK）	1

典拠：Köln Bonn Airport, *Flugplan April-Juni 2008*.

表3-40 ケルン／ボン空港におけるハンブルク線の運行状況

航空会社	週便数
ルフトハンザ	44
TUIフライ	22

典拠：Köln Bonn Airport, *Flugplan April-Juni 2008*.

表3-41 ケルン／ボン空港におけるロンドン線の運行状況

ロンドンの到着空港	航空会社	週便数
ガトウィック	イージージェット（EZY）	12
ヒースロー	ルフトハンザ	21
スタンステッド	ジャーマンウィングズ	18

典拠：Köln Bonn Airport, *Flugplan April-Juni 2008*.

　ミュンヘン線では、ルフトハンザが最も多数の運行便を有するが、ミュンヘン空港がルフトハンザの第2ハブであることから、遠距離便への接続の便宜を提供していると考えられる。
　これに対してパルマ・デ・マジョルカ線はエア・ベルリン、ジャーマンウィングズなどLCCの独壇場となっている。
　ハンブルク線はルフトハンザ便が主流であり、これをローコスト・キャリア、TUIフライが補う構造となっている。
　ロンドン線は、主要空港であるヒースローへルフトハンザが運行するほか、イージージェット、ジャーマンウィングズがそれぞれ副次的空港へ接続する。
　ウィーン線は伝統的航空会社、オーストリア航空と新興キャリア、ジャーマン

表3-42　ケルン／ボン空港における
　　　　ウィーン線の運行状況

航空会社	週便数
ジャーマンウィングズ	20
オーストリア航空（OS）	18

典拠：Köln Bonn Airport, *Flugplan April-Juni 2008*.

表3-43　ケルン／ボン空港における
　　　　アンタルヤ線の運行状況

航空会社	週便数
ジャーマンウィングズ	4
サンエクスプレス（XQ）	4
TUIフライ	4
ブルー・ウィングズ（QW）	4
エア・ベルリン	3
スカイエアラインズ（SHY）	3
コンドル（DE）	2

典拠：Köln Bonn Airport, *Flugplan April-Juni 2008*.

ウィングズが競合する。

アンタルヤ線はすべてLCCによって運行され、パルマ・デ・マジョルカ線と同様の傾向が見られる。

このほか、チューリッヒ線はすべてジャーマンウィングズ、アムステルダム線はKLM、パリ線はルフトハンザ、プラハ線はCSAチェコ航空（OK）が6便、ジャーマンウィングズが7便である[67]。

2.4.2　ケルン／ボン空港とローコスト・キャリア

空港とケルン商工会議所、ボン／ジーク商工会議所は、ケルン大学交通論研究所に、ローコスト・キャリアが地域経済に及ぼす影響に関する調査を依頼し、その調査結果は2004年に公表された[68]。

それによると
(1)　ローコスト・キャリアが産み出す雇用は4,420人、新たに生み出される所得が1億2,000万ユーロであり（p. 15）、
(2)　当該地域の357社へのアンケートによると、ビジネス旅行にはローコスト・キャリアを利用する企業は85％にのぼり（p. 19）、
(3)　2002年の上半期と2003年の下半期を比べると、ビジネス旅行の出発点をケルン／ボンとする企業が54.1％から58.7％へ増加する一方、デュッセルドルフ発が21.4％から18.4％へと低下を示し（p. 20）、
(4)　ビジネス旅行1回あたりの航空運賃の節減効果は242ユーロ、労働時間の短縮効果は2.1時間になる（p. 27-）
ことなどが明らかになった。

ここでは、ローコスト・キャリアのなかでケルン／ボン空港において発着頻度の高い、ジャーマンウィングズとTUIフライ（およびその前身であるハパークロイド）について簡単にふれる。

2.4.2.1 ジャーマンウィングズとユーロウィングズ

ケルン／ボン空港第1ターミナルに新しく完成したA／Bエリアはジャーマンウィングズの専用ホールである[69]。

ジャーマンウィングズ有限会社（Germanwings GmbH）は、ユーロウィングズ航空株式会社（Eurowings Luftverkehr AG）が100％出資する子会社であるので、親会社であるユーロウィングズに触れる。ユーロウィングズは、NFD（Nürnberger Flugdienst AG）とRFG（Regionalflug）の合併により、1993年に設立された。2001年には、ルフトハンザ・ドイツ航空（Deutsche Lufthansa AG）が、資本金の24.9％に参加し、2004年からはその参加比率が49％に引き上げられ、事実上ルフトハンザ傘下に加わった[70]。

ユーロウィングズは、合併以前の会社をそれぞれニュルンベルク（NFD）とドルトムント（REG）においていたことを反映して、株式会社としての登記はニュルンベルクであるが、管理機能はドルトムントに置かれている。

「ドルトムントからサニービーチへ」（Ab Dortmund in die Sonne）、「ニュルンベルク発の素晴らしいネットワーク」（Nürnberg mit besten Verbindungen）をうたい文句にしているが、ドルトムントを母空港（Heimatbasis）とよび、ニュルンベルクを第2の母空港（zweiter Heimatflughafen）と名づけている。同社が、自らの規模について「ニッチとしては大きすぎる」（zu groß für einen Nischencarrier）が「単独で激しい競争を生き延びるには小さすぎる」（zu kein, um sich langfristig allein im härter werdenden Konkurrenzkampf behaupten zu können）と規定している[71]。

ユーロウィングズがローコスト・キャリア、ジャーマンウィングズの経営に乗り出したのは、2002年10月27日のことであった。2003年度ユーロウィングズ『営業報告書』において「2002年に設立したノーフリル・エアラインNo-Frills-Airlineであるジャーマンウィングズが意図した成果を収め、240万人の乗客を運んだ」

第3章　連邦政府と空港　125

ことを取締役会議長ヴァイトホルツ（Frierich-Wilhelm Weitholtz, Vorsitzender des Vorstands）が明らかにし、またそれがもっぱらケルン／ボン空港からの離着陸であることが強調された[72]。

2.4.2.2　ジャーマンウィングズ

　「ケルン／ボン空港の年譜」に記したように、2002年にケルン／ボンから営業を開始したジャーマンウィングズは、ドイツ国内に拠点空港を次々と築いていった。

　2003年に、同社はケルン／ボンに加えてシュトゥットガルト空港を拠点として、バルセロナ、ブダペスト、ローマ、テッサロニキ、ウィーンへの便を展開することとなった[73]。9月8日の「報道発表」において、ジャーマンウィングズは「ケルン／ボン空港における営業開始と同じペースをシュトゥットガルトにも適用する」とし、ベルリン線とマドリード線を10月26日から追加することを発表した[74]。

　このうち、ベルリン線については、ベルリン・シェーネフェルト空港発着とし、あわせてケルン／ボン発便もテーゲルからシェーネフェルト発着へと変更することが伝えられた。シェーネフェルトが大空港へと改修予定であること、発着が短時間かつ円滑に行われること、エアポート・エクスプレスによって30分で市内に到着できることをその理由に挙げているが、のちの第3ハブ建設の布石となる[75]。

　同年11月には、デュッセルドルフ中央駅に近接したヴァリンガー通りからケルン／ボン空港へシャトルバスが運行されることとなった[76]。このことは、デュッセルドルフ空港からローコスト市場を奪うことを意味していた。

　2004年6月には、親会社ユーロウィングズの母空港（Heimat der Muttergellschaft Eurowings）であるドルトムントへ将来、進出することを発表した[77]。

　8月4日の「報道発表」で同社は、経済雑誌『キャピタル』（Capital）が行った読者アンケート結果を誇らしげに伝えた。すなわち、ヨーロッパの国際線を運行する44社を対象とするアンケートにおいて、ジャーマンウィングズは格安航空（Günstigfliegen）部門において第1位、定時運行部門において第3位となった、と[78]。

　年末に同社は「来るべき年も、ジャーマンウィングズは静寂に甘んじることは

ない。わが格安航空はドイツに第3のハブを建設することを計画中である」と発表し[79]、翌春、ベルリン・シェーネフェルトを第3のハブとすることを明らかにした[80]。

2005年1月10日、ジャーマンウィングズは、ポーランドの航空会社LOTのローコスト子会社セントラル・ウィングズと協定を結び、ドイツ・ポーランド間で共同運航（コードシェア）することを決定した[81]。

これは、後に触れるハパーク・ロイドによる東ヨーロッパ市場の開拓への対抗策と考えられる。

この時点において、ジャーマンウィングズ国際線がケルン／ボン空港を卓越した拠点空港としていたことは、表3-44から明確となる。西ヨーロッパ線が多数ではあるが、北欧、東欧、南欧にも満遍なく路線を有している。

国内線のネットワークにおいては、表3-45に見られるように、一見するとベルリン・シェーネフェルトが中心の印象を与えるが、拠点空港（機材を常駐させルートの基点となる空港）を基準にみると、ケルン／ボン、ミュンヘン、デュッセルドルフを基点としてベルリン・シェーネフェルト線が運行されているのに対して、ベルリン・シェーネフェルトを基点とする国内便はシュトゥットガルト線のみであり、ネットワークの中心となる空港ではない。

2008年夏期ダイアでは、目的地空港の地域的な範囲はさらに拡大するとともに、シュトゥットガルト空港発の便が増加している。しかしながら、ジャーマンウィングズにとってケルン／ボンが最も重要な拠点空港である点は、依然として変わらない（表3-46参照）。

2.4.2.3 ルフトハンザ・シティーライン

ルフトハンザ・シティーライン有限会社（Lufthansa CityLine GmbH, Köln）は、ルフトハンザ・ドイツ航空株式会社が100％出資する子会社である[82]。

ルフトハンザ・シティーラインの前身は、1959年にReederei Fisser & van Doornum 社によって設立された海水浴客のための航空会社 OLT（Ostfriesischer Lufttaxi, Emmden）を母体とし、1970年にAGIV（Aktiengesellschaft für Industrie & Verkehr, Frankfurt a.M.）社の資本参加によってOstfriesischer Lufttaxi

表3-44　ジャーマンウィングズ国際線定期便の運行（2005年夏期ダイア）

目的地	拠点空港		
	ケルン／ボン	シュトゥットガルト	ベルリン・シェーネフェルト
ノルウェー　　オスロ			○
スウェーデン　　ストックホルム	○		○
フィンランド　　ヘルシンキ	○		
イングランド　　ロンドン・スタンステッド　　ロンドン・ガトウィック　　バーミンガム	○　○　○	○	
アイルランド　　ダブリン	○		
スコットランド　　エディンバラ	○		
フランス　　パリ　　ニース	○　○		
スペイン　　パルマ・デ・マジョルカ　　バルセロナ　　マドリード　　イビザ　　マラガ	○　○　○　○　○	○　○	
ポルトガル　　ファロ　　リスボン	○　○	○	
スイス　　チューリッヒ	○		
イタリア　　ローマ　　ボローニャ　　ヴェローナ　　ミラノ	○　○　○　○	○	
ギリシャ　　テッサロニキ　　アテネ	○　○	○	
トルコ　　イスタンブール　　アンカラ　　イズミル	○　○　○	○　○	○　○
オーストリア　　ウィーン	○		
クロアチア　　ザグレブ　　スプリト　　ドゥブロヴニク	○　○　○	○　○	○　○
ポーランド　　ワルシャワ　　カトヴィーツェ　　クラクフ	○　○　○	○	
ロシア　　モスクワ	○		○

典拠：Germanwings GmbH, germanwings.com in interrete sub: http://www.36.germanwings.com/, 30. 07. 2005を基に作成。

表 3-45　ジャーマンウィングズ国内線ネットワーク（2005年夏期ダイア）

拠点空港	目的地空港		
	ケルン／ボン	シュトゥットガルト	ベルリン・シェーネフェルト
ケルン／ボン			○
シュトゥットガルト			○
ベルリン・シェーネフェルト		○	
ハンブルク		○	
ミュンヘン	○		○
デュッセルドルフ			○

典拠：Germanwings GmbH, germanwings.com in interrete sub: http://www.36.germanwings.com/, 30. 07. 2005を基に作成。

GmbHとして有限会社化され、73年にはAGIVの100％子会社となった。1974年にDDLT Deutsche Luftverkehrsgesellschaft mbHと社名変更。1978年にルフトハンザ・ドイツ航空が資本金の26％に参加、ルフトハンザの要請によりハノーファー～アムステルダム線とブレーメン～コペンハーゲン線を就航させた。翌年ルフトハンザと共同で国内線路線網を再編成。1985年には、増資を機に、ルフトハンザの参加比率が40％へと引き上げられた。ルフトハンザが議決権の過半数（52％）を確保したのは、1989年のことであった。1990年から、ターボ・プロップからジェット機への転換を開始し、50人乗りCRJ100を発注し、同時にケルンに整備工場を設立し、CDJのメインテナンスを社内で実施する体制に移行した。CRJ100は、カナダのボンバルディア（Bombardier）社の製造する新型リージョナル・ジェット機でその量産第1号は、初飛行の後、1992年10月にルフトハンザ・シティーラインに納入され、以後、ボンバルディア社製のジェット機を積極的に購入した。1993年、同社はルフトハンザ・シティーライン有限会社と社名変更することを監査役会が決定。93年には、ルフトハンザ・ドイツ航空の100％子会社となり、翌年から本格的にジェット化に乗り出した。1998年に同社は、管理機能をケルン／ボン空港に集中させた。2002年より、ケルン／ボン空港において経営システム全体の統合管理を企画し、翌2003年からSAPの標準ソフトによる統合管理が動き出した[83]。

2003年6月、ミュンヘン空港第2ターミナルの開業を機に、ミュンヘン空港を中心とする運行に注力するに至った。また、10月にはルフトハンザ系列4社（Air

表3-46 ジャーマンウィングズ出発便の空港別週あたり便数（2008年夏期ダイア）

目的地	出発空港				
	ケルン／ボン	シュトゥットガルト	ベルリン・シェーネフェルト	ハンブルク	ドルトムント
アルバニア					
ティラナ	週1便				
オーストリア					
ウィーン	日3便	日2便			日2便
ブルガリア					
ソフィア	週4便				
ブルガス	週2便		週2便		
ヴァルナ	週1便		週1便		
クロアチア					
スプリト	週6便	週6便	週1-3便	週2便	週3便
ドゥブロヴニク	週3便				
ザダル	週2便	週2便			週1便
オシイェク	週2便				
プーラ	週1-2便				
ザグレブ	週6便	週5便	週3便		
チェコ					
プラハ	日1便				
フランス					
ボルドー	週3便				
バスティア（コルス）	週1便	週1便			
ニース	日1便				
マルセイユ	週2便			週5便	
トゥールーズ					
ドイツ					
ベルリン・シェーネフェルト	日2-5便	日1-4便			
ドレスデン	日2-3便	日1-2便			
ハンブルク		日1-4便			
ケルン／ボン			日2-6便		
ライプツィヒ	日1-2便	日1-2便			
ミュンヘン	日2-5便		日3-5便		日1-3便
ロストク	週3便				
シュトゥットガルト			日1-4便	日1-4便	
ツヴァイブリュッケン			日1-2便		
イギリス					
エディンバラ	週5便				
ロンドン・スタンステッド	日2-3便	日1-2便			
ギリシャ					
アテネ	週4便	週3便			
ヘラクリオン（クレタ）	週2便		週1便		
コルフ	週2便	週2便		週1便	
ミコノス	週1便				
ロードス	週1便				
テッサロニキ	週6便	週5便			
カヴァラ	週1便	週1便			
ハンガリー					
ブダペスト	日1-2便	日1便			
バラトン			週1便		

国・都市						
アイスランド						
レイキャビック	週2便					
アイルランド						
ダブリン	週3便					
イタリア						
ボローニア	日1便					
ラメツィア・テルメ	週1便	週1便				
ミラノ	日1-2便					
ローマ	日1便	日1便				
ヴェローナ	週4便					
コソヴォ						
プリシュティナ	週1便	週3便		週1便		
ラトヴィア						
リガ	週3便					
マケドニア						
スコピエ	週2便					
マルタ						
ルカ	週2便	週2便				
ポーランド						
ワルシャワ	日1便	週4便				
カトヴィーツェ	週3-4便	週3便				
ポルトガル						
リスボン	日1-2便	週6便				
ファロ	週3-4便	週2便				週1-2便
ルーマニア						
ブカレスト	週4便	週3便	週2便			
クルージュ	週3便					
ロシア						
モスクワ	週6便	週3便	週5便			
サンクト・ペテルブルグ	週3-4便					
スウェーデン						
ストックホルム	日1-2便		週6便			
スイス						
チューリッヒ	日2便					
セルビア						
ベルグラード	週4便	週3便				
スペイン						
バルセロナ	日1-2便	日1便				
マドリード		週6便				
イビサ	週5便	週3便	週1便			
パルマ・デ・マジョルカ	日3-4便	日1便				日1便
マラガ		週2便				
トルコ						
イスタンブール	日1-2便	週3便	週4便	週1便	週3便	
アンカラ	週3便	週2便			週3便	
アンタルヤ	週4-5便	週3便				
イズミル	週3便	週3便	週3便			

典拠: Germanwings, Facts & Figures: Summer Schedule 2008, in interrete sub: http://www.germanwings.com/en/Infos-and-Service, 07. 05. 2008より作成。

Dolomiti, Augsburg Airways, Contact Air, Eurowings) とともに、「ルフトハンザ・レギオナル」(Lufthansa Regional) を結成し、グループ内における体系的運行の一翼を担うに至った[84]。

2007年度の実績では、ルフトハンザ・グループの搭乗者のうちで、シティーラインは13％を占めている。またシティーライン全便の50％がミュンヘン空港に集中している[85]。

2.4.2.4 ハパークロイドおよびTUIフライ

ヨーロッパの代表的な総合旅行コンツェルンであるTUIコンツェルン（TUI-Konzern）は、傘下に100％子会社である7社の航空会社を持ち、ドイツにはハノーファーに本社を置くハパークフライ（Hapagfly）とハパーク・ロイド・エクスプレス（Hapag Lloyd Express、以下、HLXと略記）の2社が存在していた[86]。

ケルン／ボン空港にローコスト・キャリアが進出した当時、前者が運行するのは週あたり8便（うち、直行便は4便）にすぎず、当該空港における重要性は低かったので、ここではHLXについて取り上げる[87]。

Hapag-Lloyd Expressの商標でTUIコンツェルンがローコスト・キャリアに進出することは、2002年8月29日の報道発表において明らかにされた。機材はゲルマニア航空サービス有限会社（Germania Flugdienst GmbH）からボーイング737-700（座席数148）を8機チャーターし、拠点空港をケルン／ボンとして、11月からバルセロナ、ミラノ、パリ、ローマへの直行便を運行する内容であった[88]。

同年11月3日の初飛行に先立ち、10月24日から予約受付が始まった。航空運賃は、税・手数料込みで片道19.99ユーロを基準とする。国内線としてケルン／ボン発、ハンブルク線、ベルリン線を加え、ヨーロッパ線としてさしあたりミラノ、ベルガモ、ヴェネチア、ナポリ、ピサ／フィレンツェ、ロンドン・ルートンの各線が運行されることとなった。HLXの執行役員兼CEOであるヴォルフガング・クルト（Wolfgang Kurth）は、「われわれのモットーはタクシーに乗るのと同じくらい簡単に飛行機に乗ることだ」とケルン／ボン空港において行われた報道発表において述べた[89]。

この間、HLXは、2002年12月にハノーファーを第2ハブとすることを決定し、

さらに2003年7月には、シュトゥットガルトにも拠点を置く決定をした。2004年6月、ポーランドのローコスト・キャリアであるエア・ポロニア（Air Polonia）と共同でケルン／ボンとカトヴィーツェ間にコードシェア便を運行して東ヨーロッパの市場開拓に乗りだした。2005年4月、同社はライバルであるジャーマンウィングズ社のネットワーク・マネジメントを担当していたヘルムート・モコシュ（Helmut Mokosch）を引き抜いて、執行役員に迎えた[90]。

表3-47は、HLXの路線網を示す。このなかで、ケルン／ボン発が19ルートで最も多く、シュトゥットガルト発とハノーファー発が15ルートであり、この3空港が拠点となっている。目的地では保養地である地中海方面との連絡が主であることが分かる。

2007年夏、HLXとハパークフライは統合し、TUIフライ（TUIfly）としてTUI旅行株式公開会社（TUI Trabel PLC, London）の傘下で営業を開始した。後者の過半数の議決権を有するのはTUI株式会社（TUI AG）である。TUIフライはハノーファー空港に本社を置く[91]。

2.4.3　貨物輸送と地域連関

ケルン／ボン空港の『営業報告書　2004年』は、「当空港に拠点をもつ3大カーゴ・キャリア」（die drei großen hieransässigen Cargo-Carrier）が貨物輸送の牽引力であることを指摘し、58％のシェアを持つUPS、同21％のルフトハンザ・カルゴ、同じく18％のDHLの名を挙げた[92]。

ケルン／ボン空港の貨物輸送においては、表3-48に示したように、インテグレーター便の役割が決定的に重要である。「輸送とロジスティックに関わるサービス・プロバイダーの進歩した形態」（advanced type of transport and logistic service provider）としてEU委員会が注目するインテグレーターは[93]、国際物流において目覚しい成長を遂げ、Fedex、DHL、UPSに代表されるように、航空機を自己所有・運行し、集配業務を統合的に行っている[94]。

以下、表3-47に依拠して航空貨物輸送の傾向をまとめると以下のようになる。

(1) ヨーロッパ便においては、ロンドン、イースト・ミドランズ、ミラノ便において定期便が運行されている以外、すべてインテグレーター便で

第3章 連邦政府と空港

表3-47 HLX定期便の運行状況（2005年9月17日現在）

目的地	ケルン／ボン	ハンブルク	シュトゥットガルト	ミュンヘン	ベルリン	ハノーファー
スウェーデン						
ストックホルム						○
スコットランド						
エディンバラ		○				
アイルランド						
ダブリン		○	○			
シャノン	○					
イングランド						
ニューカッスル	○		○			○
マンチェスター	○					
フランス						
マルセイユ	○					
スペイン						
ビルバオ	○		○			○
バレンシア	○		○			○
パルマ・デ・マジョルカ	○		○			
イタリア						
ヴェネツィア	○	○	○		○	○
オルビア	○		○	○	○	○
ピサ	○		○		○	○
パレルモ	○		○	○	○	○
ナポリ	○		○	○	○	
バリ						
ミラノ						○
ローマ			○			○
クロアチア						
リエーカ	○					○
オーストリア						
ザルツブルク	○	○			○	○
クラーゲンフルト	○	○			○	○
ドイツ						
ケルン／ボン		○				
ベルリン	○		○			
ハンブルク	○					
ズュルト	○		○			
ハノーファー			○			
シュトゥットガルト					○	○

注：パートナー会社とのコードシェアは含まない。
典拠：Hapag-Lloyd Express GmbH, HLP.com, in interrete sub: http://book.hlx.com/de/, 12. 10. 2005.

　ある。特にドイツ国内、フランス、イタリア、スイス、スペイン、ポルトガル等、西ヨーロッパ諸国内での稠密なネットワークを見ることができる。

表3-48　ケルン／ボン空港発貨物便の相手先空港（2007年）

目的地空港	インテグレーター便	定期便
ドイツ国内		
ハンブルク	○	
ベルリン	○	
ライプツィヒ	○	
ニュルンベルク	○	
シュトゥットガルト	○	
ミュンヘン	○	
フランス		
パリ	○	
レンヌ	○	
リヨン	○	
ボルドー	○	
トゥールーズ	○	
イングランド		
ロンドン	○	○
イースト・ミドランズ	○	○
スコットランド		
エディンバラ	○	
北アイルランド		
ベルファスト	○	
アイルランド		
ダブリン	○	
コーク	○	
シャノン	○	
スイス		
バーゼル	○	
ジュネーブ	○	
チューリッヒ	○	
イタリア		
ミラノ	○	○
トレヴィーゾ	○	
ヴェネツィア	○	
ボローニア	○	
ローマ	○	
スペイン		
ビトリア	○	
マドリード	○	
バルセロナ	○	
バレンシア	○	
ビルバオ	○	
セビーリャ	○	
パルマ・デ・マジョルカ	○	
ポルトガル		
ポルト	○	
リスボン		
ギリシャ		
アテネ	○	
テッサロニキ	○	
クロアチア		
ザグレブ	○	

国・都市		
スロベニア		
リュブリャナ	○	
オーストリア		
ウィーン	○	
スロバキア		
ブラチスラバ	○	
チェコ		
プラハ	○	
ハンガリー		
ブダペスト	○	
ポーランド		
ワルシャワ	○	
カトヴィーツェ	○	
ルーマニア		
ティミショアラ	○	
ブカレスト	○	
トルコ		
イスタンブール	○	
ウクライナ		
キエフ	○	
ロシア		
モスクワ	○	
リトアニア		
カウナス	○	
ラトビア		
リガ	○	
エストニア		
タリン	○	
デンマーク		
コペンハーゲン	○	
オーフス	○	
スウェーデン		
ストックホルム	○	
マルメ	○	
イェテボリ	○	
ノルウェー		
オスロ	○	
アイスランド		
ケヴラヴィーク	○	
フィンランド		
ヘルシンキ	○	
キプロス		
ラルナカ	○	
イスラエル		
テル・アヴィヴ	○	
グルジア		
トビリシ（Tilfis/Tbilisi）		○
クウェート		
クウェート		○

バーレーン		
バーレーン		○
アラブ首長国連邦		
ドバイ	○	
シャルジャ		○
カザフスタン		
アスタナ	○	
パキスタン		
カラチ		○
インド		
デリー		○
ムンバイ	○	○
チェンナイ	○	○
シンガポール		
シンガポール	○	○
中国		
香港	○	○
上海		○
台湾		
台北	○	
フィリピン		
クラーク	○	
韓国		
ソウル		○
アメリカ合衆国		
アトランタ		○
ニューヨーク		○
メンフィス	○	
ルーイビル	○	
フィラデルフィア	○	
ニューアーク	○	

典拠：Flughafen Köln/Bonn GmbH, *Geschäfsbericht 2006*, p. 24-25.

(2) さらに東ヨーロッパ諸国をもこのインテグレーター・ネットワークがカバーしている。

(3) 湾岸諸国とは、主に定期便によって結ばれている。

(4) 南アジア諸国とは、定期便とインテグレーター便の連絡がなされているほか、東アジアとは、そのどちらかが運行されているが、日本向けの運行はない。

(5) アメリカ合衆国とは、ニューヨーク、アトランタへの定期便以外はインテグレーター便が運行されている。

この2007年における貨物輸送状況を、2005年のそれと比較すると新たに加わっ

た目的地は、北アイルランド（ベルファスト）、アイルランド（シャノン）、スペイン（ビルバオ、セビーリヤ、パルマ・デ・マジョルカ）、地中海東沿岸（テッサロニキ、ラルナカ、テル・アヴィヴ）、東欧（リュブリャナ、ブラチスラバ、ティミショアラ、ブカレスト）および旧ソ連（キエフ、カウナス、リガ、タリン、トビリシ、アスタナ）、東アジア（上海、台北、ソウル）である。これらの地域は近年において成長著しい地域、市場経済化が進展している地域である。

一方、この2年間に目的地からはずれた空港はメッス（フランス）、コルカタ、バンガロル（インド）、ラホール（パキスタン）、ヨハネスブルク（南アフリカ）、ロスアンゼルス、ダラス（アメリカ合衆国）である[95]。

2.4.4　インテグレーターとケルン／ボン空港

UPSは、自社保有機268機（航空会社としては、世界で第9位の規模）、チャーター機296機を保有し、アトランタに本社を置く代表的なインテグレーターである。アメリカにおける中央ハブはルーイビル（ケンタッキー州）である。そのほかにフィラデルフィア（ペンシルベニア州）、ダラス（テキサス州）、オンタリオ（カリフォルニア州）、ロックフォード（イリノイ州）、コロンビア（サウスカロライナ州）、ハートフォード（コネティカット州）を準ハブ空港とする。このUPSはヨーロッパ本社をブリュッセルに置き、ケルン／ボン空港をヨーロッパ全体のハブとしている[96]。

UPSの『年次報告書　2004年』によれば、ケルン／ボン空港はアメリカ合衆国以外で最大のハブであり、かつ最も設備投資に力を入れている空港である[97]。

ルフトハンザ・カルゴは1994年にルフトハンザ・コンツェルンのロジスティック部門を担当するために設立され、ルフトハンザ・ドイツ航空の100％子会社である。その業務の中心はもっぱらフランクフルト・ライン・マイン空港であった[98]。

同社は2004年3月28日より、DHLと大陸間長距離輸送を共同で行うこととなった。DHLはドイチェポスト・ワールドネットワーク（本社はブリュッセル）の100％子会社のインテグレーターである。共同運航の内容は以下の通りであった。

ルフトハンザ・カルゴの貨物専用機MD11を使用して運行を行う。DHL 社の貨物集積空港である、イースト・ミドランズ、ケルン／ボン、ブリュッセルから大陸間輸送を行う。共同運航する路線は

　　イースト・ミドランズ➡シンシナティ➡イースト・ミドランズ

　　ブリュッセル➡ニューヨーク（JFK）➡ブリュッセル

　　ケルン／ボン➡バーレーン➡シンガポール➡デリー➡ケルン／ボン

　　イースト・ミドランズ➡ケルン／ボン➡香港➡シャルジャ➡ケルン／ボン➡ベルガモ➡イースト・ミドランズ

　　ケルン／ボン➡イースト・ミドランズ➡ニューヨーク（JFK）➡ケルン／ボン

であった[99]。

　ヨーロッパにおける集積地点として、ブリュッセルと並んでケルン／ボンが重要であることが分かるであろう。

　しかしながら、DHL は2008年以降、ヨーロッパにおける貨物集積拠点をライプツィヒ／ハレ空港へと移転する決定をし、これに伴ってルフトハンザ・カルゴもアジア・北米線をライプツィヒ／ハレ空港着発となる[100]。

　このことによって、ケルン／ボンにおける貨物輸送は打撃を蒙ることになる。

　ところで、世界最大のエクスプレス・貨物便業者である FedEx は、ケルン／ボン空港に中央・東ヨーロッパの貨物ハブを構築することを明らかにした。2010年までに、FedEx は 5 万 m² からなる貨物配送センターを建設し、フランクフルトで行われている業務の一部をケルン／ボンに移転すること、業務を開始する2010年の時点で週60便を運行するために450件の雇用を創りだすことが明らかとなった。FedEx の進出について、ケルン／ボン空港 CEO、ガルフェンスは、「DHL が撤退することによって生じる間隙を、われわれは長期的に相殺できることを認識している」と指摘した。DHL とルフトハンザ・カルゴが撤退することによって生じる年間貨物の損失は21万5,000トン、雇用の喪失は800件であった[101]。

3 ミュンヘン空港

3.1 ミュンヘン空港の基本情報と歴史

　ミュンヘン「フランツ・ヨゼフ・シュトラウス」空港（Flughafen München Franz Josef Strauß）（IATA-Code: FMG）は、ミュンヘン市の中心から28.5km北にあり、2,300m隔てた平行滑走路（4,000m）を有している。2つの平行滑走路の間に、年間27万人の収容能力を持ち、150のチェックインカウンターを備えた第1ターミナルと年間22万～25万人の収容能力を持ち、140のチェックインカウンターを備えた第2ターミナルおよびミュンヘン・エアポート・センター（München Airport Center、略称MAC）を配している。2万台の収容能力を持った駐車場およびSバーンによってアクセスが確保されている[102]。

　ミュンヘン・リーム空港が操業を開始してから、新空港の建設に至る動向を資料3-2「ミュンヘン空港の年譜」をもとにまとめる[103]。

　ミュンヘンには、古くはオーバーヴィーゼンフェルト飛行場（Flugplatz Oberwiesenfeld）が存在していたが、1939年10月、ミュンヘン・リーム空港（Flughafen München-Riem）の開業によって民間機の離着陸がすべてリーム空港に移転された。第2次世界大戦中の爆撃でリーム空港が全滅した後、1949年にミュンヘン・リーム空港有限会社（Flughafen München-Riem GmbH）が設立された。1955年に航空高権がドイツ連邦共和国に返還された後、ルフトハンザ・ドイツ航空はミュンヘン発着の国内線を開設する。リーム空港は1858年に滑走路を700mから2,500mに延伸することによって、ジェット機の離着陸が可能となった。

　1963年3月リヒャルト・エクスレ（Richard Oechsle）を委員長とする「ミュンヘン大空港立地」委員会（Komission "Standort Großflughafen München"）が発足し、同委員会はリーム空港を拡張することが空間的に不可能であり、新空港を建設する必要性を勧告した。将来の新空港をにらんで、会社の名称をミュンヘン空港有限会社（Flughafen München GmbH、略称FMG）と変更する決定をしたのは、1968年12月の社員総会においてであった。

表3-49　搭乗者数によるミュンヘン空港の位置付け

	1995年	1997年	1999年	2001年	2003年
ドイツにおける順位	3	2	2	2	2
ヨーロッパにおける順位	12	10	9	8	8
世界における順位	51	44	40	35	33

典拠：Flughafen München GmbH, Zahlen und Fakten, in interrete sub: http://www.munich-airport.de/de/company/facts/diagramm/verk_struk_daten, 07. 06. 2004.

　1973年10月には、バイエルン州、ミュンヘン市に加えて、連邦政府が有限会社社員＝出資者として参加するに至る。翌年5月、バイエルン州経済・交通省はErding-Nord/Freisingにミュンヘン新空港を建設する認可を与えた。1975年には、ミュンヘン空港有限会社とドイツ連邦鉄道との間で、新空港へSバーンを接続する契約が締結された。

　1992年、新空港の完成とともにリーム空港は創業52年目に幕を閉じた。新空港が完成して5年が経過した時点で、当時の筆頭執行役員ヴィリ・ヘルムゼン（Willi Hermsen）は、報道発表で以下のコメントを行った。

　この5年間の乗降客は、7,000万人にのぼり、この数字はリーム空港が1949年から1980年に達成した値に匹敵する、と[104]。

　ミュンヘン新空港の建設に関わったヘルムゼンについて簡単に触れる。ヘルムゼンはルフトハンザ・ドイツ航空において地上勤務の管理職を経験し（1870～88年）、1988年にミュンヘン空港有限会社の執行役員として参加。1991年から筆頭執行役員を務めた。この間、リーム空港から新空港への移転に尽力し、1997年にはドイツ人として初めてヨーロッパ空港連盟の会長に就任している。ヘルムゼンの指揮下、新空港は短期間にヨーロッパにおけるトップクラスの空港となり、搭乗者数ではヨーロッパの空港のなかで第8位まで引き上げた[105]。

　ヘルムゼンが退任するまでに、ミュンヘン空港がドイツ、ヨーロッパ、世界の空港順位においていかなる変動を経験したかを示すと表3-49のようになる。

　このように、ミュンヘン新空港は、ヘルムゼンの指揮下、短期間にヨーロッパのトップクラスの空港となり、搭乗者数ではヨーロッパの空港のなかで第8位を占めるにいたった。

　ヘルムゼンは、新空港が営業を開始して10年目にあたる2002年5月17日に任期

資料3-2　ミュンヘン空港の年譜

1939年	民間航空は、ミュンヘン・オーバーヴィーゼンフェルト飛行場（Flugplatz Oberwiesenfeld）からミュンヘン・リーム空港（Flughafen München-Riem）へ移転。
1949年	リーム空港は爆撃によって壊滅的打撃を受ける。
1848年	パンナムのDC-3が戦後初めてリーム空港に着陸。
1949年	ミュンヘン・リーム空港有限会社（Flughafen München-Riemn GmbH）が設立された。
1955年	航空高権がドイツ連邦共和国に返還され、ルフトハンザ・ドイツ航空はミュンヘン発着便を開設。
1958年	滑走路が600mから2,600mへと延伸され、ミュンヘン空港に最初のジェット機、エール・フランスのCaravelleが着陸。
1963年	「ミュンヘン大空港立地」委員会Komission "Standort Großflughafen München"が発足し、エクスレ委員長（Richard Oechsle）のもとで新空港候補地を検討。
1964年	エクスレ委員会は空港移転候補地として3カ所を指摘する報告書を提出。
1968年	ミュンヘン・リーム空港有限会社社員総会（Gesellschafterversammlung）は、会社名をミュンヘン空港有限会社（Flughafen München GmbH、略称FMG）と変更することを決定した。新会社は新しいミュンヘン空港を計画し、建設する任務を帯びた。
1969年	バイエルン政府は新空港をエルディング・ノルド（Erding-Nord）に建設することを決定した。 ミュンヘン・リーム空港は滑走路の更新・延伸を開始した。 FMGは、新空港をエルディング・ノルドに建設するための航空法上の認可を申請した。
1971年	リーム空港に新しい到着ロビーが完成。
1973年	ミュンヘン空港有限会社の新しい筆頭執行役員（Hauptgeschäftsführer）にヘルマン・ライヒャルト（Hermann Reichart）が就任。 FMGの社員（Gesellschafter）として、バイエルン州、ミュンヘン市と並んで、連邦政府が参加。
1974年	バイエルン州経済・交通省は新しいミュンヘン空港をエリディング・ノルド／フライジング（Erding-Nord/Freising）に建設するための航空法上の認可を与えた。
1975年	FMGとドイツ連邦鉄道は、新しいミュンヘン空港に既存のSバーン網を接続する契約に調印した。
1988年	FMGの新しい筆頭執行役員にローマン・リットヴェーガー（Roman Ritweger）が就任。 ミュンヘン新空港の管制塔と中央ビルの棟上。
1989年	新空港のターミナルビルの棟上。
1991年	FMGの筆頭執行役員にヴィリ・ヘルムゼン（Willi Hermsen）が就任。
1992年	新空港開設祝賀会。

	ミュンヘン・リーム空港が創業52年の幕を閉じる。新空港の操業開始。
1994年	空港にケンピンスキー空港ホテルが開業。
1995年	FMGの監査役会と社員総会は、ミュンヘン・エアポート・センター（München Airport Center）を建設して、空港サービスを強化することを決定。
	ルフトハンザ・ドイツ航空は記者会見において、ミュンヘン空港を第2ハブとすることを発表した。
1996年	ミュンヘン・エアポート・センターの起工式。
1997年	ミュンヘン空港第2ターミナルのための建築コンペ要綱を発表。
1998年	FMGとルフトハンザ・ドイツ航空は、計画中の第2ターミナルを共同で建設・経営・出資する覚書に調印。
	ミュンヘン・エアポート・センターの棟上。
	FMGの監査役会と社員総会は、コッホ・ウント・パルトナー建築事務所（Architektenbüro Koch und Partner）に第2ターミナルの設計・実現を依頼。
1999年	ミュンヘン・エアポート・センター（MAC）の開業。
2000年	第2ターミナルの起工式。
2001年	ルフトハンザの夏期スケジュールにおいて、ミュンヘン空港はフランクフルト空港と並んでハブ空港として機能する運行システムがとられた。
	第2ターミナルの棟上。
2002年	新しい筆頭執行役員にミヒャエル・ケルクロー博士（Dr. Michael Kerkloh）が就任。
2003年	第2ターミナルが開業。
2004年	ミュンヘン空港は、ICAOの要求を満たし、エアバスA380の離着陸が可能な最初のヨーロッパの空港となった。

典拠：Flughafen München GmbH, Pressemitteilung vom 08. 02. 2002, p. 36-39.

を4年残して引退する決意を、2月18日の記者会見で明らかにし、「私は新しいミュンヘン空港を成果ある進路に導くという目標を自らに課してきた。空港の10回目の誕生日は指揮棒を引き渡す格好の機会である」と述べた[106]。

3.2　ミュンヘン空港設備の拡充

3.2.1　第2ターミナルの建設

　1998年4月、ミュンヘン空港有限会社とルフトハンザ・ドイツ航空株式会社は、建設計画中の空港第2ターミナルを共同で出資・経営することに同意した。ターミナル建設に必要な資金は約13億マルク、ターミナルへの接続に必要なインフラストラクチャを含めた総工費は17億マルクとされた[107]。

　この計画を実現するために、10月にはミュンヘン空港建設会社（Flughafen

München Baugesellschaft）が設立され、この会社に対する出資比率はミュンヘン空港有限会社60％、ルフトハンザ・ドイツ航空株式会社40％である。これと平行して、両社から出向する専門家30人からなるプロジェクトチームが結成され、グランドデザインを描くこととなった[108]。

第２ターミナルの所有は、ミュンヘン空港有限会社60％、ルフトハンザ・ドイツ航空株式会社40％の出資による２つの会社（FM Terminal 2 Immobilien-Verwaltungsgesellschaft mbH および同時に設立された Mobilien-Verwaltungsgesellschaft Terminal 2 mbH）が担い、この２社が、ミュンヘン空港とルフトハンザの共同経営のために設立された同様の出資比率を有する「第２ターミナル経営会社」（Terminal 2 Betriebsgesellschaft）に第２ターミナルを賃貸する。ただし、空港のインフラストラクチャーに関わる道路、フロントヤード、駐車場設備はミュンヘン空港有限会社の単独出資とされた。新ターミナルはルフトハンザとスターアライアンスが独占的に利用する権利を持つことになり、このように空港ターミナルの建設と経営に航空会社と空港が共同であたるのは「国際航空の舞台での世界初演」（eine Welttaufführung auf der Bühne der internationalen Luftfahrt）とされた[109]。

空港第２ターミナルは2003年６月29日に操業を開始し、翌年の年頭記者会見において筆頭執行役員ケルクロー博士は、以下の所信を表明した。

「第２ターミナルの操業開始をもって、2003年６月29日はミュンヘン空港の発展における歴史的エポックとなる。この日に至るまで空港は、そのインフラを基準にみれば、国内線も国際線も２地点間輸送（Punkt-zu-Punkt-Verkehr）にとって効率的な終着点であった。第２ターミナルの開業によって、わが空港は昨年の夏にようやく、世界中の目的地への乗り継ぎのための超近代的な航空ハブ（hochmoderne Luftverkehrsdrehscheibe）の形態になった」[110]。

この会見においてケルクロー博士は、従来からある第１ターミナルとの差別化について、以下の指摘をした。

① 第２ターミナルが集中管理構造になっているのに対して、第１ターミナルは分散的、モジュール構造になっていて、そこで営業する航空会社はさまざまな形で２地点間輸送を提供する。

② 第1ターミナルのエリアAは、dba、Germania Express、Air Berlinなどのローコスト・キャリアの領域とすること。
③ エリアBは、イギリス便およびアメリカ便を集中させること。
④ エリアCは、シェンゲン協定締結国以外の便を集中させること。
⑤ エリアDは、シェンゲン協定締結国の便を集中させること。
⑥ 総じて、第1ターミナルだけで、80社以上の航空会社が営業し、800万人の搭乗者があり、この値はケルン／ボン空港をしのいでいること。
⑦ 2003年前半における搭乗者数でみると、第1ターミナルと第2ターミナルの利用比率は前者が36％、後者が64％であること。

以上である[111]。

3.2.2　ミュンヘン・エアポート・シティー

空港第2ターミナルビルの建設と平行して、2つのターミナルの間にミュンヘン・エアポート・センター（MAC）が建設された。国際空港が単なる交通設備からサービス・コミュニケーションへと発展しつつあり、交通の結節点は、出発・到着・トランジット地点としての機能ばかりでなく、副次的機能――会議場、展示場、ビジネスセンター、小売・飲食の場所――が要求されるという認識にたち、MACと空港センタービルの再編成が行われた。ショッピングモールにテナントとして入居した小売店舗は、9店から45店へと拡大し、その中にはBeneton、Hugo Boss、Marc O'Polo、Palmers/Wolford、I Santi、Lottusse 等の有名ブランドが多数含まれている。また、MACとセンタービルのほぼ中間に、フロア面積1,400m^2のEdeka-Supermarkt が置かれた。このような空港の整備をもってミュンヘン空港は「エアポートからメアポートへ」（auf dem Weg vom Airport zur Mehrport）進化したと自認している[112]。

新空港が開業した1993年に空港の雇用は1万5,100人であった。2003年には531の事業所において2万3,320人が雇用されるに至った。これは、1日あたり6億9,900万ユーロ（1人あたり85ユーロ）が給与として支払われていることになる。最大の雇用提供者は、4,800人を雇用するミュンヘン空港有限会社であり、関連会社を含めると7,100人の雇用を生み出している[113]。

第3章 連邦政府と空港 145

表3-50 ミュンヘン空港で雇用されている従業員の居住地域（2003年）

	人	比率（％）
フライジング郡（Landkreis Freising）	4,546	19.5
ミュンヘン市（Stadt München）	4,395	18.8
エルディング郡（Landkreis Erding）	4,149	17.8
ランズフト市およびランズフト郡（Stadt u. Landkreis Landshut）	2,583	11.1
ミュンヘン郡（Landkreis München）	1,701	7.3
上記以外のオーバーバイエルン	3,105	13.3
上記以外のバイエルン	1,830	7.8
上記以外の地域	1,011	4.3

注：Flughafen München GmbH, Zahlen und Fakten, in interrete sub: http://www.munich-airport.de/de/company/facts/diagramm/verk_struk_daten, 07. 06. 2004.

　これらの被雇用者は、どの地域に居住しているのであろうか。表3-50をみると、空港周辺のフライジング郡、エルディング郡からの通勤者が4割近くを占めていることがわかる。繁栄する空港のおかげで、フライジング／エルディング労働局管区（Arbeitsamtbezirk Freising/Erding）の失業率はバイエルン平均を3％下回り、また空港に隣接するハルベルクモース（Hallbergmoos）には、Cisco Systems、Amazon、Cellway、SAP、Olivettiなどの名だたるハイテク企業が入居し、ミュンヘン空港は「経済の推進力」（Wirtschftsmotor）、「ジョブマシーン」（Jobmachine）と空港自らが語るほどである[114]。

　空港周辺に1998年以降に入居した事業所に対するアンケートでは、97％の企業がミュンヘン空港をビジネス旅行に利用していると回答し、61％の企業がミュンヘン空港での航空貨物を利用していると答え、31％の企業がミュンヘン空港に近いことが立地決定の決定的要因であったと回答している[115]。

　これを、ミュンヘン市とは独立した固有の空間をもつ都市、ミュンヘン・エアポート・シティーの誕生と評価することができるであろう。

3.3　ミュンヘン空港の資本関係と経営組織

3.3.1　ミュンヘン空港の資本関係

　ミュンヘン空港を管理・運営するのは、ミュンヘン空港有限会社である。同社の前身は、1949年に設立されたミュンヘン・リーム空港有限会社であり、1973年以降連邦政府が持分に参加した。連邦政府が資本参加しているとはいえ、最大の

表3-51　ミュンヘン空港有限会社の持分

持分所有者	比率（％）
バイエルン州（Der Freistaat Bayern）	51
ドイツ連邦共和国（Die Bundesrepublik Deutschland）	26
ミュンヘン市（Die Landeshauptstadt München）	23

典拠：Flughafen München GmbH, Gesellschafter der Flughafen München, in interrete sub: http://www.munich-airport.de/company/struktur/fmg/index.jsp, 12. 05. 2008.

表3-52　ミュンヘン市の持分参加企業（Beteiligungsunternehmen）

1	AFK Aus- und Fortbildung GmbH für elektronische Medien
2	Equal-München GmbH
3	Flughafen München GmbH（FMG）
4	Tochtergesellschaft der FMG
5	Flughafen München Bau GmbH
6	Gasteig München GmbH
7	International Münchner Filmwochen GmbH
8	MBPW GmbH
9	Messe München GmbH（MMG）
10	Tochtergesellschaft der MMG
11	Messe München Baugesellschaft mbH i.L.
12	München Ticket GmbH
13	München Arbeit gGmbH
14	MGH — Münchner Gewerbehof- und Technologiezentrumsgesellschaft mbH
15	Münchner Tierpark Hellabrunn AG
16	Münchner Verkehrs- und Tarifverbund GmbH（MVV）
17	Olympiapark München GmbH
18	Stadtwerke München GmbH（SWM）
19	Tochtergesellschaft der SWM
20	Verbund Strukturwandel GmbH（VSW）

典拠：Landeshauptstadt München Referat für Arbeit und Wirtschaft, Beteiligungsmanagement, in interrete sub: http://www.muenchen.de/Rathaus/raw/beteiligung/37789/index.html?is, 12. 05. 2008.

　持分所有者で、かつ過半数の議決権を有するのがバイエルン州であり、またミュンヘン市が連邦政府とほぼ同程度の持分に参加していることから、資本関係の機軸は地域にある、といえる（表3-51参照）。

　ミュンヘン市は労働経済局（Referat für Arbeit und Wirtschaft）を通じて表3-52に掲げる諸企業に持分参加するすると同時に「管理」（betreuen）している。ここに記した企業の多くが交通、観光に関わる有限会社形態の企業である。

第3章 連邦政府と空港　147

表3-53　ミュンヘン空港有限会社の連結決算対象企業

	会社名	本社所在地	出資比率
1	aerogate München Gesellschaft für Luftverkehrsabfertigungen mbH	München	100.0
2	Aero Groud Flughafen München Aviation Support GmbH	München	100.0
3	Allesto Flughafen München Hotel und Gaststätten GmbH	München	100.0
4	CAP Flughafen München Sicherheits-GmbH	Freising	76.1
5	Cargogate Flughafen München Gesellschaft für Luftverkehrsabfertigungen	München	100.0
6	eurotrade Flughafen München Handels-GmbH	München	74.0
7	FM Terminal 2 Immobilien-Verwaltungsgesellschaft mbH & Co. oHG	Oberding	60.0
8	FMV ― Flughafen München Versicherungsvermittlungsgesellschaft mbH	Freising	100.0
9	MediCare Flughafen München Medizinische Zentrum GmbH	Oberding	51.0
10	MUCGroung Services Flughafen München GmbH	Freising	100.0
11	Terminal 2 Betriebsgesellschaft mbH & Co. oHG	Oberding	60.0
12	Flughafen München Holding GmbH	Freising	100.0

典拠：Flughafen München GmbH, *Geschäftsbericht 2006*, p. 72.

表3-54　ミュンヘン空港有限会社の関連企業

	会社名	本社所在地	出資比率
1	Augsburger Flughafen Betriebs GmbH	Augsburg	50.0
2	Bayern Facility Management GmbH	München	49.0
3	EFM ― Gesellschaft für Enteisen und Flugzeugschleppen am Flughafen München mbH	Freising	49.0

典拠：Flughafen München GmbH, *Geschäftsbericht 2006*, p. 72.

　次に表3-53および表3-54でミュンヘン空港有限会社の子会社をみると、連結決算対象企業が12社、その他の関連会社が3社ある。ミュンヘン空港有限会社関連企業のひとつはアウグスブルク空港を経営する会社である。これらの子会社は、いずれも有限会社であり、公共部門を頂点とする閉鎖的なピラミッド構造が明らかになる。

3.3.2　ミュンヘン空港の経営組織

　ミュンヘン空港有限会社の経営組織を以下、表3-55、表3-56を手がかりに明らかにする。筆頭執行役員[116]、ミヒャエル・ケルクロー博士は、2002年5月17日、前任者であるヴィリ・ヘルムゼンが退任したことに伴い、ハンブルク空港の執行役員から転任した。就任時の年齢は48歳である。執行役員、ペーター・トラウト

表3-55　ミュンヘン空港有限会社の執行役員

	氏　名
筆頭執行役員（Vorsitzender der Geschäftsführung）	ミヒャエル・ケルクロー博士（Dr. Michael Kerkloh）
次席筆頭執行役員（Kaufmännisscher Geschäftsführer und stellvertretender Vorsitzender der Geschäftsführung）	ヴァルター・フィル（Walter Vill）
交通・技術担当執行役員（Geschäftsführer Verkehr und Technik）	ペーター・トラウトマン（Peter Trautmann）

典拠：Flughafen München GmbH, *Geschäftsbericht 2006*, p. 78.

マンは、ケルクロー着任とともに、総務部長（Prukurist und Hauptabteilungsleiter）から抜擢された就任時61歳の内部昇進者である[117]。

監査役会議長は、バイエルン州財務大臣クルト・ファルトハウザー教授、副議長には労働側代表トマス・ビーラーが就任している。最大の持分所有者であるバイエルン州からは、内務省、交通・経済・技術省、財務省の官僚が各1名ずつ選出され、ドイツ連邦共和国政府については、財務省、交通・建設・住宅省から各1名、ミュンヘン市についてはミュンヘン市長、市議会議員が各1名選出されているほか、労働側から7名が選ばれている。監査役会の構成においては、持分比率を反映して州政府が優位な構成をとる。

このように、経営組織において公的部門の影響が大きいにせよ、組織として硬直化していたとはいい難い。同社には従業員による改善提案を積極的に受け入れる制度があり、フランクフルトにあるドイツ経営研究所（das Deutsche Institut für Betriebswirtschft）は、産業界の17部門から423企業の従業員提案制度（Ideemanagement）を検討し、交通部門においてミュンヘン空港有限会社にグランプリを与えた。同社のアイデア箱（Ideepool）には、2001年に410人の従業員から725件の改善提案がなされ、167万7,700ユーロの経費削減効果を生みだした。アイデアが豊富な従業員には会社から合計5万ユーロの報奨金が与えられた[118]。

3.4　ミュンヘン空港の空間的輸送関係

ミュンヘン空港に寄航する機材について、2000年度と2007年度の比較を行う（表3-57参照）。それによると、エアバス製航空機がはっきりと増加を示す一方、

表3-56 ミュンヘン空港有限会社の監査役

	氏 名	選出母体
監査役会議長 (Vorsitzender)	クルト・ファルトハウザー教授 (Prof. Dr. Kurt Falthauser) Bayerisches Staatsministerium der Finanzen, München	バイエルン (Freistaat Bayern)
監査役会副議長 (stellvertretender Vorsitzender)	トマス・ビーラー (Thomas Bihler) Kaufmänischer Angestellte	労働側代表 (Arbeitnehmervertreter)
監査役 (Aufsichtsrat)	ヨセフ・ポクスライトナー (Josef Poxleitner) Ministerialdirektor, Oberste Baubehörde im Bayerrischen Staatsministerium des Innneren	バイエルン (Freistaat Bayern)
監査役 (Aufsichtsrat)	ハンス・シュピッツナー (Hans Spitzner) Staatssekretär, Bayerisches Staatsministerium für Wirtschaft, Verkehrr und Technologie	バイエルン (Freistaat Bayern)
監査役 (Aufsichtsrat)	クラウス・ヴァイゲルト (Kaus Weigert) Ministerialdirektor, Bayerisches Staatsministerium der Finanzen, München	バイエルン (Freistaat Bayern)
監査役 (Aufsichtsrat)	ディーター・クノル博士 (Dr. Dieter Knoll) Ministerialrat, Bundesministerium der Finanzen, Bonn	連邦政府 (Bundesrepublik Deutschland)
監査役 (Aufsichtsrat)	ロベルト・ショル (Robert Scholl) Ministerialdirektor, Bundesministerium für Verkehr, Bau- und Wohnungswesen	連邦政府 (Bundesrepublik Deutschland)
監査役 (Aufsichtsrat)	クリスティアン・ウデ (Christian Ude) Oberbürgermeister der Landeshauptstadt München	ミュンヘン市 (Landeshauptstadt München)
監査役 (Aufsichtsrat)	ラインハルト・ヴィーツォレック博士 (Dr. Reinhard Wiezorek) Bfm. Stadtrat der Landeshauptstadt Müncchen	ミュンヘン市 (Landeshauptstadt München)
監査役 (Aufsichtsrat)	ハインリッヒ・ビルナー (Heinrich Birner) Geschäftsführer ver.di Bezirk München	労働側代表 (Arbeitnehmervertreter)
監査役 (Aufsichtsrat)	ハンス＝ヨアヒム・ビュース (Hans-Joachim Bues) Konzernbereichsleiter Unternehmenskommunikation, Vertreter der leitenden Angestellte	労働側代表 (Arbeitnehmervertreter)
監査役 (Aufsichtsrat)	ヴィリー・グラッスル (Willy Graßl) Geprüfter Flugzeugfertiger Betriebsratvorsitzender (ab 1. Mai 2006)	労働側代表 (Arbeitnehmervertreter)
監査役 (Aufsichtsrat)	ラルフ・クリューガー (Ralf Krüger) Betriebsvorsitzender (bis 30. April 2006) Freigestellter Betriebsrat	労働側代表 (Arbeitnehmervertreter)
監査役 (Aufsichtsrat)	オルハン・クルトゥラン (Orhan Kurtulan) Geprüfter Flugzeugabfertiger Freigestellter Betriebrat	労働側代表 (Arbeitnehmervertreter)
監査役 (Aufsichtsrat)	アンナ・ミューラー (Anna Müller) Kaumännische Angestellte Freigestellte Betriebsrat	労働側代表 (Arbeitnehmervertreter)
監査役 (Aufsichtsrat)	オットー・ジーク (Otto Siegl) Kaumännischer Angestellter	労働側代表 (Arbeitnehmervertreter)

典拠：Flughafen München GmbH, *Geschäftsbericht 2006*, p. 78.

表3-57　ミュンヘン空港における機種別離着陸頻度（営業用輸送）

機　種	2007年機種別比率（％）	2000年機種別比率（％）
Airbus A318/319/320/321	28.8	19.7
Bombardier CRJ	14.8	—
Boeing B737	14.7	27.5
ATR 42/72	9.5	7.5
Bae 146/AVRO RJ	9.1	8.4
Bombardier Q	4.8	—
Fokker 28/70/100	3.4	0.7
Airbus A340	2.5	0.7
Embraer E145 Family	2.1	1.5
Airbus A330	1.5	0.3
DC 9/MD 80-90/B717	1.2	1.8
Boeing B757	1.1	—
Boeing B767	0.9	2.3
Saab 2000/Saab-Fairchild 340	0.6	0.9
Airbus A300	0.5	1.5
Embraer E-jets	0.4	—
Dornier 328 Turboprop	0.3	1.8
Boeing B777	0.2	0.5
Airbus A310	0.2	1.3
Boeing B747	0.1	0.2

典拠：Flughafen München GmbH, *Statistischer Jahresbericht 2000*, p.25 et ibid., 2007, p. 22.

ボーイングの機体がその分、減少している。同時にリージョナル・ジェットの寄航が増加していることも新しい傾向である。

3.4.1　旅客輸送と地域連関

ヨーロッパの空港において、年間搭乗者数順位が世界の空港において30位以内に入るのは、表3-58に示した7空港である。ミュンヘン空港は、フランクフルト・マイン空港と並んで、ヨーロッパ各国の首都空港と同列に位置付けられる。

ミュンヘン空港における旅客輸送は、ほぼ10年単位で2倍になる速さで増加してきた（表3-59参照）。

これらの搭乗者は、どの地域から来ているのであろうか。空間的集客範囲（Einzugsgebiet）について、1998年の報道発表においてトランジットではなく、直接ミュンヘン空港から搭乗する者について

　（1）83％がバイエルンからの旅行者であり、そのうちミュンヘン市内だけ

第3章　連邦政府と空港　151

表3-58　ヨーロッパの空港における搭乗者数（2007年）

ヨーロッパにおける順位	世界における順位	空港名	搭乗者数
1	3	ロンドン・ヒースロー（LHR）	68,068,554
2	6	パリ・シャルル・ド・ゴール（CDG）	59,929,383
3	8	フランクフルト・マイン（FRA）	54,161,856
4	10	マドリード（MAD）	52,122,214
5	13	アムステルダム（AMS）	47,793,602
6	25	ロンドン・ガトウィック（LGW）	35,218,399
7	28	ミュンヘン（MUC）	33,959,422

典拠：ACI, *Passenger Traffic 2007.*

でも43％を占めていること
(2)　外国から鉄道、道路を経由して同空港を利用する者のなかでは、オーストリア居住者が圧倒的多数を占め（81％）、イタリア（10％）、スイス（2％）がこれに次ぐ

ことが伝えられた[119]。

2004年に行われた乗客アンケートによると、89％がバイエルン居住者であり、そのうち3分の2がオーバーバイエルン、36％がミュンヘンからの搭乗者であった。残りはシュヴァーベン、ニーダーバイエルン等である。バイエルン以外では、3％がバーデン・ヴュルテンベルク住民、6％が外国から、1％がザクセン住民である。しかしながら集客範囲は、スイス、チェコ、北イタリアにも及んでいた[120]。

上記のミュンヘン空港からの直接搭乗者のほかに、トランジットによる利用者が多数存在し、かつ増加傾向にある（表3-60参照）。

すでにミュンヘン空港の年譜において指摘したように、ルフトハンザ・ドイツ航空は1995年にミュンヘンを第2のハブとすることを決定していた。その成果は1996年以降のトランジット客比率の増大として如実に現れた。搭乗者の4分の1がトランジットである1998年段階での報道発表において、その内容が以下のよう

表3-59　ミュンヘン空港における搭乗者数の推移

年度	搭乗者数
1955	270,906
1960	794,613
1965	1,647,329
1970	3,550,929
1975	4,543,138
1980	6,057,997
1985	8,042,579
1990	11,423,838
1995	14,867,928
2000	23,125,872
2005	28,619,427
2007	33,959,422

典拠：Flughafen München GmbH, *Statistischer Jahresbericht 2007*, p. 16.

表3-60 ミュンヘン空港出発旅客に占めるトランジット比率

年度	%
1996	21
1997	25
1998	26
1999	27
2000	27
2001	29
2002	31
2003	31

注:Flughafen München GmbH, Zahlen und Fakten, in interrete sub: http://www.munich-airport.de/de/company/facts/diagramm/verk_struk_daten, 07. 06. 2004.

表3-61 ミュンヘン空港発着便の目的地空港(2007年)

目的地空港所在地域	空港数
国内	19
EU	110
EU以外のヨーロッパ	39
アメリカ大陸	27
アフリカ	20
アジア	29
合 計	244

典拠:Flughafen München GmbH, *Statistischer Jahresbericht 2007*, p. 9.

表3-62 ミュンヘン発搭乗者の最終目的地
(単位:%)

最終目的地	2007年	2000年
ドイツ国内	27.4	33.2
ヨーロッパ(ドイツを除く)	53.7	49.6
スペイン	8.0	8.1
イタリア	7.3	6.4
イギリス	4.9	6.8
フランス	4.8	4.5
トルコ	4.0	3.9
ギリシャ	3.0	4.3
スイス	2.0	1.6
ポーランド	2.0	
ロシア(ヨーロッパ)	1.5	
スウェーデン	1.5	1.2
オーストリア	1.3	1.3
ポルトガル	1.2	1.4
ルーマニア	1.1	
オランダ	1.1	1.3
フィンランド	1.1	
ベルギー	1.1	0.9
デンマーク	1.0	
ノルウェー	0.9	
ハンガリー	0.7	
ブルガリア	0.6	
ヨーロッパを除く外国	18.9	17.2
中東	1.8	1.5
北アフリカ	2.0	2.8
それ以外のアフリカ	1.0	1.0
北米	7.3	7.1
ラテンアメリカ	1.5	2.0
アジア/太平洋	5.3	2.8
外国計	72.6	66.8

典拠:Flughafen München GmbH, *Statistischer Jahresbericht 2007*, p. 34 et *Statistischer Jahresbericht 2000*, p. 37.

に記されている。

　　(イ)　トランジット客の43%が、出発地も目的地も外国であること。そのうち、最も多数を占めるのがイタリアの空港とアメリカの空港とを結ぶ便の利用者であること、

　　(ウ)　トランジット客の大半がルフトハンザ便の搭乗者であること、

第3章　連邦政府と空港　153

表3-63　国内線搭乗者にみる相手先空港順位（1999〜2003年）

	1999	2000	2001	2002	2003
1	フランクフルト	フランクフルト	フランクフルト	ベルリン・テーゲル	ベルリン・テーゲル
2	デュッセルドルフ	ベルリン・テーゲル	ベルリン・テーゲル	フランクフルト	ハンブルク
3	ベルリン・テーゲル	デュッセルドルフ	デュッセルドルフ	デュッセルドルフ	デュッセルドルフ
4	ハンブルク	ハンブルク	ハンブルク	ハンブルク	フランクフルト
5	ケルン/ボン	ケルン/ボン	ケルン/ボン	ケルン/ボン	ケルン/ボン

典拠：Flughafen München GmbH, Statistischer Jahresbericht 2000-2003.

（エ）ルフトハンザ搭乗者に占めるトランジットの比率は、1997年1〜3月期に37％であったが、第3四半期に限れば41％を占めるに至ったこと、

（オ）前項の搭乗者のなかで、ルフトハンザとコードシェアを有するエア・ドロミティ（Air Doromoti）、アドリア・エアウェイズ（Adoria Airways）とルフトハンザとの乗り継ぎがそれぞれ、83％、80％を占めていること、

である[121]。

このことから、スポーク路線がハブと効率的に接続されていることが分かる。

また、ミュンヘン空港を跡にする搭乗者のおよそ半数はヨーロッパ内での移動である（表3-61参照）。

最終目的地について、2000年と2007年のデータを比較すると、ポーランド、ロシア、ルーマニアなどの東欧およびフィンランド、デンマーク、ノルウェーなどの北欧との連絡が形成されてきたことが分かる。また、アジア・太平洋地域との結びつきも強化された（表3-62参照）。

国内線相手先空港においては、フランクフルト行きの順位が低下している。このことは、ミュンヘン自体がハブ機能を持つに至ったことと関係がある（表3-63参照）。

国際線においては、ロンドン、パリ、マドリード、アムステルダム、ローマなど西ヨーロッパの大都市との繋がりが大きなウエイトを占め、またパルマ・デ・マジョルカとの往来も盛んである（表3-64参照）。

ミュンヘンのオクトーバー・フェストが世界から観光客を集めることは良く知られている。そのため、旅客輸送の最頻値は9月の最後の週末に表れる（表

表3-64　目的地別国際線の搭乗者数（2007年）

順位	目的地空港	搭乗者数
1	ロンドン・ヒースロー	1,062,576
2	パリ・シャルル・ド・ゴール	795,086
3	パルマ・デ・マジョルカ	615,392
4	マドリード	590,444
5	バルセロナ	588,275
6	アムステルダム	562,181
7	ローマ・フィウミチーノ	509,769
8	アテネ	489,266
9	イスタンブール	443,354
10	チューリッヒ	412,258

典拠：Flughafen München GmbH, *Statistischer Jahresbericht 2007*, p. 11.

表3-65　2007年における旅客輸送最頻値

	搭乗者数
最頻月（9月）	3,233,280
最頻値日（9月28日金曜日）	122,241

典拠：Flughafen München GmbH, *Statistischer Jahresbericht 2007*, p. 44.

3-65参照）。

3.4.2　貨物輸送と地域連関

　貨物輸送の定期便に関する特徴は、世界の4大インテグレータであるDHL、FedEx、TNT、UPSが極めて頻繁に寄航していること、香港（HKG）、ソウル（ICN）などと結ぶ長距離便が発着していることである（表3-66参照）。

3.5　ミュンヘン空港の展望

　ミュンヘン空港は、新空港の滑走路建設にあたりすでにエアバスA380に対応する措置がなされていた。バイエルン経済省から、ヨーロッパの空港として初めてA380離着陸のための公式な認可が与えられたことがこのことを示している。当時、国際民間航空機関ICAO（International Civil Airport Organization）が要求する「空港カテゴリーF」を満たした空港は、アジアの5空港のみであった。「空港カテゴリーF」は、両翼幅65〜80m、胴体幅14〜18mであり、ボーイング747-400より15m長い。ミュンヘン空港は4,000m滑走路が幅60mあり、誘導路幅が30mあって、A380が離着陸する条件を満たしている。

　さらに第2ターミナルの建設にあたり、エアバスA380のために、従来より大きなエプロンを準備し、800人乗りの旅客機の乗降にも迅速に対応すべく、航空

表3-66　貨物定期便の運行状況（2007年）

LVG	Typ	Routing	Frequentz
Britsch Airways World Cargo	B747F	STN-MUC-DEL-HKG	1/7
	A300f	LEJ-MUC-EMA	1/7
Cargoitalia	DC10F	DXB-MUC-MXP	1/7
Cathay Pacifc Cargo	B747F	HKG-DXB-MUCvv	1/7
	B747F	HKG-DXB-MUC-ARN-DXB-HKG	1/7
Emirates Sky Cargo	A310F	DXB-MUC-ZRH	1/7
Korian Air Cargo	B747F	ICN-SVO-MUC-ICN	2/7
DHL	B757F	LEJ-MUC-BRU	5/7
FedEx	A310F	TLV-MUC-FRA	4/7
	ATP	STR-MUC-CDG	4/7
TNT	B737F	LGG-MUC-LJUvv	8/7
		BRU-MUC-LGG	1/7
UPS	B767-200F	CGN-MUCvv	5/7

典拠：Flughafen München GmbH, *Statistischer Jahresbericht 2007*, p. 12.

機の両側に接続するブリッジを備えている[122]。

　このような質的充実にもかかわらず、ミュンヘン空港は航空需要の量的拡大には対応が不十分であった。

　2005年7月26日、ミュンヘン空港有限会社執行役員会は、監査役会および社員総会（Gesellschaftsversammlung）に対して数年のうちに予想される発着能力のボトルネック（Kapazitätsengpässe）を通知し、滑走路の拡充の必要性を訴えた。社員総会は、バイエルン州議会とミュンヘン市議会から同意を得ることを条件に、FMGが既存の滑走路システムを拡充する計画に着手すること、それに必要な国土利用手続き（Raumordnungsverfahren）に着手することを認めた[123]。

　翌日、筆頭執行役員、ミヒャエル・ケルクローは報道陣を前にして、

（1）　現在の2滑走路システムでは、おそらく2008年、遅くとも2010年には、交通増加にもはや対応できないこと、

（2）　第3滑走路を建設することによって、離着陸能力を向上させたいこと（現在、1時間あたりの離着陸能力は89回であり、これを120回の水準とすること）、

第3滑走路が実現できない場合には、

（1）　長期的にミュンヘン空港は成長の機会を奪われるのみならず、現存す

る需要も喪失するであろうこと、
(2) ルフトハンザをはじめとする航空各社がトランジット輸送を他の空港に移すであろうこと、
(3) そのことによって、ミュンヘンはハブ機能とともに長距離便を失うことになり、地域的な意義しかもたない目的地空港の地位に後戻りするであろうこと

を強調した[124]。

オーバーバイエルン当局は、2006年3月に国土利用手続きに関する評価を完了し、空港建設にゴーサインを出した[125]。

4 小　括

(1) ベルリンにおいてはすでにテンペルホフ空港が営業を終え、現在の主空港であるテーゲル空港も将来閉鎖され、シェーネフェルトに機能統合されるこのによって「ベルリン／ブランデンブルク国際空港」が誕生する。

(2) ベルリンを起点とする輸送は、西ヨーロッパの大都市との関係に加えてモスクワ便の頻度が高位にある。

(3) ベルリンからは、伝統的なキャリアであるルフトハンザ、準LCCであるエア・ベルリン、LCCであるイージージェットが競合的なネットワークを形成している。

(4) エア・ベルリンがLTUを買収することによって、ベルリンからデュッセルドルフへとその運行拠点を移しつつある。

(5) ケルン／ボン空港は冷戦時代には、国賓クラスが暫定首都ボンへのアクセスとして利用する「政治空港」であった。

(6) ドイツ再統一移行、ケルン／ボン空港は、ジャーマンウィングズ、TUIフライなどローコスト・キャリアの拠点空港へと大変身した。

(7) ケルン／ボン空港の重要な機能は、貨物輸送においてインテグレーターの拠点、しかもインテグレーターの世界的ネットワークにおいてヨーロッパの拠点となっていることである。

第3章　連邦政府と空港　157

(8) しかし、2008年以降、DHL が拠点をライプツィヒ／ハレ空港に移転するが、そのことがケルン／ボンに脅威となっている。

(9) ミュンヘン空港は、近年、ヨーロッパにおける有数の拠点空港へと進化した。その過程において、ルフトハンザはミュンヘンをフランクフルトに次ぐ第2のハブとし、またルフトハンザと空港とのコラボレーションによる空港インフラの整備が進行した。

(10) 連邦政府が出資者となる空港においても、地域の公的資本の果たす役割が大きい。ベルリンにおけるブランデンブルク州およびベルリン州（都市州）との資本関係、ケルン／ボンにおけるケルン市およびノルトライン・ヴェストファーレン州との資本関係、ミュンヘン空港におけるバイエルン州およびミュンヘン空港との資本関係、またそれを反映した監査役会の構成は、州単位（および大都市）の利害が空港経営に影響を与えていることを示している。

1 ）　Berliner Flughäfen, Pressemitteilung, 07. 10. 2008.
2 ）　Berliner Flughäfen, *Flugplan*, Winter 2007/2008; Schmitz, F., *Flughafen Tempelhof*, Berlin, 1997; Laurenz, D., Paesxhke, C-L., *Flughafen Tempelhof*, Berlin, 1998; Berliner Untergrundbahn, U-Bahn-Chronik, in interrete sub: http://www.berliner-untergrundbahn.de/cu-20.htm, 07. 04. 2008; Jedelsky, M., Geschichte und Zukunfut des Flughafen Tempelhof: Zurück in die Zukunft, Diplomarbeit, Technische Universität Berlin, 1995; Flughafen Tempelhof Berlin, in interrete sub: http://www.berlin-airport.de/PubDeutsch/PubTempelhof, 27. 07. 2005（このサイトは現在、休止している）; Berliner Flughäfen, Unternehmensporträt, in interrete sub: http://www.berlin-airport/DE/BBI/Flughafen, 25. 03. 2008.
3 ）　Berliner Flughäfen, *Flugplan*, Winter 2007/2008; Flughafen Tegel TXL, Berlin Erfahrungsbericht Berlin's Hauptflughafen, in interrete sub: http://reisen.ciao.de/Flughafen_Tegel_Berlin, 27. 03. 2008; Flughafen Tegel Berlin, in interrete sub: http://www.berin-airport.de/PubDeutsch/PubTegel, 27. 07. 2005（このサイトは現在、休止している）。
4 ）　Kuhlmann, B., *Schönefeld bei Berlin: Ein Amt, ein Flughafen und elf Bahnhöfe*, Berlin, 1996; Flughafen Schönefeld Berlin, in interrete sub: http://www.berin-airport.de/PubDeutsch/Pubschoenefeld, 27. 07. 2005.
5 ）　Berliner Flughäfen, Unternehmensporträt, in interrete sub: http://www.berlin-

airport/DE/BBI/Flughafen, 25. 03. 2008.
6) Berliner Flughäfen, *Flugplan*, Winter 2007/2008, p. 15-19.
7) Berliner Flughäfen, Zeitplan, in interrete sub: http://www.berlin-airport.de/DE/BBI/FlughafenDerZukunft/Zeitplan/index.html, 25. 03. 2008.
8) Flughafen Tempelhof Berlin, in interrete sub: http://www.berlin-airport.de/PubDeutsch/PubTempelhof, 27. 07. 2005.
9) Berliner Flughäfen, Zeitplan, in interrete sub: http://www.berlin-airport.de/DE/BBI/FlughafenDerZukunft/Zeitplan/index.html, 25. 03. 2008.
10) 以下の記述は Berliner Flughäfen, Presseinformation: Airport BBI による。なお、BBI が建設されることによって生じる経済効果については Institut für Verkehrswissenschaft an der Universität zu Köln, *Wirtschftliche Effekte des Airports Berlin Brandenburg International BBI*, im Auftrag der Flughafen Berlin Schönefeld GmbH, Köln, 2005に詳細な分析がなされている。
11) これを凌ぐ総面積を有する空港は、フランクフルト・ライン・マインの1,940ha（ただし、旧米軍基地の敷地も含まれる）、ミュンヘン空港の1,560ha（そのうち、925haは緑地）である（ADV, *Fläche der internationalen Verkehrsflughäfen in Deutschland*, 2006)。
12) ターミナル・ビルを平行滑走路の中間に配置し、滑走路間の距離をとることによって、離着陸を同時に行う形態は羽田に見られる。
13) Flughafen Berlin-Schönefeld GmbH, *Zahlen-Daten-Fakten der Berliner Flughäfen 2006*, p. 12.
14) easyJet, Information, in interrete sub: http://www.easyjet.com/EN/Information/infopack, 27. 07. 2005.
15) EasyJet, about company, in interrete sub: http://www.easyjet.com/en/About/information/, 27. 07. 2005.
16) easyJet, *Preliminary Results 2003 for the 12 months to September*, p. 2.
17) Ibid., p. 4.
18) easyJet, *Preliminary Results 2004 for the 12 months to September*, p. 6.
19) Ibid.
20) easyJet, Press Release, 8. May 2002. DBA は、1992年に設立されベルリン・テーゲルとミュンヘンを拠点とし、1日あたり130便を運行していた。
21) easyJet, Press Release 18 March, 2003.
22) easyJet, *Preliminary Results 2003 for the 12 months to September*, p. 12; *Preliminary Results 2004 for the 12 months to September*, p. 13.
23) easyJet, Press Release, 05. 11. 2004.

24) Ibid. ベルリン市をオレンジ色に染めるとは、同社の機体の色がオレンジ色であることを指している。同社にとって「オレンジ色は単なる色にとどまらない。それはひとつの考え方 (a way of thinking) である」として、"up for it" "passionate" "sharp" "mad about safety" を象徴すると主張する (easyJet, *Annual Report and Accounts 2001*, p. 3)。
25) easyJet, Press Release, 13. 02. 2004.
26) Flughafen Berlin-Schönefeld GmbH, Presse Meldung, 03. 11. 2002; ibid., Pressemeldung, 12. 11. 2003.
27) Flughafen Berlin-Schönefeld GmbH, Pressemeldung, 12. 11. 2003.
28) Flughafen Berlin-Schönefeld GmbH, Pressemeldung, 28. 04. 2004.
29) Flughafen Berlin-Schönefeld GmbH, Presse Meldung, 17. 06. 2004, 04. 08. 2004 et 27. 10. 2004.
30) Flughafen Berlin-Schönefeld GmbH, Presse Meldung, 25. 11. 2004.
31) Air Berlin, Firmenprofil, in interrete sub: http://www.airberlin.com/site/abouthistory, 31. 10. 2007.
32) Joachim Hunold, Vorwort des Chief Executive Officer, in: Air Barlin, *Geschäftsbericht 2006*.
33) Ibid.
34) Air Berlin, *Geschäftsbericht 2007*, p. 49.
35) Ibid., p. 50. エア・ベルリンは、FC Schalke 04, Hertha BSC Berlin, Bayer Leverkusen, Die DEG Metro Stars, Eisbären Berlin, Alba Berlin のスポンサーとなっている。
36) Air Berlin, *Geschäftsbericht 2007*, p. 50.
37) Air Berlin, airberlin.com-News 20. 09. 2007, in interrete sub: http://www.airberlin.com/site/pressnews, 08. 04. 2008.
38) LTU、コンドルの販売方法については、Air Berlin, airberlin.com-news, 27. 03. 2007, in interrete sub: http://www.airberlin.com/site/pressnews.dr.php?ID=535&LANG=deu, 08. 04. 2008.
39) Air Berlin, airberlin.com-news. 27. 03. 2007, in interrete sub: http://www.ariberlin.com/site/pressnews.dr.php?ID=535&LANG=deu, 08. 04. 2008.
40) Air Berlin, airberlin.com-news, 20. 09. 2007, in interrete sub: http://www.airberlin.com/site/pressnews, 08. 04. 2008.
41) 2007年にLTUは、デュッセルドルフだけで、250万人の搭乗者をエア・ベルリンにもたらした (Air Berlin, *Geschäftsbericht 2007*, p. 60)。
42) Air Berlin, airberlin.com-news, 20. 09. 2007, in interrets sub: http://www.airberlin.com/site/pressnews, 08. 04. 2008.

43) Ibid.
44) Ibid.
45) *Handelsblatt*, 29./30./31. August, 2008.
46) Air Berlin, *Geschäftsbericht 2007*, p. 48; Air Berlin, airberlin.comnews, 20. 09. 2007, in interrete sub: http://www.airberlin.com/site/pressnews_dr.php?LANG=eon&ID=665, 23. 04. 2008; Emmet Oliver and Aaron Kirchfeld, Air Berlin to buy airline from Thomas Cook, *Internatiional Herald Tribune*, 20. 09. 2007; Andreas Moeser and Marc Jones, Air Berlin to buy Condor from Thomas Cook, *Reuters*, 20. 09. 2007.
47) Air Industry, 20. 09. 2007, in interrete sub: http://www.forimmedaiterelease.net/pm/656.html, 23. 04. 2008.
48) Air Berlin, *Geschäftsbericht 2007*, p. 43.
49) Ibid.
50) Air Berlin, airberlin.com, in interrete sub: http://ir.airberlin.com/aufsichtsrat.php?lang=de, 08. 04. 2008. エア・ベルリンのウェブサイトでは、ドイツにおいて馴染みの薄い社外取締役に関する1項目を設け、1層式経営システムと2層式経営システム（daueles System, two-tire system）の違いについて *Harvard Businessmanagement*, Heft2/2006を援用して記載している（Air Berlin, airberlin.com, Non-Executive Directors, in interrete sub: http://ir.airberlin.com/aufsichtsrat.2.php, 08. 04. 2004）。
51) Air Berlin, Executive Directors, in interrete sub: http://www.airberlin.com/site/aboutvorstand_detail.php?vorstand=1&LANG=deu, 06. 04. 2008.
52) 主要機材の最大航続距離は以下のようになっている。A320-200（5,500km）、A319-112（5,560km）、A319-132（6,560km）、B737-800（5,420km）、B737-700（6,110km）、B737-300（4,420km）、F100（2,420km）である（Air Berlin, Firmenprofil, in interrete sub: http://www.airberlin.com/site/abouthistory, 31. 10. 2007）。
53) Air Berlin, *Geschäftsbericht 2006*, p. 64.
54) Air Berlin, airberlin.com-news, 08. 07. 2007, in interrete, sub: http://www.airberlin.com/site/pressnews, 08. 04. 2008.
55) Air Berlin, airberlin.com.news, 26. 03. 2008, in interrete sub: http://www.airberlin.com/site/pressnews.dr.php?ID=768&LANG=deu, 08. 04. 2008.
56) Flughafen Köln/Bonn GmbH, *Geschäftsbericht 2006*, p. 36.
57) 拙稿「ケルン／ボン『コンラート・アデナウワー空港』——政治空港からローコスト・キャリアとインテグレーターのハブへ——」『跡見学園女子大学文学部紀要』第39号、2006年。
58) Köln Bonn Airport, Das Unternehmen/Flughafen Köln/Bonn GmbH, in interrete sub: http://www.koeln-bonn-airport.de/, 14. 04. 2008.

59) Ibid.
60) Reiche, D., *Privatisierung der internationalen Verkehrsflughäfen in Deutschland*, Wiesbade, 1999, p. 265.
61) *Frankfurter Allgemeine*, 29. 11. 1995.
62) Reiche, op. cit., p. 264 et p. 233-.
63) 典拠としたウェブサイトは、各年次の営業報告書をもとに作成されていることから、可能な限り原典によって記事内容の適否を確認したが、営業報告書が作成されていない年次（1955年度）もあった。
64) Flughafen Köln/Bonn GmbH, *Geschäftsbericht 2004*, p. 30-.
65) 「ハーン空港との競争において鉄道は、（ケルン／ボン）空港に、すばらしい戦略的地位を創りだした。というのは、ライン／マイン地域から道路でハーン空港への苦痛を伴うアクセスをするのに要する半分の時間でケルン／ボン空港に到着できるからである。『ラインの住民はこれを半分のハーンと呼んでいる』（Der Rheinländer nennt dies einen halven Hahn）」とは、CEO ガルフェンスの弁である（Flughafen Köln/Bonn GmbH, *Geschäftsbericht 2004*, p. 31）。
66) Flugahen Köln/Bonn GmbH, *Geschäftsbericht 2006*, p. 26-27 et p. 43.
67) Köln Bonn Airport, *Flugplan April-Juni 2008*.
68) Institut für Verkehrswissenschaft an der Universität zu Köln, *Die regionalwirtschaftliche Auswirkungen des Low cost-Markets im Raum Köln/Bonn*, Studie für den Köln Bonn Airport, die IHK Köln und die IHK Bonn/Rhein-Sieg, Köln, 2004. この調査が対象とした地域は、Köln, Bonn, Leverkusen, Rhein-Erft-Kreis, Euskirchen, Oberbergischer Kreis, Rhein-Berg-Kreis, Rhein-Sieg-Kreis である。
69) Flugahen Köln/Bonn GmbH, Pressemitteilung, 18. 06. 2007 in interrete sub: http://www.koeln-bonn-airport.de/php?id=331&lang=1, 25. 04. 2008. ジャーマンウィングズはそれ以前には第1ターミナル G ゲートを専用の出発ゲートとしていた（Gerrmanwings GmbH, germanwings.com in interrete sub: http://www.36.germanwings.com/, 05. 08. 2005)。
70) Deutsche Lufthansa AG, Liste der Anteile der Deutschen Lufthansa AG, Stand: 31. 12. 2004, in interrete sub: http://www.lufthansa-financials.de/, 05. 08. 2005; Bundeskartellamt, Beschluss in dem Kartelverwaltungsverfahren, B-62100-U-147/00. これに伴い、ユーロウィングズはオランダ KLM との提携関係を解消した。
71) Eurowings AG, *Geschäftsbericht 2000*.
72) Eurowings AG, *Geschäftsbericht 2003*. さらに、2004年度の『営業報告書』では、ユーロウィングズ・グループの搭乗者数が前年比で22.4％増加しているなかで、ローコスト・キャリア部門の伸び、すなわちジャーマンウィングズの伸びが45％を示し

たことを指摘している（Eurowings AG, *Geschäftsbericht 2004*）。
73) Germanwings GmbH, Pressemeldung, 12. 08. 2003.
74) Germanwings GmbH, Pressemeldung, 08. 09. 2003.
75) Germanwings GmbH, Pressemeldung, 26. 09. 2003.
76) Germanwings GmbH, Pressemeldung, 04. 11. 2003.
77) Germanwings GmbH, Pressemeldung, 21. 06. 2004.
78) Germanwings GmbH, Pressemeldung, 04. 08. 2004.
79) Germanwings GmbH, Pressemeldung, 30. 12. 2004.
80) Germanwings GmbH, Pressemeldung, 11. 03. 2005; Eurowings Luftverkehr AG, *Geschäftsbericht 2004*.
81) Germanwings GmbH, Pressemeldung, 10. 01. 2005.
82) Deutsche Lufthansa AG, Liste der Anteile Deutschen Lufthansa AG, Stand: 31. 12. 2004, in interrete sub: http://www.lufthansa-financials.de/, 05. 08. 2005.
ケルン／ボン空港に本社を置くことから、ここで取り上げるが実際の輸送は次項で検討するミュンヘン空港を中心に展開されている。
83) Lufthansa CityLine GmbH, Historie, in interrete sub: http://www.lufthansacityline.com.de/html/historie, 25. 07. 2005. なお、ボンバルディア社のウェブサイトでは、CDJ100の納入先をルフトハンザ・シティーラインではなく、ルフトハンザと記している（Bonbardier, bonbardier.com http://www.aerospace.bombardier.com/, 25. 07. 2005）。SAPのソフトについては、拙稿「ドイツにおける情報関連企業――SAPの事例研究――」『跡見学園女子大学紀要』第33号参照。また、ルフトハンザ・シティーラインにおけるSAPソフトの適用については、Lufthansa CityLine GmbH, *Geschäftsbericht 2003*, p. 3を参照。
84) Lufthansa CityLine GmbH, *Geschäftsbericht 2003*, p. 7.
85) Lufthansa CityLine GmbH, Portrait, in interrete sub: http://www.lufthansacityline.com/de/html/portrair/index.html, 28. 04. 2008.
86) TUI-AG, Fact Sheet TUI Konzern-Fluggesellschaft, in interrete sub: http://www.tui.com/de, 02. 10. 2005.
87) ハパークフライが多くの便の拠点とするのはミュンヘン（48便）、ハノーファー（37便）、ハンブルクおよびフランクフルト（34便）であった（Hapagfly, Pressemeldung, 11. 07. 2002, in interrete sub: http://book.hapagfly.com/statics/pressearchiv/2002, 02. 10. 2005）。
88) TUI AG, Pressemeldung, 29. 08. 2002, in interrete sub: http://www.tui.com/de/pressemeldungen/2002, 02. 10. 2005.
89) TUI AG, Pressemeldung, 23. 11. 2002, in interrete sub: http://www.tui.com/de/

pressemeldungen/2002, 02. 10. 2005. 同社のウェブサイトの予約画面は「タクシー料金で安価な飛行」(Biligflüge zum Taxipreise) とうたっている (http://book.hlx.com. de, 12. 10. 2005)。

90) Hapag-Lloyd Express GmbH, Unternehmen-Milestones Unternehmens, in interrete sub: http://book.hlx.com/de/, 12. 10. 2005.
91) TUIfly, TUI.com ― Über TUIfly, in interrete sub: http://www.tuifly.com/de/service/ueber_tui_wer_wir_sind.html, 07. 05. 2008.
92) Flughafen Köln/Bonn GmbH, *Geschäftsbericht 2004*, p. 37.
93) EU Commision, Study on Freight Integrators to the Commision of the European Communications---Final Report, Service Contract N° ETU/B2-7040B-S07.18491/2002, 16. 09. 2003, in interrete sub: http://europa.eu.int.comm/transport/logistics, 14. 08. 2005.
94) 斉藤実・林克彦・矢野祐児『現代企業のロジスティックス』中央経済社、2003年、177頁。わが国においては、荷主が航空貨物輸送する場合、専門業者（フォワーダー）に委託する。フォワーダーは、自ら飛行機を飛ばすことはせず、航空会社（キャリア）から貨物スペースを購入し、複数の荷主から集荷した荷物をまとめて飛行機に積み込む。これに対してインテグレーターは、「ドア・トゥ・ドア」の一貫サービスを行う（若林祐二「拡大する国際航空貨物」、in interrete sub: http://www.fukoku-life.co.jp/download/report29.12pdf.p.2, 10. 11. 2005)。わが国においてインテグレーターとして最初に名乗りをあげたのは、貨物専用航空会社ギャタクシーズを設立した佐川急便であった（『月刊ロジスティック・ビジネス (LOG-BIZ)』2005年7月号）。佐川急便は、自らの範とする国際物流企業（欧米のインテグレーター）を以下のように定義する。(1) エアライン、フォワーダー、通関業者、上屋、陸送・集配に関わるすべての機能についてハード、ソフトともに保有して営業を行う。(2) ドア・トゥ・ドアどころかデスク・トゥ・デスクの集荷／配達を行い、輸送の全行程を通じて同一業者が請け負う（いわゆる「ワンハンド輸送」）。(3) 輸送貨物は全世界数カ所にあるハブを経由して行う。このようなプロセスを最先端の情報システムにより輸送の透明性を確保する（佐川急便代表取締役発、総務省郵政企画管理局企画課信書定義担当者充て「『信書に該当する文書に関する指針（案）』についての意見」付帯資料、in interrete sub: http://www.yuseimineika.go.jp/dai8/7siryou3.pdf, 25. 09. 2005)。ただし、佐川急便は後に同業務から撤退した。
95) Flughafen Köln/Bonn GmbH, *Geschäfsbericht 2004*, p. 34-35、また拙稿「ケルン／ボン『コンラート・アデナウワー空港』――政治空港からローコスト・キャリアとインテグレーターのハブへ――」『跡見学園女子大学文学部紀要』第39号、2006年。
96) UPS, Company,in interrete sub, http://www.ups.cpm/content/de/about/facts/, 23.

10. 2005.
97) UPS, *Annual Report 2004*, p. 32.
98) Lufthansa Cargo, *Geschäftsbericht 2004*, p. 32.
99) Lufthansa Cargo, in interrete sub: http://www.lufthansa-cargo.de, 28. 07. 2005.
100) DHL, presse release, 10. 11. 2004.
101) Flughafen Köln/Bonn GmbH, Airport Aktuell/Allgemeines, 06. 08. 2007, in interrete sub: http://www.koeln-bonn-airport.de/, 25. 04. 2008.
102) Flughafen München GmbH, *Bayern Tor zur Welt*, 2005.
103) 以下の記述は Flughafen München GmbH, *Bayern Tor zur Welt*, 2001, p. 40-43 et *ibid.*, 2006, p. 36-39に依拠した。
104) Flughafen München GmbH, Pressemitteilung vom 09. 05. 1997.
105) Flughafen München GmbH, Pressemitteilung vom 05. 12. 1997 et ibid., 18. 02. 2002.
106) Flughafen München GmbH, Pressemitteilung vom 08. 02. 2002.
107) Flughafen München GmbH, Pressemitteilung vom 30. 04. 1998. 第2ターミナル建設に関わる組織の形成については、Hackelsberger, Christoph, *Flughafen München Terminal 2*, Basel, 2004, p. 44-46参照。
108) Flughafen München GmbH, Pressemitteilung vom 14. 07. 1999.
109) Flughafen München GmbH, Pressemitteilung vom 26. 11. 2001.
110) Flughafen München GmbH, Statement von Dr. Michael Kerkloh, Vorsitzender der Geschäftsführung der Flughafen München GmbH, anlässlich der Jahrespressekonferenz der FMG am 27. 01. 2004.
111) Ibid.
112) Flughafen München GmbH, Pressemitteilung vom 14. 07. 1999. MAC には、1万 m^2 の広場があり、展覧会、航空機の展示、コンサートその他のイベントに使われ、1万8,000m^2の建物自体は、その3分の2が事務所に使われている (Flughafen München GmbH, *Bayern Tor zur Welt*, 2006, p. 18)。
113) Flughafen München GmbH, *Bayern Tor zur Welt*, 2006, p. 20-22.
114) Flughafen München GmbH, Pressemitteilung vom 08. 02. 2002 et 13. 04. 2004.
115) Airport Council International, *The Social and Economic Impact of Airports in Europe*.
116) ドイツの有限会社において Geschäftsführer はしばしば「社長」の訳語が当てられるが、現在の有限会社において Geschäftsführer は複数存在するのが一般的である。このことから Hauptgeschäftsführer, Vorsitzender der Geschäftsführung を筆頭執行役員、stellvertretender Vorsitzender der Geschäftsführung を次席筆頭執行役員、Geschäftsführer を執行役員と呼ぶ。

117) Flughafen München GmbH, Pressemitteilung vom 18. 02. 2002.
118) Flughafen München GmbH, Pressemitteilung vom 29. 09. 2002.
119) Flughafen München GmbH, Pressemitteilung vom 29. 01. 1998.
120) Flughafen München GmbH, *Bayern Tor zur Welt*, 2006, p. 9.
121) Flughafen München GmbH, Pressemitteilung vom 29. 01. 1998.
122) Flughafen München GmbH, Pressemitteilung vom 07. 04. 2004.
123) Flughafen München GmbH, Information für die Presse, 36/2005, 27. 07. 2005. 大規模施設を設置する際、広域的な影響が予測される個別計画に関しては、地域的調整手続きを必要とする。この点について、山田洋『大規模施設設置手続きの法的構造』信山社、1998年、国土交通政策研究所「EUにおける都市政策とイタリア・ドイツにおける都市政策の展開」『国土交通政策研究』第16号、2002年、参照。
124) Flughafen München GmbH, Statement von Dr. Michael Kerkloh, dem Vorsitzenden der Geschätsführer der Flughafen München GmbH, anlässlich des Pressegesprächs zum Beginn der Planungen für eine dritte Start- und Landebahn, 27. 07. 2005. 新空港建設理由については、Flughafen München GmbH, Flughafenausbau ─ Gründe für den Ausbau, in interrete sub: https://www.mic-ausbau.de/gruende.html, 20. 05. 2008 において、(1) 滑走路がすでに満杯であること、(2) 数年のうちにボトルネックが障害となり、発着の遅延をまねく恐れがあること、(3) 搭乗者数が数年来増加し、航空機の離着陸が拡大していること、(4) 空港はすでに離着陸拡大のあらゆる可能性を使い尽くしたこと、(5) ミュンヘン空港はバイエルン、ドイツ、世界にとって重要であること、(6) 輸出品の空輸がドイツ、バイエルンにとって重要であること(「バイエルンにとってミュンヘン空港は世界への扉である」für Bayern ist der Flughafen München das Tor zur Welt)、(7) 航空部門は多くの雇用を創り出すこと、(8) ミュンヘン空港は地域経済を活発にしていること、(9) 長距離便は新たな雇用を直接生み出すこと、を挙げている。
125) Regierung von Oberbayern Höhere Landesplanungsbehörde, Landesplanerische Beurteilung für eine 3. Start- und Landebahn am Verkehrsflughafen München vom 21. 02. 2007, Az.: 24.2-8262-1-05.

第4章　中部ドイツ空港株式会社と空港

　この章では、中部ドイツ空港株式会社のもとで、統一的に運営されているライプツィヒ／ハレ空港とドレスデン空港をとりあげる。

1　中部ドイツ空港株式会社

1.1　中部ドイツ空港株式会社コンツェルン

　西暦2000年に設立された「中部ドイツ空港株式会社」（Mitteldeutsche Flughafen AG）は、ライプツィヒ／ハレ空港有限会社（Flughafen Leipzig/Halle GmbH）とドレスデン空港有限会社（Flughafen Dreseden GmbH）を子会社とし、両空港を統一的に管理・経営する。企業グループとしての「中部ドイツ空港株式会社コンツェルン」（der Konzern Mitteldeutsche Flughafen AG）は、図4-1の構造を持つ。

　中部ドイツ空港株式会社は、1名の取締役（Vorstand）、マルクス・コップ（Markus Kopp）によって執行され、彼が傘下にあるライプツィヒ／ハレ空港有限会社とドレスデン空港有限会社の監査役会議長を兼ねることによって、グループ業務が一手に執行（Führung aus einer Hand）されている[1]。

　同社の筆頭株主ザクセン州は76.64％の株式を所有し、13.58％所有するザクセン・アンハルト州とあわせて90％を超える出資比率となる。その他の株主であるハレ市、ドレスデン市、ライプツィヒ市はいずれも傘下にある空港の立地と深い関わりを持つ（表4-1参照）。

　表4-2によって同社の監査役会の構成を見ていこう。監査役会議長を務めるヴィリ・ヘルムゼンは、ミュンヘン空港有限会社の経営者からの転出である。こ

図4-1　中部ドイツ空港株式会社コンツェルンの構造

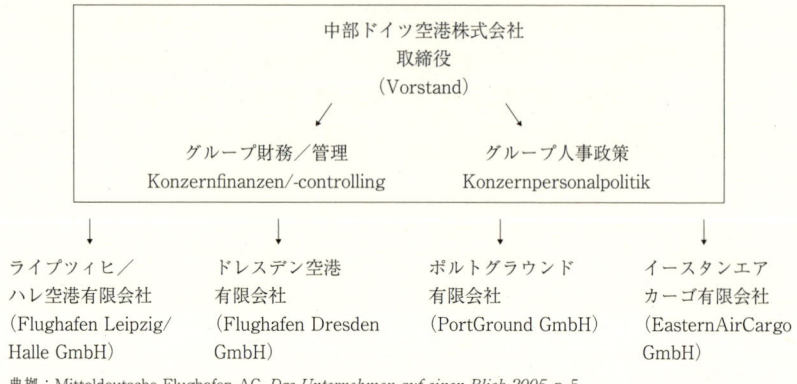

```
            中部ドイツ空港株式会社
                   取締役
                 (Vorstand)
              ↙              ↘
    グループ財務／管理        グループ人事政策
 Konzernfinanzen/-controlling  Konzernpersonalpolitik
```

| ライプツィヒ／ハレ空港有限会社 (Flughafen Leipzig/Halle GmbH) | ドレスデン空港有限会社 (Flughafen Dresden GmbH) | ポルトグラウンド有限会社 (PortGround GmbH) | イースタンエアカーゴ有限会社 (EasternAirCargo GmbH) |

典拠：Mitteldeutsche Flughafen AG, *Das Unternehmen auf einen Blick 2005*, p. 5.

表4-1　中部ドイツ空港株式会社の株主

株　主	比率（%）
ザクセン州（Freistaat Sachsen）	76.64
ザクセン・アンハルト州（Land Sachsen-Anhalt）	13.58
ハレ市（Stadt Halle）	5.16
ドレスデン市（Stadt Dresden）	2.5
ライプツィヒ市（Stadt Leipzig）	2.1

典拠：Mitteldeutsche Flighafen AG, Vorstand/Aktionäre/Aufsichtsrat, in interrete sub: http://www.mdf-ag.com/de/mf_ag/associates.html, 22. 05. 2008.

の人事は、後述するようにグループ企業であるライプツィヒ／ハレ空港有限会社再建に際して、ミュンヘン空港の支援を受けたことと無縁ではない。副議長においては、ザクセン州、ザクセン・アンハルト州および労働側から各1名が選出されている。他の監査役の構成は、ザクセン州、ザクセン・アンハルト州から各1名、ドレスデン市、ライプツィヒ市、ハレ市から各1名が選ばれている。労働側代表は子会社であるライプツィヒ／ハレ空港、ドレスデン空港から各2名が選出されている。

第4章　中部ドイツ空港株式会社と空港　169

表4-2　中部ドイツ空港株式会社の監査役

	氏　名	現　職
議長（Vorsitzender）	ヴィリ・ヘルムゼン（Willie Hermsen）	前空港経営者（Flughafendirektor a.D.）
副議長（Stellvertretende Vorsitzender）	カール=ハインツ・ビーゾルト（Karl-Heinz Biesold）	労働側代表（Arbeitnehmervertreter）（Gewerkschaft ver.di.）
副議長（Stellvertretende Vorsitzender）	カール=ハインツ・デーレ博士（Dr. Karl-Heinz Daehre）	ザクセン・アンハルト州国土開発・交通大臣（Minister, Ministerium für Landesentwicklung und Verkehr des Landes Sachsen-Abhalt）
副議長（Stellvertretende Vorsitzender）	シュタニスラウ・ティリヒ（Stanislaw Tillich）	ザクセン州財務大臣（Staatsminister, Sächsisches Staatsministerium der Finanzen）
監査役（Mitglieder）	イェンス・ブレルヤーン（Jens Bullerjahn）	ザクセン・アンハルト州財務大臣（Minister, Ministerium der Finanzen des Landes Sachsen-Anhalt）
監査役（Mitglieder）	ディルク・ヒルベルト（Dirk Hilbert）	ドレスデン市助役（Beigeordneter, Landeshauptstadt Dresden）
監査役（Mitglieder）	ブルクハルト・ユンク（Burkhard Jung）	ライプツィヒ市上級市長（Onerbürgermeister Stadt Leipzig）
監査役（Mitglieder）	トマス・ユルク（Thomas Jurk）	ザクセン州経済・労働大臣（Staatsminister, Sächsisches Staatsministerium für Wirtschft und Arbeit）
監査役（Mitglieder）	ディトーマー・カストナー（Dietmar Kastner）	REWEパック旅行執行役員（Geschäftsführer REWE Pauschaltouristik）
監査役（Mitglieder）	クラウス・レップレ（Klaus Laepple）	ドイツ旅行代理店連盟会長（Präsident, Deutscher Reisebüro- und Reiseverahstalter Verband e.V.）
監査役（Mitglieder）	ラルフ・ラントグラフ（Ralf Landgraf）	労働側代表（Arbeitnehmervertreter, Flughafen Leipzig/Halle GmbH）
監査役（Mitglieder）	イェルク・ペーゲ（Jörg Päge）	労働側代表（Arbeitnehmervertrter, Flughafen Dresden GmbH）
監査役（Mitglieder）	ダークマ・ツァバドス（Dagmar Szabados）	ハレ市上級市長（Oberbürgermeisterin Stadt Halle）
監査役（Mitglieder）	ロラント・タイヒマン（Roland Teichmann）	労働側代表（Arbeitnehmervertreter, Flughafen Leipzig/Halle GmbH）
監査役（Mitglieder）	フランク・フォルブレヒト（Frank Vollbrecht）	労働側代表（Arbeitnehmervertreter, Flughafen Dresden GmbH）

典拠：Mitteldeutsche Flughafen AG, *Geschäftsbericht 2007: Aus der Mitte Europas zu neuen Horizonten*, 2007をもとに、Mitteldeutsche Flighafen AG, Vorstand/Aktionäre/Aufsichtsrat, in interrete sub: http://www.mdf-ag.com/de/mf_ag/associates.html, 22. 05. 2008により修正。

2　ライプツィヒ／ハレ空港

2.1　ライプツィヒ／ハレ空港の基本情報と資本関係

　ライプツィヒ／ハレ空港（IATA-Code: LEJ）は、ライプツィヒとハレ・アン・デア・ザーレ（Halle/Saale）の中間、デリチュ郡シュコイディツにあり、2本の平行滑走路（3,600m×45m の北滑走路と3,600m×60m の南滑走路）を持ち、24時間発着可能な空港である。空港の経営主体は「ライプツィヒ／ハレ空港有限会社」である[2]。

　2007年に完成した南滑走路には、53ha からなる広大な貨物輸送機のためのフロント・ヤードが直結し、2008年以降 DHL によって1日あたりおよそ50機が積み降ろしに利用することとなった[3]。

　空港へのアクセスは、中央ターミナルに乗り入れる鉄道によって確保されている。RB（Regional Express）に相当する空港快速（Flughafen Express）によってライプツィヒ中央駅との間に30分間隔のタクト輸送が行われ、所要時間14分である。またハレ／ザーレ中央駅とは1時間間隔のタクト輸送によって12分で結ばれている[4]。

　2003年6月30日以降、ドイツ鉄道のインターシティー（Rhurgebiet-Hannover-Magdeburg-Halle/Saale-Leipzig）が1時間ごとに乗り入れを開始し、長距離の連絡が可能となった[5]。

　ライプツィヒ／ハレ空港有限会社の持分は中部ドイツ株式会社が94％を掌握し、親会社の株主であるザクセン州、ザクセン・アンハルト州から迂回的に資本参加がなされているほか、ザクセン州の直接投資持分が5.25％あることから、全体としてザクセン州の利害を特に反映する構成である。その他の持分所有者は空港所在地域の自治体に限られている（表4-3参照）。

　ライプツィヒ／ハレ空港有限会社は、唯一の取締役エリック・マリツケ（Eric Malitzke）によって執行される[6]。

　監査役会においては、議長が中部ドイツ空港株式会社取締役との兼任であり、

表4-3　ライプツィヒ／ハレ空港有限会社の持分

持分所有者	比率
中部ドイツ空港株式会社（Mitteldeutsche Flughafen AG）	94.0
ザクセン州（Freistaat Sachsen）	5.25
デリチュ郡（Landkreis Delitzsch）	0.25
ライプツィガー・ラント郡（Landkreis Leipziger Land）	0.25
シュコイディツ市（Stadt Schkeuditz）	0.25

典拠：Mitteldeutsche Flughafen AG, Geschäsfürung/Gesellschafter/Aufsichtsrat, in interrete sub: http://www.mdf-ag/de/gesellschaften/airport_drs/overvies_drs.html, 22. 05. 2008.

表4-4　ライプツィヒ／ハレ空港有限会社の監査役

議長（Vorsitzender）	マルクス・コップ（Markus Kopp）	中部ドイツ空港株式会社取締役（Vorstand, Mitteldeutsche Flughafen AG）
副議長（Stellvertretende Vorsitzender）	ヴォルフ・カール・ライトナー（Wolf Karl Reidner）	ザクセン財務省次官（Ministerialdirigent, Sächsisches Staatsministerium der Finanzen）
副議長（Stellvertretende Vorsitzender）	ウヴェ・アルブレヒト（Uwe Albrecht）	ライプツィヒ市助役（Beigeordneter, Stadt Leipzig）
監査役（Mitglieder）	ウルリッヒ・フィードラー（Ulrich Fiedler）	デリチュ郡長官（Dezernent, Landesamt Delitzsch）
監査役（Mitglieder）	ベルンハルト・ヒンツェン（Bernhard Hintzen）	ザクセン・アンハルト州国土・交通省局長（Ministerialrat, Ministerium für Landesentwicklung und Verkehr des Landes Sachsen-Anhalt）
監査役（Mitglieder）	ペトラ・ケッピング（Petra Köpping）	ライプツィガー・ラント郡郡長官（Landrätin, Landesamt Leipziger Land）
監査役（Mitglieder）	ロラント・タイヒマン（Roland Teichmann）	労働側代表（Arbeitnehmervertreter, Flughafen Leipzig/Halle GmbH）

典拠：Mitteldeutsche Flughafen AG, Geschäsfürung/Gesellschafter/Aufsichtsrat, in interrete sub: http://www.mdf-ag/de/gesellschaften/airport_drs/overvies_drs.html, 22. 05. 2008.

　副議長はザクセン州から1名選出されているほか、親会社株主であるライプツィヒ市から1名が加わる。また、監査役の1名は、親会社株主であるザクセン・アンハルト州から選出されているほか、持分を有する地域自治体と労働側代表によって構成される（表4-4参照）。

　同社の監査役会は、持分所有を正確に反映したものではなく、親会社の株主構成が大きく影響している。

2.2 ライプツィヒ／ハレ空港の歴史

　ライプツィヒ／ハレ空間における飛行場・空港の建設は資料4-1「ライプツィヒ／ハレ空港の年譜」に見られるように、ライプツィヒ市空間およびハレ市空間において競合的に始まった。現在のライプツィヒ／ハレ空港の原型は、1926年、ハレ市がシュコイディツに空港建設予定地を買収し、翌年、帝国交通省の主導によって建設されたハレ／ライプツィヒ空港（Flughafen Halle/Leipzig）に遡る。ハレ／ライプツィヒ空港有限会社（Flughafengesellschaft Halle/Leipzig）の持分がハレ市、プロイセン国家、ドイツ帝国に所有されていたことから、ライプツィヒ市はこれには関与せず、競合関係にあるモッカウ空港経営に注力していた。

　ここでは、ドイツ再統一以降におけるライプツィヒ／ハレ空港の「再建期」に対象を絞って論を進める。

　DDR時代にすべての民間空港（civilile Flughäfen）の経営を担っていた国営会社インターフルークは、ドイツ再統一後解体され、ライプツィヒ空港有限会社が1980年9月17日設立された。同社は、その持分をすべて信託公社が所有し、旧西ドイツのミュンヘン、ハノーファー、フランクフルトの各空港が技術指導し、再建計画はミュンヘン空港のスタッフが支援することによって、1991年2月には、ライプツィヒ空港開発マスタープランが策定された。同年6月に、ザクセン州、ザクセン・アンハルト州、ライプツィヒ市、ハレ市、シュコイディツ市、ライプツィガー・ラント郡、デリチュ郡によってライプツィヒ／ハレ空港有限会社が設立された。所有関係の再編成と平行して、既存のAターミナルの拡充・近代化工事に着手した。

　1992年4月1日より、ライプツィヒ／ハレ空港とドレスデン空港が統一的に経営されることとなった。この年、年間搭乗者数が初めて100万人を上回った[7]。

　1995年、年間搭乗者数が初めて200万人を上回った翌年には、Bターミナルが操業を開始し、ライプツィヒ／ハレ空港貨物発送有限会社が設立されるなど、旅客・貨物両面における改善計画が進行した[8]。

　1998年に中央ターミナル（Zentralterminal）の建設に着手し、その一部として6層からなる駐車場が翌年には完成し、空港の駐車スペースは5,000台相当とな

った。2000年3月には3,600m の新しい北滑走路が完成し、中部ドイツの空港が大陸間輸送を実現した。この年の夏のウアラウブ便（Urlaubsverkehr）に中南米行が初めて登場することとなる[9]。

2002年末にドイツ鉄道は空港への連絡線を完成し、地域快速（RE）によってライプツィヒ中央駅、ハレ／ザーレ中央駅と結ばれるようになり、翌年6月には機能統合された空港駅の完成によって空港は DB の長距離鉄道網に組み込まれた。同年10月、ライプツィヒ／ハレ空港有限会社は、ライプツィヒ県当局に南滑走路の建設計画を提出した。この計画は現在の北滑走路に平行する3,600m 滑走路を建設し、両滑走路を同時に利用できる企画であった[10]。

2004年11月9日、ドイチェ・ポスト・ワールド・ネット（Deutsche Post World Net）はライプツィヒ／ハレ空港を DHL のヨーロッパにおけるハブとすることを発表した。このことは、市場経済原理を侵害する可能性があるのではないかという疑念を生じ、EC 委員会が調査することとなった。EU 委員会は以下の暫定的見解を示した[11]。

(1) 空港の拡張にとって決定的であったのは、ドイチェ・ポストの子会社である DHL がそのヨーロッパ・ハブをライプツィヒに移転する決定である。

(2) 北滑走路の建設は空港の筆頭持分所有者であるザクセン州からの資金投入（Staatliche Beihilfe）を通じてなされる。

(3) したがって、このことは、DHL とライプツィヒ／ハレ空港に競争者に対して経済的に有利な条件を創りだしている疑いがある。

(4) ザクセン州は、DHL が週のうち6日、24時間空港設備を利用できるための財務的な保証を DHL に対して行うことになる。

(5) DHL が市場経済の諸条件に対して「保証」を得たことになる疑念がある。

連邦行政裁判所第4部は、2005年5月19日、ライプツィヒ／ハレ空港拡張計画にゴーサインを出した。これに先立って4月31日に行われた拡張工事の鍬入れ式には、ザクセン州首相（Ministerpräsident des Freistaates Sachsen, Prof.Dr. Georg Milbradt）、ザクセン・アンハルト州建設・交通相（Minister für Bau und

資料4-1　ライプツィヒ／ハレ空港の年譜

(L) は、ライプツィヒ市空間に関わる事項、(H) はハレ市空港に関わる事項であり両市に関わる事項は、記載がない。

1911年	(L) ザクセン政府は、ライプツィヒ／リンデンタール（Leipzig/Lindenthal）に最初の民間飛行場を建設。航空学校（Flugschule）とドイツ航空機製造有限会社（Deutsche Flugzeugwerke GmbH、略称DFW）が併設された。
1912年	(L) ライプツィヒ市は、ライプツィヒ／モッカウ（Leipzig/Mokau）に市営飛行場を設立。ドイツで最初の空港ホテルが併設された。 (H) ハレ市は、ハレ／ベーゼン（Halle/Beesen）に市営飛行場を設立（1914年まで存続した）。
1914年	(L) ゲルマニア航空機製造（Germania Flugzeugwerke）はモッカウにおいて航空機の生産を開始。
1917年	(H) プロイセン軍需省（preußischer Kriegsministerium）はハレ市の北東メツリヒ村（Mötzlich）にドイツ最大の軍用飛行場を建設。第1次大戦後は破壊・放棄された。
1923年	(L) 連合国による航空制限が解除され、モッカウ飛行場はライプツィヒ世界空港（Weltflughafen Leipzig）として新たに開港。
1925年	(H) ハレ市は、ニートレーベン（Nietleben）に本格的な民間飛行場を建設。アエロ・ロイド・ドイツ航空（Deutsche Aero Lloyd、略称DAL）によって、ベルリン、ライプツィヒ、ミュンヘン、インスブルック、シュトゥットガルトとハレが結ばれた。 (L) ライプツィヒ・モッカウ空港は離着陸3,502回を記録し、ドイツ第3の空港となる。ユンカーズ航空（Junkers Luftverkehr）によって、ブレーメン、ハンブルク、ベルリン、ドレスデン、ブレスラウ、フランクフルト、ミュンヘン、エッセンと結ばれた。
1926年	(H) アエロ・ロイドはニートレーベン飛行場から14便を運行。 アエロ・ロイドとユンカーズの統合によって「ルフトハンザ・ドイツ航空株式会社」（Deutsche Lufthansa AG）が誕生した。 (H) ハレ市は、シュコイディツに空港建設予定地を買収。
1927年	帝国交通省の主導によって、ライプツィヒ、ハレの中間シュコイディツ（Schkeuditz）にハレ／ライプツィヒ空港（Flughafen Halle/Leipzig）が完成。 (L) 以後、モッカウの地位が低下した。
1928年	ハレ／ライプツィヒ空港に400mコンクリート舗装滑走路が完成。 ハレ／ライプツィヒ空港有限会社（Flughafengesellschaft Halle/Leipzig）が設立された。会社の持分はハレ市、プロイセン国家、ドイツ帝国によって所有された。
1929年	シュコイディツとベルリン・テーゲル間に夜間定期便が就航。
1932年	(L) ライプツィヒ／モッカウ空港に1,500mの滑走路完成。
1934年	(L) メツリヒにジーベル航空機製造（Siebel-Flugzeugwerke）の本社工場の建設開始。飛行場が再建された。
1937年	ハレ／ライプツィヒ空港はドイツの民間空港で第4位にランクされた。

第 4 章　中部ドイツ空港株式会社と空港　175

1939年　民間航空の操業停止。ハレ／ライプツィヒ空港は空軍に接収された。
1944年　連合国の爆撃によってハレ／ライプツィヒ空港は壊滅的打撃を受けた。
　　　　（L）メツリヒの飛行場と航空機製造工場が連合軍の空爆により深刻な損害を受けた。
1947年　人民所有「シュコイディツ機械・器具製造会社」（volkseigener Betrieb "Maschinen- und Apparatebau Schkeuditz）が設立され、当初は冷蔵設備、後に軽飛行機の整備・修理が行われた。
1949年　（L）モッカウは「メッセ航空交通」（Messeflugverkehr）という暫定的条件のもとで、ソヴィエト占領軍によって使用された。
1955年　シュコイディツ機械・器具製造会社は、新設されたDDRの航空会社（Luftfahrtindustrie der DDR）、INTERFLUGに吸収され、土木機械と航空機部品が生産された。
1956年　（L）モッカウは、東ドイツ・ルフトハンザに委譲され、DDRの国内線網に組み入れられた。
1963年　メッセ航空交通はモッカウからシュコイディツに移転された。以後、年2回シュコイディツは、「ライプツィヒ・メッセ空港」（Messeflughafen Leipzig）として利用された。
1967年　シュコイディツに1960年までに2,500m×60mの滑走路が完成した。
1971年　（H）ニートレーベン飛行場の閉鎖。
1972年　（L）モッカウから最後の飛行機が飛び立ち、以後農業用フライトに利用された。
1986年　シュコイディツにエール・フランスのコンコルドが寄航。1990年までライプツィヒ・メッセ航空交通の常連（ein ständiger Gast im Leipzigs Messeflugverkehr）となった。
1989年　シュコイディツにルフトハンザのB737が寄航。フランクフルト・アム・マインとの間に定期便が開設された。
1990年　国営航空会社インターフルークが解体され、ライプツィヒ空港有限会社（Flughafen Leipzig GmbH）が設立された。唯一の持分所有者は信託公社（Treuhandanstalt）であった。ミュンヘン、ハノーファー、フランクフルト空港の協力によって空港再建に着手。
1991年　ザクセン州、ザクセン・アンハルト州、ライプツィヒ市、ハレ市、シュコイディツ市、ライプツィガー・ラント郡、デリチュ郡を持分所有者とする「ライプツィヒ／ハレ空港有限会社」が設立され、Aターミナルの改装・拡充がなされた。
1992年　滑走路、誘導路が整備され、全長1.4kmの防音壁が建設された。空港への侵入道路が整備され、新しい駐車場が建設された。ライプツィヒ／ハレ空港は夜間航空便の結節点となる。年間搭乗者数が初めて100万人を超えた。
1995年　年間搭乗者数が200万人を超えた。
1996年　Bターミナルが完成。ライプツィヒ／ハレ空港貨物発送有限会社（Frachtentwicklung- und Abfertigungsgesellschaft Flughafen Leipzig/Halle）が設立された。
1999年　6層からなる駐車場が完成。

2000年　3,600m滑走路が完成し、大陸間輸送のインフラが整った。ドミニカ共和国、キューバ、アジア便が開設された。
2003年　空港駅が完成し、ドイツ鉄道の長距離鉄道網に空港が組み入れられた。
2004年　現在の滑走路と平行する3,600mの「南滑走路」を建設する計画が、ライプツィヒ市当局から承認される。
　　　　ドイチェ・ポスト・ワールド・ネット（Deutsche Post World Net）は、ライプツィヒ／ハレ空港をヨーロッパのハブとすることを表明した。

典拠：Flughafen Leipzig/Halle, Geschichte, in interrete sub: http://www.leipzig-halle-airport.de/de/index/unternehmen_flughafen/geschichte, 22. 05. 2008; Lufthansa, Chronicle, in interrete sub: http://konzern.lufthansa.com/en/html/ueber_uns/geschichte/chronik/index.html, 20. 05. 2008; Flugplatzgesellschaft mbH Halle/Oppin, Flugplatz Halle/Oppin, in interrte sub: http://www.flugplzta-halle-oppon.de/, 02. 06. 2008.

Verkehr des Landes Sachsen-Anhalt, Dr. Karl-Heinz Daehre）、空港監査役会議長（Aufsichtsrarsvorsiztender der Flughafen Leipzip/Halle GmbH, Volkmar Stein）、空港執行役員（Geschäftsführer der Flughafen Leipzig/Halle GmbH, Eric Malitzke）が出席した[12]。

　空港拡張の準備は順調に進展し、9月には空港とDHLの間で「ドイチェ・ワールド・ネットの急行便子会社であるDHLのヨーロッパ貨物ハブをライプツィヒ／ハレ空港に設置する契約書」（Vertrag zur Errichtung des europäischen Luftfrachtdrehkrutzes der Expresstochter der Deutschen Post World Net, DHL, am Flughafen Leipzig/Halle）に署名が行われた。この署名には、DHLライプツィヒ・ハブ有限会社執行役員であるラインボートおよびシュリュセナー（Geschäftsführer der DHL Hub Leipzig GmbH, Michael Reinboth und Joachim Schlüssener）、ライプツィヒ／ハレ空港執行役員マリツケ（Geschäftsführer der Flughafen Leipzig/Halle GmbH, Eric Malitzke）、当時の中部ドイツ空港株式会社取締役シュタイン（Vorstand der Mitteldeutsche Flughafen,Volkmar Stein）が参加し、長期的協力関係を構築することとなった。DHLは2008年から毎日およそ50機を発着させ、毎晩2,000トンの貨物の積み替え・発送作業を処理する[13]。

2.3　ライプツィヒ／ハレ空港再建期における輸送の定量把握

　ドイツ再統一以降、ライプツィヒ／ハレ空港において発着する航空機は数年で飛躍的に拡大した。しかしながら、1995年に極大を示した以降、現在に至るまで

表4-5 ライプツィヒ／ハレ空港における航空機の離着陸

年度	離着陸回数
1990	9,549
1991	26,089
1992	42,960
1993	48,510
1994	52,290
1995	53,807
1996	50,298
1997	47,284
1998	43,778
1999	47,944
2000	47,030
2001	42,408
2002	41,209
2003	40,303
2004	39,316
2005	37,905
2006	42,417
2007	50,972

典拠：Flughafen Leipzig/Halle GmbH, Verkehrsstatistik, in interrete sub: http://www.leipzig-halle-airport.de/index/unternehmen_flughafen/flughafen_lej, 04.06.2008.

表4-6 ライプツィヒ／ハレ空港における搭乗者数

年度	搭乗者数
1990	274,878
1991	634,424
1992	1,073,378
1993	1,521,436
1994	1,901,797
1995	2,104,822
1996	2,186,649
1997	2,248,852
1998	2,108,779
1999	2,162,769
2000	2,288,931
2001	2,185,130
2002	1,988,854
2003	1,955,070
2004	2,041,046
2005	2,127,895
2006	2,348,011
2007	2,723,748

典拠：Flughafen Leipzig/Halle GmbH, Verkehrsstatistik, in interrete sub: http://www.leipzig-halle-airport.de/index/unternehmen_flughafen/flughafen_lej, 04.06.2008.

むしろ停滞している（表4-5参照）。

　ライプツィヒ／ハレ空港における搭乗者数は、ドイツ再統一直後に急成長した後、2000年代の前半に停滞を示したが、後半には再び増加を示すようになり、とりわけ2007年には空港における搭乗者が過去最大を記録した（表4-6参照）。

　ライプツィヒ／ハレ空港における貨物・郵便取り扱い重量は、空港における貨物輸送施設の改善が近年、大きな影響を及ぼしている。2007年における取り扱い重量は前年の3倍を超え、DHL効果が現れる2008年以降は「貨物ハブ」としての役割がさらに顕著になるであろう（表4-7参照）。

2.4　ライプツィヒ／ハレ空港の空間的輸送関係

　ライプツィヒ／ハレ空港における定期便の運行は、他の国際空港と比較して規

表4-7 ライプツィヒ／ハレ空港における貨物・郵便取り扱い重量

年度	貨物・郵便取り扱い重量 (t)
1990	366
1991	4,372
1992	8,611
1993	17,482
1994	23,289
1995	25,225
1996	22,410
1997	17,220
1998	12,866
1999	15,220
2000	17,086
2001	15,799
2002	16,882
2003	17,559
2004	12,575
2005	15,641
2006	29,330
2007	101,283

典拠：Flughafen Leipzig/Halle GmbH, Verkehrsstatistik, in interrete sub: http://www.leipzig-halle-airport.de/index/unternehmen_flughafen/flughafen_lej. 04. 06. 2008.

表4-8 ライプツィヒ／ハレ空港の旅客定期便運行状況（2008年夏ダイア、週あたり便数）

相手先空港	週あたり便数
デュッセルドルフ	36
ミュンヘン	33
フランクフルト・マイン	30
アンタルヤ	24
ウィーン	18
パルマ・デ・マジョルカ	16
パリ・シャルル・ド・ゴール	14
シュトゥットガルト	10
リスボン	7
マドリード	7
モナスティール（MIR）	7

注：運行期間が1カ月以内の便は除く。
典拠：Flughafen Leipzig/Halle GmbH, *Flugplan 21. 05. 2008 bis 25/10. 2008*より作成。

模が小さい。相手先空港においては、デュッセルドルフ、ミュンヘン、フランクフルト、シュトゥットガルトなど国内の大都市と連絡しているほか、ウィーン、パリ、リスボン、マドリードなどの首都空港との交通が確保されている。さらに、アンタルヤ、パルマ・デ・マジョルカ、モナスティールなどのリゾート地との便も確保されている。

　これらの運行状況をさらに詳細に検討する。デュッセルドルフ便はすべてルフトハンザによって運行され、使用されている機材はCRJ2、ATR72など定員の少ないリージョナル・ジェットであることから、交通需要は多いとはいえない[14]。

　ミュンヘン線を運行するのは、ルフトハンザ・シティーラインであり、CRJ7とBAeAVRO RJ-85が機材に使われている。ミュンヘン線においても、定員の少ない機材であることが分かる[15]。

　保養地に向かう路線のうちで、アンタルヤ線は、多数の格安航空会社によってさまざまな機材を使って運行されている[16]。これに対して同じリゾート地への便であっても、パルマ・デ・マジョルカ線の運行形態は、これとは異なっている。

パルマ・デ・マジョルカ線を運行するのは、Boeing 737-800 を使うエア・ベルリンと Airbus A320 によるコンドルの2社のみである[17]。

フランクフルト線の運行主体もミュンヘン線と同様にルフトハンザ・シティーラインである。フランクフルト線において使用される機材が Boeing 737-300、BAe146-300、Airbus A300 であり、リージョナルジェット・クラスよりも定員が多いことを考えると、デュッセルドルフ線、ミュンヘン線よりも需要が多いと考えられる[18]。

ウィーン線はすべてオーストリア航空によって運行され、使用機材は De Havilland Dash 8-30 で、定員は少ない[19]。同様に、パリ線はすべてエール・フランスの運行となる。使用機材はリージョナル・ジェットの Embraer EMB-145 であり需要は小さい[20]。

ケルン／ボン線、シュトゥットガルト線はいずれも、すべてジャーマンウィングズによって運行され、使用機材は A319 である[21]。

2.5　ライプツィヒ／ハレ空港の展望

ライプツィヒ／ハレ空港は、自家用車、バス、鉄道が中央ターミナルに集合する「3つのアクセスを持つ空港」（Trimodaler flughafen）へと変身したこと、統合的空港駅の開業によってローカル線と遠距離鉄道網が航空と有機的に結ばれたことによって旅客輸送のアクセスが確保された。

一方、貨物輸送においては、DHL がライプツィヒ／ハレ空港をハブ化することによって、中部ドイツ地域に貨物の結節点をもたらした。さらに、2009年夏には DHL とルフトハンザ・カルゴによるジョイント・ベンチャーが営業を開始する。

2007年9月ルフトハンザ・ドイツ航空株式会社とドイチェ・ポスト・ワールド・ネットは、その子会社であるルフトハンザ・カルゴ株式会社と DHL エクスプレスを通じて、それぞれ50％ずつ出資する会社（gemeinsame Frachtgesellschaft von DHL Express und Lufthansa Cargo）を設立した。同社はライプツィヒ／シュコイディッツに本社を置き、2008年1月、社名をアエロ・ロジック有限会社（AeroLogic GmbH）とすることを、DHL の CEO であるチャールズ・グレア

ム（Charles Graham, CEO of DHL）とルフトハンザ・カルゴCEOであるカルステン・シュポール（Carsten Spohr, CEO and Chairman of Lufthansa Cargo AG）による報道発表という形で明らかにした[22]。

アエロ・ロジック有限会社は2人の執行役員、管理統括を行うトーマス・パプケ博士（Dr. Thomas Papke）と営業を担当するトーマス・プッシュ（Thomas Pusch）に率いられ、ヨーロッパで五指に数えられるプロバイダーを目指す[23]。

アエロ・ロジックは、最新鋭貨物機、ボーイング777-200LRFを発注し、計画では2009年に4機、2010年に4機、2011年に2機、2012年に2機引き渡され、合計12機によって輸送を行う。同機種が100トンの貨物をノンストップで9,000km輸送することが可能であり、B747-400Fと比較して燃料効率が20％良いことが選定理由である[24]。この機材の運行のために200名のパイロットを雇用する計画である[25]。

このジョイント・ベンチャーが本社をライプツィヒ／ハレ空港に置いた理由は
  (1) 同時発着できる並行滑走路を24時間利用できること
  (2) DHLが同空港をハブとするためにすでに3億ユーロの投資を行い、ルフトハンザ・カルゴも同空港にロジスティック・センターを建設して輸送能力を高めていること
  (3) 東欧、アジア市場へのアクセス・ポイントとしの立地の優位
が指摘されている[26]。

新たに設立されたアエロ・ロジックとDHL、ルフトハンザ・カルゴによる棲み分けは、以下のように要約できる。
  (1) 平日の便はDHL Expressが運行すること
  (2) 週末の便はルフトハンザ・カルゴが運行すること
  (3) 2009年夏からアエロ・ロジックの貨物機が運行を開始し、平日にシンガポール、ドバイ、ボンベイ、上海、香港、ソウル、名古屋、アルマティーおよびイースト・ミドランズ、ミラノを目的地とする便を提供すること
  (4) 週末には上海、アスタナ、シンガポール、バンコク、シャルジャ、香港、シカゴ、ニューヨークを目的地とする便を提供すること[27]
  (5) アエロ・ロジックは平日にはDHL Expressの特にアジア便を補完（er-

gänzen）し、週末にはルフトハンザ・カルゴを補完すること[28]以上である。このことからジョイント・ベンチャーは親会社の輸送能力を向上させ、それに柔軟性を与え、ネットワークを広げることに、存在意義が置かれている。

3　ドレスデン空港

3.1　ドレスデン空港の基本情報と資本関係

ドレスデン空港（IATA-Code: DRS）は、ドレスデン市中心部から北東方向9kmにあり、2,850m×60mの滑走路をもつ24時間操業の空港である。

駐車スペースはおよそ3,000台であり、そのうち、1,559台が駐車場ビル内に設置されている。ターミナル地下にある空港駅にはSバーン（S-Bahn-Linie 2）が乗り入れ、ドイツ鉄道の幹線との接続があるドレスデン・ノイシュタットへ13分、ドレスデン中央駅まで23分で到着できる。Sバーンの運転間隔は30分のタクト運行である[29]。

ドレスデン空港の集客範囲は、ドレスデン県（Regierungsbezirk Dresden）、ケミニッツ県（Regierungsbezirk Chemnitz）、ブランデンブルク南部のほか、チェコの北ベーメン、ポーランドのニーダーシュレージエンが含まれる。これらの地域の人口を合計すると400万人である。チェコ、ポーランド国境から空港までの車による所要時間は、いずれも45分である[30]。

ドレスデン空港のホームページでは、ドイツ語、英語に加えてチェコ語、ポーランド語のサイトが開設され、国境を越えた集客範囲の広さを物語っている[31]。

ドレスデン空港有限会社の持分は、中部ドイツ空港株式会社がおよそ94％を持ち、親会社に対するザクセン州の資本参加による迂回的投資のほか、ザクセン州はおよそ5％の持分を持ち、ドレスデン空港に対する影響力は決定的である。その他、地域の自治体による持分は小さい。

ドレスデン空港の取締役は、ライツィヒ／ハレ空港の場合と同様に、エリック・マリツケが執行する[32]。

表 4-9　ドレスデン空港有限会社の持分

持分所有者	比率（％）
中部ドイツ空港株式会社（Mitteldeutsche Flughafen AG）	93.996
ザクセン州（Freistaat Sachsen）	4.8366
マイセン郡（Landkreis Meißen）	0.5837
カマンツ郡（Landkreis Kamanz）	0.5837

典拠：Mitteldeutsche Flughafen AG, Geschäfsfürung/Gesellschafter/Aufsichtsrat, in interrete sub: http://www.mdf-ag/de/gesellschaften/airport_drs/overvies_drs.html, 22. 05. 2008.

表 4-10　ドレスデン空港有限会社の監査役

議長（Vorsitzender）	マルクス・コップ（Markus Kopp）	中部ドイツ空港株式会社取締役（Vorstand, Mitteldeutsche Flughafen AG）
副議長（Stellvertretende Vorsitzender）	アルブレヒト・レオンハルト博士（Dr. Albrecht Leonhardt）	ドレスデン市市会議員（Stadtrat, Landeshauptstadt Dresden）
副議長（Stellvertretende Vorsitzender）	ベルン・ローデ博士（Dr.Bern-Rohde）	ザクセン州経済・労働省次官（Ministerialdirigent, Sächsisches Staatsministerium für Wirtschft und Arbeit）
監査役（Mitglieder）	ミヒャエル・アントニ博士（Dr. Michael Antoni）	ザクセン州財務省次官（Ministerialdirigent, Sächsisches Staatsministerium der Finanzen）
監査役（Mitglieder）	ヴォルフガング・カドゥラ（Wolfgang Kadura）	労働側代表（Arbeitnehmervertreter, Flughafen Dresden GmbH）
監査役（Mitglieder）	ローター・カイン（Lothar Kein）	ドレスデン市市会議員（Stadtrat, Landeshauptstadt Dresden）
監査役（Mitglieder）	ディーター・ケラー（Dieter Köhler）	中部ドイツ空港株式会社グループ財務・管理部長（Leiter Konzernfinanzen und -controlling, Mitteldeutsche Flughafen AG）
監査役（Mitglieder）	アムト・シュタインバッハ（Amdt Steinbach）	マイセン郡郡長官（Landrat, Landesamt Meißen）

典拠：Mitteldeutsche Flughafen AG, Geschäfsfürung/Gesellschafter/Aufsichtsrat, in interrete sub: http://www.mdf-ag/de/gesellschaften/airport_drs/overvies_drs.html, 22. 05. 2008.

　監査役会の構成においても、ライツィヒ／ハレ空港のそれと相似的である。議長は中部ドイツ空港株式会社取締役マルクス・コップの兼任であり、副議長はザクセン州から1名が参加し、他の1名はドレスデン市を代表する。すなわち、親会社に対する出資関係が反映されていることになる。

　監査役には、ザクセン州、ドレスデン市、中部ドイツ空港株式会社、マイセン

3.2　ドレスデン空港の歴史

ドレスデン空間における飛行場の歴史は、1913年に設立されたドレスデン・カディツ（Dresden Kaditz）飛行場および1926年に設立されたドレスデン・ヘラー（Dresden Heller）飛行場に遡る。現在のドレスデン空港に直接連なる新空港の建設は、第1次大戦後の再軍備を背景に始まった。帝国当局は軍・民間両用の本格的空港の建設を指示し、市門の外にあるクローツェ（Klotze）、レーニツ（Ränitz）の地に広大な空港設備を完成させたのは、1935年のことであった。ここには、1,460m×1,025m の離着陸場（Rollfeld）と3,000m^{2}の格納庫が備えられていた[33]。

ルフトハンザおよびチェコとオーストリアの航空会社によってベルリン発、ドレスデン経由、プラハないしウィーン行きの便が共同運航されたほか、ブレスラウ、ケルン、ハレ／ライプツィヒ、ハノーファー、ハンブルクと結ばれるようになった。1937年には、搭乗者が7,913人となり、第2次大戦以前の最大を示した。

飛行場建設と同時に隣接して、ドレスデン航空戦学校（Luftkriegsschule Dresden）が併設され、1936年からドイツ空軍将校の養成が始まった。新空港の建設の動機には、カディツ飛行場、クローツェ飛行場における航空需要の隘路を解消することと並んで、1933年以降のドイツ再軍備の要請があったことに留意したい。1937年に空軍は空港施設全体の管理を掌握したが、民間航空は1940年までドレスデン空港を利用することができた。第2次大戦中はもっぱら空軍基地に供され、戦争終了の瞬間まで、ドイツ空軍の訓練・出撃が行われていた。

第2次大戦後、ソ連占領軍によってソビエト軍の空軍基地に転用された。50年代に、DDR政府は国産民間航空機生産の立地にクローツェ・ドレスデンを選び、旧航空戦学校のホールとビルを利用して、「DDR国民経済最大の投資計画のひとつ」（eines der größten Investitionsvorhaben der DDR-Volkswirtschaft）が1955～57年に実施された。飛行場には2,500m×80m の滑走路が建設され、これに隣接する組み立て工場において旅客機生産が行われた。「国産」とはいっても、ソ連のイリューシンIL-14の亜種であるIL-14Pであった。この「国産」ジェット旅客機は、152型と命名され1958年に初飛行を行ったが、試作機に墜落事故が起

こり、またDDRの国民経済に多大な負担をかけることから、1961年に政府は航空機生産を中止する決定を行った。

この航空機生産の影響は、再開された民間航空の運用に影響を及ぼした。定期航空路線の運行は1957年に開始されたが、飛行場自体がDDR航空機産業（DDR-Luftfahrtindustrie）の所有下に移っていたために、旅客はドレスデン中央駅付近のビルの一角でチェックインを行い、その後バスで滑走路に移動することとなった。1960年以降、ようやくハンザ・ハウスを改修することによって、空港でチェックインが可能となった。

1959年にマレフ・ハンガリア航空のチャーター便がブダペストと結び国際線の運行が再開された。航空機生産が中止された後、1962年に空港設備は国家人民軍（Nationale Volksarmee）によって管理され、翌年から航空輸送隊が空港に常駐することとなった。

DDRルフトハンザおよび後のインターフルークは60年代初めにドレスデンからベルリン、エアフルト、バルト、ヘリングスドルフを結び、70年代までにインターフルークはブダペスト、モスクワ、レニングラード、ソフィア、ブルガス、ヴァルナ、コンスタンツァへの路線を開設し、ドレスデン空港は国際空港としての意義をもつようになった。70年代末においてドレスデン空港を利用している機材は、インターフルークとアエロフロートが運行するTu-134、バルカン航空のTu-154などソ連製が中心であった。

1980年にDDRの国内線は不採算（Unrentabilität）を理由に廃止されたが、従来からある東ヨーロッパ、南東ヨーロッパの保養地を結ぶ国際便は存続し、さらにソチ、シンフェロポリ、トビリシ、ミンスク線が加わった。

こういった路線のほとんどが海外の保養地との連絡であり、ドレスデン空港がDDR市民のウアラウプに利用されていたことが分かる。

1962年には、5万4,000人であった搭乗者が1985年には39万人へと増加を示した。1988年から翌年にかけて空港の整備が行われ、この間空港は閉鎖された。当時、空港全体を所有・管理していた国家人民軍は滑走路の整備を手がけ、チェックイン領域を広げた。89年10月31日空港整備が一段落したところで、ドイツの政治状況が急激な変化を遂げていた。インターフルークは12月にハンブルク線を急遽開

設し、数カ月のうちに旧西ドイツ、西ヨーロッパへの路線を可及的に開設した。

　ドイツ再統一後、空港は新たに設立されたドレスデン空港有限会社の管理下で、近代化と拡張（Modernisierung und Erweiterung）に着手することとなった。

　空港における搭乗者数はすでに1992年に100万人を突破し、1995年には170万人を記録していた。空港設備については、修復されたハンザ・ハウス（第１ターミナル）のほかに新しい第２搭乗ターミナルが1992年に完成し、それはさらに旧DDR航空機産業跡地を利用して1995年まで増築工事が行われた。

　この２つのターミナルによってドレスデン空港は年間240万人の搭乗者を処理する能力を持つようになる。

　貨物輸送に関わる設備の整備は、ようやく1996年貨物センターの開業によっては始まった。

　2001年には、空港地下駅の完成によってＳバーンが空港に乗り入れを開始した。空港設備の整備は継続的に行われ、2006〜07年に2,850m×60mの滑走路が完成し、旧滑走路は取り壊され緑化されることとなった。

　この新滑走路開業式典においてザクセン州首相ミルブラント（Georg Milbradt）は、「ドレスデン空港の滑走路は、わが州のダイナミックな経済地域の真っ只中にあり、地域の発展をさらに加速するターボと呼ぶことができる。……ドレスデン空港に５カ所の職場が生まれれば、地域経済に８カ所の職場が生まれる結果となる」と述べ、空港施設改善の波及効果に期待を寄せた[34]。

　この工事は、旧滑走路と接して新滑走路を建設し、新滑走路完成後、旧滑走路を取り壊すことによって工事期間中の空港閉鎖を回避する方法が取られた。新滑走路は従来と比較して、350m延伸されたが幅は20m縮小された。

　ドレスデン空港執行役員ミヒャエル・フーペ博士（Dr. Michael Hupe, Geschäftsführer der Flughafen GmbH）は、ザクセン新聞のインタービューに「われわれは中距離路線空港に留まる」（Wir bleiben ein Mittelstrecken-Flughafen）、「350m長くなった滑走路によって、どんな天候においても（ウアラウウプの搭乗者の）荷物を満載しても中距離航空機が飛ぶことができることを保証できる」と答えた[35]。

　ドレスデン空港の顧客をウアラウバーに焦点を当てた戦略がここに明確に示さ

資料 4-2　ドレスデン空港の年譜

1914年	カディツ（Kaditz）に前年創られた「ドレスデン市営水陸両用飛行場」（Städtischer Land- und Wasserflugplazt Dresden）からライプツィヒ・モッカウへの航空郵便便が就航したが、第1次大戦によって、中断された。
1922年	ドイツ・ロイド航空（Deutsche Luft Lloyd）は、ブレスラウ→ドレスデン→ライプツィヒ→マグデブルク→ハノーファー間およびドレスデン→プラハ間に定期便を就航。
1926年	ガディツ空港における交通量の増大のため、旧騎兵隊訓練場、ヘラー（Heller）に新空港を建設。
1935年	ドレスデン・クロッツェ飛行場が完成し、近代的空港ビル「ハンザ・ハウス」（Hansa-Haus）にレストラン、ボーリング場、屋根つき庭園レストラン、ホテルが備えられていた。 ケムニッツ、ライプツィヒ、ベルリン、ブレスラウ、プラハへ、毎日定期便が就航した。
1955年	空港設備の拡充・滑走路の拡幅が始まる。
1957年	2,500m×80m 滑走路が完成。ドレスデンとベルリンおよびバルト間に定期便が就航した。
1958年	東ドイツ最初の国産ジェット旅客機152がドレスデン・クロチェで初飛行を行った。
1959年	ドレスデンにおいて戦後初めて国際線が運航された。マレフ・ハンガリア航空（ungarische Malév）によってドレスデン→ブダペスト線が就航した。
1961年	DDR 政府は航空機生産の中止を決定した。
1963年	DDR 国家人民軍の輸送航空隊が空港に常駐し、空港施設すべてを所有することとなった。このことによって空港は民間航空、軍事輸送、航空機整備に用いられることとなった。
1988年／89年	空港整備が始まる。1988年1月から89年9月にかけて空港は閉鎖された。再開後、インターフルークが空港ビルすべてを所有するようになり、搭乗手続きエリアが再建された。
1990年	ドレスデン空港有限会社（Flughafen Dresden GmbH）が設立された。
1992年	当時の第1ターミナル「ハンザ・ハウス」の修復と並んで、第2ターミナルが建設された。
1996年	貨物センターの開業。
1997年	航空機製造会社用のハンガーが改修され、新しいターミナルとして利用されることとなる。
2001年	Sバーン空港地下駅が開業した。
2007年	新滑走路（2,850m×60m）が完成。

典拠：Flughafen Dresden GmbH, Geschichte — 1984 bis 1934, 1935 bis 1945, 1945 bis 1960, 1961 bis 1989, 1989 bis 2001 et 2001 bis heute, in interrete sub: http://www.dresden-airport.de/reisende_und_besuchercher/willkommen/geschichte, 18. 06. 2008.

れている。

3.3 ドレスデン空港の空間的輸送関係

ドレスデン空港における旅客輸送は、表4-11に記したように、ドイツ語圏における大都市との連絡便がそのほとんどを占めている。ライプツィヒ／ハレ発のフライトが東西を結ぶ交通が主流であったのに対して、ドレスデンにおいては、ハンブルク、ウィーン、チューリッヒなど南北を結ぶ路線のウエイトが比較的多く見られる。

表4-11 ドレスデン空港における旅客定期便の運行状況（2008年夏ダイア、週あたり便数）

	目的地空港	週あたり便数
1	ハンブルク	48
2	ミュンヘン	39
3	フランクフルト・マイン	38
4	ウィーン	37
5	デュッセルドルフ	37
6	チューリッヒ	34
7	ケルン／ボン	19
8	ライプツィヒ／ハレ	18
9	シュトゥットガルト	13
9	マジョルカ	13

注：運行期間が1カ月以内の便は除く。ライプツィヒ／ハレは経由便の寄港地。
典拠：Flughafen Dresden GmbH, *Flugplan 26. 05. 2008 bis 25. 10. 2008.*

ハンブルク便は、ルフトハンザ・シティーラインと並んでツィルス航空（Cirrus Airlines）によって運行されている。機材はいずれも定員の少ない Dornier 328-100 が用いられている[36]。

ミュンヘン線はすべてルフトハンザ・シティーラインによって運行され、使用機材は Canadian Regional Jet 900、Bae AVRO RJ-85、De Havilland Dash 8-400、Canadian Regional Jet 200 である[37]。

フランクフルト線もミュンヘン線同様、すべてルフトハンザ・シティーラインによって運行されている。使用機材は Boeing 737-300 が中心であり、一部 Airbus A321-200、Airbus A320-200 が用いられ、ミュンヘン線を上回る需要があることが推察できる[38]。

ウィーン線は De Havilland Dash を機材とするルフトハンザとオーストリア航空によって運行されているほか、Boeing 737-800 を用いて Eurocypria Airlines (IATA-Code: ECA) による1便がある[39]。

デュッセルドルフ線は、ルフトハンザとエア・ベルリンによって運行される。前者は、CJ200を、後者は B737-700 を機材とする[40]。

3.4 ツィルス航空

3.4.1 ツィルス航空

空港新滑走路の完成に際して、祝辞を寄せた航空会社の関係者はエア・ベルリン（Joachim Hunold, Vorstandsvorsitzender Air Berlin）、ルフトハンザ・ドイツ航空（Wolfgang Mayrhuber, Vorstandsvorsitzender Deutsche Lufthansa）、ツィルス航空（Daniel Noraman, Geschäftsführer Cirrus Airlines）の3社で、いずれもドレスデン空港に寄航する航空会社である[41]。

ここでは、ドレスデン空港発ハンブルク線において実績のあるツィルス航空（IATA-Code: C9）について触れる[42]。

ツィルス航空は、ツィルス・グループ・ホールディング有限会社傘下の企業であり、同社は併合したアウグスブルク航空（Augsburg Airway）を含めて1,600人の従業員と75機の機材を有している。ツィルス・グループ・ホールディング有限会社の持分はATONの設立者であるルツ・ヘルミク博士（Dr. Lutz Helmig）が51％、ツィルス航空の創立者であるゲルト・ブランデッカー（Gerd Brandecker）が49％所有する[43]。

保有する機材は、座席数76、航続距離3,500kmのEmbraer 170 /E70、座席数30、航続距離2,200kmのDorinier 328jet /Frj、また座席数30、航続距離2,000kmのDornier 328 /Do328であり、1機材あたりの定員は少ない[44]。

1995年、ゲルト・ブランデッカーによってツィルス航空有限会社（Cirrus Luftfahrtgesellschaft mbH）が設立され、エグゼクティヴ向けのチャーター便を運航していたが、1998年に定期便の営業免許を獲得し、経営方針を一変させた[45]。

2000年2月、同社はルフトハンザ・ドイツ航空のフランチャイジー「チーム・ルフトハンザ」（Team Lufthansa）の一員となり、フランクフルトとミュンヘンにおいてルフトハンザ便への接続を実現した。2004年にはアウグスブルク航空をツィルス・グループを通じて買収し、2005年2月からIATAに参加した。2007年3月からATONグループに組み入れられ、前記の資本構成となった。2007年度の搭乗者数は、およそ50万人であった[46]。

ATONグループへの参加と前後して、同社の経営陣に大きな変化が見られる。

従来、ツィルス航空は創業者であり執行役員であるゲルト・ブランデッカーによって経営されてきた。2007年1月、ブランデッカーは新たに執行役員としてダニエル・ノラマン（Daniel Noraman）を加える決定をした。ノラマンは、ブリティッシュ・エアウェイズのベルリン、ロンドン、フランクフルト支社長を経験した後、ブリュッセル航空（SN Brussels Airlines）ドイツ支社の副社長を経験し、ツィルス航空執行役員への就任当時42歳であった。ブランデッカーはノラマンに2地点間輸送（Punkt-zu-Punkt-Verkehr）のマネジメント能力を期待した[47]。

同年5月、2人の企業家、ルーツ・ヘルミヒ博士（Dr. Lutz Helmig）とブランデッカーは、2つの航空会社を統合して、大規模な定期便運行とローコスト・キャリアを目標とする成長力を持ったエアライン・グループを創ることを発表した。すなわち、ヘルミヒ博士が1月に買収したシュトゥットガルトに本社を置くDCA有限会社（DCA GmbH）──元のダイムラー・クライスラー航空有限会社（DaimlerChrysler Aviation GmbH）──とザールブリュッケンに本社を構えるツィルス航空の統合がそれである。その統合構想を要約すると以下のようになる。

(1) ヘルミヒ博士一族の所有化にあり、フルダに本社を置くアトン有限会社（ATON GmbH）が新しいエアライン・グループの51％の持分を取得し、DCAを新グループに加える。

(2) ゲルト・ブランデッカーは新グループの49％の持分を取得し、ツィルス・グループを参加させる。

(3) 新グループの目標は、DCAとその傘下に置くツィルス・エイヴィエイション有限会社（Cirrus Aviation GmbH）をヨーロッパにおけるビジネス旅行部門（Geschäftsreisensegment, Business Aviation）の主導的供給者とすること。そのために、現存する29機のエグゼクティヴ機材（Executive Flugzeuge）を中期目標として33機とすること。

(4) 上記の目標とは独立に、地域航空会社、ツィルス航空（Cirrus Airlines）とアウグスブルク航空（Augsburg Airways）をドイツ市場に特化した中核事業とすること。

以上の目的を念頭に、航空業務と機材資産管理に関わる2つの持ち株会社が設立された。航空業務に関してはABエアロ・インヴェスト有限会社（AB Aero-

Invest GmbH)、機材資産管理に関しては航空機材資産管理有限合資会社（Aircraft Asset Management AAM GmbH & Co. KG）が設立され、アトングループは両会社に51％の持分を所有し、一方、ゲルト・ブランデッカーはツィルス・ホールディング有限会社を通じて両社に49％の参加を行うこととなった。ツィルス・ホールディング有限会社は本社をザールブリュッケンに置き、その執行役員は、ゲルト・ブランデッカーとともに、アトン有限会社執行役員マルティン・キルヒナーが就任した[48]。

2007年9月24日、ゲルト・ブランデッカーはグループの親会社であるツィルス・グループ・ホールディング有限会社（Cirrus Group Holding GmbH）の執行役員と航空機材アセット・マネジメント有限会社（Aircraft Asset Management GmbH & Co. KG）の執行役員に専念し、ツィルス航空の経営から手を引くこと、ツィルス航空有限会社（Cirrus Airlines Luftfahrtgesellschaft mbH）の筆頭執行役員としてdba執行役員マルティン・ガウス（Martin Gauss）を就任させること、これによってツィルス航空の経営はダニエル・ノラマンとマルティン・ガウスに委ねることを発表した。

マルティン・ガウスは、1968年生まれで、1992年にパイロットとしてdbaに入社し、2004年から執行役員兼パイロットであった。Dbaがエア・ベルリンに統合された後も、子会社の執行役員となり、現在も現役パイロットを続けている[49]。

2008年1月から、ツィルス航空は本社をザールブリュッケンからミュンヘンに移転し[50]、同年6月には、往復最低99ユーロの格安航空券「クレバーフライ」（Cleverfly）の販売を開始した[51]。

3.4.2 ツィルス航空定期便

表4-12に見るように、ツィルス航空定期便はすべて座席数30のDO-328を使って運行されている。飛行プランは基本的にドイツ国内およびスイス、オーストリアの一部の空港間における2地点間運行である。その中で、ドレスデン、ハンブルク、マンハイムは3つの目的地空港を有している。

表4-12 ツィルス航空定期便の運行状況

出発空港	到着空港	週あたり便数	使用機材
ベルリン・テンペルホフ	マンハイム	24	DO 328
キシナウ（KIV）	フランクフルト	非公開	
ドレスデン	ハンブルク	21	DO 328
	ザルツブルク	11	DO 328
	チューリッヒ	11	DO 328
エアフルト	ミュンヘン	14	DO 328
フランクフルト	キシナウ	非公開	
ジュネーブ	ケルン／ボン	11	DO 328
ハンブルク	ドレスデン	21	DO 328
	マンハイム	13	DO 328
	ザールブリュッケン	15	DO 328
ケルン／ボン	ジュネーブ	11	DO 328
マンハイム	ベルリン・テンペルホフ	24	DO 328
	ハンブルク	13	DO 328
	ザールブリュッケン	2	DO 328
ミュンヘン	エアフルト	14	DO 328
ミュンスター	シュトゥットガルト	21	DO 328
ザールブリュッケン	ハンブルク	16	DO 328
	マンハイム	2	DO 328
ザルツブルク	ドレスデン	16	DO 328
	チューリッヒ	16	DO 328
シュトゥットガルト	ミュンスター	21	DO 328
チューリッヒ	ドレスデン	16	DO 328
	ザルツブルク	16	DO 328

典拠：Cirrus Airlines, *Flugplan*, 30 März bis 25. Oktober 2008.

4 小　括

　(1) 中部ドイツ空港株式会社の筆頭株主は、ザクセン州であり、これにザクセン・アンハルト州の出資を加えると90％以上の株式を、この2州が占める。特にザクセン州は76％以上の株式を所有し、圧倒的な影響力を持つ。

　(2) 同社の監査役会議長は、ミュンヘン空港有限会社の経営者からの転進であ

った。

(3) ライプツィヒ／ハレ空港の再建は、ミュンヘン、フランクフルト、ハノーファーの各空港の技術指導、特にミュンヘン空港からの人的支援に負うところ大であった。

(4) ライプツィヒ／ハレ空港は、DHL による拠点化によって貨物輸送機能が強化された。

1) Mitteldeutsche Flughafen AG, Vorstand/Aktionäre/Aufsichtsrat, in interrete sub: http://www.mdf-ag.com/de/mf_ag/associates.html, 22. 05. 2008.
2) Flughafen Leipzig/Halle GmbH, Flughafendaten Leipzig/Halle, in interrete sub: http://www.leipzig-halle-airport.de/index/unternehmen_flughafen/flughafen_lej, 04. 06. 2008; ebidem, Zahlen, Daten, Fakten, in interrete sub: http://www.leipzig-halle-airport/de/index/unternehmen_flughafen/zukunft_flug, 04. 06. 2008.
3) Flughafen Leipzig/Halle GmbH, Flughafendaten Leipzig/Halle, in interrete sub: http://www.leipzig-halle-airport/de/index/unternehmen_flughafen/zukunft_flug, 04. 06. 2008.
4) Deutsche Bahn, *Fahrplan Regioexpress gültig ab 30. 03. 2008.*
5) Deutsche Bahn, *InterCity-Direktverbindungen gültig bis 24. 05. 2008.*
6) Mitteldeutsche Flughafen AG, Geschäfsfürung/Gesellschafter/Aufsichtsrat, in interrete sub: http://www.mdf-ag/de/gesellschaften/airport_drs/overvies_drs.html, 22. 05. 2008.
7) Flughafen Leipzig/Halle GmbH, Leipzig/Halle ― 1989-1994, in interrete sub: http://www.leipzig-halle-airport.de/de/index/unternehmen_flughafen/geschichte/, 22. 05. 2008.
8) Flughafen Leipzig/Halle GmbH, Leipzig/Halle ― 1995-1998, in interrete sub: http://www.leipzig-halle-airport.de/de/index/unternehmen_flughafen/geschichte/, 22. 05. 2008.
9) Flughafen Leipzig/Halle GmbH, Leipzig/Halle ― 1999-2000, in interrete sub: http://www.leipzig-halle-airport.de/de/index/unternehmen_flughafen/geschichte/, 22. 05. 2008.
10) Flughafen Leipzig/Halle GmbH, Leipzig/Halle ― 2001-2003, in interrete sub: http://www.leipzig-halle-airport.de/de/index/unternehmen_flughafen/geschichte/, 22. 05. 2008; Flughafen Leipzig/Halle GmbH, Flughafendaten Leipzig/Halle ― Mit der

第4章　中部ドイツ空港株式会社と空港　193

　　　Bahn, in interrete sub: http://www.leipzig-halle-airport/de/index/unternehmen_flughafen/zukunft_flug, 04. 06. 2008.
11)　Europäische Kommission, Staatliche Beihilfe: Kommission leitet Prüfung der finanziellen Unterstützung für DHL und den Flughafen Leipzig/Halle, Press Release IP/06/1603, 22. 11. 2006.
12)　Flughafen Leipzig/Halle GmbH, Leipzig/Halle — 2004-2006, in interrete sub: http://www.leipzig-halle-airport.de/de/index/unternehmen_flughafen/geschichte/, 22. 05. 2008. ただし、連邦行政裁判所がライプツィヒ／ハレ空港を貨物ハブへと拡張工事することを最終的に認めたのは、2006年11月のことであった（Flughafen Leipzig/Halle GmbH, Pressemitteilung vom 09. 11. 2006）。
13)　Flughafen Leipzig/Halle GmbH, Pressemitteilung vom 21. 09. 2005.
14)　Flughafen Leipzig/Halle GmbH, *Flugplan 21. 05. 2008 bis 25. 10. 2008*, p. 5.
15)　Ibid., p. 6.
16)　この路線を運行する航空会社を列挙すると、次のようになる。Sun Express (XQ)、Sky Airlines (SHY)、Air Berlin (AB)、Blue Wings (QW)、Pegasus Air (H9)、Turkish Airlines (TK)、TUIfly (X3)、Germania (ST)、Condor (DE)、Hamburg International (4R)、Inter Airline (INX)、Freebird Airlines (FHY)。（以上は、短期的運行も含めた航空会社名である。Ibid., p. 3-4）。
17)　Ibid., p. 9.
18)　Ibid., p. 10.
19)　Ibid., p. 12.
20)　Ibid., p. 10.
21)　Ibid., p. 7 et p. 11.
22)　AeroLogic GmbH, Press Release, Frankfurt/Bonn, 28 January 2008.
23)　AeroLogic GmbH, Management, in interrete sub: http://www.aerologic/aeb/en/About?us/, 04. 06. 2008.
24)　AeroLogic GmbH, Technology, in interrete sub: http://www.aerologic/aeb/en/About?us/, 04. 06. 2008.
25)　AeroLogic GmbH, Press Release, Frankfurt/Bonn, 28 January 2008.
26)　AeroLogic GmbH, Location, in interrete sub: http://www.aerologic/aeb/en/About?us/, 04. 06. 2008.
27)　AeroLogic GmbH, Network, in interrete sub: http://www.aerologic/aeb/en/About?us/, 04. 06. 2008.
28)　AeroLogic GmbH, Press Release, Frankfurt/Bonn, 28 January 2008.
29)　Flughafen Dresden GmbH, Technische Daten — An- und Abreise, Parken — Öf-

fentlicher Nahverkehr, in interrete sub: http://www.dresden-airport.de/de/struktur, 13. 06. 2008.
30) Flughafen Dresden GmbH, Einzugsgebiet des Flughafens, in interrete sub: http://www.dresden-airport.de/de/struktur/wirtschaftspartner/einzugsgebiet.html, 23. 05. 2008.
31) Flughafen Dresden GmbH, Úvondi stránka, in interrete sub: http://www.dresden-airport.de/cs-iso/index.html?newLangauge=cs-iso, 18. 06. 2008; Flughafen Dresden GmbH, Strona startowa, in interrete sub: http://www.dresden-airport.de/pl/index.html?newLanguage=pl, 18. 06. 2008.
32) Mitteldeutsche Flughafen AG, Geschäfsfürung/Gesellschafter/Aufsichtsrat, in interrete sub: http://www.mdf-ag/de/gesellschaften/airport_drs/overvies_drs.html, 22. 05. 2008.
33) 以下の記述は Flughafen Dresden GmbH, Kurzer Streifzug durch die Geschichte der Dresdner Luftfahrt, 2005; Flughafen Dresden GmbH, Wichtige Etappen in der Geschichte, in interrete sub: http://www.dresden-airport.de/struktur/projekt_slb/geschichte-7.html, 18. 06. 2008; Flughafen Dresden GmbH, Geschichte — 1984 bis 1934, 1935 bis 1945, 1945 bis 1960, 1961 bis 1989, 1989 bis 2001 et 2001 bis heute, in interrete sub: http://www.dresden-airport.de/reisende_und_besuchcher/willkommen/geschichte, 18. 06. 2008による。
34) Pressemitteilung der Sächsischen Staatskanzlei, 06. 09. 2007.
35) Verlagsbeilage der Sächsischen Zeitung, September 2007, p. 3.
36) Flughafen Dresden GmbH, *Flugplan 26. 05. 2008 bis 25. 10. 2008*, p. 5.
37) Ibid., p. 7.
38) Ibid., p. 4.
39) Ibid., p. 9.
40) Ibid., p. 4.
41) Stimmen zur Inbetriebnahme der neuen Start- und Landebahn des Dresdner Flughafen, in: Flughafen Dresden GmbH, Medien Material, 2007.
42) ツィルス航空は、わが国においては、シーラスエアラインズとして紹介されている（ANA、ANA 国際線——航空券予約・空席紹介・運賃案内サイト　ルフトハンザドイツ航空、in interrete sub: http://www.ana.co.jp/int/airinfo/codeshare/lh.html, 26. 01. 2009）。
43) Cirrus Airlines, Portrait, in interrete sub: http://www.cirrusairlines.de/de/company/portrait/, 10. 06. 2008.
44) Cirrus Airlines, *Flugplan*, 30 März bis 25. Oktober 2008, p. 31.

45) Cirrus Airlines, Daten und Fakten, in interrete sub: http://www.cirrusairlines.de/de/company/dates_facts/, 10. 06. 2008.「ちょうど10年前の1998年3月16日、今までエグゼクティヴ航空会社であったツィルス航空は定期便航空会社へと転換した。この日、ツィルス航空はザールブリュッケン、ハンブルク間に日に2便就航させた」(Cirrus Airlines, Pressemitteilung vom 09. 04. 2008)。
46) Ibid., et Cirrus Airlines, Portrait, in interrete sub: http://www.cirrusairlines.de/de/company/portrait/, 10. 06. 2008.
47) Cirrus Airlines, Pressemitteilung vom 02. 01. 2007.
48) Cirrus Airlines, Pressemitteilung vom 09. 05. 2007.
49) Cirrus Airlines, Pressemitteilung vom 24. 09. 2007.
50) Cirrus Airlines, Pressemitteilung vom 09. 01. 2008.
51) Cirrus Airlines, Pressemitteilung vom 30. 05. 2008.

第5章　コンソーシアムと空港

ホッホティーフ・グループは、国際的に進む空港民営化を背景として、他の機関投資家と組みコンソーシアムを形成して、空港投資を行ってきた。同グループがドイツにおいて関与している空港を、この章ではとりあげる。

1　ホッホティーフ・エアポート

1.1　ホッホティーフ・エアポートの沿革

ドイツにおけるゼネコン大手のホッホティーフは、空港建設における経験をもとに、子会社ホッホティーフ・エアポート有限会社（HOCHTIEF Airport GmbH、略称HTA）を通じて空港持分への投資を行ってきた[1]。

ホッホティーフが、空港への投資目的でホッホティーフ・エアポートを立ちあげたのは1997年末のことであった。1998年1月1日、HTAはアイルランドのエア・リエンタ（Aer Rianta）とコンソーシアムを組み、デュッセルドルフ国際空港の持分の50％に参加した[2]。

さらに2000年には、ホッホティーフ・エアポート／エア・リエンタ　コンソーシアムはハンブルク空港に36％の持分参加をしている。

2002年に、サザン・クロス・コンソーシアム（Konsortium Southern Cross）は、シドニー空港（Sydney Airports Corporation Ltd.）の民営化に際して、落札に成功した。このコンソーシアムに参加しているのは、HTAのほか、マッコーリー銀行（Maquarie Bank）、フェロビアル・エアポート（Ferrovial Aeropuertos）、オンタリオ州教員年金基金（Ontario Teachers' Pension Plan）である[3]。

2004年10月、HTAは、アルバニアのティラナ国際空港（Tirana International

Airport Nene Tereza）のブート契約に署名した。空港を20年間経営するコンソーシアムに参加したのは、HTA（持分47％）のほか、ドイツ投資開発銀行（DEG Deutsche Investitions- und Entwicklungsgesellschagt、略称 DEG）（持分31.7％）、アルバニア・アメリカ企業ファンド（Albanian-American Enterprise Fund、略称 AAEF）（持分21.3％）であった。翌年4月にティラナ国際空港は民営化され、新たに設立されたティラナ・エアポート・パートナーズ航空会社（Flughafengesellschaft Tirana Airport Partners）が経営を担うと同時に空港の近代化・拡充に乗り出した。その結果、2年間の工期の末、2007年3月、新たな旅客ターミナルが完成した[4]。

HTA は、2005年3月、機関投資家であるヘイスティングズ・ファンド・マネジメント（Hastings Funds Management）、ケベック州投資信託銀行（Caisse de depot et placement de Québec、略称 CDP）、復興金融金庫 IPEX 銀行（KfW IPEX-Bank）とともにホッホティーフ・エアポート・キャピタル有限会社（HOCHTIEF AirPort Capital GmbH、略称 HTAC）を設立。HTAC は、HTA によるアテネ、デュッセルドルフ、ハンブルク各空港持分のおよそ3分の1を引き受け、また HTA によるシドニー空港持分のおよそ半分も引き受けることとなった。HTA によるこの措置は、将来生じるであろう空港買収に際して、パートナーと入札に加わることを意図してのことである[5]。

HTA と HTAC による空港持分の増加は、早くも翌年12月に開始された。HTA と HTAC はハンブルク空港におけるエア・リエンタの持分9.8％を引き受け、両者による持分の合計は29.2％から49％へと高められた[6]。

アテネ空港に関しては、ABB AG がその持分5％を機関投資家に売却したが、その一部を HTA が引き受け、HTA と HTAC による合計持分は40％となった。年があけた2007年3月、HTA はシドニー空港の持分をさらに2.77％獲得し、HTA と HTAC の持分はあわせて13.27％となった。さらに12月に HTA は、ブダペスト空港において最大の出資者となった。

1.2　HTA および HTAC による投資構造

ホッホティーフ株式会社の傘下にあるホッホティーフ・エアポート株式会社は、

第5章　コンソーシアムと空港　199

図5-1　ホッホティーフ・グループの空港投資

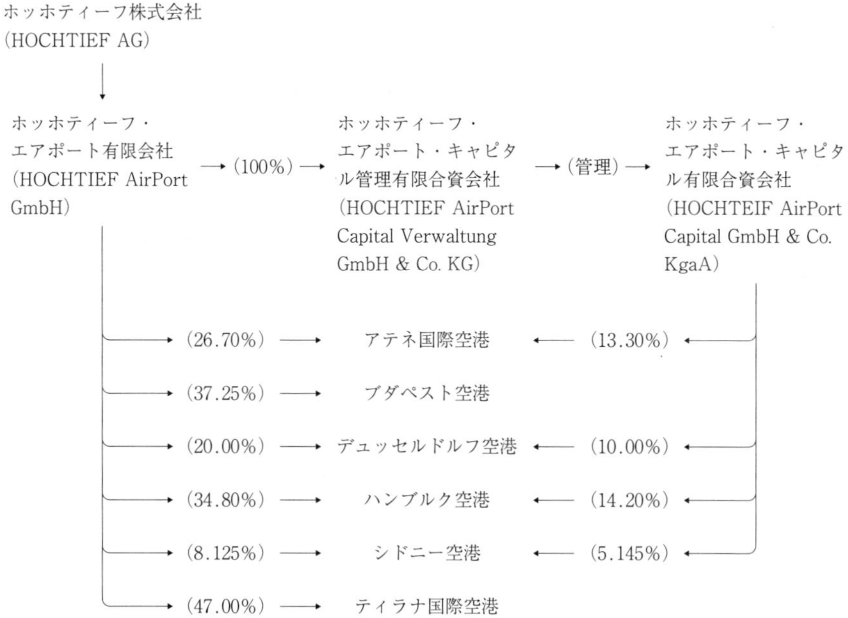

```
ホッホティーフ株式会社
(HOCHTIEF AG)
      │
      ↓
ホッホティーフ・              ホッホティーフ・                    ホッホティーフ・
エアポート有限会社    →(100%)→  エアポート・キャピタ    →(管理)→   エアポート・キャピタ
(HOCHTIEF AirPort             ル管理有限合資会社                  ル有限合資会社
GmbH)                         (HOCHTIEF AirPort                  (HOCHTEIF AirPort
                              Capital Verwaltung                 Capital GmbH & Co.
                              GmbH & Co. KG)                     KgaA)

      ├──→(26.70%)──→  アテネ国際空港    ←──(13.30%)──┤
      ├──→(37.25%)──→  ブダペスト空港
      ├──→(20.00%)──→  デュッセルドルフ空港  ←──(10.00%)──┤
      ├──→(34.80%)──→  ハンブルク空港    ←──(14.20%)──┤
      ├──→(8.125%)──→  シドニー空港      ←──(5.145%)──┤
      └──→(47.00%)──→  ティラナ国際空港
```

典拠：HOCHTIEF AirPort GmbH, Unternehmen/Struktur, in interrete sub: http://www.hochteif-airport.de/airport/10.jhtml, 20. 06. 2008.

　図5-1に示したように、アテネ、ブダペスト、デュッセルドルフ、ハンブルク、シドニー、ティラナの各空港に直接投資している。

　これとは別に、ホッホティーフ・エアポート有限会社は、100％子会社ホッホティーフ・エアポート・キャピタル管理会社を通じて、ホッホティーフ・キャピタル有限合資会社の経営全般（general management）を担当する。ホッホティーフ・エアポート・キャピタル管理会社とホッホティーフ・キャピタル有限会社との間に資本関係はない。後者の出資は、ヘイスティングズ・ファンド・マネジメント（Hastings Funds Management）が50％、ケベック州投資信託銀行（Caisse de depot et placement de Québec）40％、KfW IPEX銀行（KfW IPEX-Bank）10％の構成となっている[7]。

　ホッホティーフ・キャピタル有限会社は、アテネ、デュッセルドルフ、ハンブルク、シドニーの各空港に持分を有する。このような資本構成から、ホッホテ

ィーフ・キャピタル有限会社は、ホッホティーフ・エアポート有限会社が運用するファンドの機能を持っていると考えられる。

1.3 ホッホティーフ・グループの関与する空港の投資構造

HTAとHTACによる空港投資ポートフォリオの基準は、年間500万人以上の搭乗者を持った空港を対象とし、両者が共同で投資する対象はOECD諸国およびそれに相当する格付け基準を持つ国の空港に限られる[8]。

そのため、アテネ、デュッセルドルフ、ハンブルク、シドニーの各空港には、HTAとHTACが共同投資しているが、ブダペスト空港とティラナ国際空港へは、HTAによる単独投資となっている。

以下、これらの空港の資本関係を整理する。

［アテネ国際空港］

アテネ国際空港（IATA-Code: ATH）の民営化プログラムは、1996年にギリシャ政府とホッホティーフ株式会社の主導する民間コンソーシアムとのパートナーシップの形でアテネ国際空港株式会社（Atens International Airport S.A.、略称AIA）が設立されたことに始まる。このコンソーシアムは、1991～93年に行われた空港建設請負入札で落札している。入札条件はブート契約による官民パートナーシップ（Public-Private-Partnership mit BOOT-Vertrag）によってアテネ国際空港（エレフテリオス・ヴェニゼロス "Eleftherios Venizeros"）を30年間、経営・管理し大空港を建設するという内容であった。HTAは2001年3月から経営に参画し、2026年で事業契約期間が満了する[9]。

アテネ国際空港には、ギリシャ政府が過半数の出資を行い、ホッホティーフ・グループの出資比率は、合計40％に達している（表5-1参照）[10]。

［ブダペスト空港］

ブダペスト空港（IATA-Code: BUD）の民営化は、2005年に行われた。官民パートナーシップによるブダペスト空港株式会社（Budapest Airport Zrt.）が空港の経営・管理を行い、2011年までに空港の拡張・近代化を行う。同社による管理期

第5章 コンソーシアムと空港

表5-1 アテネ国際空港の出資者

出資者	出資比率（％）
ギリシャ政府（Griechscher Staat）	55.0
HTA	26.667
HTAC	13.333
投資家（Pivater Investor）	5.0

典拠：HOCHTIEF AirPort, *Realizing potential bei Flughafenprivatisierungen weltweit*, 2008, p. 26をもとに Atens International Airport Eleftherios Venizelos, Shaholders Scheme, in interrete sub: http://www.aia.gr/pages.asp?pageid=1182&langid=2, 12. 07. 2008により修正。

表5-2 ブダペスト空港の出資者

出資者	出資比率（％）
HTA	37.25
ケベック州投資信託銀行（Caisse de depot et placement du Québec）	17.375
シンガポール政府投資会社（Government of Singapore Investment Corporatiion）	17.375
KFW IPEX 銀行（KfW IPEX-Bank）	3.0
ハンガリー政府（Ungarischer Staat）	25.0＋1 Stimme

典拠：HOCHTIEF AirPort, *Realizing potential bei Flughafenprivatisierungen weltweit*, 2008, p. 29 et Budapest Airport Zrt., Ownership, in interrete sub: http://www.hu/print/english/about_us/ownership, 07. 07. 2008.

限は2080年までの75年間とされている。

　HTAによる経営参加は、2007年6月6日を持って始まった。ブダペスト空港に対してハンガリー政府は25％の出資比率に加えて、1票の総会議決権を持つ[11]。

　残りの75％マイナス1議決権をHTA、CDP、シンガポール投資信託銀行（Government of Singapore Investment Bank、略称GIC）、KFW IPEX 銀行が持分を有する。

　GICは、シンガポール政府が外貨を運用するために1981年に設立されたグローバル投資管理会社である[12]。

　ケベック州投資信託銀行は、1965年に設立され供託資産の98％を占めているのは7供託機関であり、主としてケベック州の年金基金、保険プランなどである[13]。

　同社による最初の投資は、1966年に国際復興開発銀行債への投資であり、最初の大規模なインフラ投資は2005年ホッホティーフ・キャピタル有限合資会社への参加であった[14]。

表5-3　デュッセルドルフ国際空港の出資者

出資者	出資比率（％）
デュッセルドルフ市（Stadt Düsseldorf）	50
エア・リエンタ・インターナショナル（Aer Rianta Int. plc）	20
HTA	20
HTAC	10

典拠：HOCHTIEF AirPort, *Realizing potential bei Flughafenprivatisierungen weltweit*, 2008, p. 32.

表5-4　ハンブルク空港の出資者

出資者	出資比率（％）
ハンブルク市（Stadt Hamburg）	51.0
HTA	34.8
HTAC	14.2

典拠：HOCHTIEF AirPort, *Realizing potential bei Flughafenprivatisierungen weltweit*, 2008, p. 35.

［デュッセルドルフ国際空港］

　デュッセルドルフ国際空港は、部分民営化（Teilprivatisierung）によって現在においても、デュッセルドルフ市が過半数の持分を維持し、官民パートナーシップの形態をとる。空港会社による経営は無期限（unbegrenzt）とされている。HTAによる経営参加は1998年に始まった[15]。

［ハンブルク空港］

　ハンブルク空港は、部分民営化によってハンブルク市が過半数の持分を維持しているほかは、すべてホッホティーフ・グループによる持分所有となっている。HTAが経営に参画したのは、2000年10月以降でことである。デュッセルドルフ空港同様に、官民パートナーシップによる経営は無期限とされている[16]。

［シドニー空港］

　シドニー空港（IATA-Code: SYD）、すなわちキングスフォード・スミス国際空港（Kingsford Smith International Airport）は、すでに100％の民営化が行われている。マッコーリー・ファンドによって8割以上の資本が所有され、HTA、HTACによる資本参加に加えてオンタリオ州教員年金基金が、およそ5％所有している。HTAによる経営参加は2002年に始まった。空港会社による経営期限は2097年までとされている[17]。

表 5-5　シドニー空港の出資者

出資者	出資比率（％）
マッコーリー（div. Macquarie-Fonds）	81.77
HTA	8.125
HTAC	5.145
オンタリオ州教員年金基金（Ontario Teachers' Pension Plan Board）	4.96

典拠：HOCHTIEF AirPort, *Realizing potential bei Flughafenprivatisierungen weltweit*, 2008, p. 38.

表 5-6　ティラナ国際空港の出資者

出資者	出資比率（％）
HTA	47.0
ドイツ投資開発銀行（DEG）	31.7
アルバニア・アメリカ企業ファンド（AAEF）	21.3

典拠：HOCHTIEF AirPort, *Realizing potential bei Flughafenprivatisierungen weltweit*, 2008, p. 41 et Tirana International Airport SHPK, The Shareholders, in interrete sub: http://www.tirana-airport.com/, 09. 07. 2008.

[ティラナ国際空港]

　アルバニア唯一の国際空港、ティラナ国際空港（IATA Code: TIA）、正式名称、ティラナ・リナ空港は、民営化に際して20年間のブート契約が締結され、ティラナ空港株式会社（Tirana international Airport SHPK）が空港経営を行っている。これに2005年から参加したHTAは49％の持分を所有しているが、HTAの100％子会社であるホッホティーフ・エアポート・リテイル（HOCHTIE AirPort Retail、略称HTAR）が2007年に完成した新ターミナルのリテイル・マネジメントを行っている[18]。

2　デュッセルドルフ国際空港

2.1　デュッセルドルフ国際空港の基本情報

　デュッセルドルフ国際空港（IATA-Code: DUS）は、並行する2本の離着陸滑走路システム（ein paralleles Start- und Landebahnsystem）をとり、3,000mの主滑走路、すなわち南滑走路と1997年に操業を開始した2,700mの平行滑走路、すなわち北滑走路からなり、いずれの滑走路も幅は45mである。2つの滑走路の間隔は500mで、技術的には同時使用が可能である。週営業時間の半分に相当する56時間は、6時から22時までの時間帯に、平行滑走路の利用が許されている[19]。

表5-7 デュッセルドルフ空港駅からの連絡（1日あたりの列車本数）

目的地	RE/RB	EC	ICE	合計
アーヘン	19			19
ビーレフェルト	13		16	29
ドルトムント	60	6	19	85
デュースブルク	83	13	26	116
エッセン	41	6	26	73
ゲルゼンキルヘン	19	8	6	33
ハム	53	5	19	77
ケルン	36	8	16	60
ミュンスター		9	7	16
パーダーボルン	8	5	3	16

典拠：Flughafen Düsseldorf International, Bahn, in interrete sub: http://www.duesseldorf-international.de/dus/bahn/, 08. 08. 2008.

表5-8 鉄道による近隣都市への所要時間

目的地	所要時間（分）
デュッセルドルフ中央駅	5
デュースブルク中央駅	7
エッセン中央駅	22
ボーフム中央駅	35
ヴッパータール中央駅	32
ゾーリンゲン中央駅	35
クレフェルト中央駅	35
メンヘングラードバッハ中央駅	41
ノイス中央駅	27

注：Sバーン地下駅またはデュッセルドルフ空港駅発の最短連絡時間。
典拠：DM Mobility Logistics AG, *Mit dem Zug zum Flughafen Düsseldorf*, Frankfurt am Main, 2008.

デュッセルドルフ空港への鉄道アクセスは、1975年に完成したSバーン地下駅（unterirdischer S-Bahnhof Düsseldorf Flughafen Terminal）によって、空港ターミナルに直結している。S7路線は20分間隔のタクト運行され、デュッセルドルフ中央駅を経由してゾーリンゲン中央駅へと連絡している。

また、2000年に開業したデュッセルドルフ空港駅（Bahnhof Düsseldorf Flughafen）によってEC、ICE、RE、RBを含めたドイツ鉄道網に組み込まれることとなった。この新駅は空港敷地の東端に位置し、ターミナルまではスカイ・トレイン（Sky Train）と呼ばれるモノレイルによって連絡されている。ただし、上記のS7は新駅には停車しない[20]。

デュッセルドルフ空港駅に停車する列車は1日あたり350本を超え、その内訳は表5-7の通りである。ライン・ヴェストファーレンの主要都市と運行頻度の高いRE/EBによって結ばれている。

空港駅から近隣都市への列車による所要時間は表5-8の通りである。近隣都市と短時間で結ばれている。

19世紀、ルール地域に張り巡らされた鉄道網と空港とが有機的な連関を形成していることがうかがわれる[21]。

2.2　デュッセルドルフ国際空港の騒音問題

　デュッセルドルフ国際空港の歴史については、資料5-1に譲り、ここでは同空港に対する騒音規制の歴史的展望と現状を論ずる。

　デュッセルドルフ国際空港について、ライヘは以下の指摘をする[22]。

　「デュッセルドルフ空港は、ドイツにおいて（部分）民営化された最初の国際空港である。今に至るまで50％参加しているデュッセルドルフ市と並んで、ホッホティーフとエア・リエンタ（Aer Rianta）が1997年11月、ノルトライン・ヴェストファーレン州の50％持分を取得した。この民営化は、もっぱら火災による損害を背景に分析されなければならない。火災による損害はデュッセルドルフの交通・財務状態を急激に変化させ、ノルトライン・ヴェストファーレンは、この時点まで中期的に存在する民営化計画を、とりわけ投資需要の増大のために短期的に転換することを余儀なくされた」。

　「この災害による影響によって1996年には搭乗者数が……（前年比）4.8％減少し、もはやミュンヘンに後塵を拝してドイツで第3の空港となった」。

　このライヘの指摘には、デュッセルドルフ空港の進路に関して2つの重要な論点が含まれている。ひとつは、空港火災によって民営化が進展したこと、もうひとつはミュンヘン空港に遅れをとったことである。私は、前者については異論がない。後者の議論については、デュッセルドルフ空港の抱える構造的問題を考慮すべきであり、火災による影響は短期的と考える。

　都市空港デュッセルドルフは、航空機の騒音が空港運営と拡張を阻害していた。ドイツの他の空港が近代化投資を積極化する環境のなかで、以下に述べる「アンガーラントの和議」（Angerland-Vergleich）によって、デュッセルドルフ空港の拡張・拡充が抑制され、地盤沈下を招いたのである。

2.2.1　アンガーラントの和議とデュッセルドルフ空港

　2008年6月11日、デュッセルドルフ空港当局は、メディアに対して「われわれはドイツで最も規制が厳しい空港である」（Wir sind der Flughafen mit den schärfsten Restriktionen in Deutschland）と述べ、空港に対する規制の歴史を回顧した[23]。

デュッセルドルフ空港に対する規制は、1959年8月に始まった。ノルトライン・ヴェストファーレン州経済・交通省（Ministerium für Wirtschaft, Mittelstand und Verkehr）は、デュッセルドルフ空港において夜間の時間帯（22時〜6時）にジェット機が離陸することを禁止する行政指導を行った。これは、ドイツにおける最初の空港に対する規制であったが、デュッセルドルフ空港が拡張計画を策定するにあたって、地元との間で摩擦を生み、航空機騒音の問題が法廷に持ち出されることとなった。

1965年5月13日、アンガーラント・アムト下の自治体——アンガームント市（Stadt Angermund）およびブライトシャイト（Breitscheid）、エガーシャイト（Eggerscheid）、ヘーゼル（Hösel）、リントルフ（Lintorf）、ヴィットレー（Wittlaer）のゲマインデ——、デュッセルドルフ市、ノルトライン・ヴェストファーレン州経済・交通省およびデュッセルドルフ空港有限会社の間で、ミュンスター上級行政裁判所において「司法調停」（ein gerichtlicher Vergleich）が結ばれた。これがいわゆるアンガーラントの和議である。これによって、航空騒音（Fluglärm）の問題が空港の拡張計画に明確な規制を設けることで決着が図られ、同時に近隣自治体の利害を考慮して、航空業務自体に制限が課されることとなった。アンガーラントの和議の文言自体は空港の拡張、空港の営業時間に対して、抽象的規制を定めるものであったが、デュッセルドルフ空港の発展にとって足かせとなった。

この「和議」の精神に基づいて、1972年11月、23時から6時の時間帯においてジェット機の夜間着陸制限（Nachtlandebeschränkungen）が実施された。

1976年、ラインラント・ヴェストファーレン州経済・交通省は、「代替滑走路」（Ersatzbahn）としての平行滑走路建設を認可したが、同時に交通繁忙期（夏期ダイアが実施される5月から10月の期間）における離着陸回数（Slots）を最大9万1,000回に制限した。1983年12月、経済・交通省は、平行滑走路建設の計画確定決定を行い、近隣地区の住居、公共施設において防音設備を設置する費用負担を空港に求めた。さらに交通繁忙期における離着陸の総括的制限ばかりでなく、1時間あたりの離着陸回数（Stundeneckwert）を最大34回とする規制も付加された。

さらにこの規制は、1985年に変更が加えられた。1時間あたりの離着陸回数34回という規制は、6時から22時までの時間帯とし、それ以外の時間あたり最大離着陸回数の上限を30回とした。

　交通需要の増大に伴って、州経済・交通省は1997年、1999年、2000年に段階的に規制を緩める決定を行ってきた。2000年9月には、定期便およびチャーター便の1時間あたりの離着陸制限を

　　6時～21時　38回
　　21時～22時　35回
　　22時～23時　冬期スケジュール　15回　夏期スケジュール　25回

へと、現実的な緩和を行った[24]。

　一方、空港側は、1965年に上級行政裁判所のもとで締結された和議には、デュッセルドルフ空港の拡張と経営に対する制限が含まれていて、この制限は「もはや甘受できない」（nicht mehr hinnehmbar）として、1998年に和議の解約通告をした。これに対して地元ラーティンゲン市（Stadt Ratingen）は、デュッセルドルフ空港、州経済・交通省およびデュッセルドルフ市に対してアンガーラントの和議の有効性を主張し、これをめぐって係争することとなった。2002年9月5日、上級行政裁判所20部会は「アンガーラントの和議は現在でも有効であるが、状況の変化によって、個々の点においては現状に合わせること（Anpassung）を許容する」という判断を下した[25]。

　この判決によって、空港は、アンガーラントの和議を破棄することはできなかったが、空港の拡張と航空機の離着陸に関して、柔軟に対応できる体制が整った。

　現在、デュッセルドルフ空港における航空機の発着は、2005年11月9日に州経済・交通省によって認められた「現実的に有効な営業許可」（akutuell gültige Betriebsgenehmigung）によって、以下の枠組みで行われている。

　　交通繁忙期（5月～10月）における離着陸制限　13万1,000回
　　6時から22時の時間帯について
　　　週のうち、56時間は2つの滑走路を利用して、1時間あたり45回の離着陸
　　　残りの56時間は、基本的に南滑走路（主滑走路）において、1時間あたり40回の離着陸

を基本とするのもである。

さらに、航空機材および航空会社によって以下の規制がある[26]。

(1) 連邦交通・建設・住宅省によって特に騒音が少ない機材としてリストアップされた航空機（eine vom Bundesministerium für Verkehr, Bau- und Wohnungswesen herausgegebene Liste mit besonders lärmarmen Fluggerät)、すなわち加点リスト（Bonusliste、略称 BL）に掲載されているジェット機については、離陸時間が6時から22時まで、着陸時間は6時から23時まで、延着による着陸許容時間を23時30分までとする。

(2) 上記の条件に当てはまる機材でかつデュッセルドルフを母空港とする航空会社（Airlines mit einem Wartungsschwepunkt (Home Base) in Düsseldorf)、すなわち、ホームベースキャリア（Homebase-Carrier）については、24時まで、および早朝の5時から6時までの延着による着陸許容時間を認める。

(3) 上記の2項目に該当しない機材、航空会社のジェット機については、離陸時間、着陸時間ともに、8時から19時までとする。

このように、デュッセルドルフ空港においては、騒音の少ない機材、特にホームベースキャリアを優遇する制度が導入されている。

2.2.2 デュッセルドルフ国際空港の現状

2007年度は、デュッセルドルフ空港における輸送環境にとって、大きな転機となる年であった。エア・ベルリンがデュッセルドルフを拠点とするLTUを買収したこと[27]、またエア・ベルリンがデュッセルドルフから上海、北京線を就航させたこと[28]、ノースウエスト航空がデトロイト便を就航させたこと[29]、さらにルフトハンザがエアバスA340をデュッセルドルフに常駐させトロント便を就航させたこと[30]、このような事実はデュッセルドルフがインターコンチネンタル交通の拠点として、着実に成長しつつあることを示している。

空港会社は、ハブ空港としての機能を充実させるために、将来に向けて3億ユーロの投資を行うことを決定した。これによって中期的には長距離便のシェアを現在の10％から20％へと拡大することを目指している。この投資額のうち、2

資料5-1　デュッセルドルフ空港の年譜

1927年	デュッセルドルフ市長ロベルト・レーア（Robert Lehr）によって空港が開設される。出資者はライン鉄道会社（Rheinische Eisenbahngesellschaft）とデュッセルドルフ市であった。
1936年	空港敷地内に、空軍基地が設置された。
1939年	空軍によって空港が接収され、民間航空輸送が中断した。
1943年	連合軍による空爆が始まる。
1945年	アメリカ軍は空港を占領し、イギリス空軍に引き渡した。
1850年	イギリス占領軍司令部は、空港会社をドイツの管理下に移した。空港会社の持分は、ノルトライン・ヴェストファーレン州、デュッセルドルフ市がそれぞれ50％となった。
1952年	主滑走路が2,475mに延伸された。
1955年	パリ講和会議によって、ドイツ連邦共和国が主権を回復し、航空高権がドイツに返還された。ベルナルト・ドゥロムゴッレ（Bernard A. Dromgolle）によってLTU（Luftfarhrt Unison）が設立される。
1963年	第2滑走路の建設認可申請を提出。
1965年	「アンガーラントの」和議。
1969年	主滑走路を3,000mに延伸する工事が終了。新しい搭乗ゲートを建設するための起工式が行われた。
1970年	騒音防止を理由に夜間の郵便扱い便が中止された。
1973年	3年間の工期の末、中央ビル（Zentralgebäude）とB搭乗口（Flugsteig B）が開業。
1975年	中央駅からSバーン地下駅「デュッセルドルフ空港」までの区間が開業した。
1977年	平行滑走路の建設のための計画確定手続きが開始された。
1986年	デュッセルドルフ行政裁判所において、平行滑走路の建設許可に対する第一審判決がなされた。この判決は純粋に「代替滑走路」（Ersatzbahn）としての平行滑走路建設を前提とするものであった。
1996年	空港火災によって17名の死者と多くの負傷者を出し、出発ビルは使用不能となった。
1997年	ノルトライン・ヴェストファーレン州は持分をエアポート・パートナーズ有限会社に売却した。空港敷地の東端で新しい遠距離列車用空港駅の建設が開始された。
1998年	新しい搭乗ゲートAが再び操業を開始した。
1999年	建設計画「エアポート2000プラス」（airport 2000 plus）のための起工式が行われた。
2000年	新しい空港駅（Bahnhof Düsseldorf Flughafen）が操業を開始した。
2001年	デュッセルドルフ空港カルゴ有限会社（Flughafen Düsseldorf Cargo GmbH）が操業を開始した。新しいターミナルビルが完成し、火災発生以来、初めてすべての便がこのターミナルを利用できるようになった。

2004年 ビジネス・パーク「エアポート・シティー」の起工式が行われた。

典拠: Schönberg, Mirko, Flughafenstreit: Die Kontroverse um den Ausbau des Düsseldorfer Flughafen von 1952 bis zum Angerland-Vergleich, Marburg, 2006/ Zugl. Bochum Univ. Diss. 2006; Flughafen Düsseldorf International, Medieninfo Detail, 11. 06. 2008; anon., *Flughafen Düsseldorf. Vom Flugplatz Lohausen zu Düsseldorf International*, Düsseldorf, 2007.

億ユーロは空港のインフラを拡張するための投資であり、具体的には

(1) 最短乗換え時間を35分とするようにトランジット設備を改善し、

(2) ショッピングエリアを充実し、

(3) 搭乗ゲートAを非ヨーロッパ線、搭乗ゲートBをシェンゲン協定国向けの便へと区分する工事を行う

ことに向けられる。残りの1億ユーロは駐車場設備の充実など付属施設の拡充に向けられる[31]。

形式的には、アンガーラントの和議に縛られつつ、事実上これから解放されることによって、デュッセルドルフ空港は他の空港との競争に加わることとなった。

2.3 デュッセルドルフ国際空港有限会社の資本関係

2.3.1 デュッセルドルフ空港有限会社の子会社

デュッセルドルフ空港有限会社の連結決算対象子会社は、表5-9のようになっている。デュッセルドルフ空港不動産有限会社の執行役員は、親会社デュッセルドルフ空港有限会社執行役員であるブルーメとシュナルケが兼任している[32]。

同社の子会社には、近接するメンヒェングラードバッハ空港に関わる2社が含まれている。

2.3.2 メンヒェングラードバッハ空港

メンヒェングラードバッハ空港（IATA-Code: MGL）は、ローカル空港（Regional Flughafen）の範疇に属し、デュッセルドルフ国際空港に近接し、「デュッセルドルフ・メンヒェングラードバッハ空港」（Flughafen Düsseldorf-Mönchengladbach）とも呼ばれている。ローカル航空領域においてデュッセルドルフ国際空港の負荷軽減（Entlastung）の役割を果たしている。

1,200m滑走路によって、100座席のBae-146クラスの航空機まで離着陸可能

表5-9 デュッセルドルフ国際空港有限会社の連結決算対象子会社

会社名	本社所在地	資本金への参加比率（％）
デュッセルドルフ空港・グランド・ハンドリング有限会社（Flughafen Düsseldorf Ground Handling GmbH）	デュッセルドルフ	100
デュッセルドルフ空港カルゴ有限会社（Flughafen Düsseldorf Cargo GmbH）	デュッセルドルフ	100
デュッセルドルフ空港不動産有限会社（Flughafen Düsseldorf Immobilien GmbH）	デュッセルドルフ	100
デュッセルドルフ空港管理有限会社（Flughafen Düsseldorf Verwaltungs GmbH）	デュッセルドルフ	100
デュッセルドルフ空港目的1有限会社（Flughafen Düsseldorf Objekt Eins GmbH）	デュッセルドルフ	100
メンヒェングラードバッハ空港有限会社（Flughafengesellschaft Mönchengladbach GmbH）	メンヒェングラードバッハ	70.03
メンヒェングラードバッハ空港土地管理有限会社（Flughafengesellschaft Mönchengladbach Grundstücksverwaltungsgesellschaft mbH）	メンヒェングラードバッハ	100
SBG有限会社（SBG Simulato-Betriebstellungs GmbH）	メンヒェングラードバッハ	79

典拠：Düsseldorf International, *Geschäftsbericht 2007*, p. 49.

であるが、滑走路を2,340mに延伸し、年間300万人を収容できる新ターミナルを建設する計画が進行している[33]。

同空港の集客範囲は、50kmであり、この範囲には780万人の住人がいる。この範囲にある代表的都市は、

　　　メンヒェングラードバッハ（5km）
　　　デュッセルドルフ（25km）
　　　ヴェンロー（32km）
　　　デュースブルク（34km）
　　　レヴァークーゼン（48km）
　　　エッセン（49km）

であり、国境を越えてオランダの一部をも射程に入れている[34]。

同空港の歴史は、1955年に未舗装の500m滑走路（Grasbahn）からグライダーが発着したことから始まった。57年にハンガーが、59年にはコントロールタワー

と旅客用建物が設置され、1973年に1,200m 滑走路が完成した。1991年にメンヒェングラードバッハ市の持分を自治体企業（Stadtwerke）が引き受け、94年には空港会社の持分70％をデュッセルドルフ空港有限会社が獲得して、その傘下となった。1996年に VLM がロンドン・シティー空港への定期便を開設することによって、本格的空港への第1歩を踏み出した。2,320m の滑走路計画が浮上したのは（Antrag auf Planfeststellung）、2003年のことであった[35]。

2007年3月20日より、メンヒェングラードバッハは、バルト海に浮かぶウセドム島（Insel Usedom）のヘリングスドルフ（Heringsdorf）とツィルス航空によって結ばれることとなった。ツィルス航空執行役員、ダニエル・ノラマンは「われわれは、ニーダーラインやラインラント全体のバルト海ファンを家のドアまで迎えに行きたい。メンヒェングラードバッハ発便もまた、本当のヒット商品になると、ベルリンにおける長い経験から確信している」と述べた[36]。

2.3.3　デュッセルドルフ空港有限会社の役員

表5-10に同社監査役を記した。デュッセルドルフ空港有限会社の半数の持分を有するデュッセルドルフ市から上級市長が監査役会議長に就任している。第1副議長は労働側を代表し、第2副議長は、ホッホティーフ・グループを選出母体とする。エア・リエンタの親会社であるダブリン空港公団から2名の監査役が選出されている。

執行役員は、表5-11に掲げたブルーメとシュナルケの2人体制である。

2.4　デュッセルドルフ国際空港の空間的輸送連関

デュッセルドルフ国際空港発の直行便を表5-12に示した。旅客便は、西ヨーロッパの大都市と連絡しているが、最も結びつきが大きいのは、ミュンヘン、次いでロンドン、ベルリン、ハンブルク、パリ、ウィーンである。都市間連絡においては、主要空港——ロンドン・ヒースロー、パリ・シャルル・ド・ゴール、ミラノ・マルペンサ——が利用されている。このことは、ローコスト・キャリアの運行が活発ではないことを暗示している。

国内線の運行会社を表5-13で確認すると、伝統的キャリアであるルフトハン

第5章 コンソーシアムと空港 213

表5-10 監査役会

	氏名	
監査役会議長 (2008年1月16日より) *2008年1月15日まで第2副議長	ヨアヒム・エルヴィン (Joach-im Erwin)	デュッセルドルフ市上級市長 (Oberbürgermeister der Landeshauptstadt Düsseldorf)
第2副議長 (2008年1月16日より) *2008年1月15日まで議長	ペーター・ノエ (Dr. Peter Noé)	ホッホティーフ株式会社取締役 (Mitglied des Vorstandes HOCHTIEF AG)
第1副議長	ハンス＝ユルゲン・ベルガー (Hans-Jürgen Berger)	労働側 (Sacharbeiter)
監査役	ユミット・アバイ (Ümit Abay)	労働側 (Freigestelltes Betriebsmitglied Arbeitnehmervertreter)
監査役 (2008年4月17日就任)	ロルフ・ビアホフ工学博士 (Dr. Ing. Rolf Bierhoff)	元RWE取締役 (Ehem. Vorstand der RWE AG)
監査役	ペーター・ビュディッカー (Peter Büddicker)	労働側 (Gewerkschaftssekretär Bezirksverwaltung der Vereinten Dienstleistungsgewerkschaft ver.di Arbeitnehmervertreter)
監査役	クラウス・クリスト (Klaus Christ)	労働側 (Sacharbeiter Arbeitnehmervertreter)
監査役	オリヴァー・カッセン (Oliver Cussen)	ダブリン空港公団取締役 (Direktor Corporate Affairs/ Company Scretary Dublin Airport Authority plc)
監査役	カール・ゴットヴァルト (Dipl.-Betriensw. Karl Gottwald)	労働側 (Abteilungdsleiter Human Resources Arbeitnehmervertreter)
監査役	ハインツ・ハルト (Heinz Hardt)	ノルトライン・ヴェストファーレン州交通監督長官 (Präsident der Landesverkehrswacht NRW)
監査役	ライナー・ヒンデンブルク (Rainer Hindenburg)	労働側 (Gruppenleiter Arbeitnehmervertreter)
監査役	ベルント・ヘルツェンバイン博士 (Dr. Berrnd Hölzenbein)	企業コンサルタント (Unternehmensberater)
監査役 (2008年4月17日退任)	ラインハルト・カレンダ (Dr. Reinhard Kalenda)	ホッホティーフ・エアポート有限会社執行役員会スポークスマン (Sprecher der Geschäftsführung der HOCHTIEF Airport GmbH)
監査役	ウヴェ・カシシュケ (Uwe Kasischke)	労働側 (Freigestelltes Betriebsmitglied Arbeitnehmervertreter)
監査役	カール＝ヨゼフ・カイル (Karl-Josef Keil)	年金生活者 (Rentner)
監査役	フォルカー・マーセン (Volker Maaßen)	労働側 (Vorsitzender des Betriebsrates Arbeitnehmervertreter)
監査役	ザビーネ・ミューラー＝ウンラント (Sabine Müller-Unland)	労働側 (Gewerkschaftsssekretärin Bezirksverwaltung der Vereinten Dienstleistungsgewerkschaft ver.di Arbeitnehmervertreter)
監査役	フランク・オコーネル (Frank O'Conell)	ダブリン空港公団取締役 (Director of Dublin Airport Authority plc)

監査役	ライナー・シュレンカー (Reinerr Schränker)	ホッホティーフ・エアポート有限会社執行役員 (Geschäftsführer HOCHTIEF AirPort GmbH)
監査役	ロルフ・トゥプス (Rolf Tups)	企業コンサルタント (Unternehmensberater)
監査役	グスタフ・ヴィルデン (Gustav Wilden)	労働側 (Geschäftsführer Bezirksverwaltung der Vereinten Dienstleistungsgewerkschagt ver.di Arbeitnehmervertreter)

典拠：Düsseldorf International, *Geschäftsbericht 2007*, p. 6.

表 5-11　執行役員

	氏　名	
執行役員	クリストフ・ブルーメ (Dipl.-ing. Chiristoph Blume)	執行役員会スポークスマン、航空、マーケティング、不動産、労務担当 Sprecher der Geschäftsführung Arbeitsdirektor Geschäftsführungsbereich Aviation, Marketing, Immobilien- und Personalmanagement
執行役員	トーマス・シュナルケ (Dipl.-Kfm. Thomas Schnalke)	営業担当執行役員 Geschäftsführer Non-Aviation und Kaufmännische Bereich

典拠：Düsseldorf International, *Geschäftsbericht 2007*, p. 6.

ザと準ローコスト・キャリアであるエア・ベルリンに限られ、本来の意味におけるローコスト・キャリアは運行されれていない。

3　もうひとつの「デュッセルドルフ空港」

　すでに第2章において、言及したようにライアンエアは、ハーン空港をドイツ進出の拠点とし、「フランクフルト・ハーン空港」として広報活動を行うことによって、同空港はもうひとつのフランクフルト空港となった。同様の事例は、ニーダーライン空港にも当てはまる。ライアンエアは、ニーダーライン空港を「デュッセルドルフ・ヴィーツェ空港」として広報し、ドイツにおける第3の拠点（dritte deutsche Basis）、19番目のヨーロッパ・ハブ（19. Europa-Hub）と命名した[37]。

　空港側も会社名に「ニーダーライン空港有限会社」（Flughafen Niederrhein GmbH）を残しつつ、ヴィーツェ空港（Airport Weeze）の名称によって広報活動を行っている。

表5-12 デュッセルドルフ国際空港発直行便週あたり便数（2008年7月15日現在）

1	ミュンヘン	149
2	ロンドン	109
	ヒースロー	68
	スタンステッド	23
	シティー	18
3	ベルリン・テーゲル	108
4	ハンブルク	99
5	パリ	89
	シャルル・ド・ゴール	77
	オルリ	12
6	ウィーン	85
7	パロマ・デ・マジョルカ	77
8	シュトゥットガルト	76
9	チューリッヒ	73
10	フランクフルト・マイン	56
10	ミラノ	56
	マルペンサ	44
	ベルガモ	12
12	ニュルンベルク	49
13	ドレスデン	46
14	バーミンガム	45
15	マンチェスター	42
16	コペンハーゲン	41
17	アムステルダム	40
18	リヨン	35
18	マドリード	35
18	ストックホルム	35
21	ワルシャワ	33
22	プラハ	32
23	ハノーファー	31

典拠：Düsseldorf International, *Flugplan und Service Guide Sommer 2008*.

近隣都市との距離は、

ヴェンロー	35km
ナイメーヘン	56km
デュースブルク	58km
ルールモント	61km
クレーフェルト	62km

表5-13 国内線と運行会社（2008年7月15日現在）

目的地	運行航空会社別週便数	
	ルフトハンザ	エア・ベルリン
ミュンヘン	88	61
ベルリン	60	48
ハンブルク	58	41
シュトゥットガルト	44	32
フランクフルト	56	0
ニュルンベルク	33	16
ドレスデン	29	17
ハノーファー	0	31
ザールブリュッケン	0	29
ライプツィヒ／ハレ	24	0

典拠：Düsseldorf International, *Flugplan und Service Guide Sommer 2008*.

3.1 ヴィーツェ空港の基本情報と資本関係

3.1.1 ヴィーツェ空港の基本情報

ヴィーツェ空港（IATA-Code: NRN）は、デュッセルドルフの北西78km、オランダとベルギーとの国境に近接し、2003年8月1日に操業を開始した。2,440m×45mの滑走路を有し、営業時間は5時から24時（ただし、オランダ方向への離着陸飛行は6時から23時）である。駐車場設備は4,000台の収容能力を持つ[38]。

メンヒェングラードバッハ	65km
アルンヘム	71km
デュッセルドルフ	78km
エッセン	78km
エイントホーヴェン	86km
ドルトムント	110km
マーストリヒト	114km
ケルン	114km
アーヘン	144km

である[39]。

特に、オランダのいくつかの都市が、ライン右岸のドイツの都市よりも近接した地理的環境にあることがわかるであろう。

ドイツ、オランダ、ベルギーを含め、アウトバーンの1時間圏内には、110万人の人口を抱えている[40]。

空港へのアクセスにおいて、直行バスが以下のように運行されている[41]。

オランダからは

 アムステルダム→ヴィーツェ空港

 ユトレヒト→ヴィーツェ空港

 アルンヘム→ナイメーヘン→ヴェンロー→ヴィーツェ空港

ドイツからは

 ゴッホ→ヴィーツェ空港

 エッセン→デュースブルク→メルス→ヴィーツェ空港

 ケルン→デュッセルドルフ→ヴィーツェ空港

最寄りの鉄道駅へは、エアポート・シャトルバスが運行され、ヴィーツェ駅まで5分、ケフェラー駅（Kevelaer）までは19分である。この最寄り駅からデュッセルドルフ方向へ20分間隔で地域快速（RE10）がタクト運行されている[42]。

3.1.2 ヴィーツェ空港の資本関係

ヴィーツェ空港を経営するニーダーライン空港有限会社は、ニーダーライン・

図5-2 ニーダーライン空港有限会社の資本関係

```
マリゴット・ホールディング（Marigot Holding）
            ↓ 99.88%
エアポート・ネットワーク有限会社（Airport Network bv）
            ↓ 100%
ニーダーライン・エアポート持分所有有限会社（Airport Niederrhein Holding GmbH）
            ↓ 99.93%
ニーダーライン空港有限会社（Flughafen Niederrhein GmbH）
    ↑ 0.04%                          ↑ 0.03%
クレーフェ郡（Kreis Kleve）      ヴィーツェ・ゲマインデ（Gemeinde Weeze）
```

典拠：Airport Weeze, Kurzportrai ― Organisation & Manajement, in interrete sub: http://www.airport-weeze.de/ webEdition/we_cmd, 08. 08. 2008.

エアポート持分所有有限会社が99.93％の持分を所有するほか、地元自治体であるクレーフェ郡およびヴィーツェ・ゲマインデが資本参加している。ニーダーライン・エアポート持分所有有限会社の親会社はオランダ法人であるエアポート・ネットワーク有限会社であり、さらにエアポート・ネットワーク有限会社は、オランダの投資会社マリゴット・ホールディングが支配する（図5-2参照）。

このような国境を越えた資本関係が、エウレギオ空港企業としての特徴を表しているといえよう。

なお、唯一の執行役員はヴァン・ブッベル（Ludger van Bebber）が担当する[43]。

3.2 ヴィーツェ空港の沿革

ヴィーツェ空港は、資料5-2に示したように、軍用空港が民間空港に転用され、またライアンエアによる積極的な路線開設によって発展してきた点において、フランクフルト・ハーン空港と相似的な歴史を持つ。

ヴィーツェ空港が民間空港として操業を開始した2003年は、5月にライアンエ

アが週3便のロンドン線を就航させ、11月にはオランダのローコスト・キャリア、Vバードがヴィーツェ（当時のニーダーライン）を新しい母空港（Heimatbasis）とし、162座席のA320を常駐させて、ベルリン、ミュンヘン、ヘルシンキ、ニース、ウィーン線を就航させた。さらに、同年11月にチャーター便航空会社、ダッチバード（Dutchbird）も週1回のグラン・カナリア便を就航させるなど、新しい民間空港は順調な滑り出しを見せていた。初年度の搭乗者20万7,000人のうち、70％が出発地または目的地がドイツであり、約6万人がオランダ発／着であった。

しかしながら、近隣ゲマインデ（グメントゥ gemente）、ベルヘンによる空港営業認可の取り消しを求める訴訟によって、Vバードは4週間にわたって母空港から週末便を発着させることができなかった[44]。

2004年9月、ライアンエアは新たにグラスゴー・プレストウィク線およびハンブルク・リューベック線を開設するとともに[45]、航空券の無料キャンペーンを行った。これは、税金と手数料を除いた航空運賃を無料（Gratis-Aktion, Nulltarif）とする航空券を3万枚提供するキャンペーンで、インターネット上の予約サイト（www.ryanair.com）で行われた。その内容は

 予約期間　2004年9月8日から9日の深夜、丑三つ時に（zur mitternächtlichen Geisterstunde）開始し、9月13日の真夜中まで。
 旅行期間　2004年9月23日から2005年2月10日まで。
   （ただし、2004年10月21日から31日および2004年12月18日から2005年1月5日の期間を除く）
 利用できる曜日　月曜から金曜まで。

というとてつもないものであった[46]。

デュッセルドルフ空港筆頭執行役員ライナー・シュヴァルツ博士（Dr. Rainer Schwarz）は、すでに8月11日の報道発表において、競争を歪める航空運賃のダンピングを問題視し、LCCが発着するドルトムント、ケルン／ボン、ヴィーツェ空港を名指して批判していた。その内容は以下の点に集約できる[47]。

 (1)　いくつかの空港は公的補助金を、市場価格から乖離した航空運賃を提供することに利用している。
 (2)　ヴィーツェ空港はすでに350万ユーロの補助金を受けている上に、空港

が開設されてから1年経つか経たないうちに、クレーフェ郡は空港に1,000万ユーロの信用を与えた。ニーダーラインでは、ローコスト・キャリアであるVバードとライアンエアに全面的に頼っている。このような航空会社と話して分かったことは、空港はこのような航空会社の出す条件ではやっていかれないということだ。

(3) LCCはコスト圧力を空港に転化している。

(4) われわれは競争を恐れていないが、競争は同一条件下で行われなければならない。

ここで槍玉にあげられている空港はいずれもデュッセルドルフ空港と地理的に競合関係にあることに注目したい。

ライナー・シュヴァルツ博士は、ライアンエアによる無料航空券キャンペーンが発表されると、「航空券が無料だって？ 市民が払っているのだ」「公的補助を受けている空港から航空機が飛び立つならば、無料航空券は納税者の負担となる」と反応した[48]。

これに対して、ヴィーツェ空港は、以下の反論を行った[49]。

(1) ヴィーツェ空港は、2002年以来、民間の投資家コンソーシアムによって経営され、ゲマインデ・ヴィーツェとクレーフェ郡は、合計しても0.1%以下の持分しか所有していない。今まで5,000万ユーロ以上の投資を行ってきたが、そのうち、1,650万ユーロは、金融機関が普通に行っている融資条件でクレーフェ郡から借入をしている。350万ユーロのインフラ助成は、軍用空港から民間空港への転換のため、ノルトライン・ヴェストファーレン州から寄付され（beigesteuert）た。

(2) ドイツの航空インフラである空港の建設と維持は、道路、鉄道網、水路の建設と同様に、連邦、州、自治体行政の課題であり、デュッセルドルフ空港でさえ、NRW州と連邦が投資し、支援しなければ今日、存在しないであろう。ヴィーツェ空港はローコスト航空会社から経営を学び、ターミナル建設においては、大理石、特殊鋼、過度の装飾を放棄し、また徹底したコスト管理によって、私経済的に組織された企業である。

以上の論点による反論を展開した上で、筆頭執行役員ヴァン・エルク（Alex

van Elk）は、「デュッセルドルフ空港が厳しい状態にあることはよく理解している」が、「デュッセルドルフにおけるボトルネックを考慮して、われわれは喜んで『過剰圧力弁』（Überdruckventil）の役を買って出る。特に、デュッセルドルフではコスト水準のために公然と行動できないローコスト・エアラインズのために」と挑発した。

ヴィーツェ空港の歴史には、さらに困難が待ち受けていた。

2004年10月、オランダのLCC、Vバードが破産を通告してきた[50]。Vバードは、空港開業後、最初のホームベース・キャリアとなった航空会社であった。

翌2005年5月、スキポール空港グループ（Schipol-Konsortium）がヴィーツェ空港に敵対的買収（feindliche Übernahme）を仕掛け、デュッセルドルフ県もこれに同調することが報じられたが[51]、この企ては失敗に終わった[52]。

さらに2006年2月、TUI傘下のハパークフライは、前年に発表していたヴィーツェ発のマジョルカ行き週3便、アンタルヤ行き週1便の就航を取りやめた。ミュンスター上級行政裁判所が1月に空港の営業許可に疑念を挟み、その結果パック旅行の予約が不振に陥ったからである[53]。

このフライトには、TUI、1-2-フライ、トーマスクックライゼン、ネッカーマン・ライゼン、アルツアーズ（Alltours）、シャウインラント・ライゼン（Schauinsland-Reisen）、レーヴェ・パック旅行（Rewe-Pauschal-Touristik）など名だたる旅行代理店がパック旅行を組んでいたため[54]、その影響は甚大であった。

このような経営環境のなかで、援軍となったのがニーダーライン商工会議所（Niederrheinische Industrie- und Handelskammer Duisburg-Wesel-Kleve）であった。同商工会議所は、総会においてヴィーツェ空港を強力に支援する決議を行い、IHK副会頭コンヴェルト（IHK-Vizepresident und Verkehrsausschussmitglied Theo Convert）は、州交通相ヴィトケ（Verkehrsminister des Landes NRW Oliver Wittke）に決議文を手渡した。その際、コンヴェルトは、

(1) ニーダーラインの企業にとってヴィーツェ空港が必要であること
(2) 空港インフラが機能するには長い時間と多くの関係者（Akteure）の支援が必要であり、デュッセルドルフやフランクフルトさえその市場地位を一朝一夕には手に入れたものではないこと

(3) ミュンスター上級行政裁判所の判決にもかかわらず、空港を発展させることが必要であること
(4) ヴィーツェ空港のようなLCA（Low-Cost-Airports）は、すでにビジネス旅行者の30％のシェアを占めていること

を訴えた。

さらにIHK筆頭役員ディーツフェルビンガー博士（IHK-Hauptgeschäftsführer Dr. Stefan Dietzfelbinger）は、ヴィーツェは、そもそもドイツ・オランダ空港（ein deutsche-niederländischer Flughafen）であり、これによってエウレギオの結びつきが改善されると指摘し、ヴェンロー、アルンヘムの会議所との協力関係（Zusammnarbeit mit den Kamers van Koophandel in Venlo und Arnheim）に言及した[55]。

このようなさまざまな困難の中にあって、ライアンエアのヴィーツェにおける存在は、空港の発展にとって不可欠であった。ライアンエアは、2007年2月同空港をドイツにおける第3の拠点、ヨーロッパにおける19番目のハブとすることを発表した[56]。

2008年7月現在、ライアンエアはヴィーツェから33目的地に就航するに至った。これによってライアンエアは、ドイツにおいてフランクフルト・ハーン（11機常駐）、ブレーメン（3機常駐）、ヴィーツェ（4機常駐）を拠点空港とすることになった[57]。

ハーン空港とヴィーツェ空港の大きな違いは貨物輸送にあった。ハーンにおいては航空貨物の拠点としての意味もあったがヴィーツェにおいて貨物輸送が始まったのはようやく2007年末のことであった。オランダの航空貨物会社スカイ・ウィングズ・カーゴ・エアラインズ（Sky Wings Cargo Airlines）は、ショーツ社製のSD360-30（Shorts SD 360-30）を使って週5便、ヴィーツェとコヴェントリーを結ぶ定期貨物便を就航させた。この航空機は3.5トン積みの小型機でコンピュータ部品、機械部品等が積載された。

イギリスのロジスティック会社ビジネス・ディレクト・スマート・ソリューションズ（Business Direct Smart Solutions）は、すでに2月から空港に営業所を設けていたが、夕方ルール地方の企業から集配して、22：15発の航空機に積載し、

資料5-2　ヴィーツェ空港の年譜

1954年	イギリスの軍用空港、ヴィーツェ／ラールブルッフ（Weeze/Laarbruch）が建設され、イギリス空軍は、軍用機を常駐させた。
1993年	ニーダーライン空港有限会社（Flughafen Niederrhein GmbH）が設立される。「予想される5,000人の軍関係者の撤退を相殺する新たな雇用と企業誘致」を目的とした。
1997年	「航空、ロジスティック、商工業のエウレギオ・センター」（Euregionales Zentrum für Luftverkehr, Logistik und Gewerbe）をコンセプトに定める。
1999年	イギリス空軍はヴィーツェ／ラールブルッフ基地から撤退。400人以上の雇用が失われた。
2001年	オランダの投資家グループがラールブルッフに敷地620haを買収。交通相エルンスト・シュヴァンホルト（Verkehrsminister Ernst Schwanhold）は、民間空港経営の航空法上の認可を与えた。
2002年	旅客ターミナルの建設開始。空港設備の改築・改装が行われた。
2003年	5月1日、ニーダーライン空港は定期便を運行。ライアンエアは、ロンドン便を1日あたり3便就航させた。8月1日まで、暫定的に設置されたハンガーを搭乗に使い、それ以降は1万5,000m²の新設ターミナルが利用された。 オランダのVバードがA320を3機常駐させ、最初のホーム・キャリアとなった。近隣のゲマインデ（グメントゥ gemente）、ベルヘン（Bergen）から週末の空港営業を制限する訴えがなされた。 オランダの旅行代理店（Sudtours）は、チャーター便航空会社ダッチバード（Dutchbird）と共催でカナリア諸島へのパック旅行を企画したが、短期間で撤退した。
2004年	スカイ・エアラインズ（Sky Airlines）は、ヴィーツェからアンタルヤへ週1便夏期ダイヤに開設。 駐車場設備を3,000台に拡張。 Vバードが経営破綻。 ライアンエアは Glasgow/Prestwick 便、および Barcelona/Girona 便を開設。また翌年から Rom/Champino 便、Stockholm/Skavsta 便を開設することを発表。
2005年	ケルン地方裁判所は、ニーダーライン空港に「デュッセルドルフ・ローカル空港（ヴィーツェ）の商標」（Merkenname Airport Düsseldorf Regional (Weeze)）を使うことを禁止する判決を下した。空港はその後、ヴィーツェ空港と称した。これに対して、ライアンエアは「デュッセルドルフから70km離れた」（70km entfernt von Düsseldorf）という文言をつけた上で「デュッセルドルフ・ヴィーツェ」の名称を使うことができることになった。 執行役員エルク（Alex van Elk）が退き、ブッベル（Lugger van Bebber）に交替した。TUI／ハパークフライは、ヴィーツェを新たな出発空港とすることを発表。2006年夏には、ハパークフライとハンブルク・インターナショナルがマジョルカ便とアンタルヤ便を就航させる計画であった。乗客はTUI、トーマスクック、Alltours、REWE のパック旅行者である。

第 5 章　コンソーシアムと空港　223

2006年　近隣住民16名と、オランダのゲマインデ Bergen による訴えを受けて、ミュンスター上級行政裁判所は、空港の航空法上の認可を取り消した。上告は棄却された。これに対して、デュッセルドルフ県は上告棄却に対して異議申立をした。法的な不確実性を理由にハパークロイドおよびハンブルク・インターナショナル、それに旅行代理店である、TUI、トーマスクック、レーヴェ旅行（REWE-Touristik）、アルツアーズ（Alltours）、シャウインラント・ライゼン（Schauinsland-Reisen）はマジョルカおよびアンタルヤへの便を取り消した。

アンテヌ・ニーダーライン（Antenne Niederrhein）によるアンケートにおいて、ヴィーツェ空港の支持が85％に達した。

ライアンエアによる路線は、London（Stansted）、Barcelona（Girona）、Glasgow（Prestwick）、Rom（Ciampino）、Shannon、Stockholm（Skavsta）行きの各便を数えるに至った。

2007年　ライプツィヒ連邦行政裁判所は、デュッセルドルフ県および空港による異議申立を受け入れた。これによって、空港の航空法上の認可を取り消した上級行政裁判所の判決に対する上告への道が開けた。

ライアンエアはヴィーツェをドイツにおける第3の拠点、ヨーロッパにおける19番目のハブとし、ボーイング737-800を2月から2機、秋からさらに2機常駐させることとした。貨物ロジスティック企業、Business Direct Smart Solutions が初めて空港に入居した。

新しい Instrumenten-Landesystem der Kategorie CAT lllB を設置。同時に滑走路の改修工事を行い、その間2週間、エイントホーヴェン空港が代用された。

ハンブルク・インターナショナルはアルビール（Erbil im Nord-Irak）便を就航。

ライアンエアは、新たに3つの路線（Valencia、Mailand-Bergamo、Malaga）を就航させた。またスウェーデン、スメラント（Småland）の中心都市（Växjö）へ週4便、就航させた。

Diamonda Holding B.V. はテーマパーク "DIAMONDA Themen Park Weeze" をヴィーツェに建設する計画に関して、クレーフェ郡、ゲマインデ・ヴィーツェ、空港と協定書に調印した。総工費7億5,000万ユーロ。

ヴィーツェ空港は、航空貨物業務を開始。オランダの航空貨物業者スカイ・ウィング・カーゴ・エアラインズ（Sky Wing Cargo Airlines）は空港ターミナルに営業所を設け、コベントリーへ週5回貨物便を就航させた。

空港における雇用は700件となり、この1年間に400の増加を見た。空港に入居している企業数は40となった。

2008年　ヴィーツェ空港は ADV 理事会のメンバーとなり、国際空港となった。

ライアンエアは、3月にビドゴシチ Bydgoszcz（Bromberg）、ヴロツクワ Wroclaw（Breslau）行きの2路線、4月にはハンガリーのシェメレーク Sáemellék、スコットランドのエディンバラ行きの2路線を開設し、ヴィーツェ発合計22路線を就航させることとなった。

オランダの旅行代理店 DTI トラベルは、夏期スケジュールのアンタルヤ便を就航させた。

スカンジナビアのボックス・グループ（Box Group）はスウェーデンのイェン

チェーピン Jönköping 行きの定期便を就航させた。
トルコの航空会社コレンドン（Corendon）は、アンタルヤ便を週2便開設。
ハンブルク・インターナショナルは夏期ダイアに新たにマジョルカ便を開設。

典拠：Airport Weeze, Historie des Airports Weeze, in interrete sub: http://www.airport-weeze.de/webEdition/we_cmd. php, 08. 08. 2008.

翌日早朝にイギリスの顧客に配達する「11時間配達サービス」（11-Stunden Lieferservice）を開始した[58]。

ADV 理事会は、2008年1月よりヴィーツェ空港を理事会構成員空港と認め、同空港は「国際空港」の仲間入りをすることとなった。空港執行役員ヴァン・ブッベル（Lugar van Bebber）は、創業からわずか5年にして「空港の1次リーグに昇格した」と誇らしげに語った[59]。

3.3　ヴィーツェ空港の空間的輸送関係

表5-14は、ヴィーツェ空港における空間的輸送関係を示すために、目的地空港別に週あたり便数を表している。同空港においては、ロンドン行きの便がずば抜けて多く、すべてライアンエアによって運行されている。それ以外の便においても、ライアンエアのシェアは圧倒的に多い。

第2位は、パルマ・デ・マジョルカ行きであるが、この場合はライアンエアと並んで、ハンブルク・インターナショナルが就航している。パルマ・デ・マジョルカをはじめとして、アリカンテ、アンタルヤなどドイツ人が好むウアラウプの目的地へ、ローコスト・キャリアが運行されているのが分かる。

大都市との連絡がメガ空港ではなく、副次的空港を利用する点において、フランクフルト・ハーン空港と共通する特徴を見出すことができる。ロンドンのスタンステッド、ストックホルムのスカブスタ、ミラノのベルガモ、ヴェネツィアのトレヴィーゾは、いずれも副次的空港である。

表5-14 ヴィーツェ空港における週あたり出発便数（2008年夏スケジュール）

	目的地	便数	航空会社
1	ロンドン STN（Stansted）	14	FR
2	パルマ・デ・マジョルカ	9	FR（7） 4R（2）
3	ストックホルム NYO（Skavsta）	8	FR
4	アリカンテ	7	FR
4	バルセロナ GRO（Girona）	7	FR
4	ミラノ（Bergamo）	7	FR
7	アンタルヤ	4	SHY（2） CAI（2）
7	フェルトヴェントゥラ	4	FR
7	グラスゴー PIK（Prestwick）	4	FR
7	マラガ	4	FR
7	ローマ CIA（Ciampino）	4	FR
7	スメラント Småland	4	FR
7	バレンシア Valencia	4	FR
7	ヴェネツィア Venedig TSF（Treviso）	4	FR

注：FR: SHY: CAI: 4R:
典拠：Airport Weeze, *Flugplan Sommer 2008*, Weeze, 2008より作成。

4　ハンブルク空港

4.1　ハンブルク空港の基本情報

　ハンブルク空港（IATA-Code: HAM）は、ライヘによって以下のようなネガティヴな評価が与えられている。

　（1）　スター・アライアンスが北ヨーロッパのハブをコペンハーゲンに置いたことによって、従来持っていた北への入り口（"Gateway" zum Norden）の機能を失い、ハンブルクに拠点を置く航空会社が存在しないこと、

　（2）　アウトバーンの直接連絡がないばかりか、鉄道による乗り入れもないためにアクセスが不便であること、

を指摘した[60]。

　このようなデメリットを克服する試みは、後述するHAM21計画（Projekt HAM 21）の項において述べる。

ハンブルク空港は、ハンブルク市の中心から8.5km北西にあり3,250m×46mと3,666m×46mの滑走路を持つ。1911年に空港が完成した当時の空港敷地面積は44haであったが、現在では570haまで拡張したが、それでもミュンヘン空港（1,500ha）のおよそ3分の1である。65の航空会社が130の目的地へ直行便を飛ばし、搭乗者数による順位は、ルフトハンザが第1位で以下、エア・ベルリン、ジャーマン・ウィングス、TUIフライ、コンドル、ブリティッシュ・エアウェイズとなっている[61]。

空港内で雇用されている従業員は1万3,893人でこのうち、ルフトハンザが7,558人を占め、同航空会社の存在意義は大きい[62]。

空港に最も近接した鉄道駅はUバーン／Sバーンのオールスドルフ（Ohlsdorf）駅であり、それと空港ターミナルの間には、バス路線「エアポート・エクスプレス110線」が10分間隔のタクト運行されている。なお2008年末には、ハンブルク市と25分で結ぶSバーン新線が空港に乗り入れ、10分間隔のタクト輸送を行うことになった[63]。

4.2　ハンブルク空港の沿革とHAM21計画

ハンブルク空港有限会社の前身、ハンブルク飛行船場有限会社（Hamburger Luftschiffhallen GmbH）が設立されたのは、1911年のことであった。会社名が表すように、当時は飛行船場の一角を使って飛行機が離着陸していた（年譜、1913年参照）。第1次大戦後、ベルサイユ条約によって、ドイツの航空事業が禁止されていたため、ドイツ・ルフトレーデライ（Deutsche Luftreederei、略称DLR）によってハンブルク・ベルリン線が就航したのは、1919年のことであった[64]。

翌20年に、DLRはスウェーデン、デンマーク、オランダ、イギリスの航空会社とともに、コペンハーゲン→マルメ→ハンブルク→アムステルダム→ロンドンを結ぶ「北西航路」を就航させた。

1920年代初頭に一時、ブレーメン空港に拠点を奪われたが、空港整備によってハンブルク空港は発展を続けた。ハンブルク市当局は空港施設拡充のために資金投下を行い、80km離れても認識できる標識灯火が設置され、悪天候に左右されない空港となった。この間、アエロ・ロイドによってハンブルク→マグデブルク

→ライプツィヒ→ドレスデン線が開設され、ルフトハンザによって南米への航空郵便路線が開かれた。20年代末にハンブルク空港は、80都市（そのうち、20が外国の都市）と結ばれヨーロッパにおける航空の結節点のひとつへと成長した。

1930年には、ハンブルク飛行船場有限会社はハンブルク空港管理有限会社（Hamburger Flughafen-Verwaltung GmbH）と名称を変更し、飛行船ではなく飛行機を中心とする空港へと転換した。ルフトハンザはハンブルクを重要な拠点のひとつとし、ベルリン→ハンブルク→ケルン→フランクフルト→ベルリン線を「電撃輸送」（Blitzverkehr）と呼び、ベルリン～ハンブルク間を50分で結んでいた。ルフトハンザによる長距離線には、ハンブルク発、ベルグラード、アテネ、ロードス、ダマスクスを経由してバグダードを結ぶ路線も就航していた。1938年には、ベルリン行きが日に5便、コペンハーゲン行きが同3便、ハノーファー経由チューリヒ行き、ロンドン行きが同2便運行されているほか、キール、ブレーメン、アムステルダム、ブリュッセルなどの都市とは日に1便が運行され、ハンブルク空港は北ヨーロッパにおける重要な結節点へと発展したのである。交通需要の増大に対応するために、離着陸場の拡張が行われたものの、1939年、同空港は民間航空が中止され、空軍に接収された。

第2次大戦による破壊を免れたハンブルク空港は、1945年5月、イギリス空軍の管理下に置かれた。イギリス占領軍のもとで、翌年からBEA（British European Airways）によるロンドン～アムステルダム～ハンブルク～ベルリン線の運行が開始された。1947年には、SAS、KLM、サベナ（Sabena）がハンブルク線を就航し、ハンブルク空港は北ヨーロッパにおける航空輸送の結節点に回帰した。またベルリン空輸においては、イギリス軍の拠点空港のひとつとして利用された。

航空高権の返還後、ルフトハンザは1955年4月にハンブルク発、デュッセルドルフ、フランクフルト経由ミュンヘン行きの路線を就航し、6月からは長距離ジェット、ロッキード・スーパー・コンステレイションによってニューヨーク線の運行を開始したほか、国内線、ヨーロッパ線、インターコンチネンタル線を矢継ぎ早に開設した。

1960年代は長距離ジェット機が就航するのに伴い、2本の滑走路をそれぞれ3,620m、3,250mに延伸する工事が行われた。エール・フランス、日本航空、ル

フトハンザによる北極回りアンカレッジ経由東京行きがハンブルクに寄航するルートを開いたのも当時のことであった。

しかしながら、この3航空会社によるハンブルク、アンカレッジ経由北極回り便（Polflüge）は、直行便の就航とともにハンブルクへの寄航がなくなった。すでにエール・フランスは70年代に東京便の寄航を中止していたが、ルフトハンザ、日本航空も1989年にポーラー・ルートを廃止した。

一方、北米路線については、外国系航空会社によって1953年にすでに24便が運行を開始し、1955年からはすでに指摘したようにルフトハンザによる運行が開始されていた。特にパンナムは、ハンブルクをアメリカ線における北ヨーロッパのハブとしていたが、80年代以降各航空会社はハンブルク発のアメリカ便から次々と撤退し、パンナムの路線を引き継いだデルタ航空が1996年にニューヨーク線から撤退したことによって、ハンブルクとアメリカを結ぶ直行便がすべて消えた。

以上の空港を取り巻く環境を背景として、ハンブルク空港再建計画であるHAM21が策定された[65]。

HAM21は、空港設備全体に及ぶ工事であり、ターミナルの改修・拡張、エアポート・プラザの建設、Sバーンの接続、駐車設備の充実、高級ホテルの建設等が含まれている。この計画の実現のために、1989年以降2007年までにでに投じられた資金の内訳は、

新第1ターミナル	1億5,600万ユーロ
駐車場用円形ビル	1億1,900万ユーロ
Pierの延伸	2,500万ユーロ
新第2ターミナル	2億2,000万ユーロ
アウトバーンへの連絡道路	2億3,500万ユーロ
その他	6,900万ユーロ

であった。

さらに2008～09年における投資は

エアポート・プラザ	8,000万ユーロ
Sバーン接続	2億2,500万ユーロ
ホテル	4,300万ユーロ

資料5-3　ハンブルク空港の年譜

1911年	ハンブルク飛行船場有限会社（Hamburger Luftschiffhallen GmbH）が設立され、フルスビュッテル（Fuhlsbüttel）近郊、アルスター湖の西に44.8haの敷地を確保。
1913年	州政府は用地を60haに拡張することに同意。用地の北側は飛行船が使用し、南東部を飛行機が利用することとなり、その間に庭園レストランが作られた。
1917年	AEG（Allgemeine Elektricitäts-Gesellschaft）はドイツ・ルフトレーデライ有限会社（Deutsche Luftreederei GmbH、略称DLR）を設立し、この会社には、ハパーク、ツェッペリン有限会社、ドイツ銀行が参加した。
1919年	DLRはハンブルク、ベルリン間に定期便を開業。
1920年	KLMはヨーロッパ北西航路（Europa-Nordwestflug）を開設。アムステルダムからブレーメンを経てハンブルクに寄航してからコペンハーゲンに至るルートが誕生した。
1921年	KLMはハンブルク空港への寄航を中止。ブレーメンが北西ドイツにおける航空の中心となる。州政府は飛行場修復に資金投下。
1925年	新しいホールを建設。ブレーメン、キール、ヴェスタラント、ハノーファー、シュテッティン、ダンツィヒ、フランクフルトなどの国内線と並び、ロンドン、コペンハーゲン、マルメ、アムステルダム、ロッテルダム線就航。
1926年	路面電車によってハンブルク市中心部との連絡が実現した。
1929年	直行便、経由便あわせて80都市と結び、うち20は外国の都市と結ばれた。
1932年	ハンブルク飛行船場有限会社はハンブルク空港管理有限会社（Hamburger Flughafen-Verwaltung GmbH）と名称を変更。
1937年	年間搭乗者数は5万7,194人を数え、ベルリン、フランクフルト、ケルンに次いでドイツで第4位となった。
1939年	第2次大戦が始まる4日前に、国防上の理由から空軍が空港を接収。
1940年	ハンブルク空港管理有限会社の持分すべてをハンブルク市が獲得。
1945年	イギリス空軍が空港を接収。空港の呼称が「ハンブルク・エアポート」となる。
1946年	イギリス占領軍の管理下で、BEA（British European Airways）はロンドン、アムステルダム、ハンブルク、ベルリン線を毎日2便就航。
1948年	アメリカ軍政府は西ベルリンへの空輸を命令。アメリカ軍による空輸がフランクフルト、ヴィーズバーデンを起点としたのに対して、イギリス軍はWunstorf, Faßberg, Lübeck, Celle, Hamburgから空輸を行った。
1950年	空港の管理権がドイツに移され、ハンブルク空港有限会社（Flughafen Hamburg GmbH）によって空港経営が行われた。
1953年	航空管制がドイツに返還された。
1955年	ルフトハンザによってロンドン、マドリード、パリ線が就航した。
1960年	第1滑走路の延伸工事が行われジェット機に対応できるようになった。
1962年	騒音問題のために23時から6時の時間帯の離着陸が原則禁止となる。
1964年	第2滑走路の延伸工事が行われた。
1971年	中央ビルと管理棟の間にチャーター便専用の搭乗設備が建設された。

典拠：Hamburg Airport, Historie, in interrete sub: http://www.airport.de/de/historie_799.htm, 17. 08. 2008.

に達する。

　従来、ハンブルク空港のボトルネックであった鉄道接続問題が解消され、10分間隔のタクト運行によって、25分の所要時間でハンブルク市の中心とのアクセスが2008年末に実現する。

4.3　ハンブルク空港有限会社の資本関係と会社役員

4.3.1　ハンブルク空港有限会社の資本関係

　ハンブルク空港有限会社の持分変更は、2000年に行われた。ハンブルク市は空港会社持分の36％をホッホティーフ・エアポート有限会社とエア・リエンタ・インターナショナルのコンソーシアムに売却することに同意したが、さしあたり10％しか売却せず、一方連邦はその持分26％を完全に売却した[66]。

　その後、エア・リエンタによる持分売却によって、現在は

　　ハンブルク市の持分が51％、

　　ホッホティーフ・グループによる持分が49％

であり、「官民パートナーシップ」（Public-Private-Partnership）の形態をとっている[67]。

　ハンブルク空港有限会社は、表5-15に見られるように、12社の子会社、5社の孫会社からなる企業グループを形成している。

4.3.2　ハンブルク空港有限会社の役員

　ハンブルク空港監査役会の名誉議長には、かつての連邦首相ヘルムート・シュミットが当たる。ホッホティーフ・グループからは、ホッホティーフ株式会社取締役マルティン・ロール博士とホッホティーフ・エアポート有限会社執行役員ライナー・シュレンクラーが選出されている（表5-16参照）。

　同社の執行役員はエッゲンシュヴィーとクラウス＝ディーター・ヴェールが当たっている。

4.4　ハンブルク空港の空間的輸送関係

　ハンブルク空港発の直行便の運行状況においては、ドイツの内外の大都市と緊

第5章 コンソーシアムと空港　231

表5-15　ハンブルク空港コンツェルンの構成（連結決算対象企業）

企業名	資本金 (1,000ユーロ)	親企業	資本参 加比率
Flughafen Hamburg GmbH (FHG)	56,027		
GroundSTARTS GmbH & Co. KG, Hamburg (Ground-STARTS KG)	1,136	FHG	100
STARTS Special Transport and Ramp Srvices GmbH & Co. KG, Hamburg (STARTS KG)	500	FHG	51
SAEMS Special Airport Equipment and Maintenance Services GmbH & Co. KG, Hamburg (SAEMS KG)	300	FHG	60
CATS Cleaning and Aircraft Technical Services GmbH & Co. KG, Hamburg (CATS KG)	205	FHG	100
SecuServe Aviatiion Security and Sevices Hmburg GmbH, Hamburg (SecuServe Hamburg)	105	FHG	100
AIRSYS-Airport Business Information Systems GmbH, Hamburg (AIRSYS)	100	FHG	100
RMH Real Estate Maintenance Hamburg GmbH, Hamburg (RMH)	50	FHG	100
SecuServe Aviation Security and Services Holding International GmbH, Hamburg (SecuServe Holding)	250	FHG	100
STARTS Berlin GmbH, Schönefeld	75	STARS KG	
Aerotronic-Aviation Electronic Service GmbH, Hamburg (Aerotronic)	26	CATS KG	100
GAC German Airport Consulting GmbH, Hamburg (GAC)	26	FHG	100
ANG-Airport Networks Gesellschaft mbH, Hamburg (ANG)	25	FHG	100
C.A.T.S. Verwaltungs GmbH (CATS Verwaltung)	25	CATS KG	100
CSP Commercial Services Partner GmbH, Hamburg (CSP)	25	FHG	100
GroundSTARS Verwaltungs GmbH, Hamburg (Grounds-STARS Verwaltung)	25	FHG	100
S.A.E.M.S. Verwaltungs-GmbH, Hamburg (SAEMS Verwaltung)	25	SAEMS KG	100
S.T.A.R.S. Verwaltungs-GmbH, Hamburh (STARS Verwaltung)	25	STARS KG	100

典拠：Hamburg Airport, *Geschäftsbericht 2007*.

密に結ばれている。全体としての傾向は、西北ヨーロッパにおける輸送関係が中心となっている。『営業報告書　2007年』において、「ヨーロッパではアムステル

表5-16 ハンブルク空港有限会社の監査役（2008年1月25日現在）

	氏　名	居住地	
監査役会名誉議長（Ehrenvorsitzender des Aufsichtsrats）	ヘルムート・シュミット（Helmut Schmidt）	Hamburg	元連邦首相（Bundeskanzler a.D.）
監査役会議長（Vorsitzender des Aufsitsrats）	クラウス＝ユルゲン・ユンケ博士（Dr. Klaus-Jürgen Juhnke）	Hamburg	前プロイサーク株式会社ロジスティーク本部長（Ehe. Bereichsvotstand Logistik der Preussag AB, Berlin／Hannover)、前VTG有限会社筆頭執行役員（Ehem. Vorsitzender der Geschäftsführung der VTG Vereinigte Tanklager und Transportmittel GmbH, Hamburg）
監査役会副議長（Stellvetretender Vorsitzender des Aufsichtsrats）	マルティン・ロール博士（Dr. Martin Rohr）	Düsseldorf	ホッホティーフ株式会社取締役（Mitglied des Vorstands der HOCHTIEF AG）
監査役（Aufsichtsrat）	ヴィンフリート・アダムス（Winfried Adams）	Hamburg	(Mitarbeiter der GroundsSTARS GmbH & Co. KG)
監査役（Aufsichtsrat）	ウヴェ・アルント（Uwe Arndt）	Hamburg	(Betriebsvorsitzender der Flughafen Hamburg GmbH -freigestellt-)
監査役（Aufsichtsrat）	ディートリッヒ・アウスターマン（Dietrich Austermann）	Itzehoe	(Minister für Wissenschaft und Verkehr des Landes Schleswig-Holstein)
監査役（Aufsichtsrat）	ロルフ・ビアホフ博士（Dr. Rolf Bierhoff）	Essen	(Vorstand im Ruhestand)
監査役（Aufsichtsrat）	ハラルト・ボベルク（Harald Boberg）	Hamburg	(Rechtsanwalt und Steuerberater) (Repräsentant der Bankhaus Lampe KG)
監査役（Aufsichtsrat）	クラウディア・ボルト（Claudia Bolt）	Hamburg	(Mitarbeiterin der Flughafen Hamburg GmbH)
監査役（Aufsichtsrat）	ベルント・エゲルト博士（Dr. Bernd Egert）	Winsen (Luhe)	(Senatsdirektor in der Behörde für Wirtschaft und Arbeit der Freien und Hansestadt Hamburg)
監査役（Aufsichtsrat）	マルティン・ヘルヴィヒ（Martin Hellwig）	Bargtenheide	(Stellvertretender Betriebsratsvorsitzender der Flughafen Hamburg GmbH -freigestellt-)
監査役（Aufsichtsrat）	ライナー・クレムト＝ニッセン博士（Dr. Rainer Klemmt-Nissen）	Hamburg	(Senatsdirektor in der Finanzbehörde der Freinen und Hansestadt Hamburg)
監査役（Aufsichtsrat）	ハンス＝イェルク・シュミット＝トレンツ教授（Prof. Dr. Hans-Jörg Schmidt-Trenz）	Hamburg	(Hauptgeschäftsführer der Handelskammer Hamburg)
監査役（Aufsichtsrat）	ライナー・シュレンクラー（Reiner Schränkler）	Düsseldorf	(Geschäftsführer HOCHTIEF AirPort GmbH)

監査役（Aufsichts-rat）	ヤン・ジーフェルス（Jan Sievers）	Hamburg	(Mitglied des Betriebsrats der Flughafen Hamburg GmbH)
監査役（Aufsichts-rat）	イェルク・ゼーダー（Jörg Söder）	Hamburg	(Generalleutnant a.D.)

典拠：Hamburg Airport, *Geschäftsbericht 2007*.

表5-17　ハンブルク空港有限会社の執行役員（2008年1月25日現在）

	氏　名	居住地
筆頭執行役員（Vorsitzender der Geschäftsführung）	ミヒャエル・エッゲンシュヴィラー（Michael Eggenschwiler）	Hamburg
執行役員（Geschäftsführer）	クラウス=ディーター・ヴェール（Dipl.-Ing. Claus-Dieter Wehr）	Hamburg

典拠：Hamburg Airport, *Geschäftsbericht 2007*.

　ダムからチューリッヒまで、バルセロナからワルシャワまで、ハンブルクから直行便で結ばれていない大都市は皆無である」と述べられているのは、誇張ではない（表5-18参照）[68]。

　それらの大都市間輸送において、ルフトハンザとエア・ベルリンが競合関係にある（表5-19参照）。ただし、フランクフルト・アム・マイン線はルフトハンザが独占している。首都空港の路線においては、ルフトハンザと当該諸国の航空会社と市場を分かち合うケースが一般的である（パリ、ウィーン、オスロ、プラハ、ブダペスト、モスクワなど）。航空自由化の進んだイギリスの空港との連絡においては、ドイツのプレイヤーによる市場占有率が高くなっている（ロンドン、マンチェ

表5-18　ハンブルク空港発直行便（2008年7月31日現在）

	目的地	週あたり便数
1	ミュンヘン	151
2	デュッセルドルフ	86
3	シュトゥットガルト	77
4	フランクフルト	75
5	ロンドン	66
6	パリ	65
7	チューリッヒ	64
8	ウィーン	59
9	アムステルダム	48
10	ケルン／ボン	46
11	パルマ・デ・マジョルカ	45
12	ニュルンベルク	34
13	ブリュッセル	29
14	アンタルヤ	27
15	コペンハーゲン	26
16	ザールブリュッケン	23
17	オスロ	22
18	プラハ	19
18	ブダペスト	19
20	ミラノ	18
20	ヘルシンキ	18
20	イスタンブール	18
20	マンチェスター	18

典拠：Hamburg Airport, *Flugplan gültig vom 01. Juni 2008 bis zum 25. Oktober 2008*.

表5-19　ハンブルク空港における大都市間輸送（週あたり便数）

目的地	ルフトハンザ便	エア・ベルリン便	その他
ミュンヘン	102	49	
デュッセルドルフ	55	31	
シュトゥットガルト	31	24	22（ジャーマンウィングズ）
フランクフルト	75		
ロンドン	32	28	6（イージージェット）
パリ（CDG）	20		28（エール・フランス）、17（イージージェット）
チューリッヒ	14	28	21（スイス国際航空）
ウィーン	19	26	14（オーストリア航空）
アムステルダム	15		33（KLM）
ケルン／ボン	39		7（TUIフライ）
ニュルンベルク	17	17	
ブリュッセル	17		12（ブリュッセル航空）
コペンハーゲン			26（スカンジナビア航空）
オスロ	19		3（ノルウェー・エア・シャトル）
プラハ	6		13（CSAチェコ航空）
ブダペスト	12		7（マレフ・ハンガリア航空）
ミラノ	18		
ヘルシンキ			18（フィン・エア）
イスタンブール			14（トルコ航空）、3（ハンブルク・インターナショナル）、1（ジャーマンウィングズ）
マンチェスター	12	5	
ドレスデン			16（シーラス航空）
ローマ（FCO）	7	7	
バルセロナ	7	7	
リスボン			14（TAPポルトガル）
ワルシャワ			14（LOTポーランド航空）
バーミンガム	6		7（フライビー）
モスクワ	6		7（アエロフロート）
ストックホルム	12		
リヨン			12（エール・フランス）

典拠：Hamburg Airport, *Flugplan gültig vom 01. Juni 2008 bis zum 25. Oktober 2008.*

スター、バーミンガムなど）が、対照的にフランス便においてはエール・フランスのシェアが依然として高い（パリ、リヨン）。

　表5-20を見ると、中規模都市との連絡においては、LCCによる輸送が一般的であるといえる。「航空会社がますます先祖伝来の路線から離れて（abseits ihrer angestammten Strecken）ニッチ市場を求めている」事例として、『営業報告書』は、カールスルーエ／バーデン・バーデン線、メミンゲン／アルゴイ線、ザール

表 5-20　ハンブルク空港における中規模都市との連絡（週あたり便数）

目的地	便数（航空会社）
ザールブリュッケン	11（ツィルス）、12（ルクセンブルク）
マンハイム	13（ツィルス）
メミンゲン／アルゴイ	12（TUIフライ）
フリードリヒスハーフェン	12（インタースカイ）
カールスルーエ／バーデン・バーデン	12（エア・ベルリン）
エイントホーヴェン	10（OLTオスト・フリースラント）

典拠：Hamburg Airport, *Flugplan gültig vom 01. Juni 2008 bis zum 25. Oktober 2008.*

表 5-21　ハンブルク空港における保養地との連絡（週あたり便数）

目的地	便数（航空会社）
パルマ・デ・マジョルカ	24（エア・ベルリン）、12（TUIフライ）、7（コンドル）、7（ルフトハンザ）、1（ハンブルク・インターナショナル）、1（スパンエア）
アンタルヤ Antalya	7（ハンブルク・インターナショナル）、5（コンドル）、4（スカイ・エアラインズ）、3（TUIフライ）、3（ブルー・ウィングズ）、2（サン・エクスプレス）、1（エア・ベルリン）、1（インター・エアラインズ）、1（ペガサス・エアラインズ）
ヴェスターラント／ズュルト Westerland/Sylt	17（ズュルト・エア）

典拠：Hamburg Airport, *Flugplan gültig vom 01. Juni 2008 bis zum 25. Oktober 2008.*

ブリュッケン線、フリードリヒスハーフェン線、エイントホーヴェン線およびリヨン線を挙げている[69]。

同様の傾向はドイツ人にとって代表的な保養地である、パルマ・デ・マジョルカ、アンタルヤ、ズュルトとの交通においても見られる。

ハンブルク空港におけるローコストキャリアの利用割合について、「4人に1人」であると指摘されている[70]。

5　小　括

（1）デュッセルドルフ国際空港、ハンブルク空港はいずれも都市が過半数の持分を有しつつ、コンソーシアムによる投資を受け入れた官民共同事業の形態をとる。

(2) デュッセルドルフ空港は「アンガーラントの和議」によって、ドイツで最も規制が厳しい空港となった。

　(3) 行政裁判所が「アンガーラントの和議」の運用を柔軟に解釈したことによって、デュッセルドルフの拡張が確定した。

　(4) もうひとつのデュッセルドルフ空港であるヴィーツェ空港は、ライアンエアの進出が発展の突破口となり、オランダの一部をも集客範囲に収めた。ヴィーツェはフランクフルト・ハーン同様に、軍用空港が民間に転用された。

　(5) かつて、アンカレッジ経由ポーラー・ルートの寄港地として栄えたハンブルク空港は、大陸間輸送直行便の開設によって、取り残された空港となっていた。

　(6) 監査役会名誉議長にヘルムート・シュミットを頂くハンブルク空港有限会社は、空港インフラの整備、Sバーンおよびアウトバーンの接続工事が進行している。

1)　以下の記述は、注釈のない限り HOCHTIEF Airport GmbH, Chronik der wichtigen Ereignisse, in interrete sub: http://www.hochtief-airport.de/airport/12.jhtml, 29. 06. 2008による。

2)　エア・リエンタ・インターナショナル Aer Rianta International（ARI）は、ダブリン空港公団（Dublin Airport Authoriy）の子会社として1988年に設立され、バーミンガム空港、ハンブルク空港、デュッセルドルフ国際空港に出資している（Aer Rianta International, in interrete sub: http://www.dublinairportauthority.com/doing-business/aer-rianta-international.htlm, 01. 07. 2008）。

3)　マドリードに本社を置くフェロビアル・エアポート株式会社（Ferrovial Aeropuertos S.A）――直訳すれば「鉄道エアポート株式会社」――は建設グループを束ねるフェロビアル・インフラストラクチャー（Ferrovial Infraestructuras）の子会社である。フェロビアル・グルッポは、スペインの鉄道企業レンフェ（RENFE）のために枕木を設置し軌道を保守する土木事業を起点とする。2006年に世界最大の空港経営企業BAAを買収した。イギリス空港公団（British Airport Authority）を前身とするBAA Limitedはロンドン・ヒースロー、ロンドン・ガトウィック、ロンドン・スタンステッド、アバディーン、エディンバラ、グラスゴー、サザンプトン、ナポリの各空港の経営に参加している（Ferrovial, Press Release, 30. 11. 2006 et Grupo Ferrovial, Ferrovial Group, in interrete sub: http://www.ferrovial.com,en/index.asp, 09. 07. 2008; BAA, *BAA Limited Annual Report for the year ended 31 december 2007,*

p. 2-3, 8, 29-30; BAA, BAA issues letter to shareholders informing them of the Ferrovial Consortium's expression of interest in BAA, 09. 02. 2006)。

4） AAEFは、アメリカにおいて東欧民主主義支援法（Support for Eastern European Democracy Act of 1989、略称SEED ACT）に依拠して設立された非営利団体であり、1995年に法人化されるとともに、合衆国政府はアメリカ合衆国国際開発庁（United States Agency for International Development、略称USAID）を通じて創業資本を投下した（AAEF, Main Page and Mission, in interrete sub: http://www.aaef.com/, 09. 07. 2007）。

5） ヘイスティングズ・ファンド・マネジメント（Hastings Funds Management Limited）は、メルボルンに本社を置き、オーストラリアのみならず国際的なインフラ投資のポートフォリオを組んでいる1994年に設立された金融機関である。2005年11月、ウエストパック銀行（Westpac Banking corporation）の子会社となった（*Hastings Funds* Management Limited, Hasting Funds Management: About Us, in interrete sub: http://www.hfm.com.au/about/history/, 11. 07. 2008 et Westpac Banking Corporation, Westpac Internet — Our proud history, in interrete sub: http://www.westpac.com.au/internet/publish.nsf/Content/WICP+Our+proud+history, 11. 07. 2008）。

6） HOCHTIEF AirPort GmbH, Pressemitteilung vom 01. 01. 2008 et *Hamburger Abendblatt*, 29. Juni, 2008.

7） HOCHTIEF AirPort, *Realizing potential bei Flughafenprivatisierungen weltweit*, 2008, p. 14. KfW IPEX銀行（KfW IPEX-Bank GmbH）は、ドイツ復興金庫（Kreditanstalt für Wiederaufbau）の子会社で国際的プロジェクトファイナンス、輸出金融を行っている（KfW IPEX-Bank GmbH, Aout IPEX-Bank GmbH, in interrete sub: http://www.kfw-ipex-bank.de/EN_Home/KfW_IPEX-Bank/index.jsp, 06. 07. 2008）。KfWについては、復興開発公庫の訳語を充て、KfW IPEXを「KfW 輸出開発銀行」と訳すこともある（黒川洋行「ドイツの銀行システムにおける公的銀行──貯蓄銀行および開発復興公庫の政府保証をめぐる EU 欧州委員会との合意──」関東学院大学『経済系』第227集、2006年、165頁）。

8） HOCHTIEF AirPort, *Realizing potential bei Flughafenprivatisierungen weltweit*, 2008, p. 17. ただし、空港搭乗者数による投資基準は厳格には守られていない。

9） HOCHTIEF AirPort, *Realizing potential bei Flughafenprivatisierungen weltweit*, 2008, p. 26 et AIA, Airport Company, in interrete sub: file://C:¥DOCUME~1¥Ttemp¥3OXRMMPZ.htm, 12. 07. 2008. ブート（BOOT）とは公共事業に市場メカニズムを導入するPFI（Private Finance Initiative）方式のひとつで、建設、所有、運営、移管（Build-Own-Operate-Transfer）を意味する。社会資本の整備において、事業契約期間内に民間が一貫請負で建設、所有、運営を行うが、最終的には形成さ

れた社会資本の所有権を公的部門もしくはパートナーに移転する。
10) 民間投資家と記されているのは、Copelouzos Dimitrios (2%)、Copelouzou Kiriaki (1%)、Copelouzos Christos (1%)、Copelouzou Elemi-Asimina (1%) である (Atens International Airport Eleftherios Venizelos, Shaholders Scheme, in interrete sub: http://www.aia.gr/pages.asp?pageid=1182&langid=2, 12. 07. 2008)。
11) HOCHTIEF AirPort, *Realizing potential bei Flughafenprivatisierungen weltweit*, 2008, p. 26 et 30; Budapest Airport Art., Ownership, in interrete sub: http://www.bud.hu/print/english/about_us/ownership, 07. 07. 2008.
12) GIC, Overview, in interrete sub: http://www.gic.com.sg/aboutus.htm, 06. 07. 2008.
13) 主たる7供託者とは、(1) Régime de retraite des emplyés du gouvernement et des organisms publics (PREGOP)、(2) Fonds du Régime de rentes du Québec (PRQ)、(3) Fonds d'amortissement des régimes de retraite (FARR) et Fonds des generations du ministère des Fininces du Québec、(4) Régime supplémentaire de rentes pour les emplyés de l'industrie de la construction du Québec, administer par la Commission de la construction du Québec (CCQ)、(5) Fonds de la santé de la sécurité du travail de la Commission de la santé et de la sécurité du travail (CSST)、(6) Fonds d'assurance automobile du Québec de la Société de l'assurance automobile du Québec (SAAQ)、(7) Régime de retraite du personnel d'encardrement (RRPE) である。これらはケベック州の公的・私的年金ファンドや各種保険プランであることが分かる (Caisse de depot et placement du Québec, Liste des Déposants 2008, in interrete sub: http://www.lacaisse.com/fr/deposants/liste/Pages/liste.sspx, 07. 07. 2008)。
14) Caisse de depot et placement du Québec, Les investissments marquants, in interrete sub: http://www.lacacaisse.com/fr/lacaisse/Pages/investissements.aspx, 07. 07. 2008.
15) HOCHTIEF AirPort, *Realizing potential bei Flughafenprivatisierungen weltweit*, 2008, p. 32.
16) HOCHTIEF AirPort, *Realizing potential bei Flughafenprivatisierungen weltweit*, 2008, p. 35 et 36.
17) HOCHTIEF AirPort, *Realizing potential bei Flughafenprivatisierungen weltweit*, 2008, p. 38 et 39.
18) HOCHTIEF AirPort, *Realizing potential bei Flughafenprivatisierungen weltweit*, 2008, p. 41 et 42; Tirana international Airport, Press Release, 06. 05. 2005 et 14. 06. 2005. 31.7％出資するドイツ投資開発銀行（DEG）は、KfW銀行グループに属し、特に発展途上国や市場経済化を進める国において行われる民間企業投資に対する金

融を行っている金融機関である（DEG, Welcome to DEG, in interrete sub: http://www.deginvest.de/EN_Home/index.jsp, 06. 07. 2008）。
19) Flughafen Düsseldorf International, *Flugbetrieb am Flughafen Düsseldorf International*, 2008, p. 10.
20) Flughafen Düsseldorf International, Bahn, in interrete sub: http://www.duesseldorf-international.de/dus/bahn/, 08. 08. 2008; Düsseldorf International, *Geschäftsbericht 2007*; Düsseldorf International, *Flugplan und Service Guide Sommer 2008*.
21) ルール地方における鉄道網の形成については、拙著『ドイツ資本主義と鉄道』参照。
22) Reiche, p. 233.
23) 以下の記述は、この時の報道発表（Flughafen Düsseldorf International, Medieninfo Detail, 11. 06. 2008）および、アンガーラントの和議の成立史を詳細に分析したシェーンベルクの学位論文（Schönberg, Mirko, Flughafenstreit: Die Kontroverse um den Ausbau des Düsseldorfer Flughafen von 1952 bis zum Angerland-Vergleich, Marburg, 2006/ Zugl. Bochum Univ. Diss. 2006）に依拠している。
24) Genehmigung des Ministerium für Wirtschaft, Mittelstand und Verkehr zur vollen Nutzung der Einbahnkapazität, September 2000.
25) Justiz NRW: OVG NRW, Pressemitteilungen des Oberverwaltungsgerichts, 06. 09. 2002.
26) Flughafen Düsseldorf International, *Flugbetrieb am Flughafen Düsseldorf International*, 2008, p. 3. 2005年11月における州政府の決定に対して、ラーティンゲン市は不服の申し立てを行ったが、ミュンスター上級行政裁判所は、2007年5月16日、州政府の決定を全面的に合法的であるとの決定を下した（Düsseldorf International, Geschäftsbericht 2007, p. 8）。
27) Düsseldorf International, *Geschäftsbericht 2007*, p. 7.
28) Düsseldorf International, *Geschäftsbericht 2007*, p. 15.
29) Düsseldorf International, *Geschäftsbericht 2007*, p. 8.
30) Düsseldorf International, *Geschäftsbericht 2007*, p. 10. ルフトハンザの側においてもデュッセルドルフ空港の新しいビジネスラウンジを開設するなどフランクフルト、ミュンヘンに次ぐ第3の拠点空港化を目指している（ibid., p. 11）。
31) Düsseldorf International, *Geschäftsbericht 2007*, p. 20 et 21.
32) Flughafen Düsseldorf International, Flughafen Düsseldorf GmbH, in interrete sub: http://www.duesseldorf-international.de/dus/flughafen_duesseldorf/, 10. 06. 2008.
33) Flughafen Düsseldorf GmbH, Unternehmen, in interrete sub: http://www.mgl.de/06_unternehmen/unternehmen/gmbh/inhalt_html, 26. 07. 2008; eadem, Selbstverständnis, in interrete sub: http://www.mgl.de/d/06_unternehmen/unternehmen/

selbstverstaendnis/inhalt_html, 26. 07. 2008.
34) Flughafen Düsseldorf Mönchengladbach, Gewerbeflächen, in interrete sub: http://www.mgl.de/d/10_gewerbe/inhalt.html, 26. 07. 2008.
35) Flughafen Düsseldorf Mönchengladbach, Zeitreise, in interrete sub: http://www.mgl.de/d/06_unternehmen/zeitreise/inhalt.html, 26. 07. 2008. 延伸される滑走路の延長は、親会社のサイトに記されているように、2,340mとなった（注33参照）。
36) Flughafen Düsseldorf Mönchengladbach, Pressemitteilung vom 16. 05. 2007.
37) Airport Weeze, Pressemeldung, 06. 02. 2007.
38) Airport Weeze, Zahlen & Fakten — Technische Daten, in interrete sub: http://www.airport-weeze.de/webEdition/we_cmd.php, 08. 08. 2008.
39) Airport Weeze, Lage und Aanfahrt, in interrete sub. http://www.airport-weeze.de/webEdition/we_cmd.php, 08. 08. 2008.
40) Ibid.
41) Ibid. ドイツ・オランダ国境を越える交通については、渡邉尚「『地域のヨーロッパ』の再検討（4）」『東京経大会誌』257号、2008年、66〜68頁が詳しい。
42) DB, *Mit dem Zug zum Flughafen Weeze.*
43) Airport Weeze, Kurzportrai — Organisation & Manajement, in interrete sub: http://www.airport-weeze.de/webEdition/we_cmd, 08. 08. 2008.
44) Airport Weeze, Pressemeldung, 15. 01. 2004.
45) ライアンエアはリューベック空港（IATA-Code: LBC）をハンブルクの副次的空港として、このような名称を用いる。
46) Airport Weeze, Pressemeldung, 08. 09. 2004.
47) Flughafen Düsseldorf International, Pressemitteilung, 11. 08. 2004.
48) Flughafen Düsseldorf International, Pressemitteilung, 08. 09. 2004.
49) Airport Weeze, Pressemeldung, 13. 09. 2004.
50) Airport Weeze, Pressemeldung, 14. 10. 2004.
51) *De gelderlander*, 14. 05. 2005.
52) Airport Weeze, Pressemeldung, 17. 05. 2005.
53) Airport Weeze, Pressemeldung, 02. 02. 2006.
54) Airport Weeze, Pressemeldung, 19. 10. 2005.
55) Airport Weeze, Pressemeldung, 22. 05. 2006. ドイツ、オランダ国境のエアウレギオについては、渡邉尚「『地域のヨーロッパ』の再検討（1）〜（4）」『東京経大学会誌』第247、251、255、257号。
56) Airport Weeze, Pressemeldung, 02. 02. 2007.
57) Airport Weeze, Pressemeldung, 29. 07. 2007.

58) Airport Weeze, Pressemeldung, 12. 11. 2007.
59) Airport Weeze, Pressemeldung, 12. 12. 2007.
60) Reiche, op. cit., p. 242-243.
61) Hamburg Airport, Flughagengelände, in interrete sub: http://www.airport.de/de/das_gelaende.html, 11. 08. 2008.
62) Hamburg Airport, Wirtschaftsdaten, in interrete sub: http://www.airport.de/de/wirtschftsdaten.html, 11. 08. 2008.
63) Hamburg Airport, U- und S-Bahn, in interrete sub: http://www.airport.de/de/u_und_s_bahnen.html, 11. 08. 2008.
64) 以下の記述はHamburg Airport, Historie, in interrete sub: http://www.airport.de/de/historie_799.htm, 17. 08. 2008による。なお、当時、ドイツ・ルフトレーデライ社の飛行には、鶴のマークが描かれ、これは後のルフトハンザ・ドイツ航空に受け継がれた。なお、同社はIATAの発足メンバーのひとつである。当時ルフトハンザ (Lufthansa) は「ルフト・ハンザ」(Luft Hansa) と表記していたが、本書においては、統一的に前者の呼称を使う。
65) 以下の記述はHamburg Airport, Was ist HAM 21?, in interrete sub: http://www.airport.de/de/was_ist_ham_21.html, 11. 08. 2008による。
66) Hamburg Airport, Historie, in interrete sub: http://www.airport.de/de/historie_799.htm, 17. 08. 2008.
67) Hamburg Airport, Neue Hamburg Airport, in interrete sub: http://www.airport.de/de/der_neue_hh_airpot.html, 11. 08. 2008.
68) Hamburg Airport, *Geschäftsbericht 2007*, p. 36.
69) Ibid.
70) Hamburg Airport, *Geschäftsbericht 2007*, p. 48.

第6章　州政府と空港

　この章では、州政府による空港持分が、資本金の50％に相当する2つの空港（ニュルンベルクとシュトゥットガルト）について検討する。

1　ニュルンベルク空港

1.1　ニュルンベルク空港の基本情報と沿革

1.1.1　ニュルンベルク空港の基本情報

　ニュルンベルク空港（IATA-Code: NUE）は、市の中心から7km北方に位置し、2,700m×45mの滑走路を有する。同空港の発展にとってエア・ベルリンの果たした役割は決定的に重要であり、現在においてもこの状況に変化はない。近年までエア・ベルリンにとってもニュルンベルク空港がドイツにおける最も重要な拠点であったことは、2007年時点におけるエア・ベルリン社のウェブ・サイトで以下の広報がなされていたことに示されていた。

　エア・ベルリンのハブ空港は、ニュルンベルク、パルマ・デ・マジョルカ、ロンドン・スタンステッドである。ニュルンベルクを拠点とする国際線の目的地はブダペスト、ロンドン・スタンステッド、ミラノ・ベルガモ、パリ、ローマ、ウィーンであり、国内線の目的地はベルリン・テーゲル、ドレスデン、デュッセルドルフ、フランクフルト／マイン、ハンブルク、ハノーファー、ケルン／ボン、ライプツィヒ／ハレ、ミュンスター／オスナブリュック、パーダーボルン／リップシュタット、ロストック／ラーゲである（2007年8月15日現在）[1]。

　このウェブ・サイトに記されていることは、エア・ベルリンがドイツにおいては、ニュルンベルクを拠点とする路線網を形成していた、ということである。し

かしながら前述したように2007年9月にデュッセルドルフを拠点とするLTUを買収することによって、エア・ベルリンの路線網が再編され、もはやエア・ベルリンにとってのニュルンベルクの意義が後退したのである。

　同空港に対する評価は、1997年に初めて『ビジネス・トラベラー』誌（*Business Traveller*）の読者アンケートにおいて最も優れた「ローカル空港」（bester deutsche Regionalflughafen）に選ばれて以来、同誌において頻繁に同様の評価を得てきた。特にアクセスの容易さに高い評価が与えられている[2]。

　空港へのアクセスは、Uバーン（U2）によって、ニュルンベルク中央駅へわずか13分、運賃1.90ユーロで結ばれていることに象徴されている[3]。

　このような公共交通機関によるアクセスが確保されている一方で、オーバー・フランケン商工会議所はアウトバーンによる空港への直接的な乗り入れを強く要請している[4]。

1.1.2　ニュルンベルク空港の沿革

　ニュルンベルク空港の前史は、軍用空港が1919年から1933年に民間航空に利用されていたフュルト・アトツェンホフ飛行場（Militärflughafen Fürth-Atzenhof）に遡る。同飛行場は、第1次大戦後、ニュルンベルク市とフュルト市が帝国大蔵省（Reichsschatsministerium）から賃借する形で民間航空を実現していた。1924年にフランクフルト・レプシュトック飛行場が完成し、トランスオイローパ・ウニオン（Transeuropa-Union）がフランクフルト～ミュンヘン線を開設し、26年にルフトハンザがこの路線を引き継いだ時、寄港地はフュルト空港であった[5]。

　その後、ニュルンベルク市内にマリエンブルク空港（Flughafen Marienburg）が現在のフォルクスパルクに建設され、1939年から1943年まで民間航空に供されていた[6]。

　現在の地に新しいニュルンベルク空港が建設されたのは、第2次大戦後の1955年のことである[7]。

　当初、ルフトハンザはこの新参者（Neuling）を自社の路線網に組み込むことを躊躇したが、1956年にフランクフルト～ニュルンベルク～デュッセルドルフ線を開設したことを皮切りに、KLMもその路線網にニュルンベルク空港を組み入

れた。

1961年に滑走路が1,900mから2,300mに延伸され、またその6年後にはさらに現在の2,700mまで拡張されることによって、ボーイング747クラスのいわゆるジャンボ・ジェットの離着陸に対応できるようになった。

1960年代には、保養地への路線が開設された。1963年には、マジョルカおよびアドリア海への路線が就航し、66年にはさらに黒海、ユーゴスラビアおよびスペイン便が開設された。

1973年にトルコ航空は、ニュルンベルク発イスタンブール行きの定期便を開設した。これはトルコ人労働者が帰国する際の便宜のために運行され、2003年には運行頻度が4位にランクされる定期便へと発展した[8]。

1980年代には、ターミナルビルの整備が行われ、また1984年にニュルンベルク航空サービスNFD（Nürnberg Flugdienst NFD）、後のユーロウィングズがチャーター便の営業を開始し、ロドス島（Rhodos）、フエルトヴェントユラ（Fuerteventura）が新たなウアラウプの目的地に加わった。

1997年／98年冬期ダイアにおいてエア・ベルリンがニュルンベルクをハブとする運行スケジュールを組んだことは、同空港の発展にとって大きな意味を持った[9]。

1997年に始まったUバーン（U-Bahnlinie 2）の空港への乗り入れ工事は1999年に完成し、ニュルンベルク中央駅とわずか13分で結ばれることとなった。

1998年に、同社監査役会が工費2,600万ユーロに上る搭乗者ロビーの大拡張工事を決定し、2002年にこの工事が完成した。これによって搭乗者の収容能力の拡大が図られたほか、シェンゲン協定締結国からの利用者とそれ以外の乗客の分離が行われ、トランジットが円滑に流れるようになった[10]。

2002年10月には、エア・ベルリンがニュルンベルクとロンドン・スタンステッド間にシティー・シャトルを運行することとなり、以後エア・ベルリンによるニュルンベルク発大都市間輸送が展開する端緒となった[11]。

翌2003年には、エア・ベルリンによるシティー・シャトル、ローマ／チアンピーノ便が開設され、税、手数料込みで29ユーロから予約受け付けが開始された[12]。

2004年には、オーストリア航空およびエア・ベルリンによってウィーン線が開

設され[13]、またエア・ベルリンによってブダペスト線も開設された[14]。

　2005年には、エア・ベルリンによる路線網の拡充のみならず、他の航空会社によるニュルンベルク進出が相次いだ。エア・ベルリンは、ミラノ（ベルガモ）およびパリ（シャルル・ド・ゴール）へ都市間輸送便、オイロ・シャトルを10月から開設した。パリへはすでにエール・フランス（日5便）、ルフトハンザ（日3便）が運行されていたが、これにエア・ベルリンが平日に1便ずつ加わることとなった[15]。

　エア・ベルリンはさらにマンチェスター、グラスゴー便を9月に開設するとともに、2006年5月からベルファスト便も加えることとなった[16]。

　ポーランドの国営航空会社LOTの子会社セントラルウィングズ（Centralwings）は、3月末より、ニュルンベルク～ワルシャワ（Warschau-Okecie）間に737-400による週2便を開設し、これは6月から週3便に増便された。片道、最低20ユーロ（税、手数料込み）の格安航空運賃であった[17]。

　Dbaは4月よりフォッカー100（Fokker100）によってニュルンベルク～デュッセルドルフ線を開設した。運賃は48ユーロであった。この時、DBA監査役会議長ルドルフ・ヴェール（Rudolf Wöhrl）は、dbaの機体にグリーンが使われていることから、「私の目標は、ニュルンベルク上空を徐々に緑色に染めることだ」と語った[18]。この言葉を裏切ることなく、9月にはdbaによってベルリン（テーゲル）線およびハンブルク線が就航し（運賃50ユーロ）[19]、また10月末には、dbaによってモスクワ便（Moskau/Domodedowo）が片道運賃122ユーロにて開設された[20]。

　メンヒェングラードバッハに本社を置き、1999年に設立された独立系航空会社EAE（European Air Express Luftverkehrsgesellschaft）は、2005年にニュルンベルクからケルン／ボンへの運行を開始した。ターボプロップATR42-300により往復99ユーロ（税、手数料込み）の運賃であったが、そもそもこの路線はルフトハンザから引き継いだものである[21]。

　2005年には、以上の格安航空会社と並んで、伝統的定期便航空会社であるSASがニュルンベルク～コペンハーゲン線を開設した。SASはCRJ200を機材として毎日1便運行を開始したが、同社にとってドイツにおける9番目の目的地であっ

た[22]。

　このようにして、2005年にはニュルンベルクに関わる航空網がほぼ完成した。

　ニュルンベルク空港における航空貨物については、2003年に第2カルゴ・センター（Cargo Center II）が開設され、ニュルンベルク空港有限会社の子会社CSHが業務を開始したのは、EUの東方拡大に伴う市場拡大を見据えてのことであった[23]。

　2005年にはワールド・カーゴ（World Cargo）によって中国の西安への貨物便が就航し、「空のシルクロード」（Seidenstraße durch die Luft）と名づけられた。これは中国製品の輸入ばかりでなく、ミッテルフランケン地方からの輸出可能性をも考慮に入れられていた[24]。

　総工費2億ユーロに上る空港施設の大拡張工事が2015年にかけて進行中である。この工事は2005年に開始されたが、「これらの投資はすべて自力で（aus eigener Kraft）賄われ、持分所有者であるバイエルン州およびニュルンベルク市に負担をかけることはない」ことを、執行役員であるクリューガー（Flughafengeschäftsführer Karl-Heinz Krüger）は明らかにしている。ターミナルビルの拡充、駐車場ビルの増設、エプロンの拡充など空港施設自体に関わる工事に加えて、空港に隣接するビジネスセンターの建設およびアウトバーン A3への地下直結路の建設（2015年完成予定）がこの工事に含まれている[25]。

　2007年に完成した新しい駐車場ビルは、2,200台の収容能力を持ち、同空港における駐車スペースは合計すると8,000台に達した[26]。

1.2　ニュルンベルク空港有限会社の資本関係と会社組織

　ニュルンベルク空港を運営するニュルンベルク空港有限会社には、バイエルン州とニュルンベルク市が等分出資する。空港自体の名称はエアポート・ニュルンベルク（Airport Nürnberg）が使われている。

　ニュルンベルク空港有限会社の子会社であるニュルンベルク空港サービス有限会社は空港にある店舗、免税店および駐車場ビルの経営を行い、またエアパート有限会社は空港の地上業務を一手に引き受けている[27]。

　ニュルンベルク空港有限会社監査役会の構成は、バイエルン州から3名、ニュ

図 6-1　ニュルンベルク空港グループの資本関係

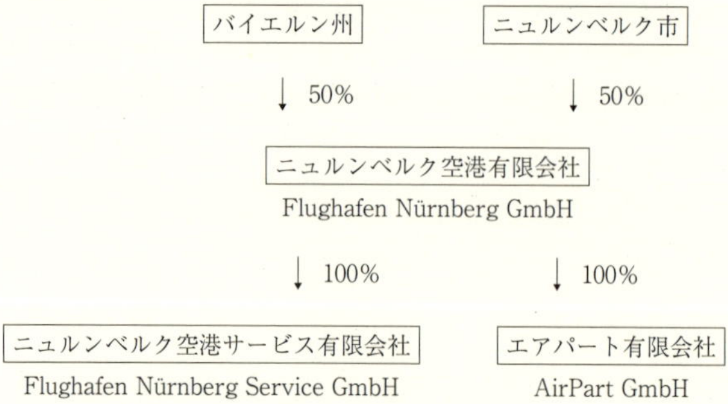

```
        バイエルン州              ニュルンベルク市
           ↓ 50%                    ↓ 50%
         ニュルンベルク空港有限会社
         Flughafen Nürnberg GmbH
           ↓ 100%                   ↓ 100%
  ニュルンベルク空港サービス有限会社    エアパート有限会社
  Flughafen Nürnberg Service GmbH     AirPart GmbH
```

典拠：Airport Nürnberg, Der Konzern und seine Funktionen, in interrete sub: http://www.airport-nuernberg.de/unternehmen/konzern/structur/art187, 9687, 25. 09. 2008.

表 6-1　ニュルンベルク空港有限会社の監査役（2007年11月27日現在）

	氏　名	
監査役会議長（Vorsitzender）	マルクス・ゼーダー博士（Dr. Markus Söder）	Staatsminister, Bayerisches Staatsministerium für Bundes- und Europaangelegenheiten
監査役（Aufsichtsrat）	マルクス・ザックマン（Markus Sackmann）	Staatssekretär, Bayerisches Staatsministerium für Wirtschft, Infrastruktur, Verkehr und Technologie
監査役（Aufsichtsrat）	ハンス・シュピツナー（Hans Spitzner）	Abgeordneter des Landtags des Freistaats Bayern
監査役会第1副議長（1. stellv. Vorsitzender）	ウルリヒ・マリ博士（Dr. Ulrich Maly）	Oberbürgermeister der Stadt Nürnberg
監査役（Aufsichtsrat）	ロランド・フレック博士（Dr. Roland Fleck）	Berufsm. Stadtrat, Wirtschaftsreferennt der Stadt Nürnberg
監査役（Aufsichtsrat）	ハンス・パウル・ゼール（Hans Paul Seel）	Stadtrat der Stadt Nürnberg
監査役会第2副議長（2. stellv. Vorsitzender）	ゲオルク・デュンクフェルダー（Georg Düngfelder）	Arbeitnehmervertreter, Flughafen Nürnberg GmbH
監査役（Aufsichtsrat）	ウヴェ・ヘルマン（Uwe Hermann）	Arbeitnehmervertreter, Flughafen Nürnberg GmbH

典拠：Flughafen Nürnberg, Geschäftsbericht 2007, p. 6.

ルンベルク市から3名、労働側から2名が選出され、議長が州代表、第1副議長が市代表、第2副議長が労働側代表からなる。

　執行役員であるクリューガーとマルクスは、2つの子会社の執行役員も兼任し

表6-2　ニュルンベルク空港有限会社執行役員

	氏　名	
執行役員（Geschäftsführer für die Geschäftsbereiche Öffentlichkeitsarbeit, Verkehr und Technik vertritt das Unternehmen als Sprecher nach außen）	カール゠ハインツ・クリューガー（Karl-Heinz Krüger）	Vorsitzender der Geschäftsführung der AirPart GmbH, Gesellschaftsvertreter für die Flughafen Nürnberg Service GmbH
執行役員（Geschäftsführer für die Geschäftsbereiche Kaumännische Abteilung, Personalwesen und Datenverarbeitung）	ハリー・マックス（Dipl.-Kfm. Harry Marx）	Geschäftsführer der Flughafen Nürnberg Service GmbH Gesellschaftsvertreter für die Airpart GmbH

典拠：Flughafen Nürnberg, *Geschäftsbericht 2007*, p. 7.

ていることから、親会社と子会社が一体的な経営を行っていることが分かる（表6-2参照）。

1.3　ニュルンベルク空港の空間的輸送関係

　ニュルンベルク空港における東欧との空間的輸送関係の形成を扱った研究にリタの修士論文がある。本書では、これを参考としつつも、独自の視点からニュルンベルク空港の空間的意義を明らかにする[28]。

　以下、表6-3を手がかりに検討する。

　ニュルンベルク空港を起点とする旅客輸送においては、西ヨーロッパの大都市との伝統的キャリアによる輸送が主流であり、これを補完するのがエア・ベルリンによる都市間輸送である。

　ベルリン、デュッセルドルフ、ハンブルクへはルフトハンザとエア・ベルリンが路線を持ち、ミュンヘン線とフランクフルト線は両空港をハブとするルフトハンザによって独占されている。

　ここで注目すべきは、ニュルンベルクがミュンヘンと鉄道によって最短1時間で結ばれ、しかも1日に67の直通列車が運行されていることである。それにも関わらず、航空によって頻繁に結ばれ、しかもすべてがルフトハンザによって運行されていることは、ミュンヘン空港がルフトハンザのハブ空港としての機能を十分に発揮し、ニュルンベルク発の旅客がミュンヘンを経由して遠距離の飛行をしていることを示している[29]。

表6-3 ニュルンベルク空港発直行便（2008年8月31日現在）

	目的地空港	週あたり便数	航空会社（便数）
1	ベルリン・テーゲル（TXL）	52	LH (35)、AB (17)
2	パリ・シャルル・ド・ゴール（CDG）	48	AF (32)、LH (16)
3	フランクフルト（FRA）	42	LH (42)
4	デュッセルドルフ（DUS）	39	LH (23)、AB (16)
4	ハンブルク（HAM）	39	LH (22)、AB (17)
6	ミュンヘン（MUC）	34	LH (34)
7	ウィーン（VIE）	27	OS (16)、AB (11)
7	チューリッヒ（ZRH）	27	LX (27)*
9	アムステルダム（AMS）	26	KL (26)
10	パルマ・デ・マジョルカ（PMI）	24	AB (16)、X3 (6)、JKK (1)、AEA (1)
11	アンタルヤ（AYT）	21	AB (5)、XQ (4)、QW (3)、SHY (3)、4R (2)
12	イスタンブール・アタテュルク（IST）	15	TK (14)、INX (1)
13	ロンドン・スタンステッド（STN）	12	AB (12)
14	ブリュッセル（BRU）	11	LH (11)**
15	ブレーメン（BRE）	10	OLT (10)***

注：＊LH-codeshare
　　＊＊AT4
　　＊＊＊SWM
典拠：Flughafen Nürnberg GmbH, *Flugplan 08 Sommer: 07. 05. 08 - 25. 10. 08*より作成。

　パリ線はエール・フランスとこれを補完するルフトハンザ、ウィーン線はオーストリア航空とこれを補完するエア・ベルリンの構図が見られる。
　EUの東方拡大によってニュルンベルクが東ヨーロッパとの接続を強化したことが、リタの研究によって指摘されているが、直行便の運行頻度を基準とする表6-3においては、ニュルンベルクと西ヨーロッパとの結びつきが依然として顕著である。確かに、イスタンブール線の運行頻度は高いが、これは1970年代に就航した路線であり、近年におけるEUの東方拡大とは、関連がない。
　このような、地域連関を形成する航空会社はルフトハンザとそれを補完するエア・ベルリンという構図が明らかとなった。しかしながら、表6-4によって、航空会社別搭乗者数を見ると、エア・ベルリンのシェアがルフトハンザのおよそ3倍に達していることがわかる。しかも、2006年と2007年における変化は、定期便においてもエア・ベルリンがルフトハンザを凌駕したことを示す。
　ところで、第3章における分析では、エア・ベルリンにとってニュルンベルク空港の存在は特に大きなものではなかった。にもかかわらず、エア・ベルリンの

ウェブサイト（2007年8月現在）は、ニュルンベルク、パルマ・デ・マジョルカ、ロンドン・スタンステッドをハブ空港と記していた。このような齟齬をどのように説明できるであろうか。

このことは、エア・ベルリンの定期便運行においてはニュルンベルクの存在は小さいが、チャーター便、季節便にあっては、ニュルンベルク空

表6-4　ニュルンベルク空港における航空会社別搭乗者数

航空会社	2006年搭乗者数	2007年搭乗者数
エア・ベルリン*	2,047,464	2,353,893
うち，定期便	646,836	874,458
ルフトハンザ	720,069	714,024
TUIフライ	241,095	239,189
スイス航空	97,291	134,128
KLM	123,333	121,726
エール・フランス	106,103	101,991
トルコ航空	82,768	87,678
コンドル	101,125	85,522
サン・エクスプレス	38,999	65,334
オーストリア航空	42,223	42,420

注：＊2006年については、dbaを含む。
典拠：Flughafen Nürnberg GmbH, *Geschäftsbericht 2007*, p. 39.

港がハブ空港の役割を果たしていると考えるのが自然であろう。表6-4においてニュルンベルク空港の年間搭乗者数を見ると、主としてビジネス旅行者と思われる定期便搭乗者は37％であり、残りは観光客を主体とするチャーター便、季節便利用者と考えられること、またウェブサイトは主に休暇旅行利用者のための広告手段であることから、以下の結論を得る。

エア・ベルリンにとってニュルンベルク空港は、チャーター便、季節便のハブ空港である。

2　シュトゥットガルト空港

2.1　シュトゥットガルト空港の基本情報と沿革

2.1.1　シュトゥットガルト空港の基本情報

シュトゥットガルト空港（IATA-Kode: STR）は、シュトゥットガルト市の中心から13km南方に位置し、年間搭乗者数が1,000万人を超える西南ドイツを代表する大空港である。ドイツの大空港において唯一、1本の滑走路（3,345m×45m）しかない。しかしながら、およそ60社の航空会社が乗り入れし、ローコス

ト・キャリアであるジャーマン・ウイングズと TUI フライの拠点のひとつとなっている[30]。

2.1.2 シュトゥットガルト空港の沿革

シュトゥットガルト空港の沿革については、同空港の発行するエアポート・ニュース（Flugblatt）が「空港75年史」を集約していることから、これに依拠して記述する[31]。

今日のシュトゥットガルト空港有限会社の前身である、ヴュルテンベルク航空株式会社（Luftverkehr Württemberg AG、略称 LUWAG AG）がベプリンガー・フルプ（Böblinger Hulb）に設立されたのは1924年のことであり、最初の定期便運行は翌年4月と記録されている。1926年には、旅客用ターミナルビルが営業を開始した。

1930年にはメッサーシュミットとユンカーの機材によってシュトゥットガルト〜ジュネーブ〜マルセイユ〜バルセロナ線が週3便就航し、また毎日、フランクフルト、ハノーファー、ハンブルクと結ばれていた。1936年に新空港をエヒターディンゲン（Echterdingen）に建設することが決定され、1939年に完成した。第2次大戦中、空軍の管理下においてルフトハンザとスイス航空がシュトゥットガルト空港から発着を続けていた。

第2次大戦後、航空高権が返還される1955年までは、もっぱら外国の航空会社によってシュトゥットガルト空港からの発着が行われた。この間、1952年にシュトゥットガルト路面電車株式会社（Stuttgarter Straßenbahnen AG）は、シュトゥットガルト中央駅から空港へ路線を開設している。

航空高権が返還された1955年から、ルフトハンザが同空港から運行を開始した。1961年には、18カ月の工期を経て2,550mへの滑走路延伸工事が完了した。

1986年、新第1ターミナルとSバーン空港駅を建設するための鍬入れが行われた。第1ターミナルは1991年に完成し、この年にはアウトバーンの乗り入れ工事も開始された。Sバーンが中央駅までの営業を開始したのは、1993年のことであった。1996年には、滑走路が現在の3,345mに延伸された。その翌年、デルタ航空はアトランタへの直行便を開設した。これはシュトゥットガルト発アメリカ

第 6 章　州政府と空港　253

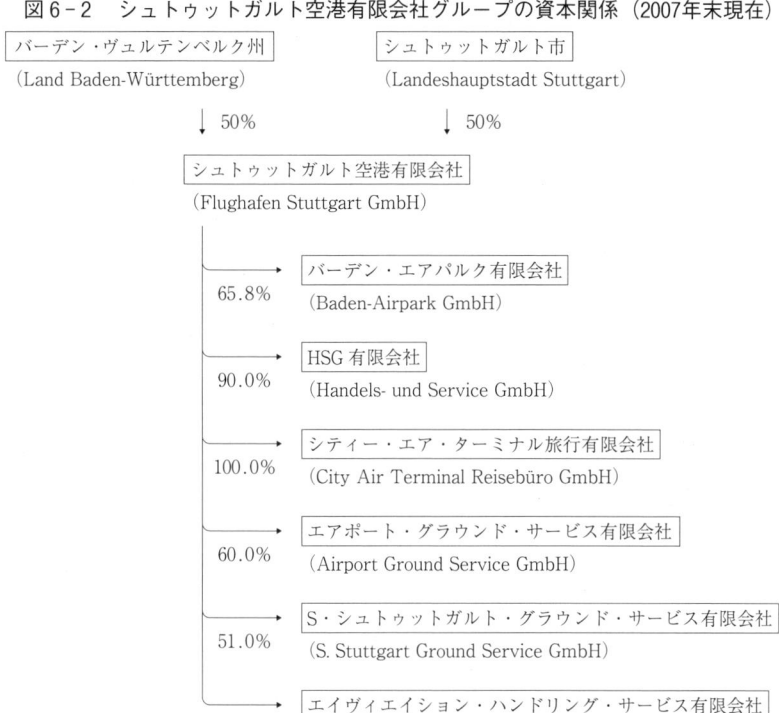

図 6-2　シュトゥットガルト空港有限会社グループの資本関係（2007年末現在）

```
  ［バーデン・ヴュルテンベルク州］        ［シュトゥットガルト市］
  （Land Baden-Württemberg）       （Landeshauptstadt Stuttgart）
              ↓ 50%                           ↓ 50%
              ┌─────────────────────────────────┐
              │   シュトゥットガルト空港有限会社      │
              │     （Flughafen Stuttgart GmbH）   │
              └─────────────────────────────────┘
                   │
                   ├─65.8%──→ バーデン・エアパルク有限会社
                   │          （Baden-Airpark GmbH）
                   │
                   ├─90.0%──→ HSG 有限会社
                   │          （Handels- und Service GmbH）
                   │
                   ├─100.0%─→ シティー・エア・ターミナル旅行有限会社
                   │          （City Air Terminal Reisebüro GmbH）
                   │
                   ├─60.0%──→ エアポート・グラウンド・サービス有限会社
                   │          （Airport Ground Service GmbH）
                   │
                   ├─51.0%──→ S・シュトゥットガルト・グラウンド・サービス有限会社
                   │          （S. Stuttgart Ground Service GmbH）
                   │
                   └─10.0%──→ エイヴィエイション・ハンドリング・サービス有限会社
                              （Aviation Handling Services GmbH）
```

典拠：Flughafen Stuttgart GmbH, *Geschäftsbericht 2007*, p. 22 et 33.

行きの初めての直行便であった。

2.2　シュトゥットガルト空港有限会社の資本関係と会社役員会

　シュトゥットガルト空港有限会社の持分構成は、ニュルンベルク空港有限会社の場合と相似的である。図 6-2 が示すように2007年末現在、州と都市が同格参加している[32]。

　同社の参加する子会社は、図 6-2 が示すように、空港業務全般に及んでいる。

　シュトゥットガルト空港有限会社の監査役は、バーデン・ヴュルテンベルク州から 5 名（表中 MdL と記載されている者）、シュトゥットガルト市から 4 名、労働側から 4 名が選出されている（表 6-5 参照）。

表6-5 シュトゥットガルト空港有限会社の監査役

議長（Vorsitzender）	ヴィリ・シュテヘレ（Willi Stächele, MdL）	Minister Staatsministerium Baden-Württemberg
	ヘリベルト・レッヒ（Heribert Rech, MdL）	Minister Staatsministerium Baden-Württemberg
第1副議長（1. Stellv. Vorsitzender）	ヴォルフガング・シュスター博士（Dr. Wolfgang Schuster）	Oberbürgermeister der Landeshauptstadt Stuttgart
第2副議長（2. Stellv. Vorsitzender）	ルドルフ・ゾルカラ（Rudolf Sorkalla）	Arbeitnehmervertreter
	ライナー・アーノルト（Reiner Arnold）	Arbeitnehmervertreter
	ギュンター・ベンツ（Günther Benz）	Ministerialdirigent Staatsministerium Baden-Württemberg
	リヒャルト・ドラウツ（Richard Drautz）	Staatssekretär im Wirtschaftsministerium Baden-Württemberg
	グンドルフ・フライシャー（Gundolf Fleischer, MdL）	Staatssekretär Finanzministerium Baden-Württemberg
	ミヒャエル・フェル（Michael Föll, MdL）	Erster Bürgermeister der Landeshauptstadt Stuttgart
	アンドレアス・ルドロフ（Andreas Rudlof）	Arbeitnehmervertreter
	クルト・タウバー（Kurt Tauber）	Arbeitnehmervertreter
	ロベルト・テュルナー（Robert Thurner）	Mitglied des Gemeinderats der Landeshauptstadt Stuttgart
	ヘルガ・フェッター（Helga Vetter）	Mitglied des Gemeinderats der Landeshauptstadt Stuttgart

典拠：Flughafen Stuttgart GmbH, *Geschäftsbericht 2007*, p. 22-23.

　執行役員の2名は、それぞれバーデン・ヴュルテンベルク州官僚とシュトゥットガルト市職員を前歴に持つ。このことから、シュトゥットガルト空港有限会社は、所有においても経営においても州と都市のコラボレーションが実現されていると考えられる。

2.3　シュトゥットガルト空港における空間的輸送関係

　2007年度、同社『営業報告書』は、シュトゥットガルト～パリ間のTGV開通

第6章　州政府と空港　255

表6-6　シュトゥットガルト空港有限会社の執行役員

		主な前歴
執行役員（Geschäftsführer）	ヴァルター・シェーファー（Walter Schoefer）	バーデン・ヴュルテンベルク州財務省
執行役員（Geschäftsführer）	ゲオルク・フンデル教授（Prof. Georg Fundel）	シュトゥットガルト市経済振興局

典拠：Flughafen Stuttgart GmbH, *Geschäftsbericht 2007*, p. 23 et Flughafen Stuttgart GmbH, Geschäftsführung: vita Walter Schoefer et Prof. Georg Fundel, in interrete sub: http://www.flughafen-stuttgart.de/sys/index, 26. 20. 2008.

表6-7　シュトゥットガルト空港における航空会社別発着割合（2007年度）

航空会社	IATA-Code	発着回数の割合（％）
ルフトハンザ	LH	29.8
ジャーマンウィングズ	4U	14.1
TUIフライ	X3	13.3
エア・ベルリン	AB	9.3
エール・フランス	AF	3.6
スイス航空	LX	3.1
コンドル	DE	2.6
KLM	KL	2.4
ブリティッシュ・エアウェイズ	BA	1.6
オーストリア航空	OS	1.6
アリタリア	AZ	1.5
SAS	SK	1.5
トルコ航空	TK	1.3
フライビー	BE	1.3
LGW	HE	1.1
チェコ航空	OK	1.0
ブルー・ウィングズ	QW	0.8
フィンエア	AY	0.7
エーゲ航空	A3	0.6
ツィルス航空	C9	0.6

典拠：Flughafen Stuttgart GmbH, *Statistischer Jahresbericht 2007*, p. 13.

によって同区間の搭乗者数が減少したことを指摘した[33]。2007年には統計的にも、シュトゥットガルト空港とフランスの間の搭乗者数は前年と比較して4.9％の減少を示した[34]。

　シュトゥットガルト空港における航空機の発着を航空会社別に見ると（表6-7参照）、ルフトハンザがおよそ30％を占め、ジャーマンウィングズとTUIフライ

表6-8 シュトゥットガルト空港における搭乗者の利用航空会社割合（2007年度）

航空会社	IATA-Code	(%)
TUIフライ	X3	21.1
ジャーマンウィングズ	4U	19.2
ルフトハンザ	LH	17.0
エア・ベルリン	AB	11.0
コンドル	DE	6.4
エール・フランス	AF	2.5
トルコ航空	TK	2.0
ブリティッシュ・エアウェイズ	BA	1.9
KLM	KL	1.9
スイス航空	LX	1.7
ブルー・ウィングズ	QW	1.4
デルタ航空	DL	1.2
SAS	SK	1.2
サンエクスプレス	XQ	1.1
ペガサス	H9	0.9
エーゲ航空	A3	0.9
オーストリア航空	OS	0.8
アリタリア	AZ	0.7
スカイ・エアラインズ	SY	0.6
ツィルス航空	C9	0.5

典拠：Flughafen Stuttgart GmbH, *Statistischer Jahresbericht 2007*, p. 26.

がその半分のシェア、次いでエア・ベルリン、さらにかなりの格差を持ってエール・フランス、スイス航空と続く。

しかし、搭乗者数を基準とする利用航空会社を見ると、様相が一変する。TUIフライ、ジャーマンウィングズがルフトハンザを凌ぎ、以下の順位はエア・ベルリン、コンドルとなり、ローコスト・キャリア優勢である（表6-8）。

なお、空港の発表する『統計年報』によると、搭乗者数全体に占めるローコスト・キャリア利用者の割合は41％である[35]。

シュトゥットガルト空港発直行便は、ベルリン、ハンブルク、デュッセルドルフ、ウィーン、ロンドン、パリ、フランクフルト、ミュンヘン、チューリッヒなど大都市便が上位を占めている。これと並んで、観光地パルマ・デ・マジョルカ行きの路線が上位にある。大都市便においては、ルフトハンザが優位にあることが確認できる（表6-9参照）。

表6-9　シュトゥットガルト空港発直行便（2008年8月31日現在）

	目的地空港	週あたり便数	航空会社（便数）
1	ベルリン	140	
	シェーネフェルト	23	4U (23)
	テーゲル	117	LH (54)、AB (37)、X3 (26)
2	ハンブルク (HAM)	95	LH (44)、AB (29)、4U (22)
3	デュッセルドルフ (DUS)	69	LH (44)、AB (25)
4	ウィーン (VIE)	61	LH (27)、OS (21)、4U (13)
5	パルマ・デ・マジョルカ (PMI)	57	AB (19)、X3 (14)、DE (10)、4U (7)、ST (4)、LH (3)、AEA (1)、JKK (1)
6	ロンドン	52	
	シティー (LCY)	5	LH (5)
	ヒースロー (LHR)	35	LH (14)、BA (21)
	スタンステッド (STN)	12	4U (12)
7	パリ (CDG)	51	AF (33)、LH (18)
8	フランクフルト (FRA)	41	LH (41)
8	ミュンヘン (MUC)	41	LH (41)
8	チューリッヒ (ZRH)	41	LH (41)
11	ハノーファー (HAJ)	33	LH (22)、X3 (11)
11	アムステルダム (AMS)	33	KL (33)
13	ミラノ（マルペンサ）(MXP)	29	LH (17)、AZ (12)
14	ワルシャワ (WAW)	29	LH (11)、LO (10)、4U (4)
15	バルセロナ (BLN)	24	LH (23)、4U (1)
15	コペンハーゲン (CPH)	24	SK (24)
17	イスタンブール (IST)	22	TK (18)、QW (3)、INX (1)
18	テッサロニキ (SKG)	22	A3 (7)、X3 (5)、4U (5)、OA (5)
19	ブレーメン (BRE)	21	LH (21)
20	ブダペスト (BUD)	19	MA (12)、4U (7)
20	プラハ (PRG)	19	OK (19)

典拠：Stuttgart Airport, *Flugplan 2008*より作成。

　しかし、搭乗者数を基準とした表6-10では、パルマ・デ・マジョルカ、アンタルヤ、テッサロニキを目的地とする乗客が10位以内に登場し、シュトゥットガルト空港は都市間輸送と並んで観光地・保養地との結びつきの強さが確認できる。
　搭乗者の目的地を見ると、ベルリンが11.5％、ハンブルクが7.7％であるのに

表6-10 搭乗者の乗船区間比率

目的地または出発地	比率（%）
ベルリン（SXF/TXL）	11.5
ハンブルク	7.7
パルマ・デ・マジョルカ	5.8
パリ（CDG/ORY）	4.1
ロンドン（LCY/LHR/STN）	4.0
アンタルヤ	3.9
ウィーン	3.5
イスタンブール（IST/SAW）	3.2
テッサロニキ	2.3
フランクフルト	2.3
デュッセルドルフ	2.2
ハノーファー	1.9
アムステルダム	1.9
チューリッヒ	1.7
バルセロナ	1.6
フルガダ	1.5
ミュンヘン	1.4
ドレスデン	1.3
ブレーメン	1.3
ラス・パルマス	1.2
アトランタ	1.2
テネリフェ	1.2
コペンハーゲン	1.2
ミラノ／マルペンサ	1.1
フエルトヴェントゥラ	1.1
ライプツィヒ	1.1
ブダペスト	1.0
ヘラクリオン	0.9
マドリード	0.9

典拠：Flughafen Stuttgart GmbH, *Statistischer Jahresbericht 2007*, p. 27.

対して、フランクフルト、デュッセルドルフが低位であるのは、後者が鉄道と競合しているためであろう。

3 小　括

（1）ニュルンベルク空港とシュトゥットガルト空港に共通するのは、州政府による影響力が強い点である。両空港をモニタリングする有限会社の監査役会議長は、ニュルンベルクにおいては、バイエルン州、シュトゥットガルト空港の場合はバーデン・ヴュルテンベルク州を選出母体としている。

（2）ニュルンベルク空港搭乗者数において、エア・ベルリン利用者が圧倒的に多数を占めているが、シュトゥットガルト空港においては、TUI フライ、ジャーマンウィングス、ルフトハンザの利用者が拮抗している。

（3）搭乗者の目的地とする都市は、どちらにおいてもベルリン、パリ、デュッセルドルフ、ハンブルク、ウィーン、ミュンヘン、チューリッヒが上位にあり、似通った傾向が見られる。

1）　Air Berlin, Air Berlin ― About Data, in interrete sub: http://www.airberlin.com/site/aboutdata.php?LANG=deu, 25. 10. 2007.
2）　*Business Traveller*, März/April, 2002; Airport Nürnberg, Presseinformation 03/02, 06. 02. 2002, ibid., 02/03, 19. 03. 2003; Airport Nürnberg, Presseinformation, art1984, 5482/2005.『ビジネス・トラベラー』誌において「ローカル空港」とは、フランクフ

第6章　州政府と空港　259

ルト空港およびミュンヘン空港を除いた空港を総称する範疇である。また、『キャピタル』誌においては2002年1月にドイツの10大空港の評価において、ニュルンベルク空港は第2位にランクされた（ibid., 03/02）。

3) VGN GmbH, Ihre Fahrmöglichkeiten zwischen Nürnberg Flughafen und Nürnberg Hauptbahnhof in: Fahrplan 2008.
4) IHK Oberfranken, Flughafen Nürnberg, in interrete sub: http://www.bayreuth.ihk.de/xist4c/web/-23-10-07--Oberfraenkische-Ueberflieger, 26. 09. 2008.
5) Den Abflugmachen, in: *Nürnberg Heute*, 78, p. 37; Kutscher, Markus, *Geschichte der Luftfahrt in Frankfurt am Main*, Frankfurt am Main, 1995, p. 45-53. フュルト・アトツェンホフ飛行場は、ニュルンベルク・マリエンブルク空港が建設されるまで、フランケン地方における最大の飛行場であり、1920年代にはドイツの飛行場において搭乗者数が第8位にまで発展した（Altstadtverein Fürth, *Altstadtblädla*, 34, 1999/2000 et Stadt Fürth, Alter Flugplatz Atzenhof, in interrete sub: http://www.fuerth.de/desktpodefault.aspx/tabid-269/314_read-2240/, 30. 06. 2008）。1929年にKLMがアムステルダム～バタビア（現在のジャカルタ）線を開設した際の最初の寄航地がフュルトであった（Airport Nürnberg, Presseinformation, art52,5235/2004）。
6) Den Abflugmachen, in: *Nürnberg Heute* 78, p. 37.
7) 以下の記述は、注釈のない限り Windsheimer, Bernd, *50 Jahre Airport Nürnberg — Geschichte der Luftfahrt in Nürnberg 1955-2005*, Nürnberg, 2005および50 Jahre Airport Nürnberg, in interrete sub: http://www.airport-nuernberg.de/unternehmen/geschichte, 25. 09. 2008による。
8) Airport Nürnberg, Presseinformation 16/03, 05. 09. 2003. ニュルンベルクにおけるトルコ人居住者については、拙稿「ニュルンベルク経済の基礎構造——人口の空間移動を中心として——」『跡見学園女子大学文学部紀要』第41号、2008年、43頁参照。
9) 例えばエアフルト空港発のエア・ベルリン便はすべてニュルンベルク空港乗り継ぎで遠隔地と結んでいる（Flughafen Erfurt GmbH, *Flugplan 2008 Winter* 参照）。
10) Airport Nürnberg, Presseinformation 04/02, 28. 02. 2002.
11) Airport Nürnberg, Presseinformation 14/02, 03. 09. 2002. エア・ベルリンによるニュルンベルク進出は1991年であったが、当時は年間搭乗者が4,100にすぎなかった。しかしながら、シティー・シャトル、ロンドン便を開設する前年にはすでに93万6,000人に達していた（Airport Nürnberg, Presseinformation 21/02, 16. 12. 2002）。
12) Airport Nürnberg, Presseinformation 14/03, 26. 08. 2003.
13) Airport Nürnberg, Presseinformation, art52,2727 et art52,3578/2004.
14) Airport Nürnberg, Presseinformation, art52,5377/2004.
15) Airport Nürnberg, Presseinformation, art1984,5892/2005. ニュルンベルクはエア・

ベルリンによってドイツ内の15都市と結ばれ、それらの便とパリ便が有機的に接続するようになった（Airport Nürnberg, Presseinformation1984,5937/2005）。
16) Airport Nürnberg, Presseinformation, art1984,6494/2005.
17) Airport Nürnberg, Presseinformation, art1984,5514 et 1984,5826/2005.
18) Airport Nürnberg, Presseinformation, art1984,5642 et art1984,5685/2005. ヴェールは30年前にニュルンベルク航空サービスNFD（Nürnberger Flugdienst）の航空部門に奉職していたことから、路線を携えてニュルンベルクに戻ってきたといわれた（ibid.）。
19) Airport Nürnberg, Presseinformation, art1984,5929 et art1984,6143/2005.
20) dba はすでにミュンヘン、デュッセルドルフ、ベルリン（テーゲル）からモスクワへの直行便を就航させていた（Airport Nürnberg, Presseinformation, art1984,6455/2005）。
21) Airport Nürnberg, Presseinformation art1984,5633 et art1984,5664/2005.
22) Airport Nürnberg, Presseinformation, art1984,5449 et 1984,6145/2005.
23) Airport Nürnberg, Presseinformation 15/04, 10. 09. 2003.
24) Airport Nürnberg, Presseinformation, arta984,5465/2005. ミッテル・フランケンの経済構造については、拙稿「ニュルンベルク経済の基礎構造——人口の空間移動を中心として——」『跡見学園女子大学文学部紀要』第41号、2008年、参照。
25) Airport Nürnberg, Presseinformation, art2380/2006.
26) Flughafen Nürnberg GmbH, *Geschäftsbericht 2007*, p. 30.
27) Airport Nürnberg, Der Konzern und seine Funktionen, in interrete sub: http://www.airport-nuernberg.de/unternehmen/konzern/structur/art187,9687, 25. 09. 2008.
28) Rita,Csörgis, Der Flughafen Nürnberg und seine Entwicklung nach der Osterweiterung der Europäischen Union, Masterarbeit im Studiengang International Business der Friedrich-Alexander-Universität Erlangen-Nürnberg, 2006. このリタによる研究は、ニュルンベルク空港有限会社による報道発表および会社首脳へのインターヴューを典拠とする。
29) ニュルンベルクを中心とする鉄道輸送については、拙稿「ニュルンベルクと都市間旅客輸送——ドイツ再統一と鉄道改革は鉄道運行に何をもたらしたか——」『跡見学園女子大学文学部紀要』第42号、2009年、参照。
30) Flughafen Stuttgart GmbH, Zahlen, Daten, Fakten, in interrete sub: http://www.flughafen-stuttgart.de/sys/index.php, 02. 10. 2008.
31) Flughafen Stuttgart GmbH, *Das Stuttgarter Flughafen-Magazin: Flugblatt*, 2/99.
32) ただし、2008年10月26日現在の同社ウェブサイトでは、バーデン・ヴュルテンベルク州の持分が65％、シュトゥットガルト市の持分が35％と記されているが、持分

変更に関わる報道発表は、空港側からも州、市側からもなされていない（Flughafen Stuttgart GmbH, Zahlen, Daten, Fakten, in interrete sub: http://www.flughafen-stuttgart.de/sys/index.php, 26. 10. 2008)。
33) Flughafen Stuttgart GmbH, *Geschäftsbericht 2007*, p. 4.
34) Flughafen Stuttgart GmbH, *Geschäftsbericht 2007*, p. 12. 同空港を利用した搭乗者数全体では、前年と比較して2.7％の増加を示していることからTGV効果は大きいと考えられる（Flughafen Stuttgart GmbH, *Statistischer Jahresbericht 2007*, p. 12)。
35) Flughafen Stuttgart GmbH, *Statistischer Jahresbericht 2007*, p. 36より算出。

第7章　地方自治体と空港

　この章で扱う空港は、都市あるいは郡などの自治体が資本参加の主体となっているドルトムント、ミュンスター／オスナブリュック、ブレーメンの3空港である。これまで検討した空港と比べると、空港経営の規模は小さい。

1　ドルトムント空港

1.1　ドルトムント空港の基本情報と沿革

　ドルトムント空港（IATA-Code: DTM）は、1916年に設立されたドルトムント空港有限会社（Flughafen Dortmund GmbH）が所有・経営する。2,000m×45mの滑走路を有し、離着陸時間は6時から22時まで（延着の場合は23時まで）、ターミナルの営業時間は3時30分から24時まで許されている。ターミナルの年間搭乗者はおよそ250万人まで収容できる[1]。

　空港への公共交通機関によるアクセスは、バス連絡である。最寄りのドイツ鉄道の駅、ホルツヴィケーデ（Holtzwikede）へは、エアポート・シャトルによって4分で結ばれている。ドルトムント中央駅へは、エアポート・エクスプレスによって22分で連絡しているほか、バスの440号線によってUバーン（U47）駅、アルパーベック（Alperbeck）を経由するルートもある。ホルツヴィケーデからDBのRGを利用すれば

　　　デュッセルドルフ　　65分
　　　ミュンスター　　　　45分
　　　ハーゲン　　　　　　18分
　　　ハム　　　　　　　　20分

ヴッパータール　　　44分
　　　ケルン　　　　　　　80分

の行程である[2]。

　ドルトムント空港から、いつ最初の航空機が離着陸したかは、今日でも分かっていないが、第1次大戦以前であると言われている。1919年にドルトムント航空協会（Dortmunder Luftfahrt-Verein）が設立されたこと、最初の定期便が1924年に就航したこと、また、大戦中に当時の上級市長アイヒホフ博士（Oberbürgermeister Dr. Eichhoff）の要請によって、ドルトムントに空軍基地が設けられていたこと、それらがブラッケル飛行場（Flugplatz Brackel）において行われていたことが確認されている[3]。

　ドルトムント市の航空史は、1926年4月12日に設立されたドルトムント空港有限会社（Flughafen Dortmund GmbH）をもって始まる。同社の資本金は、83万5,000ライヒスマルクで、出資者はドイツ帝国、プロイセン国家、ヴェストファーレン県（Provinzialverband Westfahlen）、ドルトムント市およびドルトムント郡（Stadt- und Landkreis Dortmund）、商工会議所および若干の企業と記されている。アエロ・ロイド（Aero Lloyd）とユンカース（Junkers Luftverkehrs AG）の統合によって誕生したルフトハンザは、ドルトムントをケルンと並ぶ国内線の寄航地とし、デュッセルドルフやエッセンよりも多くの定期便を寄港させた。1927／1928会計年度におけるスロットは、離陸4,319回、着陸4,321回、そのうち定期便2,589回であった。

　1937年の夏期スケジュールにおいて、ドルトムントは、国内ではベルリン、ハンブルク、ドレスデン、エアフルト、ニュルンベルク、ケーニヒスベルクと結ばれ、国際線ではバーゼル、コペンハーゲン、パリ、ローマ、ストックホルム、プラハ、ブダペスト、マルメ、メメル、ウィーンと連絡していた。第2次大戦以前において、ドルトムント・ブラッケル飛行場はドイツにおける重要な結節点のひとつであったことは間違いない。1939年には第2次大戦の開始とともに、民間航路が中止され、1,100m×80mの滑走路はドイツ軍の管理下に入った。

　1955年航空高権の返還後も、ルフトハンザはドルトムントに寄航することはなかった。2,000m滑走路を必要とする時代になっていたからである。また、ドル

トムント・ブラッケルには、イギリス軍が駐留していたために、民間航空のための新たな立地が求められることとなった。

今日のドルトムント空港の立地に連なるドルトムント・ヴィッケデ（Dortmund-Wickede）飛行場の開設にあっては、ヘングスバッハ兄弟（Gebrüder Theo und Hans Hengsbach）によって1950年に設立された社団法人航空クラブ（Aero-Clube e.V.）および1956年に創立されたヘングスバッハ・ドルトムント航空会社（Dortmunder Luftfahrtgesellschaft Hengsbach & Co.）による先駆的活動があったことを見逃すことはできない。同クラブおよび同社は、1960年にヴィッケダー街道沿いに新しい航空スポーツ場（das neue Luftsportgelände an der Wickeder Chaussee）を開設した。1969年にドルトムント市は、850mの滑走路を含めこの交通スポーツ場を改修して民間航空機が発着できる空港を建設する決定を行い、ブラッケル飛行場の資産管理を行っていたドルトムント空港有限会社が1971年に営業を再開することとなった。その際、同社はドルトムント市による自治体企業として（als kommunale Eigengesellschaft der Stadt Dortmund）生まれ変わった。営業再開後、最初の執行役員であるハンス・メニヒ（Hans Mönig）は、パイロット出身で1991年まで同職を務めた。

1976年に、ドルトムントにRFG（Reise- und Industrieflug GmbH）が創立され、同社は、空港の改修工事が一段落した1979年にドルトムント～ミュンヘン間に定期便を就航し、さらにニュルンベルク線、シュトゥットガルト線を追加した。同社は後に、ユーロウィングズ株式会社へと発展する。

1980年には、パイロットであったベルント・ヴァルター（Bernd Walter）によってヴァルターLGW航空有限会社（LGW Luftfahrtgesellschaft mbH）が設立され、本社をドルトムント空港においた。空港施設の整備も本格化し、1987年までに搭乗ビルの改築が行われ、さらに滑走路が1,050mに延伸された。

ドイツ再統一後、ドレスデン、ライプツィヒ線が就航し、1991年に執行役員がメニヒからヌンケサー（Heinz-August Nunkesser）に交替した後、ドルトムント市議会は滑走路を2,000mに延伸し、新しいターミナルビルを建設する決定を行った。このような空港インフラの整備が完成した2000年以降、ドルトムント空港にはローコスト・キャリアの寄航が相次いだ。2002年には、エア・ベルリンの

シティー・シャトルがロンドン、ミラノ、ウィーン線を就航させた。2004年には、イージー・ジェットが進出した。同航空によって、ドルトムント空港はロンドン、パリ、アリカンテ、ブダペスト、パルマ・デ・マジョルカ、ニース、プラハ、ローマと結ばれに至っている。またヴィズ・エア（Wizz Air）によるカトヴィーツェ線が就航したのも2004年のことであった。

1.2 ドルトムント空港有限会社の資本関係

ドルトムント空港有限会社の資本関係は図7-1に示したように、ドルトムント市が直接出資する26％の持分と、ドルトムント市が100％出資するドルトムント市自治体企業株式会社による74％の持分から構成されている。空港のハンドリング業務を行うドルトムント空港ハンドリング有限会社は、ドルトムント空港有限会社の100％子会社となっている。

上記の持分所有を反映して、同社監査役会には、議長ペールケ、監査役ユンクがドルトムント市自治体企業株式会社から派遣されている。また、監査役会の構成員は、他の空港会社の場合と全く異なり、その職業がごく普通の「市民」が大半を占めていることが分かる（表7-1参照）。資本関係と会社役員の構成は、同空港がドルトムント市民の空港であることを示しているといえよう。

同社執行役員は、2001年にヌンケサーからコサック（Manfred Kossack）に交替している[4]。

1.3 ドルトムント空港と空間的輸送関係

ドルトムント空港とローコスト・キャリアの関係は密接である。表7-2は、航空会社別に搭乗者数を示した。イージージェットを筆頭にヴィズ・エア、エア・ベルリン、ジャーマンウィングズ、LW、スカイ・エアラインズ、ブルー・エクスプレスなどローコスト・キャリア利用者が圧倒的多数を占めている。

ドルトムント空港発の直行便では、パルマ・デ・マジョルカをはじめとする保養地への便が目立つほか、ミュンヘン、ベルリン、シュトゥットガルト、ロンドン、ウィーンなど西欧の大都市便が運行されている。また、東欧方面との連絡も実現している（表7-3参照）。

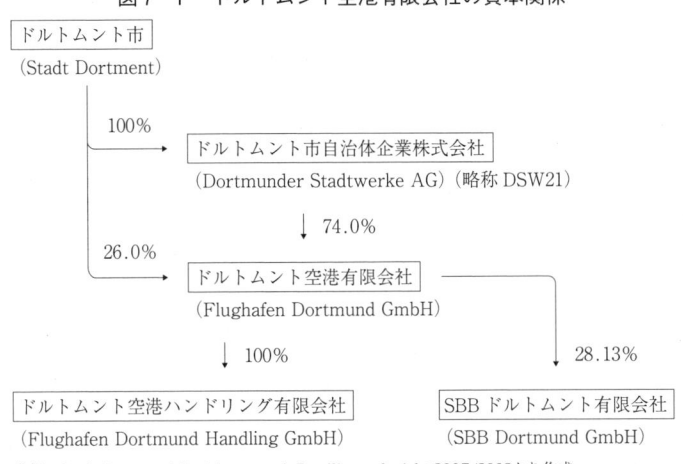

図7-1　ドルトムント空港有限会社の資本関係

```
ドルトムント市
(Stadt Dortment)
   │100%
   ↓
ドルトムント市自治体企業株式会社
(Dortmunder Stadtwerke AG)（略称 DSW21）
   │74.0%
26.0%↓
ドルトムント空港有限会社
(Flughafen Dortmund GmbH)
   │100%                    ↑28.13%
   ↓
ドルトムント空港ハンドリング有限会社    SBB ドルトムント有限会社
(Flughafen Dortmund Handling GmbH)    (SBB Dortmund GmbH)
```

典拠：Stadt Dortmund Stadtkämmerei, *Beteiligungsbericht 2007/2008*より作成。

搭乗者数を基準に目的地を見ると、パルマ・デ・マジョルカが最も多数を占める点に変わりはないが、ドイツ国内への旅行者数はミュンヘンを除いて、上位には入ってこないことがわかる。むしろ「国際空港」としての位置付けが確認できるであろう。

1.4　ニーダーライン地方におけるドルトムント空港

ノルトライン・ヴェストファーレン州内に存在する空港における年間搭乗者数は、表7-5のようになる[5]。

デュッセルドルフ国際空港と搭乗者数を比較すると、ケルン／ボンがその59％の規模、ドルトムントが12％の規模、以下ミュンスター／オスナブリュック9％、パーダーボルン／リップシュタット7％、ウィーツェ3％となる。

表7-1　ドルトムント空港有限会社の監査役（2008年1月25日現在）

	氏　名	現　職
議長（Vorsitzender）	グントラム・ペールケ（Guntram Pehlke）	DSW代表取締役（Vorstandsvorsitzender der DSW21）
副議長（stellvertretender Vorsitzender）	ハインリッヒ・オルレヒ（Ratsmitglied Heinrich Ollech）	家具職人マイスター（Tischlermeister）
副議長（stellvertretender Vorsitzender）	ウルリヒ・デットマン（Ulrich Dettmann）	執行役員（Geschäftsführer）
	ヘンドリック・ベルントセン（Ratsmitglied Hendrik Berndsen）	支配人（Prokurist）
	バルバラ・ブロテンベルク（Ratsmitglied Barbara Blotenberg）	主婦（Hausfrau）
	ヨアヒム・フィッシャー（Ratsmitglied Joachim Fischer）	元校長（Schulrektor i.R.）
	ラインハルト・フランク（Ratsmitglied Reinhard Frank）	自営業（selbständiger Kaufmann）
	マルコ・ハルトケ（Arbeirnehmervertreter Marko Hartke）	地上交通業務部門長（Bereichsleiter Bodenverkehrsdienste）
	フーバー・ユンク（Huber Jung）	DSW21取締役（Vorstandsmitglied der DSW21）
	ヴァルター・クニーリンク（Ratsmitglied Walter Knieling）	元教頭（Studiendirektor i.R.）
	ウド・マガー（Udo Mager）	執行役員（Geschäftsführer）
	カルラ・ノイマン（Ratsmitglied Carla Neumann）	保育士（Tagesmutter）
	マンフレッド・ザウアー（Ratsmitglied Manfred Sauer）	支配人（Prokurist）
	マティアス・ウルリヒ（Ratsmitglied Matthias Ulrich）	上級公務員候補者（Assessor）
	リヒャルト・ウテヒ（Ratsmitglied Richard Utech）	ドイツ鉄道職員（Beamter bei der Deutschen Bahn AG）
	ペトラ・ツィーラツニー（Sachkundige Bürgerin Petra Zielazny）	銀行員（Bankfachwirtin）
	ゲルトルート・ツップファー（Ratsmitglied Gertrud Zupfer）	元行政官（Verwaltungsangestelle i.R.）

典拠：Dortmund Airport, *Geschäftsbericht 2007*, p. 19.

第7章 地方自治体と空港　269

表7-2　ドルトムント空港搭乗者の航空会社別ランキング

		2007年	2006年
1	イージージェット（easyJet）	963,446	985,236
2	ヴィツ・エア（Wizz Air）	416,770	349,179
3	エア・ベルリン（Air Berlin）	341,018	366,081
4	ジャーマンウィングズ（Germanwings）	169,070	0
5	ルフトハンザ（Lufthansa）	76,966	90,775
6	ヴァルター航空（Luftfhrtgesellschaft Walter）	38,898	44,455
7	スカイ・エアラインズ（Sky Airlines）	27,776	28,182
8	サン・エクスプレス（Sun Express）	23,810	12,434
9	ブルー・ウィングズ（Blue Wings）	23,343	8,423
10	インター・エクスプレス（Inter Ekspres）	9,165	588

典拠：Dortmund Airport, *Geschäftsbericht 2007*, p. 5.

表7-3　ドルトムント空港における直行便

	目的地	週あたり便数	航空会社
1	パルマ・デ・マジョルカ	34	エア・ベルリン（20）、ジャーマンウィングズ（7）、イージージェット（7）
2	ミュンヘン	17	ジャーマンウィングズ
2	ベルリン・テーゲル	17	LWG
2	カトヴィーツェ	17	ヴィズ・エア
5	シュトゥットガルト	16	LWG
6	ロンドン・ルートン	13	イージージェット
7	ウィーン	11	ジャーマンウィングズ
8	アリカンテ	8	イージージェット
9	プラハ	7	イージージェット
9	アンタルヤ	7	スカイ・エア（3）、サン・エクスプレス（2）、ブルー・ウィングズ（1）、エア・ベルリン（1）
9	バルセロナ	7	エア・ベルリン（4）、イージージェット（3）
9	クラクフ	7	イージージェット
13	イスタンブール	5	ブルー・ウィングズ
	アタテュルク	2	
	サビア・ギョクチン	3	
13	ブダペスト	5	イージージェット
13	グダニスク	5	ヴィズ・エア

注：なお、2009／2009年の冬期スケジュールにおいては、イスタンブール・アタテュルク便が新興キャリアTurkuaz Airlines（ICAO-Code: TRK）によって多数運行されるようになった（Dortmund Airport, *Flugplan Winter 2008/2009*）。
典拠：Dortmund Airport, *Flugplan Sommer 2008*.

表7-4　ドルトムント空港搭乗者の目的地別ランキング

		2007年	2006年
1	パルマ・デ・マジョルカ	325,950	327,528
2	ロンドン・ルートン	199,637	155,591
3	カトヴィーツェ	192,863	177,496
4	ミュンヘン	111,737	90,647
5	バルセロナ	92,140	88,396
6	クラクフ	91,024	88,477
7	プラハ	81,751	81,539
8	アリカンテ	80,207	82,243
9	グダニスク	80,083	82,488
10	アンタルヤ	79,450	80,056

典拠：Dortmund Airport, *Geschäftsbericht 2007*, p. 5.

表7-5　ノルトライン・ヴェストファーレン州内空港年間搭乗者数（2006年度）

空港名	IATA-Code	年間搭乗者数
デュッセルドルフ国際	DUS	16,590,055
ケルン／ボン	CGN	9,904,236
ドルトムント	DTM	2,019,236
ミュンスター／オスナブリュック	FMO	1,551,173
パーダーボルン／リップシュタット	PAD	1,272,205
ヴィーツェ	NRN	585,403
ジーガーラント	SGE	32,070
メンヒェングラードバッハ	NGL	31,273

典拠：ADV, Internationale Verkehrsflughäfen in der ADV: Verkehrsergebnisse 2006 et ADV, Regionale Verkehrsflughäfen und Verkehrslandesplätze in der ADV: Verkehrsergebnisse 2006より作成。

2　ミュンスター／オスナブリュック空港

2.1　ミュンスター／オスナブリュック空港の基本情報と沿革

　ミュンスター／オスナブリュック空港（IATA-Code: FMO）は、2,175m×45mの滑走路を有し、ミュンスター市中心部から25km、オスナブリュック市中心部から35kmの地点にある空港である。空港へのアクセスは、デュッセルドルフ、カッセル、フランクフルト、オランダからの鉄道連絡のあるミュンスター中央駅、

およびミンデン、ブレーメン、ライネ経由のオランダからの鉄道連絡のあるオスナブリュック中央駅またはオランダ、ライネ方面から連絡のあるイッベンビューレン（Ibbenbüren）から直通バスによって確保されている。ミュンスター中央駅からは、快速バス（Schnellbus）、直通バス（Direktbus）で34分、路線バス（Regionaltakt）で46分で結ばれている。オスナブリュック中央駅からは、FMOエクスプレス（FMO-Express）によって40分の行程である[6]。

　このようなアクセスは、同空港の集客範囲がノルトライン・ヴェストファーレン州、ニーダーザクセン州、オランダに拡がっていることを意味している。ミュンスター／オスナブリュック空港有限会社（Flughafen Münster/Osnabrück GmbH）執行役員ゲルト・シュテファーによれば、同空港の集客範囲はノルトライン・ヴェストファーレン州北部、ニーダーザクセン西部、オランダのオーフェルアイセル地域（Region Overrijssel）にまで及び、具体的には北はクロッペンブルク／オルデンブルク（Cloppenburg/Oldenburg）、東はミンデン／ビーレフェルト、南はルール地方北部、西はオランダ国境を越えてエンスヘーデ（Enshede）、ヘンヘロ（Hengelo）、アルンヘム（Arnheim）にまで至っている。このような集客範囲をめぐって競合関係にある空港は、ドルトムント、ブレーメン、ハノーファー、パーダーボルン／リップシュタット、ヴィーツェおよびトゥエンテ（Twente）であり、特にブレーメン、パーダーボルン／リップシュタットとは激しい競争状態にある[7]。

　ミュンスター／オスナブリュック空港有限会社（Flughafen Münster/Osnabrück GmbH）は、1966年にミュンスター市（Stadt Münster）、オスナブリュック市（Stadt Osnabrück）、グレーフェン市（Stadt Greven）およびミュンスター郡（Landkreis Münster）、テクレンブルク郡（Landkreis Tecklenburg）、シュタインフルト郡（Landkreis Steinfurt）によって設立された。3年間にわたる建設期間の後、1972年5月27日、ミュンスター／オスナブリュック空港が開業した。ツィンバー航空（Cimber Air）が、1日に3便フランクフルト／マイン行きを就航させたのが、この空港業務の始まりである[8]。

　翌1973年には、TUIとネッカーマンがパルマ・デ・マジョルカへのチャーター便を飛ばした。80年に旅客ビルが飽和状態となり、1988年にビルの改修工事と新

ターミナル建設計画が始まり、また、航空貨物の取り扱いを開始した。1995年に新ターミナルが完成したにもかかわらず、搭乗者数が継続的に増加したために、2001年に第2ターミナルを開業するに至る。2003年には、エア・ベルリンの執行役員ヨアヒム・フーノルトの出席のもとに、エア・ベルリン専用ハンガーの開業式典が行われた。エア・ベルリンは5機を常駐させて、同空港における最大の航空会社となった。翌年には滑走路の延伸方針が決定された。

計画では、工事を2段階に分けて行い、第1段階では滑走路を3,000mに延伸し、2年の工期を見込んで2009年末に完成することになっている。第2段階では、さらに3,600mまで延伸する予定である[9]。

2008年5月29日、エール・フランスによってミュンスター/オスナブリュック空港からパリ・シャルル・ド・ゴール行きの便が就航した。パリ行きは毎日2便運行される。このことは、ミュンスター/オスナブリュック空港がパリを経由してスカイ・チーム・アライアンスの国際的航空網に組み入れられたことを意味している[10]。

2.2　ミュンスター/オスナブリュック空港有限会社の資本関係

ミュンスター/オスナブリュック空港有限会社は、2,256万780ユーロの資本金をもって創業された。その持分は、表7-6であった。この持分の空間的構成がノルトライン・ヴェストファーレン州、ニーダーザクセン州、オランダを包含する地域へと拡がっていることに注目したい。

このうち、ミュンスター商工会議所、オスナブリュック/エムスラント商工会議所、ミュンスター手工業会議所、オスナブリュック/エムスラント手工業会議所、フェリューウェ・トュウェンテ商業会議所は会社の利益・損失に与らないとされている[11]。

監査役会16名の構成は、株式法上の規定を適用せずに、15名が持分所有者および社団法人グレーフェン航空団体から選出され、残りの1名は社員総会において5分の4以上の多数決によって選出される。15名の構成は表7-7に示される。

2006年には、エムスラント郡が新たに持分所有者となり、0.45%（10万2,300ユーロ）を出資した。これによってニーダーザクセン州からの出資は、オスナブ

表7-6　ミュンスター／オスナブリュック空港有限会社創業資本構成

持分所有者	出資額（ユーロ）
Stadtwerke Münster GmbH	7,945,790
Beteiligungsgesellschaft des Kreises Steinfurt mbH	6,862,360
Stadtwerke Osnabrück AG	3,897,630
Grevener Verkehrs-GmbH	1,334,780
BEVOS Beteiligungs- und Vermögensverwaltuns-GmbH Landkreis Osnabrück	1,614,660
Kreis Warendorf	552,760
Kreis Borken	102,260
Kreis Coesfeld	102,260
Landkreis Grafschaft Bad Bentheim	102,260
IHK Münster	15,340
IHK Osnabrück/Emsland	7,670
Handwerkskammer Münster	7,670
Handwerkskammer Osnabrück/Emsland	7,670
Kamer van Koophandel Veluwe en Twente	7,670

典拠：Gesellschaftsvertrag der FMO Flughafen Münster/Osnabrück Gesellschaft mit beschränkter Haftung.

表7-7　ミュンスター／オスナブリュック空港有限会社監査役構成

選出母体	監査役数
Stadtwerke Münster GmbH	4
Stadtwerke Osanbrück AG	3
Beteiligungsgesellschaft des Kreises Steinfurt mbH	3
Grevener Verkehrs-GmbH	1
BEVOS Beteiligungs- und Vermögensverwaltuns-GmbH Landkreis Osnabrück	1
Luftfahrtvereinigung Greven e.V.	2
Kreis Warendorf	1

典拠：Gesellschaftsvertrag der FMO Flughafen Münster/Osnabrück Gesellschaft mit beschränkter Haftung.

リュック市、オスナブリュック郡、ベントハイム郡にエムスラント郡を加えて4自治体となった[12]。

　2006年6月現在の資本金は、2,266万3,500ユーロとなり、持分所有は表7-8のようになった。

　監査役会議長は、シュタインフルト郡から郡長が選出され、副議長の2人はミュンスター市上級市長とオスナブリュック市の市長が選出され、地域利害の均衡が図られている（表7-9参照）。

表7-8　ミュンスター／オスナブリュック空港有限会社持分（2006年6月現在）

持分所有者	出資額（ユーロ）	持分比率（％）
Stadtwerke Münster	7,945,700	35.0599
Bteiligungsgesellschaft des Kreises Steinfurt mbH	6,862,400	30.2795
Stadtwerke Osnabrück AG	3,897,650	17.1979
BEVOS Beteiligungs- Vermögensverwaltungs mbH Landkreis Osnabrück	1,614,700	7.1247
Grevener Verkehrs GmbH	1,334,800	5.8896
Kreis Warendorf	552,800	2.4392
Kreis Borken	102,300	0.4514
Kreis Coesfeld	102,300	0.4514
Landkreis Graftschaft Bentheim	102,300	0.4514
Landkreis Emsland	102,300	0.4514
IHK Nord Westfahlen	15,350	0.677
IHK Osnabrück Emsland	7,700	0.340
Handwerkskammer Münster	7,700	0.340
Handwerkskammer Osnabrück-Emsland	7,700	0.340
Kamer van Koophandel Veluwe en Twente	7,700	0.340

典拠：Flughafen Münster/Osanbrück International Airport, Presseinformation Nr.24, 31. 05. 2006.

表7-9　ミュンスター／オスナブリュック空港有限会社監査役会議長、副議長

	氏　名	
監査役会議長	トマス・クベンドルフ（Thomas Kubendorff）	スタインフルト郡長（Landrat, Kreis Steinfurt）
監査役会副議長	ベルトルト・ティルマン博士（Dr. Bertold Tillmann）	ミュンスター市上級市長（Oberbürgermeister, Stadt Münster）
監査役会副議長	ブルクハルト・ヤスパー（Burkhard Jasper）	オスナブリュック市市長（Bürgermeister, Stadt Osnabrück）

典拠：Flughafen Münster/Osanbrück International Airport, Unternehmen, in interrete sub: http://www.flughafen-fmo.de/, 14. 10. 2008.

表7-10　ミュンスター／オスナブリュック空港有限会社執行役員

	氏　名	
Geschäftsführer	ゲルト・シュテーヴァー教授（Prof. Dipl.-Ing. Gerd Stöwer）	
stellv. Geschäftsführer	トルステン・ブロックマイア（Dipl.-Kfm Thorsten Brockmeyer）	

典拠：Flughafen Münster/Osanbrück International Airport, Unternehmen, in interrete sub: http://www.flughafen-fmo.de/, 14. 10. 2008.

2.3　ミュンスター/オスナブリュック空港の空間的輸送関係

　ミュンスター/オスナブリュック空港の旅客便に関して、『ミュンスター/オスナブリュック空港航空時刻表　2008/2009年冬期スケジュール』は、定期便と季節便を区別して掲載しているので、これを用いて以下の分析を進める[13]。

　表7-11が示すのは、定期便運行の目的地が、ミュンヘン、フランクフルト、シュトゥットガルト、ベルリンなどのドイツ国内の大都市と並んで、ロンドン、パリとも結ばれていることである。

　これに対して、季節便においては、パルマ・デ・マジョルカ、アンタルヤ、グラン・カナリアなど代表的な保養地と連絡されていることが分かる（表7-12参照）。

　表7-13は、ニュルンベルク経由便を記した。時刻表においてはニュルンベルク「寄航」（Zwischenlandung）と記されているが、現実には別の機材への乗り換えが多く含まれているので「経由便」の名称を使った。エア・ベルリン便は、ニュルンベルクを経由して海外の保養地へ向かうルートが確保されていることが分かる。

3　ブレーメン空港

3.1　ブレーメン空港の基本情報と沿革

　ブレーメン空港（IATA-Code: BRE）は、ブレーメン市中心部の南方わずか3kmの地点にあり、2,640m×45mの離着陸用滑走路と700m×23mの離陸専用滑走路を有する。

　空港へのアクセスは中央駅から10分間隔で運行されている路面電車によって17分で到着できる。

　ライアンエアが就航した2007年4月以降、オランダ北部のフローニンゲン（Groningen）からオルデンブルク経由の長距離バスが日に4便運行され（ブレーメン～フローニンゲン間の運賃は18ユーロ）、集客範囲が著しく拡大した。

表7-11　ミュンスター／オスナブリュック空港発定期直行便

	目的地	週あたり便数	航空会社（便数）
1	ミュンヘン	55	エア・ベルリン（17）、ルフトハンザ（38）
2	フランクフルト	28	ルフトハンザ（28）
3	シュトゥットガルト	16	ツィルス航空（16）
4	パリ（CDG）	13	エール・フランス（13）
5	ベルリン（TXL）	12	エア・ベルリン（12）
6	ロンドン（STN）	11	エア・ベルリン（11）
7	フリードリヒスハーフェン	5	インタースカイ（5）
7	イェテボリ（GSE）	5	エア・ベルリン（5）
9	ニュルンベルク	3	エア・ベルリン（3）

典拠：Flughafen Münster/Osnabrück International Airport, *Flugplan Winter 2008/2009*, gültig von 26. Oktber 2008 bis 28. März 2009.

表7-12　ミュンスター／オスナブリュック空港発季節直行便

	目的地	週あたり便数	航空会社（便数）
1	パルマ・デ・マジョルカ	13	AB（11）、X3（2）
2	アンタルヤ	6	XQ（3）、SHY（1）、Bluewings（1）、Pegasus Airlines（1）
3	グラン・カナリア	3	AB（2）、X3（1）
4	フエルトヴェントュラ	2	AB（1）、X3（1）

典拠：Flughafen Münster/Osnabrück International Airport, *Flugplan Winter 2008/2009*, gültig von 26. Oktber 2008 bis 28. März 2009.

表7-13　ミュンスター／オスナブリュック空港発ニュルンベルク経由便

目的地	週あたり便数	航空会社（便数）
ランサロテ（ACE）	3	AB（2）、XQ（1）
グラン・カナリア（LPA）	3	AB（3）
フエルトヴェントュラ（FUE）	3	AB（3）
テネリフェ・スール（TFS）	3	AB（3）
シャルム　アッシャイフ（SSH）	3	AB（3）
ミラノ（MXP）	3	AB（3）

典拠：Flughafen Münster/Osnabrück International Airport, *Flugplan Winter 2008/2009*, gültig von 26. Oktber 2008 bis 28. März 2009.

　さらにライアンエアの発着にあわせて、ハンブルク中央駅とブレーメン空港ライアンエア・ターミナルの間に空港バス bus2fly が運行され（オンライン予約運賃は12ユーロ）、90分で結ばれている[14]。

　ブレーメン空港の歴史は、ブレーメン市議会がブレーメン航空協会（Bremer

Verein für Luftfahrt、略称BVL）に対して、ノイエンランダー・フェルト訓練場に飛行基地（Flugstützpunkt）を設置する認可を与えた1913年に始まる[15]。

1922年に至るまで、ブレーメン空港の建設・整備・管理はもっぱら航空協会の手で行われた。1920年にはKLMによって、アムステルダム発、ブレーメン、ハンブルク経由、コペンハーゲン行きが就航した。翌年には航空協会および北ドイツロイド、ブレーメン銀行等の出資のもとに「ブレーメン空港経営会社」（Bremer Flughafen-Betriebsgesellschaft）が設立され、ベルリン便が就航した。

第2次大戦の勃発によって民間航空が中断した後、1945年に空港はアメリカ軍に接収されたが、1949年にはスカンジナビア航空がブレーメンに寄航するようになり民間航空が再開された。航空高権の返還後、ルフトハンザはブレーメンをその航空網に組み入れたが、1973年ブレーメン市当局は、空港が都市に近接し騒音問題を引き起こしているという理由で、ブレーメン空港を短距離・中距離便用空港（Kurz- und Mittelstreckenflüge）と規定した。

2006年9月19日、ライアンエアはブレーメン空港をヨーロッパにおける17番目の拠点空港とすることを発表し、2007年以降、以下の路線を順次就航させることとした。

ロンドン線	毎日2便
オスロ線	毎日1便
バルセロナ線	週4便
ムルシア線	週4便
タンペレ線	週4便
ヴェネツィア線	週4便
リガ	週3便
ヴェローナ	週3便

ライアンエアは、「ブレーメン空港の集客範囲（catchment area）に住む1,300万人のドイツ人が真の低運賃航空を享受し、ルフトハンザの半値以下の価格でヨーロッパの9カ所の目的地に向かう無敵のサービスを受け、燃料サーチャージも加算されない」ことを、強調した[16]。

ブレーメン空港は、ライアンエアを「ホームキャリア」（Homecarrier）として

歓迎し、ライアンエア専用ターミナルと6つの専用チェックインカウンターを準備した[17]。

2007年4月には、OLTも専用チェックイン・カウンターを設けるに至った[18]。

3.2 ブレーメン空港の資本関係

ブレーメン空港有限会社は、ブレーメン市が100％出資する典型的な自治体企業である。空港における各種の業務を行うブレーメン空港電化設備有限会社、ブレーメン・エアポート・サービス有限会社、航空ハンドリング・サービス有限会社　ブレーメンには過半数の持分を有している。これらの子会社のうちで航空ハンドリング・サービス有限会社　ブレーメンは、親会社である航空ハンドリング・サービス有限会社　ハンブルクが残りの49％の持分を有している。航空ハンドリング・サービス有限会社　ハンブルクに対してはブレーメン空港有限会社が12％の出資をしているほか、ハノーファー・ランゲンハーゲン空港有限会社、ハンブルク空港有限会社、ミュンスター／オスナブリュック空港有限会社、シュトゥットガルト空港有限会社などが持分を所有する複雑な資本関係を形成している（図7-2参照）。

3.3 ブレーメン空港の空間的輸送関係

2007年以降、ライアンエアがブレーメン空港に拠点を設けたことは、すでに指摘したが、週あたりの便数においては依然として伝統的なキャリアのウエイトが高い。ミュンヘン、フランクフルト、シュトゥットガルトとはルフトハンザによって結ばれ、アムステルダムとはKLM、パリとはエール・フランスによって連絡されている。これに対してロンドン線にはライアンエアが就航し、ブリュッセル、ニュルンベルク、ハンブルク、コペンハーゲン線にはOLTが就航している。これらの路線によって西ヨーロッパの大都市との輸送関係が形成されている（表7-14参照）。

ブレーメン空港においては、都市間輸送と比較するとパルマ・デ・マジョルカ線の運行は、比較的少ないが、2008年の夏期ダイアにおいては、週22便が運行され、その内訳はエア・ベルリン（10便）、XLエアウェイズ（5便）、ライアンエ

図7-2　ブレーメン空港の資本関係

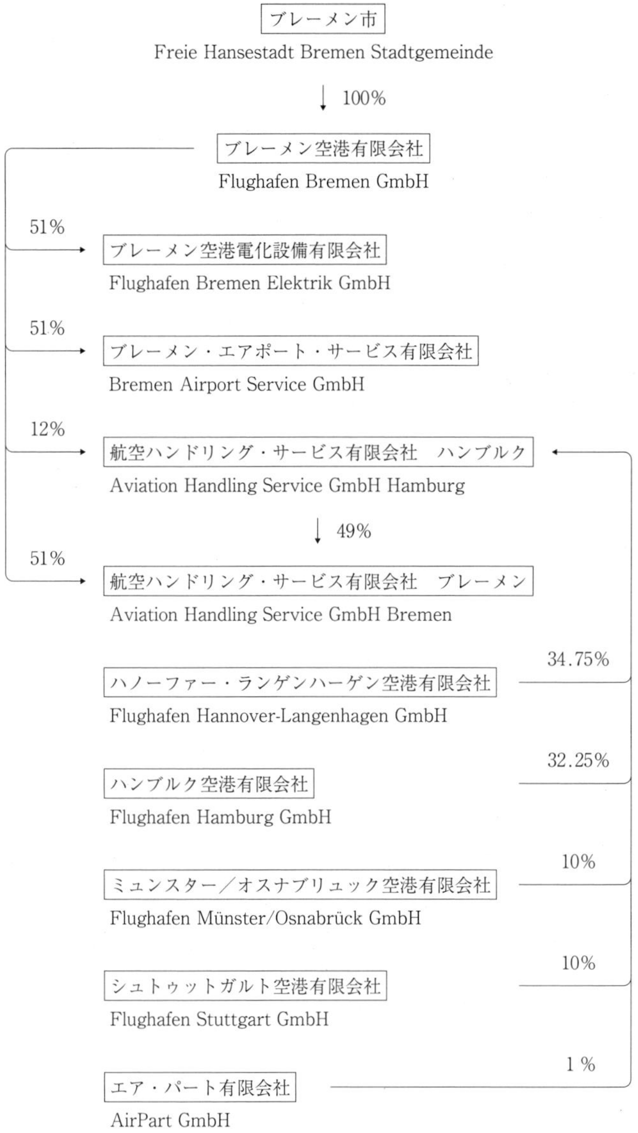

```
ブレーメン市
Freie Hansestadt Bremen Stadtgemeinde
        ↓ 100%
     ブレーメン空港有限会社
     Flughafen Bremen GmbH
```

- 51% → ブレーメン空港電化設備有限会社　Flughafen Bremen Elektrik GmbH
- 51% → ブレーメン・エアポート・サービス有限会社　Bremen Airport Service GmbH
- 12% → 航空ハンドリング・サービス有限会社　ハンブルク　Aviation Handling Service GmbH Hamburg
  - ↓ 49%
- 51% → 航空ハンドリング・サービス有限会社　ブレーメン　Aviation Handling Service GmbH Bremen

- ハノーファー・ランゲンハーゲン空港有限会社　Flughafen Hannover-Langenhagen GmbH ── 34.75%
- ハンブルク空港有限会社　Flughafen Hamburg GmbH ── 32.25%
- ミュンスター／オスナブリュック空港有限会社　Flughafen Münster/Osnabrück GmbH ── 10%
- シュトゥットガルト空港有限会社　Flughafen Stuttgart GmbH ── 10%
- エア・パート有限会社　AirPart GmbH ── 1%

典拠：Flughafen Bremen GmbH, *Geschäftsbericht 2006*.

表7-14　ブレーメン空港発直行便の運行（2008年末現在）

	目的地	週あたり便数	航空会社（便数）
1	ミュンヘン	45	ルフトハンザ (45)
2	フランクフルト	39	ルフトハンザ (39)
3	アムステルダム	26	KLM (26)
4	パリ	25	エール・フランス (25)
5	シュトゥットガルト	21	ルフトハンザ (21)
6	ロンドン（スタンスッテッド）	16	ライアンエア (16)
7	ブリュッセル	13	OLT (13)
8	ニュルンベルク	12	OLT (10)、エア・ベルリン (2)
8	バルセロナ	12	
	バルセロナ	6	エア・ベルリン (6)
	ジローナ	6	ライアンエア (6)
10	パルマ・デ・マジョルカ	11	エア・ベルリン (7)、ライアンエア (3)、ゲルマニア (1)
11	コペンハーゲン	10	OLT (10)
12	ハンブルク	6	OLT (6)
13	アンタルヤ	6	スカイ・エアラインズ (3)、サン・エクスプレス (2)、ブルー・ウィングズ (1)
14	ビルバオ	6	エア・ベルリン (6)

典拠：Airport Bremen, *Gesamtflugplan Winter 2008/2009*.

ア（5便）、ゲルマニア、OLT、エア・ヨーロッパがそれぞれ1便であった[19]。

4　小　括

（1）第2次大戦以前に、ルフトハンザの重要な寄航地のひとつであったドルトムント空港は、ドイツ再統一移行、ローコスト・キャリアの進出によって再生した。特に2004年からイージージェットの進出は、同空港を「国際空港」へと格上げした。

（2）ミュンスター／オスナブリュック空港の資本関係は、ノルトライン・ヴェストファーレン州、ニーダーライン州、オランダの自治体・経済団体を射程に包含している。

（3）同空港の集客においても、上記の地域を射程に入れている。

（4）ブレーメン空港は、ライアンエアのドイツにおける拠点のひとつであるが、依然として伝統的キャリアによる都市間輸送が大きなシェアを占めている。

1) Dortmund Airport, Zahlen/Daten/Fakten, in interrete sub: http://www.dortmund-airport.de/geschaeftsbericht_html, 18. 11. 2008.
2) Dortmund Airport, *Flugplan Sommer 2008*, p. 52-58.
3) 以下の記述は、Dortmund Airport, Historie, in interrete sub: http://www.dortmund-airport.de/index.php?id=70, 01. 11. 2008およびDortmund Airport, 80Jahre Flughafen Dortmund GmbH, in: Pressemitteilungen, 16. 04. 2006による。
4) Dortmund Airport, 80Jahre Flughafen Dortmund GmbH, in: Pressemitteilungen, 16. 04. 2006.
5) ミュンスター／オスナブリュック空港の立地自体は、ノルトライン・ヴェストファーレン州内のニーダーザクセン州との州境にあるが、空港名が示すように2州にまたがる性格を有していることから、ここでは除外する。
6) Flughafen Münster/Osnabrück International Airport, Bahn/Bus/Zubringer, in interrete sub: http://www.flughafen-fmo.de, 23. 11. 2008.
7) Stöver, Gerd, *Entwicklungsmöglichkeiten von Regionalflughäfen am Beispiel Münster/Osnabrück*, 2005.
8) 以下の記述は、Flughafen Münster/Osnabrück International Airport, Entwicklung, in interrete sub: http://www.flughafen-fmo.de, 23. 11. 2008による。
9) Flughafen Münster/Osnabrück International Airport, Presseinformation, Nr.42, 14. 12. 2006.
10) Flughafen Münster/Osnabrück International Airport, Presseinformation, Nr.17, 09. 05. 2008.
11) Gesellschaftsvertrag der FMO Flughafen Münster/Osnabrück Gesellschaft mit beschränkter Haftung.
12) Flughafen Münster/Osanbrück International Airport, Presseinformation Nr.24, 31. 05. 2006.
13) Flughafen Münster/Osnabrück International Airport, *Flugplan Winter 2008/2009*, gültig von 26. Oktber 2008 bis 28. März 2009.
14) Airport Bremen, Anfahrt, in interrete sub: http://www.flughafen-bremen.de/anfahrt-service, 29. 11. 2008 et bus2fly, Flughafenbus Hamburg City — Ryanair Bremen, in interrete sub: https://www.bus2fly.de/, 29. 11. 2008.
15) 以下の記述は、Airport Bremen, Geschichte, in interrete sub: http://www.flughafen-bremen.de/ueber-den-flughafen/geschichte.html, 29. 11. 2008およびBremer Verein für Luftfahrt e.V., BVL Über uns, in interrete sub: http://www.bvl-ev/bvl/bvl-a-2.html, 30. 11. 2008による。

16) Ryanair, News Release, 19. 09. 06.
17) Airport Bremen, *Geschäftsbericht 2006*. ライアンエア就航に対する地元メディアの反応については、*Weser Kurier*, 19. Jan. 2008, 15. Feb. 2008 et 23. Feb. 2008参照。
18) Airport Bremen, Pressemitteilung, 2. 04. 2007.
19) Airport Bremen, 22×pro Woche nach Palma de Mallorca, in interrete sub: http://www.flughafen-bremen.de/news-events/aktuelle-informationen, 22. 08. 2008.

第8章　周辺空港

　この章においては、ドイツの周辺地域に位置する空港のうちで、資本関係において特徴的なコペンハーゲン空港および、空間的輸送関係において示唆的であるユーロエアポートを採り上げる。

1　コペンハーゲン空港

1.1　コペンハーゲン空港の基本情報と沿革

1.1.1　コペンハーゲン空港の基本情報

　コペンハーゲン空港（Københavns Lufthavn）（IATA-Code: CPH）は、コペンハーゲン市中心部から南東8 km、アマガー島（øen Amager）のカストルップ（Kastrup）に位置している。SASの旅客ハブ空港のひとつであり、またDHLの貨物ハブ空港でもある。3,500m と3,300m の平行滑走路のほかに、2,800m の横風用滑走路を備え、1時間あたりの離着陸能力は83機である。空港の北エリア（Nordområdet）には3つのターミナル、鉄道駅、駐車場のほか、SASの貨物センターがあり、東エリア（Østområdet）にはDHLとSASの貨物ターミナルがある。東エリア（Sydområdet）には My Travel、Danish Air Transport、North Star の技術基地が配置され、西エリア（Vestområdet）には空港管理施設がある[1]。

　2000年には、新しい自動車専用道路と鉄道がコペンハーゲン空港とスウェーデンの間に開通し、デンマークのみならずスウェーデンからの列車、自家用車、バスによるアクセスが容易になった。ストックホルムから空港駅まで列車で4時間、イェテボリ（スウェーデン）やオーフス（デンマーク）から2時間半、マルメ（ス

ウェーデン）中心部から20分で到着できる[2]。

コペンハーゲンとマルメの間に建設され、自動車道と鉄道線路を持つエーアソン橋は、デンマーク政府とスウェーデン政府が間接的に出資するエーアソン橋企業連合（Øresundsbro Konsortie）によって所有・管理されている。エーアソン橋はデンマーク語では Øresundsbroen、スウェーデン語では Öresundsbron であるが、公式名称は両国語を合成した Øresundsbron が用いられることとなった[3]。

2007年10月から、空港第3ターミナルとコペンハーゲン市中心部コンゲンス・ニュートー（Kogens Nytorv）を14分で結び、エス・トー（S-Tog）とノアポート（Nørresport）で接続する地下鉄（Metro）が開通し、空港へのアクセスはさらに改善された[4]。

1.1.2 コペンハーゲン空港の沿革

1925年4月20日に落成した当時のコペンハーゲン空港は、木造のターミナルと2戸の格納庫を備え、滑走路として使用される草原は、放牧された羊によって草が短く保たれ、離着陸に際しては羊が追い払われていた。当時の離着陸は夏期の好天の場合に限られていた。1930年に無線・天候業務部（radio- og vejrtjenesten）の設置によって、年間を通じて夜間の利用も可能になり、デンマーク航空（Det Dansk Lufttartsselskab、略称DDL）は、定期便を増便し、「生まれつき北欧と他のヨーロッパを結ぶトランジット空港」（den naturige transitlufthavn for flytrsfikken mellem Norden og resten af Europa）となった。

「成長期」（vækstalderen）とされる1932年から1939年において年間離着陸数は6,000回から5万回へと増加し、搭乗者数もこの期間に6倍の7万2,000人となった。このような状況を背景として、1939年には、空港設備の大拡張が行われたが、第2次大戦の勃発によって空港の成長が阻害されることとなった[5]。

1941年、春の大雪と雪解けの影響で滑走路が使用不能となったことが契機となって、幅65m、延長1,400mのコンクリート滑走路と誘導路が新設された。

第2次大戦後から1972年までの時期を同社では「ヨーロッパのハブの時代」（det europæike trafikknudepunkt）と呼ぶ。1946年に新たに設立されたSASと米系航空会社（American Overseas Airlines）がアメリカへの定期便の運行を開

始した。1948年には、年間搭乗者数が30万人を超え、1日あたり航空機の発着が150便となり、ヨーロッパで第3の空港となった。1949年には、SAS が DC-9によって、初の極東ルートであるストックホルム〜コペンハーゲン〜チューリッヒ〜ローマ〜ダマスクス〜バスラ〜カラチ〜カルカッタ〜バンコク線を開設した（所要時間34時間）。

　ジェット機が就航した1950年代のモットーは「より大きく、より良く、より速く」（større, bedre og hurtigere）であった。空港滑走路の拡張に伴い、SAS を中心としたジェット化が進み、定期便から締め出されたプロペラ機は、スカンジナビアと南欧を結ぶチャーター便として利用された。SAS によって世界最初のポーラールート定期便（コペンハーゲン〜ソンドレストロムフィヨア（Søndre Strømfjord）〜ウィニペグ（Winnipeg）〜ロサンゼルス線）が就航したのは1954年のことである。SAS はさらに1957年、北極回りコペンハーゲン〜アンカレッジ〜東京線を開設し、所要時間を南周りの52時間から32時間へと大幅に短縮した。

　新ターミナル（現在の第2ターミナル）が完成した1960年にはジェット機の発着は1日あたり18便に増加した。この年、SAS はコペンハーゲン空港に直営ホテル（SAS Royal Hotel Copenhagen）を開設した。このターミナルの再編成に伴い、国内線は専用ターミナル（現在の第1ターミナル東）へと移転した。1967年、SAS は長距離ジェット機 DC-8-62を使い、コペンハーゲンとバンコクを最短距離で結ぶトランス・アジアン・エキスプレス・ルートを就航させた。1971年、SAS はボーイング747を導入し、コペンハーゲン〜ニューヨーク線を就航させた。また、コペンハーゲン〜モスクワ〜東京を結ぶトランス・シベリアン・エキスプレスを就航し、飛行時間は13時間となった。このような増便によって、1972年には発着が18万便を超え、800万人以上の搭乗者を数えるに至った[6]。

　1970年代には、利用者増に対応するために、サルトホルム（Saltholm）島に新規に大空港を建設し、デンマークとスウェーデンを鉄橋で連絡する構想が浮上した。1980年、デンマーク政府は新空港建設費が膨大であることから、既存の空港を2000年までに拡張する決定を行った。この空港拡張計画の目的は「ヨーロッパ最大の空港を建設するのではなく、トランジット客に好まれる空港を建設すること」（Ikke for at udbygge lufthavn til europas største, men derimod til transitpassagerernes favoritlufthavn）であった。そのために、「国際的な旅行者がリラックスできるオアシス」（afslappende oase for de internationale rejsende）となるように設計された。

　このような明確な空港理念に基づき、1982年以降、既存空港の拡張工事が開始される。空港のショッピングセンターが開設された87年には、SASがコペンハーゲン～東京ノンストップ便を就航させ、所要時間は東京行き10時間30分、コペンハーゲン行き11時間30分となった。また、1988年、コペンハーゲン～北京ノンストップ便が就航した。1990年代に、SASは矢継ぎ早にコペンハーゲン発便を就航させた。92年には、1月にコペンハーゲン～ビルニウス線の就航によりバルト三国のすべての首都へのルートを完成させ、6月には、コペンハーゲン～香港線、コペンハーゲン～サンクト・ペテルブルク線を同時に開設、また10月にはコペンハーゲン～キエフ線を開設した。97年10月、SASは、日本発のフライトをすべてコペンハーゲン行きとし、コペンハーゲン空港のハブ化を進めた。日本発便は、従来ストックホルム行き週2便、コペンハーゲン行き週5便であったが、これをすべてコペンハーゲンに集約することとなったのである[7]。

　これによって、成田12時30分発SK984便に搭乗し、コペンハーゲン空港でトランジットすることによって、ヨーロッパの主要都市に同日中に到着できる運行形態をSASは確立した（表8-1参照）。

1.2　コペンハーゲン空港における経営

　コペンハーゲン空港のミッションは「乗客と航空会社を結びつけ、スカンジナビアを世界の他の地域と結び付ける」ことであると、『コペンハーゲン空港コンツェルン年次報告書』（2007年）は、伝える[8]。

　空港経営は、従来トランジット客に便宜を与えることに重点が置かれてきた。例えば2005年度におけるトランジット客のシェアーは34％であった。このため、ショッピングセンターの空間構成は、約10,000m²を占めるトランジットエリア（tranjitområdet）に、免税店（toldfrie）11店舗、専門店（specialbutiker）3店舗、飲食店（"food & beverage"）13店舗が配置され、内国側の店舗数を大幅に上回っている。ショッピングセンターにおいて最大の売上を誇っているのは免税店で

表 8-1　東京→コペンハーゲン・ルートとトランジット
　　　　成田（NRT）発12時30分 SK984便→コペンハーゲン着16時05分の接続
　　　　（2006／2007年冬期スケジュール）

コペンハーゲン発	便　名	目的地到着時刻	目的地（IATA-Code）
18：10	SK553	19：35	アムステルダム（AMS）
19：30	SK1677	20：25	ベルリン（BER）
21：00	SK2874	22：39	ベルゲン（BGO）
18：05	SK597	19：35	ブリュッセル（BRU）
16：50	SK2537	18：05	ダブリン（DUB）
17：00	SK627	18：15	デュッセルドルフ（DUS）
17：40	SK1635	19：10	フランクフルト（FRA）
17：00	SK1444	17：45	イェテボリ（GOT）
17：15	SK617	19：15	ジュネーブ（GVA）
17：20	SK1667	18：20	ハノーファー（HAJ）
17：35	SK651	18：25	ハンブルク（HAM）
17：30	SK6625	20：10	ヘルシンキ（HEL）
18：00	SK1507	18：35	ロンドン（LON）
17：20	SK9926	20：35	マドリード（MAD）
17：30	SK541	18：30	マンチェスター（MAN）
16：55	SK687	18：55	ミラノ（MIL）
17：00	SK3649	18：45	ミュンヘン（MUC）
17：05	SK1460	18：15	オスロ（OSL）
18：10	SK567	20：05	パリ（PAR）
17：05	SK1460	18：15	ストックホルム（STO）
17：50	SK1657	19：35	シュトゥットガルト（STR）
18：30	SK2761	19：55	ワルシャワ（WAW）
17：40	SK609	19：25	チューリッヒ（ZRH）

典拠：www.flysas.co.jp, 16. 12. 2006. ただし、明らかな誤りと思われる点については、SAS運行部（コペンハーゲン）に問い合わせて訂正した。

あるが、その売上は近年頭打ちとなっている。EU加盟国の増大によって免税店利用者が減少したこと、ノルウェーの空港が2005年7月から免税店を設置して競争が激化したことが影響している[9]。

一方、アジアからの搭乗者のトランジットに便宜を与えるため、空港の非シェンゲン・エリア（non-Schengen område）に、中国語と日本語の掲示板を設置するようになったほか、大規模なトランスファーセンターを開設して各航空会社のカウンターを集中させた[10]。

免税店における売上の伸び悩みとは対照的に、飲食関係の売上は2005年に前年比66％の高い伸び率を示した。その一因は、空港ラウンジや機内食サービスを受

表 8-2　CPH コンツェルンにおける営業収入と純利益の推移
(単位：DKK million)

年度	営業収入（Omsæting）	当期純利益（Årets resultat）
2001	2,041	356
2002	2,145	364
2003	2,213	432
2004	2,485	593
2005	2,738	670
2006	2,884	728
2007	2,925	1,113

典拠：Københavns Lufthavne A/S, *Koncernårsrapport 2005*, 2006 et 2007 より作成。

けないローコスト・フリーガー（flyve lavpris）が顕著に増加したためである[11]。例えば、2007年におけるローコスト搭乗者（lavpristrafikken）はコペンハーゲン空港において14.0%のシェアーを占めている[12]。

　コペンハーゲン空港の財務は関連企業を含めた連結決算の形をとる。コペンハーゲン空港コンツェルン（CPH コンツェルン）の営業収入と純利益は2001年以降、着実に増加してきた（表 8-2 参照）。

　営業収入の内訳を表 8-3 によって見ると、交通関連収入が圧倒的に多いが、テナント収入も着実な増加を示している。

　交通関連収入において、テイクオフ・チャージが2006年に3.0%の引き下げが行われたために搭乗者数が増加したにもかかわらず、その影響が現れている。また、新たに搭乗者1人あたり DKK30 を徴収するセキュリティー・チャージを導入し、パッセンジャー・チャージから分離された[13]（表 8-4 参照）。

　2005年、コペンハーゲン空港は、Air Transport Research Society（www.atrsworld.org）によって世界で最も効率的な空港に格付けされた。この格付けは ATRS Airport Benchmarking Report に基づくものであり、生産性と効率性（pruduktive og effektivitet）、コスト面での競争力（konkurrencedygtighed på omkostninger）、財務成績と空港使用料（finansielleresultater og lufthavnsafgifter）を基準とする。CPH の空港使用料は、他の空港と比較して低位にあるが、出発時に乗客が支払う国税、搭乗者税（statens passengerskat）が足かせとなっていた。デンマーク政府は、これを段階的に縮小する決定を行った[14]。

表8-3 営業収入の構造

(単位:DKK million)

年　度	2004	2005	2006	2007
交通関連収入（Trafikindtægter）	1,319	1,435	1,454	1,513
土地、売り場使用権収入（Koncessiondindtægter）	731	773	861	830
賃貸収入（Lejeindtægter）	177	200	234	230
用益等収入（Salg af tjennesteydelser med vidre）	258	331	335	352
計	2,485	2,738	2,884	2,925

典拠：Københavns Lufthavne A/S, *Koncernårsrapport 2005, 2006* et *2007*より作成。

表8-4 交通関連収入の内訳

(単位:DKK million)

年　度	2004	2005	2006	2007
テイクオフ・チャージ（Startafgifter）	502	511	473	492
パッセンジャー・チャージ（Passagerafgifter）	788	896	639	679
パーキング・チャージ（Opholdsafgifter）	30	28	33	33
セキュリティ・チャージ（Securityafgifter）			309	307
計	2,485	2,738	2,884	2,925

典拠：Københavns Lufthavne A/S, *Koncernårsrapport 2005, 2006* et *2007*より作成。

　2005年には、出発する搭乗者1人あたりDKK75を搭乗者税として支払う必要があり、航空会社には年間5億クローネの負担であった。これが2006年には、DKK37.50となり、2007年には全廃された[15]。この減税効果は、2006年におけるエア・ベルリンによるコペンハーゲン発新規ルートの就航という形で現れた[16]。

　『コペンハーゲン空港コンツェルン年次報告書』（2005年）は、空港における搭乗者の構造変化を以下のように伝えている。

　2005年には、旅客数が2,000万人を超えて（前年比＋5％）空港史上最大（det støeste antal passagereri Københavns Lufthavns historie）を記録したが、ターゲットである乗り継ぎ客は、前年比6.3％の低下を示している。これに対して、地元からの搭乗者（lokalt afgående passagerer）が急増したこと、レジャー客（fritidsrejsende）がビジネス客（businessrejsende）を上回ったことが新しい現象である。このことはローコスト・フリーガー（lavprispassagerer）が増加し、全旅客の10％を占めるに至ったことによる。2005年にはスターリン（Stering）がコペンハーゲン空港における第2の航空会社となり、ローコスト輸送（lavpris-

表8-5 コペンハーゲン空港搭乗者の内訳（2007年）

搭乗者種類	搭乗者数
定期便	19,869,745
国内線	
目的地コペンハーゲン	735,021
出発地コペンハーゲン	740,228
乗り継ぎ	449,668
通過	176
国際線	
目的地コペンハーゲン	6,232,981
出発地コペンハーゲン	6,276,927
乗り継ぎ	5,387,856
通過	45,886
チャーター便	1,539,781
国内線	
目的地コペンハーゲン	25,620
出発地コペンハーゲン	14,503
乗り継ぎ	9,074
通過	14,774
国際線	
目的地コペンハーゲン	687,074
出発地コペンハーゲン	730,104
乗り継ぎ	12,686
通過	45,946
国内線計	1,990,064
国際線計	19,419,462
合　計	21,409,526

典拠：Københavns Lufthavn, Om CPH Trafikstatistik, in interrete sub: http://www.cph.dk/CPH/DK/OMCPH/trafikstatistik/, 21.12.2008.

trafikken）の52％のシェアーを占めていると[17]。

さらに、『コペンハーゲン空港コンツェルン年次報告書』（2006年）においても、乗り継ぎ客が前年比で再びマイナス（前年比－4.8％）となり、その原因としてオスロ、ストックホルムから多くの直行便がヨーロッパ各地に運行されるようになったと伝えた[18]。

一方、ローコスト・フリーガーは2007年には年間300万人に達し、コペンハーゲン空港搭乗者の14％に達した[19]。

次にこのような構造変化を定量的に確認しよう。

表8-5によってコペンハーゲン空港利用者の内訳を見る。これによると、チャーター便利用者と比較して定期便利用者が圧倒的に多いこと、国際線利用者が国内線利用者を圧倒していること、国際線利用者においては、乗り継ぎ客の比率が高いことが確かめられる。

表8-6によって国内線利用者数の推移を見ると、コペンハーゲンを目的地とする者、コペンハーゲンを出発地とするもの、乗り継ぎ客のいずれの項目においても、10年前と比較して減少していることがわかる。

これに対して、国際線においては乗り継ぎ客が2002年まで増加を示していたが、それ以降傾向的に低下してきた。これとは対照的に21世紀以降、コペンハーゲンを目的地および出発地とする搭乗者が著しい増加を見せている。このことは、従来、トランジット機能を充実させる経営を行ってきた空港の機能が変化しつつあ

表8-6　コペンハーゲン空港における国内線搭乗者の推移

年度	目的地コペンハーゲン	出発地コペンハーゲン	乗り継ぎ	通過
1998	806,939	823,939	513,554	8
1999	686,883	691,278	614,802	42
2000	663,556	675,745	587,096	294
2001	584,680	602,593	606,742	258
2002	531,854	546,058	574,210	200
2003	512,616	530,485	462,008	42
2004	501,278	512,182	528,414	184
2005	532,660	535,020	528,084	356
2006	635,862	640,129	487,446	472
2007	736,021	740,228	449,668	176

典拠：Københavns Lufthavn, Om CPH Trafikstatistik, in interrete sub: http://www.cph.dk/CPH/DK/OMCPH/trafikstatistik/, 21.12.2008.

表8-7　コペンハーゲン空港における国際線線搭乗者の推移

年度	目的地コペンハーゲン	出発地コペンハーゲン	乗り継ぎ	通過
1998	2,774,322	2,896,640	6,834,790	256,578
1999	3,063,005	3,202,499	7,145,168	176,304
2000	3,340,874	3,494,573	7,610,258	279,394
2001	3,522,019	3,605,772	7,690,640	145,908
2002	3,705,782	3,745,512	7,844,034	106,348
2003	3,978,994	4,036,675	6,916,736	96,906
2004	4,765,094	4,808,608	6,502,344	93,794
2005	5,359,995	5,384,541	6,026,324	96,226
2006	5,848,598	5,871,100	5,773,468	82,616
2007	6,232,991	6,272,971	5,387,856	45,888

典拠：Københavns Lufthavn, Om CPH Trafikstatistik, in interrete sub: http://www.cph.dk/CPH/DK/OMCPH/trafikstatistik/, 21.12.2008.

ることを示している（表8-7参照）。

　このような空港の現状を背景として、「スカンジナビアにおいてコペンハーゲン空港の競争相手はストックホルムとオスロであり、北ヨーロッパにおいては、ベルリン、ハンブルクのような地域空港とロンドン、アムステルダム、フランクフルトのような大規模な交通ハブである」ことになる[20]。

　次に、貨物輸送について簡単に触れる。コペンハーゲン空港はスカンジナビア、バルチック諸国、エーアソン南部諸国の貨物輸送にとって、北ヨーロッパの結節点（Nordeuropas knudepunkte for luftfragt）にあたる。2005年の貨物取り扱い

は33万5,087トンに達した。2004年末に、空港は200トン以上の離陸重量のある貨物便のテイクオフ・チャージを引き下げ、スカンジナビアで最も安価な料金を設定した。特にアジアからの輸入急増に対応して、アジアへの貨物便は週13便となっている[21]。

1.3 コペンハーゲン空港とSAS

デンマーク、スウェーデン、ノルウェーの航空会社3社を統合した「スカンジナビア航空コンソーシアム」の前身は、3カ国の国策会社に遡る。デンマーク航空（Det Luftfartselskab A/S、略称DDL）が設立されたのは1918年のことであり、続いて1924年にはスウェーデン航空（Aerotransport AB、略称ABA）が、1927年にはノルウェー航空（Det Norske Luftfahrtselskab A/S、略称DNL）が設立され、1943年にはスウェーデンにおける国際航空のための国策会社としてスウェーデン・インターコンチネンタル航空（Svensk Interkontinental Lufttrafik AB、略称SILA）——後にABAに統合——が成立した。1946年に、DDL、DNL、ABAによってスカンジナビア航空SASが結成された後、1951年に改めてDDL、DNL、ABAによって現在のSASコンソーシアムおよびSAS ABの母体が形成された。このコンソーシアムは、DDL、DNL、ABAを親会社とする。1991年、SAS設立50周年を期に、親会社の社名をそれぞれSAS Danmark A/S、SAS Norge A/S、SAS Sverige ABと変更した[22]。

この間、3社の株式公開は以下の変遷を遂げた。DDLの株式がコペンハーゲン証券取引所に上場されたのは1920年まで遡る。しかしながら、他の2社の株式公開は第2次大戦後にようやく実現した。NNL、ABAの株式がそれぞれオスロとストックホルムの証券市場に上場されたのは、1951年にSASコンソーシアムが結成された後のことであった。1955年には、ABAの50％の株式を所有するSILA株もストックホルム市場に上場を果たした。一方DNLは、1967年にオスロ市場にも上場されるに至った[23]。

SASコンソーシアムの親会社であるSAS Danmark A/S、SAS Norge A/S、SAS Sverige ABは、1999年以来、それぞれの株式の50％を所有するデンマーク、ノルウェー、スウェーデンの各政府とSASの法的枠組みを変更する交渉を行い、

2001年4月20日に以下の合意をみた。
- (1) ストックホルムに本社を置くSASグループの持ち株会社を設立する。
- (2) 現在のSASの親会社であるSAS Danmark A/S、SAS Norge A/S、SAS Sverige ABの株主は、新会社の株式と1：1の交換比率で3社の株式を交換する（この交換比率の妥当性は投資銀行であるUBS Warburg、Morgen Stanleyのお墨付きを得ている）。
- (3) SASの株式構造の変化は、SASが半官半民であることに影響を及ぼさない。
- (4) 単一の共通株式はコペンハーゲン、オスロ、ストックホルムの証券市場に上場する。

以上である。

この点に関して、SASのCEOであるヤン・ステンベル（Jan Stenberg）は、「ひとつの共通したSAS株を創立することを支持する提案を政府（複数）が提起したことはSASにとっても、その株主にとっても利益となる。単一のSAS株によって資本市場におけるSAS株の流動性と透明性が高まり、SASが戦略的業務に参加する可能性が増し、インセンティヴ計画を実施する可能性が向上し、いっそう効率的なガヴァナンスを促すことができる。要するに、このことによってSASの競争力が高まり、将来拡大する可能性が増大する」と述べた[24]。

政府の決定を受け、5月8日SAS ABの取締役会はSAS Danmark A/S、SAS Norge A/S、SAS Sverige ABの株主に対して、その株式をSAS ABの新たに発行される同数の株式と交換するよう提案し、90％以上の株主によって受け入れられた。7月6日、SAS AB株はストックホルム、コペンハーゲン、オスロの3市場に上場された。なお、2001年には、ディスカウント・フリーガーであるブラーテン航空（Braathens）を買収し、グループの一員とした[25]。

こういった措置によって、SASグループの統合が強化されることとなった。図8-1は、2001年末以降のSASグループの株式所有構造を示す。デンマーク、ノルウェー、スウェーデン政府の株式所有は合計すると、50％となる。

なお、民間の所有する株式においては、機関投資家が上位に名を連ねている（表8-8参照）。

図 8-1　SAS グループの株式所有構造（2001年末以降）

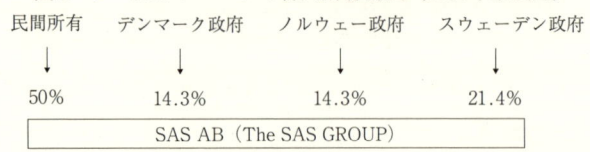

```
民間所有      デンマーク政府   ノルウェー政府   スウェーデン政府
  ↓             ↓             ↓             ↓
 50%          14.3%         14.3%          21.4%
┌─────────────────────────────────────────────────┐
│           SAS AB（The SAS GROUP）                │
└─────────────────────────────────────────────────┘
```

典拠：SAS Group, *Annual Report 2006*, p. 8.

表 8-8　SAS グループ株の民間所有

所有者	比率（%）
Knut and Alice Wallenberg Foundations	6.9
Odin-fonderna	1.7
State of New Jersey Common Pension Fund	1.5
National Bank of Denmark	1.4
Handelsbanken funds	1.2
Robur	1.0

典拠：SAS Group, *Annual Report & Sustainability Report 2005*, p. 18.

表 8-9　証券取引所別登録株主数

証券取引所	SAS 株登録株主数
コペンハーゲン	17,335
オスロ	1,239
ストックホルム	4,227

典拠：SAS Group, *Annual Report & Sustainability Report 2005*, p. 18.

　株主の地域構成を検討するために、コペンハーゲン証券取引所が OMX に統合される以前のデータを用いると表 8-9 のようになる。資本の空間的構成においては、コペンハーゲン市場が群を抜いて重要であることが確かめられた。

　SAS グループの機能統合は、段階的に行われた。これを同グループでは「法的枠組みの融合」(harmonization of legal structure) と呼んでいる。2003年11月、グループの管理機能が SAS コンソーシアムから SAS AB に移管され、12月にはコンソーシアムの子会社が SAS AB に市場価格で売却された。2004年10月、取締役会は以下の決定を下した。

(1) ノルウェーにおける SAS コンソーシアムの運行業務をブラーテン航空に統合すること、その統合された業務は SAS 内の子会社とすること。

(2) デンマークとスウェーデンに SAS の100%子会社を配置して、目下のところコンソーシアムがデンマークとスウェーデンの地域事業体を通じて行って入る航空業務を引き継ぐこと。

(3) SAS のインターコンチネンタル業務は引き続き SAS コンソーシアムが行うこと。

以上であった[26]。

表8-10　スカンジナビア航空企業

	ハブ空港	グループの営業収入に占めるシェア（%）
Scandinavian Airlines Danmark	コペンハーゲン	13.8
ASA Braathens	オスロ	16.55
Scandinavian Airlines Sverige	ストックホルム	10.5
Scandinavian Airlines International	コペンハーゲン／ストックホルム	10.4

典拠：SAS Group, *Annual Report & Sustainability Report 2005*, p. 28.

　SAS AB を親事業体とするグループ全体の事業は
　（1）　スカンジナビア航空企業
　（2）　系列航空企業
　（3）　エアポート・サポート企業
　（4）　航空関連企業
　（5）　ホテル
から構成されている。このうち、スカンジナビア航空企業には
　　スカンジナビア航空デンマーク（Scandinavian Airlines Danmark）
　　SAS ブラーテン（SAS Braathens）
　　スカンジナビア航空スウェーデン（Scandinavian Airlines Sverige）
　　スカンジナビア航空インターナショナル（Scandinavian Airlines International）
の4社があり、系列航空会社として、Spanair、Widerøe、airBaltic、Estonia Air が名を連ねる。スカンジナビア航空企業4社は、すべて SAS AB が100％出資する子会社である。それらを比較すれば表8-10のようになる[27]。
　このうち、インターコンチネンタル業務を行うスカンジナビア航空インターナショナル以外の3社を比較したのが、表8-11である。
　2004年10月に独立した株式会社として設立されたスカンジナビア航空デンマークは、コペンハーゲン発着、コペンハーゲン経由の交通を担当し、SAS のメイン・ハブとしてコペンハーゲン空港を発展させる責任を負う。戦略的に重点が置かれているのは、片道料金モデル（one way price model）に基づくコンセプトである。しかしながら、2005年における搭乗者の半数がトランジットであった。

表8-11　スカンジナビア航空3社の規模（2005年）

航空会社	搭乗者数（万人）	定期便目的地数	従業員（人）
Scandinavian Airlines Danmark	760	66	1,628
SAS Braathens	880	39	2,839
Scandinavian Airlines Sverige	600	45	1,468

典拠：SAS Group, *Annual Repor 2005*, p. 30-32.

　表8-11において、3社のうちで定期便運行の目的地数が最も多いことは、SASのメイン・ハブがコペンハーゲンである証左といえる[28]。

　2004年に統合によって設立されたSASブラーテンは、ノルウェーの国内線およびヨーロッパのビジネス目的地、また南欧のレジャー目的地を結ぶ業務を主とする。LCCモデルによる経営を行い、低運賃、単純、柔軟性を基本コンセプトとする。表8-11において従業員数が3社で最も多いのは、合併効果の影響である。目的地数と比較して搭乗者数が多数であるのは、LCCというビジネスモデルによる[29]。

　スカンジナビア航空デンマークと同時に設立されたスカンジナビア航空スウェーデンは、スウェーデンの国内およびスウェーデンに発着する航空を担当する[30]。

1.4　コペンハーゲン空港株式会社と国際的資本関係

　20世紀末以降、航空業界における規制緩和が進み、またこれと平行して多数の国際空港の民営化が進展した。空港の民営化は国境を越えた資本移動・コンサルティング業務委託を引き起こしている。空港の経営環境がこのような変化を遂げる中で、コペンハーゲン空港株式会社（Københavns Lufthavne A/S、デンマーク語略KLH）（英語表記Copenhagen Airports、英語略記CPH）が国際的資本関係においていかなる位置を占めるに至ったかを、以下において明らかにする[31]。

1.4.1　コペンハーゲン空港株式会社の株主構成

　2002～04年におけるCPHの株主構成を表8-12で見ると、デンマーク政府が30％以上の株式を保有し、その持株比率は比較的安定している。この間、デン

表8-12 CPHの株主構成（2002～04年度）

（単位：%）

株 主	2002年末	2003年末	2004年末
デンマーク政府（Den Danske stat）	33.8	33.8	36.9
外国の機関投資家、個人投資家（Udenlandske, institutionellen og private investorer）	26.1	24.7	30.6
デンマークの機関投資家（Danske institutionelle investorer）およびデンマークの個人投資家（Danske private investorer）	23.9	20.0	16.4
コペンハーゲン空港株式会社（Københavns Lufthavne A/S）	2.45	6.9	2.8

典拠：CPH, Aktienærfordeling fra 2002 til 2004, in interrete sub: http://www.cph.dk/CPH/DK/Investor/Aktieinformation/Ejerhold/, 14. 12. 2008.

マークの機関投資家による持ち株比率が低下傾向にある一方、外国人投資家比率が増大した。

表8-13によると、発行済み株式数が2004年10月31日および2005年8月31日に減少していることがわかる。

表8-14をあわせて参考にすれば、前者の時点で自社株の償却が行われ、10月31日時点でCPHによる金庫株が一時ゼロになったことが分かる。

表8-15において、2005年6月以降の時期に外国人投資家の株式所有比率が増加したのは、マッコーリー空港（Maquarie Airports、略称MAp）による投資の結果である[32]。

また、表8-13において2005年8月には、発行済み株式の減少が確認されるとともに、表8-15においてCPHの保有する株式数が記載されなくなる（すなわち、持ち株比率が5％未満となる）ことから、自社株を再び償却したことが明確となる。

2005年度年次株主総会（generalforsamlingen）において、監査役会（besstyrelse）は会社の保有する金庫株（selskabets beholding af egene aktier）を償却す

表8-13 CPHの登録株主数と発行済み株式数

年／月／日	株主数	株式数
2002/12/31	9,172	910,000,000
2003/03/31	9,029	910,000,000
2003/06/30	9,053	910,000,000
2003/09/30	9,206	910,000,000
2003/12/31	9,003	910,000,000
2004/03/31	9,280	910,000,000
2004/06/30	9,053	910,000,000
2004/10/31	8,971	833,000,000
2004/12/31	8,849	833,000,000
2005/03/31	9,021	833,000,000
2005/06/30	9,089	833,000,000
2005/08/31	9,956	784,807,000
2005/12/20	4,043	784,807,000
2006/12/31	3,623	784,807,000
2007/03/30	3,559	787,807,000
2008/03/27	3,559	787,807,000

典拠：CPH, Aktienærfordeling fra 2002 til 2008, in interrete sub: http://www.cph.dk/CPH/DK/Investor/Aktieinformation/Ejerhold/, 14. 12. 2008.

表 8-14　2004年度における CPH 株主構成の変化

(単位：%)

株　主	3月31日	6月30日	10月31日	12月31日
デンマーク政府（Den Danske stat）	33.8	33.8	37.0	36.9
外国の機関投資家、個人投資家（Udenlandske, institutionellen og private investorer）	25.4	27.5	31.0	30.8
デンマークの機関投資家（Danske institutionelle investorer）	16.7	16.0	17.3	16.4
デンマークの個人投資家（Danske private investorer）	15.6	14.2	14.7	13.3
コペンハーゲン空港株式会社（Københavns Lufthavne A/S）	8.5	8.5	0	2.8

典拠：CPH, Aktienærfordeling 2004, in interrete sub: http://www.cph.dk/CPH/DK/Investor/Aktieinformation/Ejerhold/, 14.12.2008.

表 8-15　2005年度における CPH 株主構成の変化

(単位：%)

株　主	3月31日	6月30日	8月31日
デンマーク政府（Den Danske stat）	36.9	36.9	39.2
外国の機関投資家、個人投資家（Udenlandske, institutionellen og private investorer）	31.8	32.7	36.9
デンマークの機関投資家（Danske institutionelle investorer）	12.8	12.2	12.1
デンマークの個人投資家（Danske private investorer）	12.4	12.1	12.3
コペンハーゲン空港株式会社（Københavns Lufthavne A/S）	6.1	6.1	

典拠：CPH, Aktienærfordeling 2005, in interrete sub: http://www.cph.dk/CPH/DK/Investor/Aktieinformation/Ejerhold/, 14.12.2008.

る提案を行い承認された。金庫株は額面総額4,819万3,000DDK に相当し、株式資本（aktienkapitalien）は、7億8,780万7,000DKK へと減資されることとなった。その結果、年末において CPH は自社株を全く保有していない[33]（表 8-16参照）。

　2005年末にににおける株主は、2008年に至るまで基本的構成を変えることはなかった（表 8-16および表 8-17参照）。コペンハーゲン空港株式の過半数を占めるに至ったマッコーリー空港について、以下詳しく見てゆく。

　2005年10月24日、MAp はコペンハーゲン空港株式会社の株主に対して、現金による公開買い付け（tender offer）を開始することを発表した。この時点で MAp はすでに14.7％の CPH 株を所有していた。CPH の取締役会は全会一致でこのオファーを支持した。公開買い付けの内容について MAp のプレス・リリースは以下のように記している[34]。

表8-16 2005年12月20日におけるCPH株主構成
(単位：%)

株　主	比率
マッコーリー空港コペンハーゲン有限会社（Macquarie Airports Copenhagen ApS）	52.4
デンマーク政府（Den Danske stat）	39.2
その他の投資家（Øvrige investorer）	8.4

典拠：CPH, Aktienærfordeling 2005, in interrete sub: http://www.cph.dk/CPH/DK/Investor/Aktieinformation/ Ejerhold/, 14. 12. 2008.

表8-17 2008年3月27日におけるCPH株主構成
(単位：%)

株　主	比率
マッコーリー空港コペンハーゲン有限会社（Macquarie Airports Copenhagen ApS）	53.7
デンマーク政府（Den Danske stat）	39.2
外国の個人投資家、機関投資家（Udenlandske, private og institutionelle investorer）	5.4
デンマークの個人投資家、機関投資家（Danske, private og institutionelle investorer）	1.6

典拠：CPH, Aktienærfordeling 2005, in interrete sub: http://www.cph.dk/CPH/DK/Investor/Aktieinformation/ Ejerhold/, 14. 12. 2008.

(1) MApはそのデンマーク子会社であるマッコーリー空港コペンハーゲン有限会社（Macquarie Airports Copenhagen ApS）を通じてCPHの発行済み株式の50％以上を取得する。

(2) 買収価格は1株あたり2,000デンマーク・クローネとする。この価格は2005年10月21日におけるCPHの加重平均株価（CPH'S volume weighted average share price）に31％のプレミアを上乗せしている。

(3) 公開買い付けは、12月9日金曜日8：00p.m.（CET）をもって終了する。

このプレス・リリースにおいて買収する側の論理と買収される側の論理が次のように記されている[35]。

公開買い付けの当事者であるMApのCEO、ケリー・メイザー（Kerrie Mather, MAp's Chief Executive Officer）は、以下の評価をする。

「われわれのオファーは、コペンハーゲン空港（Copenhagen Airports）のさまざまな事業の質、その経験豊かで高く評価されている経営陣の質を十分に反映しており、CPHの株主にとって非常に魅力的であるはずだ。この価格は最近行われた他の空港の買収およびデンマーク市場全体における他の公開買い付けの値

付けと完全に照応している」と述べ、CPH が MAp の投資ポートフォリオに重要な付加部分となるであろうと、以下の点を強調した。

「マッコーリー空港は、2005年初頭にコペンハーゲン空港（Copenhagen Airports）に最初の投資を行うことを発表し、われわれはずっとそのファンダメンタル・クオリティー（fundamental qualities）に感銘を受けてきた。CPH は経営に優れ、素晴らしい設備とインフラを持った高く評価されている空港であり、世界的水準の空港事業（world-class airport business）である」。

「コペンハーゲン空港（Copenhagen Airports）の経営に対して最高の敬意を払い、その組織構造や、コペンハーゲン空港従業員の雇用条件を変更する意図は全くない。経営陣がその傑出したサービスの品質評価を維持し、代表的なヨーロッパのハブとしての地位を高める計画を持っていることをサポートし続けるつもりだ」。

一方、CPH の代表取締役ヘンリック・ギュトラ（Henrick Gürtler）によるこの買い付けに対する評価は、以下の指摘に現れている。

「マッコーリー空港（Macquarie Airports）とコペンハーゲン空港（Copenhagen Airports）の結合は、世界をリードする空港投資家のひとつと、世界で最も評価されている空港事業家が統合することである。マッコーリー空港は経験豊かで責任感をもった長期的な投資家であり、空港に関する専門知識を十分に持っている。コペンハーゲン空港はマッコーリー空港と積極的かつ専門的なパートナーシップを組むことによって利益を得るであろう」。

「買い付（the offer）については CPH の取締役会とマッコーリー空港（Macquarie Airports）の間で協議されてきた。この買い付けはコペンハーゲン空港（Copenhagen Airports）の株主にとって魅力的な提案であり、CPH の取締役会はわが社の株主が買い付けに応じることを勧める」。

2005年12月9日、デンマーク時間午前8時にこの TOB が完了した。この時点で MAp コペンハーゲンは額面100デンマーク・クローネの CPH 株式を、299万2,342株取得した。すでに所有する111万9,678株と合計すれば、CPH の発行済み株式の52.4％が、MAp の手中に収められ、最低でも50％以上という公開買い付け条件を満たすことになり、これは MAp の投資ポートフォリオの15％に相当し

第8章　周辺空港　301

表8-18　コペンハーゲン空港株式会社の監査役（2006年1月26日選出）

	氏　名	現　職
議長（Formand）	Henrik Gürthler	administrerende director, Noco A/S
副議長（Næstformand）	Kerrie Mather	CEO, Macquarie Airports
	Martyn Booth	Global Head of Airports, Macquarie Airports
	Philippe Hamon	Head of Business Development Europe, Macquarie Airports
	John Stent	Division Director, Macquarie Airports
	Hamish de Run	Associate Director, Macquarie Bank Ltd
	Jørgen Abildgaar Frilis	Vagtleder, Københavns Lufthavne A/S
	John Stig Andersen	Controller, Københavns Lufthavne A/S
	Keld Elager-Jensen	Elektriker, Københavns Lufthavne A/S

典拠：Københavns Lufthavne A/S, CPH News, Information til Aktionærer i Københavns Lufthavne A/S, 1/06, p. 2.

た[36]）。

　株式の買占めによって集中化が進んだことは、表8-13において株主数の半減となって現れている。

　なお、デンマーク政府はその持ち株39.2％を持ち続けると発表した。2005年12月31日現在、MApの所有するCPH株の時価総額は8億4,040万ドルである[37]）。

　CPH株（Københavns Lufthavnes aktie）は、2005年にOMX指標（OMX20-indekst）の構成銘柄であった。OMX20はデンマークの主要な株式指標であり、コペンハーゲン証券証券取引所（Københavns Fordsbørs）において最も商いの多い20社の株式から構成されている。2005年度末において、マッコーリー空港によって大多数の株式が買収されたことに伴い予想される流動性の低下（begrænsede likviddete）を理由に、コペンハーゲン証券取引所は2006年1月1日付けで、CPH株をOMX20からはずす決定を行った[38]）。

　2006年1月26日、コペンハーゲン空港株式会社は臨時株主総会を開催し、9名の監査役を選出した（表8-18参照）。

　監査役会議長はヘンリック・ギュトラが留任した。MApは、5～6名の役員を新規に選出することを希望し、MApのCEOケリー・メイザーが副議長に選出されたほか、3名がMApから、また1名がマッコーリー銀行から選ばれた。なおコペンハーゲン空港側から選出された監査役は、議長を除いてすべて非管理部門からの選出であった。

1.4.2 親事業体とコペンハーゲン空港株式会社

コペンハーゲン空港株式会社の親事業体である MAp とは、どのような存在であろうか。

マッコーリー社の歴史は、1969年、ヒル・サミュエル・オーストラリア社（Hill Samuel Australia Limited）が3名の役員（a staff of three executive）によってシドニーに創立され、金融業務を開始したことに始まる。5年後に同社の取締役会は会社を再編して商業銀行を設立する決定をし、連邦政府の認可を得て、1985年にマッコーリー銀行株式会社（Macquarie Bank Limited、以下 MBL と略記）が誕生した。MBL は1996年にオーストラリア証券取引所に上場された[39]。

マッコーリー・グループは、MBL とその系列会社、子会社からなり、国際的・専門的投資銀行業務とアドバイザー業務を中核として、国際的なインフラストラクチャー投資を積極的に展開している。同グループは、以下の6つの事業グループを形成している[40]。

　投資銀行グループ（Investment Banking Group）

　エクイティー市場グループ（Equity Markets Group）

　トレジャリー・商品取引グループ（Treasury and Commodities Group）

　バンキング・不動産グループ（Banking and Property Group）

　ファンド管理グループ（Funds Management Group）

　金融サービスグループ（Financial Services Group）

マッコーリー・グループによって運営されているインフラストラクチャー関連のファンドをまとめると、表8-19のようになる。

このうち、空港投資に関わるファンドは「マッコーリー空港」（MAP）と「マッコーリー空港グループ有限会社」（MAG）である。MAP は、2002年4月2日にオーストラリア証券取引所に上場され、国際空港投資に特化したヴィークルであるのに対して、MAG は空港とその関連施設に投資するグローバルなエクイティー私募ファンドであり、取引所に上場されることはない[41]。

なお、「マッコーリー空港」がファンド自体を指す場合は MAP と記載し、ファンドとともに機能する事業体、事業活動など機能を示す場合は MAp で表す。

表 8-19　マッコーリーのインフラストラクチャー・ヴィークル（Macquarie's infrastructure vehicles）

	名　称	上場市場	コード
1	Macquarie Infrastructure Group	ASX	MIG
2	Macquarie Airports	ASX	MAP
3	Macquarie Communications Infrastructure Group	ASX	MCG
4	Macquarie Power & Infrastructure Income Fund	TSX	MPT.UN
5	Diversified Utility and Energy Trusts	NYSE	DUE
6	Macquarie Infrastructure Company	ASX	MIC
7	Macquarie Capital Alliance Group	ASX	MCQ
8	Macquarie International Infrastructure Fund	SGX	M41
9	Macquarie Media Group	ASX	MMG
10	Macquarie Korea Infrastructure Fund	KRX	88980
		LSE	MKIF
			（以下略称）
11	Macquarie Airports Group limited	非上場	MAG
12	Global Infrastructure Fund	非上場	GIF
13	Global Infrastructure Fund II	非上場	GIF II
14	Macquarie Essentials Assets Partnership	非上場	MEAP
15	African Infrastructure Funds	非上場	
16	Macquarie European Infrastructure Fund	非上場	MEIF

典拠：Macquarie, Macquarie's infrastructure vehicles in interrete sub: http://www.macquarie.com.au/au/corporatopns/sfpc/infrastructure.funds, 20. 08. 2006.

　マッコーリー・グループが「空港持分投資私募ファンド」（a private equity airport investment fund）である MAG を設定したのは、2001年8月であり、このファンドは主として未上場の国際空港とそれに関連するインフラに持分投資（equity investment）することによって、投資家が国際的な航空部門の成長機会に与ることを目的としていた[42]。

　MAG と MAp の関係について、MAp のホームページに従って要約すると、以下のようになる。

　「MAG は OECD 諸国の空港、および投資に対する信用格付けがそれと同程度である諸国の空港に持分投資することに焦点をあてた非上場の投資ヴィークルである」。

　「MAp の最初の投資は MAG 株の36.7％に対する参加であり、それは、2003年8月に40.1％、2004年5月には61.6％へと引き上げられた」[43]。

　MAp は MAG への投資によって、MAp 自体による空港投資のみならず、MAG

が行ってきた空港投資をも受益持分として加える構造を持つ。なお、2006年8月17日現在のMAGの持分は、ブリストル空港50％、バーミンガム空港24.1％、シドニー空港11.7％、ローマ空港22.4％である[44]。

MAPは、3種の有価証券を束ねた構造（a triple stapled structure）を持っている。すなわち、以下に示す2種のオーストラリアの信託と、1種のバーミューダに登記されている相互ファンド会社の株式である。

(1) マッコーリー空港信託1（Macquarie Airports Trust 1）、以下MAT1と呼ぶ。

(2) マッコーリー空港信託2（Macquarie Airports Trust 2）、以下MAT2と呼ぶ。

(3) マッコーリー空港持ち株会社（Macquaie Airports Holdings, Bermuda, Limited）、以下MAHBLと呼ぶ。

MAPは、MAT1の1ユニット、MAT2の1ユニットおよびMAHBLの1株を束ねた有価証券（いわゆるfund of funds）であり、「1種の有価証券」として値付けされ、取引されている。

MAPに含まれる2種の信託はマッコーリー銀行の100％子会社であるマッコーリー空港運用会社（Macquarie Airports Management Limited、略称MAML）によって運用されている[45]。

MAT1とMAT2の違いは、前者が空港に対する非支配持分（non controlling interest）を獲得するために利用されるのに対して、後者は空港に対する支配持分（controlling interest）もしくは、支配持分となりうる投資に利用される。また、NAMLはMAGの株主であり、MAGとともに共同投資（co-investment）を行うこともある[46]。

このような有価証券は、アメリカや日本ではではリート（REIT）と呼ばれるが、オーストラリアではLPT（Listed Property Trust）と呼ばれている。それは「不動産投資信託」の一形態であり、MAPの場合、いわゆるステイプルド・セキュリティー（stapled security）に相当し、ファンドと株式をあたかもステイプルで綴じるかのようにして併合した有価証券を流通させている[47]。

ところで、オーストラリアの不動産投資信託は、アメリカに次ぐ規模を持ち、

市場の成熟によって優良物件の投資対象を国内に見出すことが至難になったと指摘され、このため、ウエスト・フィールドなどの LPT は海外の投資対象を開拓してきた[48]。

マッコーリー・グループによる投資対象の選択もこのような脈絡に位置付けられるであろう。

1.4.3 MAp による国際分散投資ポートフォリオ

MAp のポートフォリオ資産の内訳を表 8-20 に示した。シドニー空港に関わる資産が最大であり、ブリュッセル空港がその 2 分の 1、コペンハーゲン空港とローマ空港がそれに続く。

空港サイドから、その資産に占める MAp の比率を「受益持分」（beneficial interest）から見ると、表 8-21 のようになる。2004 年末以降、持分を拡大させたのがコペンハーゲン空港である。シドニー空港、ブリュッセル空港、コペンハーゲン空港については、経営権を完全に掌握する持分を MAp が有している。表 8-18 に見たコペンハーゲン空港株式会社の監査役構成は、こういった事態を反映したものである[49]。

〔シドニー空港と MAp〕

2002 年 6 月 15 日、オーストラリア連邦政府は、シドニー空港（Sydney Airport）、すなわちキング・スミス空港（King Smith Airport）の民営化に伴う入札において、同空港およびその付属施設の所有権をサザン・クロス・コーポレーション・コンソーシアム（Southern Cross Airports Corporation Consortium）が落札したことを発表した[50]。

同コンソーシアムには、MAp のほか、マッコーリー・グループから、MAG および GIF が主たる株主として参加し、この時点で MAp は 40.4％の直接投資による持分に加えて、MAG を通じて 4.3％の間接持分をシドニー空港に持つこととなった[51]。

MAp はその後も投資を加え、2005 年においては表 8-21 にあるように 55.8％の受益持分を所有している。

〔ブリュッセル空港と MAp〕

表 8-20　MApのポートフォリオ資産の構成比（2006年3月1日現在）

（単位：％）

投資対象	比率
シドニー空港	44.4
ブリュッセル空港	22.3
コペンハーゲン空港	13.9
ローマ空港	13.6
バーミンガム空港	3.2
ブリストル空港	2.6
合　計	100.0

典拠：Macquarie Airports, *Annual Report 2005*, p. 14-17.

2004年12月9日、MApの率いるコンソーシアムは、ベルギー政府から、ブリュッセル国際空港会社（Brussels International Airport Company NV/SA、略称BIAC）の持分70％を入札によって獲得した。会社役員に任命された11名は、議長およびCEOのほか、MApの率いるコンソーシアムから6名、ベルギー政府から3名が任命された[52]。

このMApコンソーシアムの持分構成は、MApが74.3％、MEIFが9.9％、GIF IIが4.3％、マッコーリー銀行が7.2％から成り立っていた[53]。

〔ローマ空港とMAp〕

2002年7月15日、マッコーリー空港ファンド（Macquarie Airport Fund）は、ローマ空港会社（Aeroporti di Roma）の持分44.74％を、翌年3月までに獲得することを発表した。

ローマ航空会社はローマにあるフィウミチーノ空港（Fiumcino）（すなわち、Leonardo da Vinci）およびチアンピーノ空港（Ciampino）（すなわちG.B.Pastine）を所有・経営している。マッコーリー空港ファンドを構成しているのは、MAG（50.1％）、MAp（44.3％）、GIF（5.6％）である[54]。

このことによって、MApはさしあたり19.8％の直接持分とMAGを通じた8.2％の間接持分を獲得した[55]。

〔バーミンガム空港とMAp〕

バーミンガム空港持株会社（Birmingham Airport Holdings Limited）の株式の51％が、1997年3月に民営化された。MAGは2001年12月に、民間の所有する株式の24.125％に相当する受益持分を獲得した。この時点でMApはMAGの36.7％の持分を有していたことから、バーミンガム空港に対するMApの受益持分は8.8％であった[56]。

現在においても、MApが15.5％の受益持分を所有するのは、MAGに対する62.4％持分を通じてである[57]。

表8-21　各空港資産において MAp の占める受益持分の比率

(単位：%)

	2004年末の受益持分	2005年末の受益持分
シドニー空港	55.5	55.8
ブリュッセル空港	53.3	52.0
コペンハーゲン空港	3.7	52.8
ローマ空港	33.6	34.2
バーミンガム空港	14.9	15.5
ブリストル空港	30.8	32.1

注：コペンハーゲン空港における MAp の受益持分は2006年1月における株式買収を含めると53.4%となる。
典拠：Macquarie Airports, *Annual Report 2005*, p. 61.

〔ブリストル空港と MAp〕

MAG は2001年9月、マッコーリー銀行からブリストル国際空港会社（Bristol International Airport Limited）の50%に相当する持分を獲得した。この時点でMAp は MAG の36.7%の持分を所有していたことから、ブリストル空港に対する MAp の受益持分は18.3%となった[58]。

1.4.4　コペンハーゲン空港株式会社による海外空港投資

1998年以降、コペンハーゲン空港株式会社は、積極的に外国の空港への投資を行うとともに、外国の空港経営に対するアドバイザー業務を開始する。1998年の同社『営業報告書』は、海外展開を積極化するきっかけとなった外部環境の変化を以下のように指摘した。

(1) 航空における規制緩和（liberalisierung af luftfahrten）が進展したこと。
(2) 多くの空港が政府所有から民間事業へ（fra statseje til privat forretningsmæssig）転換していること。
(3) そのため、国際市場においてますます多くの空港会社が他の空港会社に資金と専門知識を投下し、付加価値を高めていること。
(4) 空港の発展と運営（udvikling og drift）に関与する国際市場には、航空会社のみならず各種交通企業、ゼネコン、金融サービスなどの部門からの参入がみられること。

このような外部環境に対応するために、CPH は1998年に外国の空港への投資、

および空港経営に対するアドバイザー業務を開始した。

このうち、後者については、1998年にCPHは100%子会社「コペンハーゲン空港国際開発株式会社」（Copenhagen Airport Development International A/S）を設立し、ロンドン・ルートン空港（Luton Airport/London）に関与することを決定した。また、ベルリン3空港の入札に関わるコンソーシアム、いわゆる「ベルリン・プロジェクト」（Berlin-projektet）に参加したが、収益性（rentabilitet）の点でCPHの要求する条件を満たさないという理由で撤退した[59]。

以下において、CPHによる国際的な投資活動を検討する。

1998年12月メキシコ政府は、ユカタン半島にある9空港を統括する持ち株会社ITA（Inversionesy Technicas Aeroportuarias S.A. de C.V.）を設立し、その85%の株式を所有するとともに、15%の株式について公開入札を行った。ITAはカンクン（Cancün）、メリダ（Mérida）、コスメル（Cozumal）、ビリャエルモサ（Villahermosa）、ミナティトラン（Minatitlån）、ベラクルス（Veracruz）、オアハカ（Oaxaca）、フアツルコ（Huátulco）、タペチュラ（Tapachula）の9空港について50年間、管理・運営をする権利を有する。入札に際して、メキシコ政府はCPHを含むコンソーシアムを落札者に指名した。

このコンソーシアムには、CPHのほか、メキシコのゼネコンであるGrupo Tribasa、フランスのディベロッパであるGTM、スペインのゼネコン・ディベロッパーCINTRAが参加し、CPHはコンソーシアムの15%の持分に参加した。CPHの投資額は2億280万デンマーク・クローネであった[60]。

2000年1月12日、ノルウェー企業、リュッゲ民間空港株式会社（Rygge Sivile Lufthavn AS）は臨時株主総会を開催し、CPHに同社株式の33.3%を取得するよう求める決議を行った。同社は1999年に設立され、オスロの南60kmにある軍用空港リュッゲRygge（IATA-Code: RYG）を所有し、それを民間空港に転用する企画をもっぱらの業務としていた[61]。

CPHは、140万デンマーク・クローネを投じて同社の株式を買収した後、年末には同社の増資の一部を引き受け、その株式の35.3%まで所有するようになった[62]。

この年は、メキシコに対して追加投資を行っている。前述したITAに対する

投資に加えて、ASUR に対してその上場株式の2.5％に相当する直接的持分投資（9,650万デンマーク・クローネ）を行った。ITA に対するもとの投資との関連から ASUR も連結決算対象企業となった[63]。

2001年5月には、イギリスの空港に対する投資が行われた。CPH は新たに設立した100％子会社 CPH Newcastle International Airport Ltd. を通じて、NIAL Holding Plc. の株式の49％を獲得した。投資額は11億9,220万デンマーク・クローネである。NIAL Holding Plc. はニューカスル空港の運営会社（driftsselskabet）である New Castle International Airport Ltd. の持ち株会社である。NIAL Holding Plc. は連結決算書においてグループ企業として扱われている。

2000年末に3億8,060万デンマーク・クローネであった CPH グループの長期金融資産（kocernens finansielle anlægsaktiver）は、2001年末には、16億5,650万デンマーク・クローネとなり、この増加分のうち、12億1,720万クローネはニューカスル国際空港への投資による[64]。

2002年11月、CPH は、海南美蘭国際機場股份有限公司（Hainan Meilan Airport Company Ltd.）H 株の香港市場への上場に際して、20％の持分を獲得した。IPO の応募倍率は10倍であったといわれている[65]。投資金額は、1株あたり3.78香港ドル、総額で3億7,900万香港ドル（取引コストを含めて3億5,300万デンマーク・クローネ）であった。これとあわせて海南美蘭国際機場股份有限公司は、CPH の子会社であるコペンハーゲン空港国際開発株式会社と10年間の契約を結び、空港業務に関するコンサルティングを受けることとなった[66]。

2005年、CPH とメキシコの実業家フェルナンド・パルド（Fernando Chiko Pardo）は、ITA の所有者持分を買い占めた結果、CPH の持分が49％、パルドの持分が51％となった（年度当初の CPH の持分は36.5％であった）。このことによって、CPH が ASUR に有する受益持分は1年間に7.98％から9.85％へと増加する結果となった[67]。

このほか、2005年に CPH は、ブルガリアの2空港（ヴァルナ Varna、ブルガス Bourgas）の民営化に伴う資本参加の入札に参加し、ブルガリア政府によって入札の優先権を与えられたが、最高裁の差し止めによって撤退を余儀なくされた[68]。

また、ブダペスト空港の民営化に伴い資本参加を計画したが、MAp による

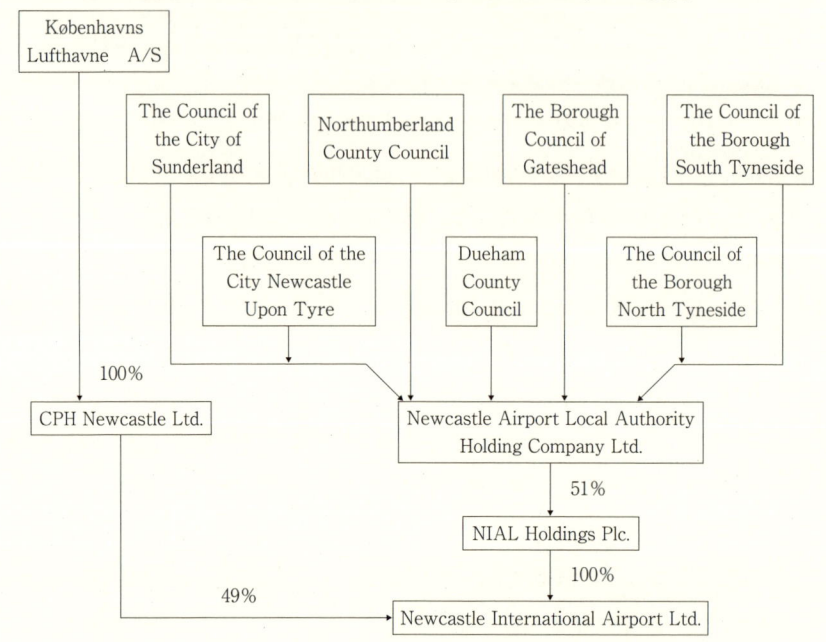

図8-2 CPHによるイギリス (Storbritannien) への投資

```
Københavns Lufthavne A/S
    │
    │ 100%
    ▼
CPH Newcastle Ltd.

The Council of the City of Sunderland
Northumberland County Council
The Borough Council of Gateshead
The Council of the Borough South Tyneside
The Council of the City Newcastle Upon Tyre
Dueham County Council
The Council of the Borough North Tyneside
    │
    ▼
Newcastle Airport Local Authority Holding Company Ltd.
    │ 51%
    ▼
NIAL Holdings Plc.
    │ 100%
    ▼
Newcastle International Airport Ltd. ◀── 49%
```

典拠:Københavns Lufthavne A/S, International Ejerstruktur — Storbritannien, in interrete sub: http://www.cph.dk/CPH/DK/OmCPH/International/Storbritannien/Ejerstruktur, 31. 12. 2006.

CPH の買収という新たな事態によって、同空港への参加を見送る決定をした[69]。

これらの海外投資活動によって、コペンハーゲン空港株式会社によるイギリス、メキシコ、中国の空港への資本関係は図8-2〜図8-4のようになる

CPH は国際的な資本関係において、親事業体→CPH→グループ企業という3層構造の中間に位置する。空港の民営化がグローバルに展開する中、CPH は1998年以降、海外の空港への投資・コンサルティング供与によって新しい経営環境への適応を図ってきた。CPH の親事業体 MAp の「親」企業であるマッコーリー銀行を中核とするマッコーリー・グループは、インフラストラクチャー投資においてオーストラリア国内に投資対象を見出すことの限界に直面し、国際的な「不動産投資信託」を積極化してきた。その一環として MAp は CPH 株に対して公開買い付けを提案し、CPH 取締役会は「株主の利益」を理由にこれを受け入れるに至った。このような国際的資本移動を背景として、上記3層構造が形成される

第8章 周辺空港 311

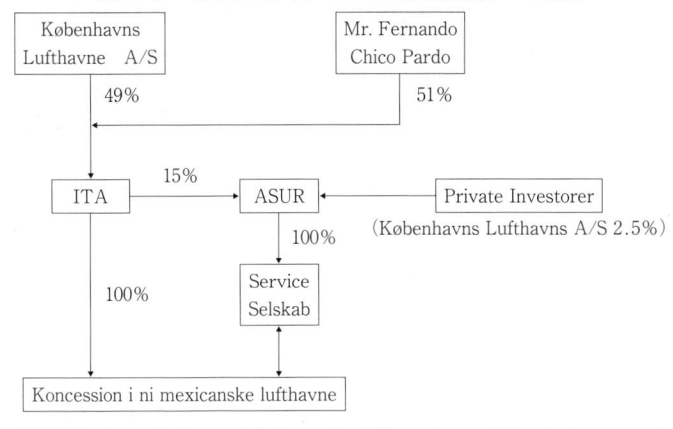

図8-3 CPHによるメキシコ（Mexico）への投資

```
Københavns              Mr. Fernando
Lufthavne A/S           Chico Pardo
      │49%                   │51%
      ▼                      ▼
    ITA ──15%──► ASUR ◄── Private Investorer
      │          │100%    （Københavns Lufthavns A/S 2.5%）
      │          ▼
   100%        Service
      │        Selskab
      ▼
   Koncession i ni mexicanske lufthavne
```

典拠：Københavns Lufthavne A/S, International Ejerstruktur — Mixico, in interrete sub: http://www.cph.dk/CPH/DK/OmCPH/International/Mixico/Ejerstruktur, 31. 12. 2006.

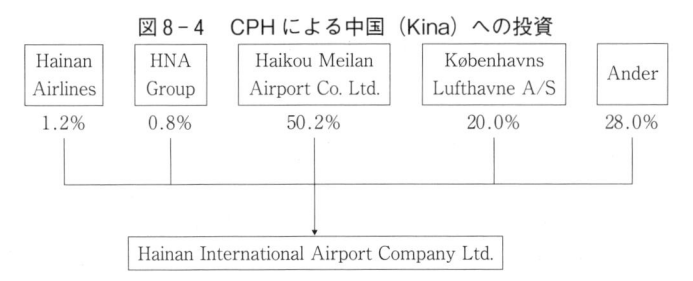

図8-4 CPHによる中国（Kina）への投資

```
Hainan     HNA      Haikou Meilan      Københavns        Ander
Airlines   Group    Airport Co. Ltd.   Lufthavne A/S
 1.2%      0.8%        50.2%              20.0%          28.0%
   │        │            │                  │              │
   └────────┴────────────┼──────────────────┴──────────────┘
                         ▼
        Hainan International Airport Company Ltd.
```

典拠：Københavns Lufthavne A/S, International Ejerstruktur — Kina, in interrete sub: http://www.cph.dk/CPH/DK/OmCPH/International/Kina/Ejerstruktur, 31. 12. 2006.

に至ったのである。

1.5　コペンハーゲン空港と空間的輸送関係

　スカンジナビアには、コペンハーゲン、オスロ、ストックホルムにそれぞれデンマーク、ノルウェー、スウェーデンを代表する空港が存在する。この3空港に発着する定期便を比較する表8-22を手がかりとし、コペンハーゲン空港の位置を確定すると以下のようになる。

　（1）　定期便の運行においてコペンハーゲン空港が最大であり、かつ同空港

表8-22 定期便目的地数によるスカンジナビアの3大空港比較（2005年度）

	CPH	OSL	ARN
非ヨーロッパ線（Interkontiinental）	19	2	9
ヨーロッパ線（Europa）	84	47	52
スカンジナビア線（Norden）	22	7	11
国内線（Indenrings）	7	23	30
合　計	132	79	102

注：CPH（コペンハーゲン空港）、OSL（オスロ空港）、ARN（ストックホルム空港）。
典拠：Københavns Lufthavne A/S, *Koncernårsrapport 2005*, p. 8.

　　は国内線に比して国際線の運行が群を抜いている。
　(2)　このことは、非ヨーロッパ線、ヨーロッパ線、スカンジナビア線のすべてに見られる傾向である。
　『コペンハーゲン空港コンツェルン年次報告書』が伝える「コペンハーゲン空港はスカンジナビア、北ドイツ、バルチック地域に行き来する航空輸送の結節点」（knudepunkte for flytrafik til og fra Skandinavien, Nordtysland og Baltikum）であることがある程度、裏付けられる[70]。
　次に、コペンハーゲン空港におけるヨーロッパ線の運行状況を具体的に示すと表8-23のようになる。これによって北欧、中東欧、西欧、イギリスをくまなくカバーした旅客定期便によって、エーアソン地域が結ばれていることがわかる。とりわけ、デンマーク、ノルウェー、スウェーデン、フィンランドの北欧諸国内の各都市と連絡しているのみならず、ドイツの大都市とネットワークが形成されている。
　表8-23をもとに、ヨーロッパ線の運行状況を大雑把な地域別に見た表8-24では、北欧のシェアーの高さと並んで、西南欧、イベリア、バルカンなど保養地空港とのネットワークが看取される。
　このような、コペンハーゲン空港のスカンジナビアおよびヨーロッパにおける空間的鳥瞰を踏まえて、同空港における航空機の運行状況を詳細に検討する。表8-25によると、コペンハーゲンはオスロ、オールボー、ストックホルム、ヘルシンキ、ベルゲン、カルプ、イェテボリなど北欧の諸都市との緊密なネットワー

表 8-23　ヨーロッパ線の運行状況（2005年度）

国	都市
アイスランド	Reykjavik（レイキャビック）
デンマーク	Faroe Islands（フェロー諸島）Århus（オーフス）Borholm（ボーンホルム島）Aalborg（オールボー）Sønderborg（セナボー）Thisted（ティステズ）Karup（カルプ）Billund（ビルン）
ノルウェー	Bergen（ベルゲン）Oslo（オスロ）Stavanger（スタヴァンゲル）Kristiansand（クリスティアンサン）Trondheim（トロンヘイム）Sandefjord（サンフィヨル）
スェーデン	Göteborg（イェテボリ）Örebro（エーレブルー）Karlstad（カールスタード）Stockholm（ストックホルム）Norrköping（ノルシェーピング）Linköping（リンシェーピング）Jönkoping（イエンシェーピング）Kalmar（カルマル）Växjo（ヴェクシェ）
フィンランド	Helsinki（ヘルシンキ）Tampere（タンペレ）Turku（トゥルク）Vaasa（ヴァーサ）Oulu（オウル）
ドイツ	Berlin（ベルリン）Hamburg（ハンブルク）Bremen（ブレーメン）Hannover（ハノーファー）Düsseldorf（デュッセルドルフ）Köln/Bonn（ケルン／ボン）Frankfurt（フランクフルト）Stuttgart（シュトゥットガルト）München（ミュンヘン）
オーストリア	Wien（ウィーン）
エストニア	Tallin（タリン）
ラトビア	Riga（リガ）
リトアニア	Klaipeda/Palanga（クライペダ／パランガ）Vil'nys（ビルニュス）
ロシア	Sankt Peterburg（サンクト・ペテルブルグ）Moskva（モスクワ）
ポーランド	Gdańsk（グダニスク）Warszaw（ワルシャワ）Poznań（ポズナン）Wroclaw（ブロツワナ）Kraków（クラクフ）
チェコ	Praha（プラハ）
スロバキア	Bratislava（ブラチスラバ）
ハンガリー	Budapest（ブダペスト）
ルーマニア	Bucharest（ブカレスト）
ブルガリア	Sofia（ソフィア）
トルコ	Istanbul（イスタンブール）Ankara（アンカラ）Kayaseri（カイセリ）Konya（コンヤ）
ギリシャ	Athens（アテネ）
スロベニア	Ljubljana（リュブリャナ）
ボスニア・ヘルツェゴビナ	Sarajevo（サラエボ）
クロアチア	Zagreb（ザグレブ）Split（スプリト）
セルビア・モンテネグロ	Beograd（ベオグラード）Priština（プリシュティナ）
イタリア	Malta（マルタ）Catania（カターニア）Roma（ローマ）Venezia（ヴェネツィア）Bologna（ボローニア）Milano（ミラノ）
スイス	Zürich（チューリッヒ）Basel（バーゼル）Genève（ジュネーヴ）
フランス	Paris（パリ）Strasbourg（ストラスブール）Lyon（リヨン）Bordeaux（ボルドー）

	Montpellier（モンペリエ）Nice（ニース）Toulouse（トゥルーズ）Marseille（マルセイユ）	
スペイン	Palma de Mallorca（パルマ・デ・マジョルカ）Barcelona（バルセロナ）Madrid（マドリード）Alicante（アリカンテ）Málaga（マラガ）	
ポルトガル	Lisbon（リスボン）Faro（ファロ）	
ベルギー	Bruxelles（ブリュッセル）	
ルクセンブルク	Luxembourg（ルクセンブルク）	
オランダ	Amsterdam（アムステルダム）	
アイルダンド	Dublin（ダブリン）	
スコットランド	Aberdeen（アバディーン）Glasgow（グラスゴウ）Edinburgh（エディンバラ）	
イングランド	Newcastle（ニューカスル）Manchester（マンチェスター）Birmingham（バーミンガム）London（ロンドン）	

典拠：Københavns Lufthavne A/S, *Koncernårsrapport 2005*, p. 12より作成。

表8-24　ヨーロッパ路線網の地域分布

	定期便目的地数	該当する国名
北欧	29	アイスランド、デンマーク、ノルウェー、スウェーデン、フィンランド
中欧	10	ドイツ、オーストリア
ロシア、バルト	6	エストニア、ラトビア、リトアニア、ロシア
東欧	10	ポーランド、チェコ、スロバキア、ハンガリー、ルーマニア、ブルガリア
中東欧	5	トルコ、ギリシャ
バルカン	7	スロベニア、ボスニア、ヘルツェゴビナ、クロアチア、セルビア、モンテネグロ
西南欧	17	イタリア、スイス、フランス
イベリア	7	スペイン、ポルトガル
ベネルックス	3	ベルギー、オランダ、ルクセンブルク
イギリス	8	イングランド、スコットランド、アイルランド

クを形成している。これに加えて、ロンドン、ブリュッセル、パリ、アムステルダム、フランクフルト、ベルリンなど西ヨーロッパの大都市との結びつきが観察された。

　コペンハーゲン空港におけるグローバルな地域連関を表8-26によって確認する。コペンハーゲンは、アジアのバンコク、東京、北京、北米のシカゴ、ニューヨーク、ワシントン、アトランタと航空ネットワークを形成し、ヨーロッパとアジア、アメリカを結ぶ拠点となっていることが分かる。これらの路線の多くはス

カンジナビア航空の世界的ネットワークの基盤となっている。

2 ユーロエアポート

2.1 ユーロエアポートの基本情報と沿革

ユーロエアポート・バーゼル／ミュールーズ／フライブルク（EuroAirport Basel—Muhlouse—Freiburg）は、ドイツ国境から4kmから、スイス国境から3km隔たったフランス領内にあり、フランス籍の公的企業が所有・運営する空港である。北・南に伸びる主滑走路は3,900m×60m、これと垂直に伸びる東・西滑走路は1,819m×60mである。スイス国内線用のバーゼル空港としてのIATA-Code（BSL）とフランス国内線用のミュールーズ空港としてのIATA-Code（MLH）を有しながら、ユーロ空港としてIATA-Code（EAP）を持つ。「バーゼル／ミュールーズ／フライブルク空港」の名称が示すように、3都市からバスの接続がある。直行バスは、バーゼル駅（Basel Bahnhof SBB）から20分、バーゼル・バーデン駅（Basel Badi-

表8-25 コペンハーゲン空港における目的地別便数（2008年9月1日現在）

	目的地空港	週あたり便数
1	オスロ	145
	ガーデモエン（OSL）	138
	サンドフィヨル（TRF）	37
2	ロンドン	134
	シティー（LCY）	11
	ガトウィック（LGW）	20
	ヒースロー（LHR）	82
	スタンステッド（STN）	21
3	オールボー（AAL）	122
4	ストックホルム アーランダ（ARN）	120
5	ブリュッセル（BRU）	79
6	ヘルシンキ（HEL）	75
7	パリ（CDG）	70
8	アムステルダム（AMS）	64
9	ベルゲン（BGO）	58
10	オーフス（AAR）	57
10	カルプ（KRP）	57
12	フランクフルト（FRA）	56
13	イェテボリ（GOT）	52
14	ベルリン	44
	シェーネフェルト（SXF）	8
	テーゲル（TXL）	36
14	ビルン（BLL）	44
16	デュッセルドルフ（DUS）	42
17	チューリッヒ（ZRN）	41
18	ミュンヘン（MUC）	40
18	ボーンホルム（RNN）	40
20	スタヴァンゲル（SVG）	38
21	ウィーン（VIE）	35
21	リーズ（LBA）	35
23	プラハ（PRG）	31
24	レイキャビック（KEF）	28
25	セナボー（SGO）	27
25	グダニスク（GDN）	27
27	リガ（RIX）	26
28	ハンブルク（HAM）	25
28	ハノーファー（HAJ）	25
28	クリスティアンサン（KRS）	25
31	ミラノ	24
	リナンテ（LIN）	6
	マルペンサ（MXP）	18
32	バルセロナ（BCN）	23
32	マドリード（MAD）	23
32	タリン（TLL）	23
32	シュトゥットガルト（STR）	23
36	ローマ（FCO）	22
37	ビルニュス（VNO）	21
38	エディンバラ（EDI）	20
38	モスクワ（SVO）	20

典拠：Copenhagen Airports, *Travel Planner 01. 09. 08-30. 11. 08.*

表8-26 コペンハーゲン空港における長距離便目的地別便数（2008年9月1日現在）

	目的地空港	週あたり便数	航空会社（週あたり便数）
1	バンコク（BKK）	14	タイ航空（7）、SAS（7）
1	シカゴ・オー・ハレ（ORD）	14	SAS（14）
1	ニューヨーク・ニューアーク（EWR）	14	コンチネンタル航空（7）、SAS（7）
4	北京（PEK）	7	SAS（7）
4	シアトル（SEA）	7	SAS（7）
4	東京・成田（NRT）	7	SAS（7）
4	ワシントン・ダレス（IAD）	7	SAS（7）
8	アトランタ（ATL）	6	デルタ航空（7）

典拠：Copenhagen Airports, *Travel Planner 01. 09. 08-30. 11. 08*.

scher Bahnhof）から19分、ミュールーズ駅（Muhlouse Gare SNCF）から30分、フライブルク中央バス駅（Zentrale Omnibusbahnhof: ZOB）から55分で結んでいる。空港に接続するアウトバーン（Autoroute）A35によって、バーゼルまで5km、ミュールーズまで25km、フライブルクまで75kmの距離で結ばれている[71]。

空港利用者の出発地は、バーゼルおよびその後背地から40％、ミュールーズ、コルマールなどフランスから40％、フライブルクなどドイツから20％であり、3カ国に及ぶ集客範囲を有している[72]。

ユーロ空港完成以前のこの地域にあった飛行場はバーゼル・シュテルネンフェルト飛行場（Flugplatz Basel-Sternenfeld）およびミュールーズ・ハプスハイム飛行場（Mulhouse-Habsheim）であった。前者は1920年に完成していたが、1930年代には、最新鋭機DC3に対応することができず、国境を越えた空港建設計画が浮上した。第2次大戦後、フランスが空港用地を提供し、スイスが滑走路と建物を建設することによって新しい民間空港を建設する基本合意が1945年5月に両国の間でなされ、後述する空港建設のための条約に調印がなされる以前にバーゼル／ミュールーズ空港の最初のインフラが2カ月の工期を経て、1946年5月8日に完成した。2006年に空港60周年記念式典が行われたのは、この年をもってユーロ空港の誕生としているからである。

1952年にはスイスの税関道路（schweizerische Zollstrasse）、すなわちバーゼルからの免税道路（Zollfreistrasse von Basel）が開業し、スイス側から直接チェ

ックインできるシステムが完成した。1952年には延長1,600mの東・西滑走路が完成し、翌年にはこれと垂直に走る2,370mの主滑走路が完成をみた。1970年に年間収容能力100万人の旅客ターミナルが完成したが、年間搭乗者数が100万人を超えるのは1984年のことであった。この間、1978年に主滑走路が3,900mに延伸された。

1978年、空港は「ユーロ空港　バーゼル／ミュールーズ／フライブルク」という商標を採用した。

搭乗者は、1992年に200万人、1998年には300万人と増加を続け、これに対応するために2002年には北旅客ターミナルが、2005年には南旅客ターミナルが完成した[73]。

2005年に、イージージェットが就航することによって、直行便の目的地が飛躍的に増大することとなった。

同年年頭のプレス・リリースにおいて、6月からイージージェットがA319をユーロ空港に常駐させ、ベルリン・シェーネフェルト行き（日2便）、リヴァプール行き（日1便）、ロンドン・ルートン行き（日2便）、ロンドン・スタンステッド行き（日1便）を就航することが空港側から発表された[74]。

さらに3月22日のプレス・リリースにおいては、イージージェットがアリカンテ便、バルセロナ便、パルマ・デ・マジョルカ便、ローマ（Ciampino）便を日に1便ずつ、ニース便を日に2便就航させることを追加発表した[75]。4月には、ナポリ行きを日に1便追加することを公表し、5月にはハンブルク、マドリード、マラガ便（いずれも日に1便）を8月から就航することをリリースした[76]。

このような就航予定を明らかにして、6月にイージージェットが進出した。「ユーロエアポートに常駐することになるエアバスA319の最初の1機が到着することによって、イージージェットの新しい拠点が今日、2005年6月12日に開設された」と空港がリリースした。8月までに合計3機がユーロエアポートに常駐することになり、合計13地点に向けて就航することとなった。すべて運賃は片道39.95CHF、往復79.90CHFであった[77]。

イージージェットの攻勢はさらに続き、10月末よりパリ・シャルル・ド・ゴール行きを日に2便就航し、11月からは、ベルリン・シェーネフェルト行きを3便

に増やした。また、2006年3月から、4機目のA319を常駐させて、アムステルダムに日1便、リスボンに日1便、プラハに週5便を新規に就航させたばかりでなく、ハンブルク行きを日2便に増やした[78]。

2.2　ユーロエアポートの管理組織

フランス政府とスイス政府は、1949年にバーゼル・ミュールーズ空港を民間空港として共同で建設・経営するための条約に調印した[79]。

この条約によって管理役会（Conseil d'administration、Verwaltungsrat）の構成は、フランス側においては、フランス中央官庁である公共事業・交通・観光省（Ministre des travaux publics, des tranports et du tourisme）から8名が任命され、スイス側においては、連邦政府官庁である連邦郵便・鉄道省（Départment fédéral des postes et des chemins de fer）から8名が任命される[80]。

1995年からは、これにドイツから2名の代表（Représentants allemands、Vertreter）が選出されることとなった。ただし、この2名は議決権を持たない[81]。

2008年12月現在の管理役会（Conseil d'administration, Verwaltungsrat）の構成は表8-27のようになっている。

2.3　ユーロエアポートの空間的輸送関係

ユーロエアポートから運行されている直行便を表8-28で確認する。パリ便が最も運行頻度は高いものの、全体としてはロンドン、ベルリン、ミュンヘン、フランクフルト、ウィーンなど西ヨーロッパの大都市との連絡が多角的の展開されており、ドイツ内の空港と基本的特長は変わりない。

2.4　ストラスブール空港の空間的輸送関係

ユーロエアポートは、フランス、スイス、ドイツの国境地帯に位置しているが空間的輸送関係においては、ドイツ国内の空港と大きな相違は観察できなかった。ユーロエアポート同様にアルザス地方にあり、ドイツ国境に近接しているが、ユーロエアポートとは違ってフランス司法による規制が直接及ぶストラスブール国際空港（Aéroport International Straubourg）を比較考察する[82]。

表8-27 ユーロ空港の管理役会 (Conseil d'administration)

フランス側役員 (members français)	Jean-Pierre Gallo	Président du Conseil d'administration, Président de la CCI Sud Alsace Mulhoouse
	Jean-Claude Bastion	Préfet du Haut-Rhin
	Pierre-Yves Bissaucge	Adjoint au Directeur du Transport aérien DGAC
	Jean-Marie Bockel	Maire de Mulhouse, Secrétaire d'Etat à la Défense et aux Anciens Combattants
	Jean-Claude Jouffroy	Représentant DGAC
	Jean-Pierre Lavielle	Président Délégue de la CCI Sud Alsace Mulhouse
	Frédéric Striby	Vice-Président du Conseil Général du Haut-Rhin
	Jean Ueberschlag	Député-Maire de Saint-Louis
スイス側役員 (members suisses)	Eduard Belser	Vizepräsident des Verwaltungsrates
	Adrian Ballmer	Regierungsrat, Vorsteher der Finanz- und Kirchendirektion des Kantons Basel-Landschaft
	Manuel Keller	Leiter der Sektion Wirtschftsfragen des Bundesamts für Zivilluftfahrt in Bern
	Dr. Ralph Lewin	Regierungsrat, Vorsteher des Wirtschafts- und Sozialdepartmentes des Kantons Basel-Stadt
	Dr. Bernd Menzinger	Vertreter der Handelskammer beider Basel
	Dr. Guy Morin	Regierungspräsident, Vorsteher des Justizdepartments des Kantons Basel-Stadt
	Paul Stebler	Vertreter der Handelskammer beider Basel
	Marcel G. Zuckschwerdt	Stellvertreter Direktor des Bundesamts für Zivilluftfahrt in Bern, Leiter Abteilung Luftfahrtentwicklung
ドイツ代表 (議決権なし) (Représentants allemands à titre consultative)	Dr. Dieter Salomon	Oberbürgermeister der Stadt Freiburg im Breisgau
	Julian Würtenberger	Regierungspräsident, Freiburg im Breisgau

典拠：EuroAirport, Organigramme de l'Aéroportde Bâle-Mulhouse, in interrete sub: http://www.euroairport.com/FR/euroairport.php, 14. 12. 2008.

　ストラスブール空港を利用する乗客の類型を表8-29に示した。これをもって『営業報告書』(2005年) においては、「ストラスブール国際空港搭乗者は主として、

表8-28　ユーロエアポート発直行便

		週あたりの便数	航空会社（週あたり便数）
1	パリ	69	
	シャルル・ド・ゴール（CDG）	28	エール・フランス（28）
	オルリ（ORY）	41	エール・フランス（41）
2	ロンドン	54	
	シティー（LCY）	12	スイス国際航空（12）
	ヒースロー（LHR）	21	ブリティッシュ・エアウェイズ（21）
	ルートン（LTN）	8	イージージェット（8）
	スタンステッド（STN）	13	イージージェット（13）
3	ベルリン・シェーネフェルト（SXF）	44	イージージェット（44）
4	ミュンヘン（MUC）	38	ルフトハンザ（38）
5	フランクフルト（FRA）	27	ルフトハンザ（27）
6	パルマ・デ・マジョルカ（PMI）	24	エア・ベルリン（9）、TUIフライ（8）、スイス・イージージェット（7）
7	ウィーン（VIE）	19	オーストリア航空（19）
8	リヨン・サンテグジュベリ（LYS）	17	エール・フランス（17）
9	ニース（NCE）	15	スイス・イージージェット（15）
9	ハンブルク（HAM）	15	スイス・イージージェット（15）
11	アムステルダム（AMS）	14	スイス・イージージェット（7）、スイス国際航空（7）
12	バルセロナ（BON）	12	スイス・イージージェット（7）、スイス国際航空（5）
12	デュッセルドルフ（DUS）	12	ルフトハンザ（12）
14	ブリュッセル（BRU）	11	スイス国際航空（11）
15	アリカンテ（ALC）	10	スイス・イージージェット（7）、ライアンエア（3）
15	コペンハーゲン（CPH）	10	ツインバーエア（10）
15	マルセイユ（MRS）	10	ツインジェット（10）
15	トゥールーズ（TLS）	10	ツインジェット（10）
19	レンヌ（RNS）	9	エール・リネ（9）
20	リヴァプール（LPL）	8	イージージェット（8）
21	アンタルヤ（AYT）	7	サン・エクスプレス（6）、エア・ベルリン（1）
21	ボルドー（BOD）	7	エール・フランス（7）
21	マドリード（MAD）	7	スイス・イージージェット（7）
21	プラハ（PRG）	7	スイス国際航空（7）
21	チューリッヒ（ZRH）	7	スイス国際航空（7）

典拠：EuroAirport Basel-Mulhouse-Freiburg, *Guide horaires été 2008* より作成。

　ビジネス目的で旅行している」（Les passagers de l'Aéroport international Strasbourg voyagent principalement pour des motifs professionnels）と指摘する[83]。

　『営業報告書』において、フランスを出発地とする者が83.1％であることが指

表8-29　ストラスブール空港搭乗者の類型（2005年）

搭乗者の種類	比率（％）
管理職、専門職中間層（cadres, professions intermediaries）	51.0
企業経営者、自由職業（chefs d'entreprise, professions liberals）	16.5
労働者（employés-ouvriers）	9.2
技術者、職人親方（technicians, agents de maîtrise）	8.2
退職者（retraités）	6.4
学生（étudiants）	5.9
商人、職人（commerçants, artisans）	1.7
非自発的失業者（inactifs, demandeurs d'emploi）	2.1

典拠：Aéroport International Straubourg, *Rapport d'activité 2005.*

表8-30　ストラスブール発搭乗者の目的地（2005年）

目的地	搭乗者数
パリ（オルリ＋シャルル・ド・ゴール）	1,011,845
リヨン	123,997
ニース	83,033
マルセイユ	77,374
トゥールーズ	67,616
ボルドー	65,188
ナント	62,474
リール（Lille）	59,248
ブリュッセル	47,677

典拠：Aéroport International Straubourg, *Rapport d'activité 2005.*

摘され、具体的には、バ・ラン県（Bas-Rhin）を起点とする者が43%、パリおよびパリ近郊（Paris ou region parisienne）から21%、オー・ラン県（Haut-Rhin）から5.3%、モセル県（Moselie）から3.1%と記されている[84]。

このことから、ドイツ国境と接しているにもかかわらず、集客範囲は国境による分断効果が働いていると考えられる。

次に、ストラスブール空港から搭乗者がどこに飛び立っているかを、表8-30によって確認する。搭乗者のほとんどはパリ便に集中していることがわかる。パリ便に次ぐリヨンは前者の1割強にすぎず、ビジネス客はもっぱらパリを目指すことになる。また、それ以外の乗客の向かう先は、フランス国内（またはフランス語圏）であることも特徴的である。

上記の搭乗者はどの航空会社を利用しているのであろうか？　表8-31によると、乗客のおよそ90%が伝統的航空会社であるエール・フランスを利用していることが分かる。

以上の分析から、ストラスブール空港を利用しているのは、アルザス、特に

表 8-31　ストラスブール空港における航空会社別搭乗者数 (2005年)

航空会社	搭乗者数	比率 (%)
エール・フランス (Air France)	1,649,709	89.6
SN　ブリュッセル航空 (SN Brussels)	47,677	2.6
モロッコ王立航空 (Royal Air Marc)	32,184	1.7
チュニス航空 (Tunis Air)	31,726	1.7
トルコ航空 (Turkish Airlines)	23,623	1.3
イベリア航空 (Iberia)	18,445	1.0
チロリアン航空 (Tyrolean)	12,594	0.7
CCM航空 (CCM Airlines)	11,469	0.6
ルフトハンザ (Lufthansa)	4,154	0.2
アリタリア (Alitalia)	3,695	0.2

典拠：Aéroport International Straubourg, *Rapport d'activité 2005*.

バ・ラン県のビジネスマンであり、目的地はパリ、利用する航空会社はエール・フランスである。ドイツの空港およびユーロエアポートが多極分散的な目的地を有していたのと比較すると、それとは全く異なった性格が浮き彫りとなる。

3　小　括

(1) コペンハーゲン空港はトランジット機能を充実させる経営を行い、功を奏してきた。特にデンマーク、スウェーデン、ノルウェー、ドイツにある大都市との連絡に見られるスポーク機能と、大陸間輸送との有機的連関が形成されてきたことが、空港発展の大きな要因であったことは間違いない。

(2) スカンジナビア航空グループ、特にスカンジナビア航空デンマークは、コペンハーゲン空港にメイン・ハブを築いた。SASグループの株式は、デンマーク、スウェーデン、ノルウェーの政府が50％を掌握しているが、民間グループの所有する株式は、コペンハーゲンに主たる基盤がある。

(3) 2002年以降、コペンハーゲン空港にローコスト・キャリアの比重が増大し、それは従来のハブ空港機能を次第に変えつつある。

(4) コペンハーゲン空港株式会社の株式の一部は、なおデンマーク政府の所有下にあるが、過半数の株式はマッコーリー空港の支配下に置かれている。

(5) コペンハーゲン空港株式会社は、イギリス、中国、メキシコの空港への投

資を積極的に行ってきた。

　（6）上記の資本関係によって、コペンハーゲン空港株式会社は親事業体であるマッコーリー空港と、海外空港投資によって傘下に収めたグループ企業の中間に位置する。このような3層構造が形成される契機は、グローバルな空港民営化の進展であった。

　（7）ユーロエアポート・バーゼル／ミュルーズ／フライブルク空港は、スイスから40％、フランスから40％、ドイツから20％の搭乗者を吸引する国境を越えた集客範囲を持つ空港である。

　（8）同空港の管理役会は、8名のフランス選出役員、同じく8名のスイス選出役員、および議決権を持たない2名のドイツ代表によって構成されている。現実には、バーゼル、ミュルーズ、フライブルク地域を選出の基盤としている。

　（9）ユーロエアポートの空間的輸送関係が、西ヨーロッパの大都市との連絡が主であり、ドイツの各空港と同様に、都市間の多角的連関が見られる。

　（10）ユーロエアポート同様にアルザスに位置しているが、フランス司法の規制が直接及ぶストラスブール空港においては、エール・フランスによるパリとの結びつきが決定的である。

　（11）ストラスブール空港の集客範囲は、ほぼフランス国内に限定されている。

　（12）空間的輸送関係においても、集客範囲においても、ストラスブール空港の働きには、国境による分断効果が顕著である。

1）Københavns Lufthavn, Om CPH — Fakta om lufthavnen, in interrete sub: http://www.cph.de/CPH/DK/OmCPH/Fakta/, 05. 12. 2006.
2）Københavns Lufthavn, Om CPH — Historie, in interrete sub: http://www.cph.de/CPH/DK/OmCPH/Historie/Lufthaven+2000+plus.htm, 04. 12. 2006.
3）Øresundsbron, Om OS, in interrete sub: http://osb.oeresundsbron.dk/frontpage, 21. 12. 2008.
4）Københavns Lufthavne A/S, *Koncernårsrapport 2007*, p. 15. なお、エス・トー（S-Tog）はドイツ語に直訳すればS-Zugであるが、ドイツのエス・バーン（S-Bahn）に相当する大都市の郊外電車である。
5）Københavns Lufthavn, Om CPH — Historie — Pioniertiden, in interrete sub: http://

www.chp.dk/CHP/DK/OmCHP/Historie/Pioniertiden+1929-1939.htm, 04. 12. 2006.
6) Københavns Lufthavn, Om CPH — Historie — Interkontinental, in interrete sub: http://www.cph.dk/CPH/Historie/Intercontinental+1940-1972.htm, 04. 12. 2006 et SAS Japan, Facts and History, in interrets sub: http://www.sasgroup.co.jp/ja.groupfacts/history/1918.html, 12. 12. 2006.
7) Københavns Lufthavn, Om CPH — Historie — Knudenpunkte, in interrete sub: http://www.cph.dk/CPH/DK/OmCPH/Historie/Knudepunkte+1973-1999.htm, 04. 12. 2006 et SAS Japan, Facts and History, in interrets sub: http://www.sasgroup.co.jp/ja.groupfacts/history/1918.html, 12. 12. 2006.
8) Københavns Lufthavne A/S, *Koncernårsrapport 2007*, p. 7.
9) Københavns Lufthavne A/S, *Koncernårsrapport 2005*, p. 19 et 20.
10) Københavns Lufthavne A/S, *Koncernårsrapport 2005*, p. 16.
11) Københavns Lufthavne A/S, *Koncernårsrapport 2005*, p. 20.
12) Københavns Lufthavne A/S, *Koncernårsrapport 2007*, p. 15.
13) Københavns Lufthavne A/S, *Koncernårsrapport 2006*, p. 11.
14) Københavns Lufthavne A/S, *Koncernårsrapport 2005*, p. 7.
15) Københavns Lufthavne A/S, *Koncernårsrapport 2005*, p.14 et Københavns Lufthavne A/S, *Koncernårsrapport 2006*, p. 14.
16) Københavns Lufthavne A/S, *Koncernårsrapport 2006*, p. 14.
17) Københavns Lufthavne A/S, *Koncernårsrapport 2005*, p. 10.
18) Københavns Lufthavne A/S, *Koncernårsrapport 2006*, p. 14.
19) Københavns Lufthavne A/S, *Koncernårsrapport 2007*, p. 15.
20) Københavns Lufthavne A/S, *Koncernårsrapport 2006*, p. 12.
21) Københavns Lufthavne A/S, *Koncernårsrapport 2005*, p. 10.
22) SAS Japan, The SAS story, in interrete sub: http://www.flysas.com/jp/jpAbout-SAS/The-SAS-story/, 25. 12. 2008 et SAS Group, *Annual Report 2005*.
23) SAS Group, *Annual Report 2005*, p. 8.
24) SAS Group, Press Release, 20. 04. 2001.
25) SAS Group, *Annual Report 2005*, p. 8.
26) SAS Group, Press Release, 10. 03. 2004. ブラーテン航空とノルウェー・スカンジナビア航空をひとつの合弁会社に集約し、国内運輸業務を担う方針はすでに、1月28日の報道発表で予告されていた。その意図はローコスト・プラットホームを形成することにあった（SAS Group, Press Release, 28. 01. 2004）。そのために、ローコスト・フリーガーであるブラーテン航空が存続事業体となったのである。
27) SAS Group, *Annual Report & Sustainability Report 2005*, p. 28-.

第 8 章　周辺空港　325

28) SAS Group, *Annual Repor 2005*, p. 30.
29) SAS Group, *Annual Repor 2005*, p. 31.
30) SAS Group, *Annual Report 2005*, p. 32.
31) Københavns Lufthavn（コペンハーゲン空港）と単数形で表示される場合は、いわゆる「コペンハーゲン国際空港」（Copenhagen International Airport）を表し、Københavns Lufthavne と複数形で表示される場合は、コペンハーゲン空港株式会社が所有・経営する「コペンハーゲン国際空港」と「ロスキル空港」（Roskilde Lufthavn）を含めた財務・業務を、さらには事業体を表す（Københavns Lufthavne A/S, *Konzernårsrapport 2005*, p. 13- 参照）。本文中において、プレス・リリースを引用する場合、煩瑣ではあるが、両者を区別するように記述した。なお、コペンハーゲン空港株式会社を表す略記に関して同社営業報告書（Københavns Lufthavne A/S, *Konzernårsrapport*）において、2003年以降はすべて英語略記（CPH）が用いられている点に鑑み、文中ではすべて CPH を用いる。
32) 2005年度における同社の「株式情報　6月30日」（Aktieinformation, 30. 06. 2005）には、「デンマーク政府およびコペンハーゲン空港株式会社のほかに、マッコーリー空港が5％以上（11.31％）の株式を所有している」（Udore Den Danske Stat og Københavne A/S ejer Macquarie Airports mere end 5 procent af aktiekapitalen（11.31％））と注記がなされ、また「株式情報　8月31日」（Aktieinformation, 31. 08. 2005）においては、「デンマーク政府のほかに、マッコーリー空港が5％以上（12.11％）の株式を所有している」（Udore Den Danske Stat ejer Macquarie Airports mere end 5 procent af aktiekapitalen（12.11％））と明記された。
33) Københavns Lufthavne A/S, *Koncernårsrapport 2005*, p. 43.
34) Macquarie Airports, Press Release, 24. October, 2005.
35) Ibid.
36) Macquarie Airports, Press Release, 14. December 2005. この時点における MAp の持ち株比率に関して、マッコーリー空港の『営業報告書』に記された数値とは若干の齟齬がある。「2005年12月14日、マッコーリー空港は CPH 株の公開買い付けを終了した。このことによって CPH の株式の所有比率が14.7％から52.8％へと増加し、CPH の支配権を掌握した」（Macquarie Airports, *Annual Report 2005*, p. 22）。
37) Macquarie Airports, *Annual Report 2005*, p. 22. なお、表8-16において、他の投資家（Øvrige investor）の項目には CPH の従業員のうち、1,594名（およそ95％）が株主名簿に登録されている（Københavns Lufthavne A/S, *Koncernårsrapport 2005*, p. 42）。
38) Københavns Lufthavne A/S, *Koncernårsrapport 2005*, p. 42.
39) 同社の社名は、植民地時代オーストラリアの総督を努め、オーストラリアに最初

の銀行を設立し、ホーリーダラーによって貨幣不足を解消したラクラン・マッコーリー（Governor Lachlan Macquarie）にちなんで名づけられた（Macquarie Airports, macquarie.com, about company in interrete sub: http://www.macquarie.com/uk/about/index.htm, 17. 08. 2006）。

40) Macquarie Airports, macquarie.com, about company in interrete sub: http://www.macquarie.com/uk/about/index.htm, 17. 08. 2006.
41) Macquarie Airports, macquarie.com, about macquarie, in interrete sub: http://www.macquarie.com.au/au/aorporations/sfpc/infrastructure.funds, 17. 08. 2006.
42) Maquarie Airports, UK Press Release, 15. July 2002.
43) Macquarie Airports, investment, in interrete sub: http://www.macquarie.com.au/au/map/investor_centre/facts.htm, 17. 08. 2006.
44) Ibid.
45) Macquarie Airports, *Annual Report 2005*, p. 46 et 61.
46) Macquarie Airports, investment, in interrete sub: http://www.macquarie.com.au/au/map/investor_centre/facts.htm, 17. 08. 2006.
47) 住信基礎研究所編『オーストラリアのプロパティー・トラスト』近代セールス社、2002年。内藤伸浩「新・不動産証券化入門」『ARES』第15号、2005年、46頁。オーストラリア政府の税務当局は「ステイプルド・セキュリティーとは、2種以上の証券が契約上（contractually）結合され、個別的に売買できない」と定義している（Australian Government Australian Taxation Office, Stapled securities and capital gains tax, in interrete sub: http://www.ato.gov.au/, 20. 08. 2006）。
48) ヴィクター・P. フーガアンティンク（Victor P Hoog Antik）「オーストラリアLPT：発展の要因」『ARES』第4号、2003年。金城昭一「オーストラリアLPT（上場不動産信託）考察」『ARES』第2号、2003年。
49) 「受益持分」とは、SPE（Special Purpose Entity）「特別目的事業体」において、優先劣後の構造を持つ株式持分について、単なる持ち株比率ではなく、キャッシュ・インフローを受け取る権利をいう。「受益利益」「受益権」「ベネフィシャル・インタレスト」などの訳語が充てられることもある（秋葉賢一「信託を利用した流動化スキームと会計問題」日本銀行金融研究所『金融研究』1998年10月。森下哲郎「国際証券決済法制の展開と課題」『上智法学論集』第47巻第3号、2004年）。Vold, L., Cases and Materials on the Law of Sales, 3rd edition, 1960. SPE は、「特別目的会社」と訳されることもあるが、民放上の法人格をも含めることから「特別目的事業体」と訳した（「米国のSPE 新連結基準（上）（下）」『商事法務』2003年3月15日号、25日号。「SPEの連結基見直しで米国金融界に大きな衝撃」『金融ビジネス』2003年7月号）。
50) Macquarie Airports, Press Release, 25. Jun. 2002.

51) Macquarie Airports, *Annual Report 2002*, p. 10-.
52) Macquarie Airports, *Annual Report 2004*, p. 18-.
53) Macquarie Group, Press Releae, 09. No. 2004.
54) Macquarie Group, Press Releae, 15. July 2002.
55) Macquarie Airport, *Annual Report 2002*, p. 14.
56) Macquarie Airports, *Annual Report 2002*, p. 15 et p. 16.
57) Macquarie Airport, *Annual Report 2005*, p. 37.
58) Macquarie Airports, *Annual Report 2002*, p. 17 et p. 18.
59) Københavns Lufthavne A/S, *Årsraport 1998*, p. 38.
60) Københavns Lufthavne A/S, *Årsraport 1998*, p. 11 et p. 38-39.
61) 同社の株式構成に関する構想は、ノルウェーの飲料メーカー Orkla ASA/Borregaad が44％、その他の株式を Capricorn Invest AS'Peterson & Søn および地元自治体 Østfold fylkeskommune が所有するというものであった（Københavns Lufthavne A/S, Pressemelding, 12. 01. 2000)。
62) Københavns Lufthavne A/S, *Årsraport 2000*, p. 19 et *Årsraport 2002*, p. 18.
63) Københavns Lufthavne A/S, *Årsraport 2000*, p. 19 et *Årsraport 2001*, p. 24.
64) Københavns Lufthavne A/S, *Årsraport 2001*, p. 24.
65) Airline Industry Information, 13. 11. 2002.
66) Københavns Lufthavne A/S, *Årsrapport 2002*, p. 18.
67) Københavns Lufthavne A/S, *Koncernårsrapport 2005*, p. 24 et p. 25.
68) Københavns Lufthavne A/S, *Koncernårsrapport 2005*, p. 24.
69) Københavns Lufthavne A/S, *Koncernårsrapport 2005*, p. 43.
70) Københavns Lufthavne A/S, *Koncernårsrapport 2005*, p. 13.
71) EuroAirport Basel-Mulhouse-Freiburg, *Guide horaires été 2008*, p. 5-15.
72) Flughafen Basel-Mulhouse Projekt ILS 34, Begründung und Auswirkungen, p. 12.
73) Flughafen Basel-Mulhouse Projekt ILS 34, Begründung und Auswirkungen, p. 8 et EuroAirport, Unternehmensporträt des EuroAirport, in interrete sub: http://www.euroairport.com/DE, 09. 12. 2008.
74) EuroAirport, communiqué de presse, 21. 02. 2005.
75) EuroAirport, communiqué de presse, 22. 03. 2005.
76) EuroAirport, communiqué de presse, 13. 04. 2005 et 15. 05. 2005.
77) EuroAirport, communiqué de presse, 16. 05. 2005.
78) EuroAirport, communiqué de presse, 14. 09. 2005.
79) Convention franco-suisse relative à la construction et à l'exploitaion de l'aéroport de Bâle-Mulhouse, à Blozheim, conclue le 4 juillet 1949, Approuvée par l'Assemblée

fédérale le 21 décembre 1949, Instruments de ratiofication échangée le 25 novembre 1950, RS 0.748.131.934.92.
80) Ibid.
81) Flughafen Basel-Mulhouse Projekt ILS 34, Begründung und Auswirkungen, p. 9.
82) ライアンエアは、日に2便、ロンドン・スタンステッド〜ストラスブール線を運行していた。これに対して競合区間を持つエール・フランスは、着陸料が値引きされていることが公的補助に相当するとして業務停止の訴えを起こした。アルザス地方裁判所は、空港の経営主体であるストラスブール商業会議所にライアンエアとの契約破棄を命令した。ライアンエアは、ロンドン〜ストラスブール線の運行を停止し、それに代わってロンドン〜バーデン・バーデン線を就航させることとなった（Ryanair, News Release, 24. 07. 2003, 01. 08. 2003, 26. 08. 2003, 30. 08. 2008, 09. 12. 2008 et 16. 12. 2008）。この間の経緯を簡潔に紹介した資料として、Osborne, Alistair, Ryanair suspends flights to Strasbourg, in Website of the Telegraph Media Group, in interrete sub, www.telegragh co.uk/finance/2861458/Ryanair-susupends-flights-to-Strabourg.html, 17. 12. 2008がある。
83) Aéroport International Straubourg, *Rapport d'activité 2005*.
84) Ibid. なお、フランス以外のヨーロッパを起点とする搭乗者は全体の13.1％であり、そのうち33.9％がドイツを起点としている（ibid）。

結　語

　すでに各章末において、それぞれの項目に関する結論を指摘したことに鑑み、ここでは、簡単に全体の結語を述べるに留める。

　19世紀においてドイツ資本主義の交通インフラは鉄道であった。当時の鉄道は、民間による所有、「国家」による管理・経営——国営私有形態——を中心として展開されていた。その際、「国営」とは領邦による経営であり、「私有」の意味するところは、地域資本による鉄道所有であった。このことは、なによりも地域分立的な経済構成を反映したものであった。

　21世紀における重要な交通インフラのひとつが空港である。ドイツの空港の経営は民間企業の形態（株式会社、有限会社）をとる。空港所有（空港を所有・経営する株式会社に対する出資、および同有限会社に対する持分所有）は、公的所有と民間所有の混合形態である。公的所有というとき、連邦政府の関与は例外的であり、州、自治体を資本関係の基盤とする。民間による空港投資も基本的には地域を基盤としている。このことはなにより、官民一体となった地域間競争を生じる。

　空間的輸送連関にみる特徴は、西ヨーロッパにおける都市間輸送であり、空港間の関係は多角的であり、輸送における「ドイツのハブ」は存在しない。フランスの都市間輸送がパリを中心とする垂直的連関であることが、（ストラスブールの事例から）推察されるが、ドイツにおける空港間の関係は水平的連関である。

　オランダ国境に近接したヴィーツェ空港、ミュンスター／オスナブリュック空港の事例、チェコ、ポーランド国境に近いドレスデン空港の事例は、空港の集客範囲が国境によって分断されていないことを示していた。ミュンヘンのように大規模な空港にあっては、集客範囲がオーストリア、スイスを越えてイタリアにまで広がっている。

以上の仮説検証以外にも、本書はいくつかの点を明らかにした。

　まず、東西冷戦の終結後、連合軍の撤退が多数の民間空港をドイツにもたらした。フランクフルト・ハーン、ヴィーツェなどの空港は、軍用空港が民間に転用された。これらの地方空港は、地域の公的資金によって空港が整備され、アイルランドやイギリスのローコスト・キャリアが進出したことが、発展の起爆剤となっている。この起爆剤に点火したのは、州や地方自治体による空港投資であった。

　外国資本に対する開放度という点においては、ドイツの空港はコペンハーゲン空港には及ばない。しかし、民間であれ、公的部門であれ空港への地域の資本の関与によって空港間に競争状態が生じているのは確かである。

　空港経営の戦略は、飛行場経営ではなくエアポート・シティーへと向かっている。この傾向は、フランクフルト・ライン／マイン、ミュンヘンのような大空港のみならず、フランクフルト・ハーンのような小規模の空港においてもビジネス・センターが建設され、空港が「雇用を生み出す場」（Job Maschine）であるという認識に立つ。

　ドイツの大都市空港は、例外なく高速鉄道網と有機的な連関が形成されているか、それを実現する計画が進行中（シュトゥットガルトの例）である。また、中規模都市の空港においては、少なくともSバーンによる連絡が実現している。

　以上の分析を通じて、わが国航空のあり方を考える時、以下の点を特に強調しておきたい。

　まず、日本の空港においては、高速鉄道網（新幹線）との連絡が全くなされていないために、空港へのアクセスが困難である状態が依然として続いている。都市と空港の空間的距離よりも、経済距離を短縮する工夫が必要ではあるまいか。

　地方空港の整備は、需要が少ないという理由で進展しない。ドイツにおいては、外国のローコスト・キャリアの進出を促したのが、地域の公的資本であり、そのことによって地方空港の需要が創りだされてきた。わが国において、アジアのローコスト・キャリアが地方空港にさらに進出し、かつ地方が公的資金を投入して発展の機会を与えることを切に望む。

　ロンドンの空港事情、ニーダーライン地域のそれを見ると、わが国においては首都圏の空港はいかにも少ない。成田、羽田以外にも、小規模であっても国際空

港がさらに建設されてしかるべきであろう。羽田空港は滑走路の拡充が進行中であるが、成田空港は、ドイツの空港と比較すると貧弱な滑走路設備しか有していない。

　デュッセルドルフ空港における騒音問題は、「アンガーラントの和議」を通じて空港業務に厳しい規制を生じることとなった。同空港が、ミュンヘン空港に遅れをとった理由は、まさにこの点にあった。わが国の航空行政にとって参考となる事例であろう。

参考文献

(凡例)
1. 資料の編著者が同一であっても、資料自体に記された編著主体の名称が異なる場合がある。(例) Airport Nürnberg, Presseinformation 03/02, 06. 02. 2002と Flughafen Nürnberg GmbH, *Geschäftsbericht 2007*
2. 同様に、ドイツ語の報道発表は、Pressemeldung と Presse Meldung の表記があるが、いずれも原資料の表記に従った。
3. 資料の配列は、その言語における標準的アルファベット順に従った。(例) デンマーク語のアルファベットにおいては、å は a の次ではなく、z → æ → ø → å となる。
4. オンライン情報には、ダウンロードの日、月、年を記した。同一サイト、同一アドレス情報であってもダウンロードの時点が異なれば、そのつど記した。
5. EuroAirport, *Guide horaires été 2008*は、3カ国語（ドイツ語、フランス語、英語）が併記されているが、地名表記がフランス語であることから、フランス語資料に含めた。
6. 2008年8月1日現在、刊行が確認されていない論文は、未刊行論文として記載した。

ドイツ語資料（紙媒体）

ADV, *Beteiligungsverhältnisse regionale Verkehrsflughäfen und Landeplätze*, 2006.

ADV, *Cargoaufkommen der Weltflughäfen im Jahre 2005*.

ADV, *Fluggastaufkommen der Weltflughäfen im Jahre 2005*.

ADV, *Gesellschafter und Beteiligungsverhältnisse - internationale Verkehrsflughäfen*, 2007.

ADV, *Monatsstatistik*, Dezember 1992.

ADV, *Monatsstatistik*, Dezember 1997.

ADV, *Monatsstatistik*, Dezember 2002.

ADV, *Monatsstatistik*, Dezember 2006.

ADV, *Monatsstatistik*, Dezember 2007.

ADV, Pressemitteilung Nr.29/2007, 26. Okt., 2007.

ADV, *Regionale Verkehrsflughäfen und Verkehrslandeplätze in der ADV*, 2006.

ADV, *Regionale Verkehrsflughäfen und Verkehrslandeplätze in der ADV*, 2007.

ADV, *Stamm- und Grundkapital der Flughäfen*, 1996.

ADV, *Verkehrsergebnisse der internationalen Flughäfen im Jahre 1991*.

ADV, *Verkehrsergebnisse der internationalen Flughäfen im Jahre 1996.*
ADV, *Verkehrsergebnisse der internationalen Flughäfen im Jahre 2001.*
ADV, *Verkehrsergebnisse der internationalen Flughäfen im Jahre 2006.*
Air Berlin plc., *Geschäftsbericht 2005.*
Air Berlin, *Geschäftsbericht 2006.*
Air Berlin, *Geschäftsbericht 2007.*
Airport Bremen, *Gesamtflugplan Winter 2008/2009.*
Airport Bremen, *Geschäftsbericht 2006.*
Airport Bremen, Pressemitteilung, 2. 04. 2007.
Airport Nürnberg, Presseinformation, 03/02, 06. 02. 2002.
Airport Nürnberg, Presseinformation, 04/02, 28. 02. 2002.
Airport Nürnberg, Presseinformation, 14/02, 03. 09. 2002.
Airport Nürnberg, Presseinformation, 21/02, 16. 12. 2002.
Airport Nürnberg, Presseinformation, 02/03, 19. 03. 2003.
Airport Nürnberg, Presseinformation, 14/03, 26. 08. 2003.
Airport Nürnberg, Presseinformation, 16/03, 05. 09. 2003.
Airport Nürnberg, Presseinformation, 15/04, 10. 09. 2003.
Airport Nürnberg, Presseinformation, art52,2727/2004.
Airport Nürnberg, Presseinformation, art52,3578/2004.
Airport Nürnberg, Presseinformation, art52,5377/2004.
Airport Nürnberg, Presseinformation, art52,5235/2004.
Airport Nürnberg, Presseinformation, art1984,5482/2005.
Airport Nürnberg, Presseinformation, art1984,5892/2005.
Airport Nürnberg, Presseinformation, art1984,5937/2005.
Airport Nürnberg, Presseinformation, art1984,6494/2005.
Airport Nürnberg, Presseinformation, art1984,5514/2005.
Airport Nürnberg, Presseinformation, art1984,5826/2005.
Airport Nürnberg, Presseinformation, art1984,5642/2005.
Airport Nürnberg, Presseinformation, art1984,5685/2005.
Airport Nürnberg, Presseinformation, art1984,5929/2005.
Airport Nürnberg, Presseinformation, art1984,6143/2005.
Airport Nürnberg, Presseinformation, art1984,6455/2005.
Airport Nürnberg, Presseinformation, art1984,5633/2005.
Airport Nürnberg, Presseinformation, art1984,5664/2005.
Airport Nürnberg, Presseinformation, art1984,5449/2005.

Airport Nürnberg, Presseinformation, art1984,6145/2005.
Airport Nürnberg, Presseinformation, art1984,5465/2005.
Airport Nürnberg, Presseinformation, art2380/2006.
Airport Weeze, *Flugplan Sommer 2008*, Weeze, 2008.
Airport Weeze, Pressemeldung, 15. 01. 2004.
Airport Weeze, Pressemeldung, 08. 09. 2004.
Airport Weeze, Pressemeldung, 13. 09. 2004.
Airport Weeze, Pressemeldung, 14. 10. 2004.
Airport Weeze, Pressemeldung, 17. 05. 2005.
Airport Weeze, Pressemeldung, 19. 10. 2005.
Airport Weeze, Pressemeldung, 02. 02. 2006.
Airport Weeze, Pressemeldung, 22. 05. 2006.
Airport Weeze, Pressemeldung, 02. 02. 2007.
Airport Weeze, Pressemeldung, 06. 02. 2007.
Airport Weeze, Pressemeldung, 29. 07. 2007.
Airport Weeze, Pressemeldung, 12. 11. 2007.
BDP, Pressemitteilung, 20. 06. 2007.
BDF, Pressemitteilung, 02. 11. 2007.
Berliner Flughäfen, *Flugplan*, Winter 2007/2008.
Berliner Flughäfen, Presseinformation: Airport BBI.
Berliner Flughäfen, Pressemitteilung, 07. 10. 2008.
Bundeskartellamt, Beschluss in dem Kartelverwaltungsverfahren, B-62100-U-147/00.
Business Traveller, März/April, 2002.
Cirrus Airlines, *Flugplan*, 30 März bis 25. Oktober 2008.
Cirrus Airlines, Pressemitteilung vom 02. 01. 2007.
Cirrus Airlines, Pressemitteilung vom 09. 05. 2007.
Cirrus Airlines, Pressemitteilung vom 24. 09. 2007.
Cirrus Airlines, Pressemitteilung vom 09. 01. 2008.
Cirrus Airlines, Pressemitteilung vom 09. 04. 2008.
Cirrus Airlines, Pressemitteilung vom 30. 05. 2008.
Deutsche Bahn, *Fahrplan Regioexpress gültig ab 30. 03. 2008.*
Deutsche Bahn, *InterCity-Direktverbindungen gültig bis 24. 05. 2008.*
DB, *Mit dem Zug zum Flughafen Weeze.*
Den Abflugmachen, in: *Nürnberg Heute* 78.
DM Mobility Logistics AG, *Mit dem Zug zum Flughafen Düsseldorf*, Frankfurt am Main,

2008.

Dortmund Airport, 80Jahre Flughafen Dortmund GmbH, in: Pressemitteilungen, 16. 04. 2006.

Dortmund Airport, *Flugplan Sommer 2008*.

Dortmund Airport, *Geschäftsbericht 2007*.

Düsseldorf International, *Flugplan und Service Guide Sommer 2008*.

Düsseldorf International, *Geschäftsbericht 2007*.

Europäische Kommission, Staatliche Beihilfe: Kommission leitet Prüfung der finanziellen Unterstützung für DHL und den Flughafen Leipzig/Halle, Press Release IP/06/1603, 22. 11. 2006.

Eurowings AG, *Geschäftsbericht 2000*.

Eurowings AG, *Geschäftsbericht 2003*.

Eurowings AG, *Geschäftsbericht 2004*.

Flughafen Basel — Mulhouse Projekt ILS 34, Begründung und Auswirkungen.

Flughafen Berlin-Schönefeld GmbH, Presse Meldung, 03. 11. 2002.

Flughafen Berlin-Schönefeld GmbH, Pressemeldung, 12. 11. 2003.

Flughafen Berlin-Schönefeld GmbH, Pressemeldung, 28. 04. 2004.

Flughafen Berlin-Schönefeld GmbH, Presse Meldung, 17. 06. 2004.

Flughafen Berlin-Schönefeld GmbH, Presse Meldung, 04. 08. 2004.

Flughafen Berlin-Schönefeld GmbH, Presse Meldung, 27. 10. 2004.

Flughafen Berlin-Schönefeld GmbH, Presse Meldung, 25. 11. 2004.

Flughafen Berlin-Schönefeld GmbH, *Zahlen — Daten — Fakten der Berliner Flughäfen 2006*.

Flughafen Bremen GmbH, *Geschäftsbericht 2006*.

Flughafen Dresden GmbH, *Flugplan 26. 05. 2008 bis 25. 10. 2008*.

Flughafen Dresden GmbH, Stimmen zur Inbetriebnahme der neuen Start- und Landebahn des Dresdner Flughafen, in: Flughafen Dresden GmbH, *Medien Material*, 2007.

Flughafen Düsseldorf International, *Flugbetrieb am Flughafen Düsseldorf International*, 2008.

Flughafen Düsseldorf International, Medieninfo Detail, 11. 06. 2008.

Flughafen Düsseldorf International, Pressemitteilung, 11. 08. 2004.

Flughafen Düsseldorf International, Pressemitteilung, 08. 09. 2004.

Flughafen Düsseldorf Mönchengladbach, Pressemitteilung vom 16. 05. 2007.

Flughafen Erfurt GmbH, *Flugplan 2008 Winter*.

Flughafen Köln/Bonn GmbH, *Geschäftsbericht 2004*.

Flughafen Köln/Bonn GmbH, *Geschäftsbericht 2006*.
Flughafen Köln/Bonn GmbH, Pressemitteilung, 18. 06. 2007.
Flughafen Leipzig/Halle GmbH, *Flugplan 21. 05. 2008 bis 25/10. 2008*.
Flughafen Leipzig/Halle GmbH, Pressemitteilung vom 21. 09. 2005.
Flughafen Leipzig/Halle GmbH, Pressemitteilung vom 09. 11. 2006.
Flughafen München GmbH, *Bayern Tor zur Welt*, 2001.
Flughafen München GmbH, *Bayern Tor zur Welt*, 2005.
Flughafen München GmbH, *Bayern Tor zur Welt*, 2006.
Flughafen München GmbH, *Geschäftsbericht 2006*.
Flughafen München GmbH, Information für die Presse, 36/2005, 27. 07. 2005.
Flughafen München GmbH, Pressemitteilung vom 09. 05. 1997.
Flughafen München GmbH, Pressemitteilung vom 05. 12. 1997.
Flughafen München GmbH, Pressemitteilung vom 29. 01. 1998.
Flughafen München GmbH, Pressemitteilung vom 30. 04. 1998.
Flughafen München GmbH, Pressemitteilung vom 14. 07. 1999.
Flughafen München GmbH, Pressemitteilung vom 26. 11. 2001.
Flughafen München GmbH, Pressemitteilung vom 08. 02. 2002.
Flughafen München GmbH, Pressemitteilung vom 18. 02. 2002.
Flughafen München GmbH, Pressemitteilung vom 29. 09. 2002.
Flughafen München GmbH, Pressemitteilung vom 07. 04. 2004.
Flughafen München GmbH, Pressemitteilung vom 13. 04. 2004.
Flughafen München GmbH, Statement von Dr. Michael Kerkloh, Vorsitzender der Geschäftsführung der Flughafen München GmbH, anlässlich der Jahrespressekonferenz der FMG am 27. 01. 2004.
Flughafen München GmbH, Statement von Dr. Michael Kerkloh, dem Vorsitzenden der Geschätsführer der Flughafen München GmbH, anlässlich des Pressegesprächs zum Beginn der Planungen für eine dritte Start- und Landebahn, 27. 07. 2005.
Flughafen München GmbH, *Statistischer Jahresbericht 2000*.
Flughafen München GmbH, *Statistischer Jahresbericht 2001*.
Flughafen München GmbH, *Statistischer Jahresbericht 2002*.
Flughafen München GmbH, *Statistischer Jahresbericht 2003*.
Flughafen München GmbH, *Statistischer Jahresbericht 2007*.
Flughafen Münster/Osnabrück International Airport, *Flugplan Winter 2008/2009*, gültig von 26. Oktber 2008 bis 28. März 2009.
Flughafen Münster/Osanbrück International Airport, Presseinformation Nr.24, 31. 05. 2006.

Flughafen Münster/Osnabrück International Airport, Presseinformation, Nr.42, 14. 12. 2006.

Flughafen Münster/Osnabrück International Airport, Presseinformation, Nr.17, 09. 05. 2008.

Flughafen Nürnberg GmbH, *Flugplan 08 Sommer: 07. 05. 08–25. 10. 08.*

Flughafen Nürnberg GmbH, *Geschäftsbericht 2007.*

Flughafen Stuttgart GmbH, Das Stuttgarter Flughafen-Magazin in: *Flugblatt,* 2/99.

Flughafen Stuttgart GmbH, *Geschäftsbericht 2007.*

Flughafen Stuttgart GmbH, *Statistischer Jahresbericht 2007.*

Frankfurt-Hahn, Aerofloat Daten und Fakten ab Frankfurt-Hahn, 09. 24. 2003.

Frankfurt-Hahn, Aktuelle Pressemeldung, 24. 09. 2003.

Frankfurt-Hahn, Über zehn Jahre Flughafen Frankfurt-Hahn, Beilage der Presse-Information 07–03, 21. 05. 2003.

Frankfurt-Hahn, Presse-Information, Frankfurt-Hahn, 06. 07. 2001.

Frankfurt-Hahn, Presse-Information, 10. 10. 2002.

Frankfurt-Hahn, Presse-Information 07–03, 21. 05. 2003.

Frankfurt-Hahn, Presse-Information 10–03, 04. 06. 2003.

Frankfurt-Hahn, Presse-Information 28–01, 12. 11. 2003.

Frankfurt-Hahn, Pressemeldung, 22. 11. 2001.

Frankfurt-Hahn, Pressemitteilung, 12. 11. 2003.

Frankfurt-Hahn, Pressemeldung 15–04, 06. 05. 2004.

Frankfurt-Hahn, Pressemeldung, 30. 12. 2004.

Frankfurter Allgemeine, 29. 11. 1995.

Fraport AG, *Frankfurt Airport Luftverkehrsstatistik 2007.*

Fraport AG, *Geschäftsbericht 2000.*

Fraport AG, *Geschäftsbericht 2001.*

Fraport AG, *Geschäftsbericht 2002.*

Fraport AG, *Geschäftsbericht 2003.*

Fraport AG, *Geschäftsbericht 2004.*

Fraport AG, *Geschäftsbericht 2005.*

Fraport AG, *Geschäftsbericht 2006.*

Fraport AG, Zahlen, Daten, Fakten 2007 zum Flughafen Frankfurt, April, 2007.

Gesellschaftsvertrag der FMO Flughafen Münster/Osnabrück Gesellschaft mit beschränkter Haftung.

Genehmigung des Ministerium für Wirtschaft, Mittelstand und Verkehr zur vollen Nutzung der Einbahnkapazität, September 2000.

Germanwings GmbH, Pressemeldung, 12. 08. 2003.

Germanwings GmbH, Pressemeldung, 08. 09. 2003.
Germanwings GmbH, Pressemeldung, 26. 09. 2003.
Germanwings GmbH, Pressemeldung, 04. 11. 2003.
Germanwings GmbH, Pressemeldung, 21. 06. 2004.
Germanwings GmbH, Pressemeldung, 04. 08. 2004.
Germanwings GmbH, Pressemeldung, 30. 12. 2004.
Germanwings GmbH, Pressemeldung, 11. 03. 2005.
Germanwings GmbH, Pressemeldung, 10. 01. 2005.
Hamburg Airport, Flugplan gültig vom 01. Juni 2008 bis zum 25. Oktober 2008.
Hamburg Airport, *Geschäftsbericht 2007*.
Hamburger Abendblatt, 29. Juni, 2008.
Handelsblatt, 29./30./31. August, 2008.
Hannover Airport, *Direktflugplan: Linienverker Sommer 2007*.
Hannover Airport, *Geschäftsbericht 2006*.
Hapagfly, Pressemeldung, 11. 07. 2002.
HOCHTIEF AirPort, *Realizing potential bei Flughafenprivatisierungen weltweit*, 2008.
HOCHTIEF AirPort GmbH, Pressemitteilung vom 01. 01. 2008.
Justiz NRW: OVG NRW, Pressemitteilungen des Oberverwaltungsgerichts, 06. 09. 2002.
Köln Bonn Airport, *Flugplan April-Juni 2008*.
Lufthansa Cargo, *Geschäftsbericht 2004*.
Lufthansa CityLine GmbH, *Geschäftsbericht 2003*.
Mitteldeutsche Flughafen AG, *Das Unternehmen auf einen Blick 2005*.
Mitteldeutsche Flighafen AG, *Geschäftsbericht 2007: Aus der Mitte Europas zu neuen Horizonten*, 2007.
Regierung von Oberbayern Höhere Landesplanungsbehörde, Landesplanerische Beurteilung für eine 3. Start- und Landebahn am Verkehrsflughafen München vom 21. 02. 2007, Az.:24.2-8262-1-05.
Sächsische Staatskanzlei, Pressemitteilung der Sächsischen Staatskanzlei, 06. 09. 2007.
Sächsische Zeitung, Verlagsbeilage der Sächsischen Zeitung, September 2007, p. 3.
Stadt Dortmund Stadtkämmerei, *Beteiligungsbericht 2007/2008*.
Stuttgart Airport, *Flugplan 2008*.
TUI AG, Pressemeldung, 29. 08. 2002.
TUI AG, Pressemeldung, 23. 11. 2002.
VGN GmbH, Ihre Fahrmöglichkeiten zwischen Nürnberg Flughafen und Nürnberg Hauptbahnhof in: *Fahrplan 2008*.

Weser Kurier, 19. Jan. 2008, 15. Feb. 2008 et 23. Feb. 2008.

ドイツ語オンライン情報

ADV, ADV at a glance, in interrete sub: http://www.adv-net/eng/gfx/adv.php, 27. 01. 2008.

ADV, Chronik, in interrete sub: http://www.adv-net.org/de/drv/adv/rueckblick.php, 27. 01. 2008.

AeroLogic GmbH, Management, in interrete sub: http://www.aerologic/aeb/en/About?us/, 04. 06. 2008.

Air Berlin, airberlin.com-news. 27. 03. 2007, in interrete sub: http://www.ariberlin.com/site/pressnews.dr.php?ID=535&LANG=deu, 08. 04. 2008.

Air Berlin, airberlin.com-news, 08. 07. 2007, in interrete, sub: http://www.airberlin.com/site/pressnews, 08. 04. 2008.

Air Berlin, airberlin.com-News 20.09.2007, in interreete sub: http://www.airberlin.com/site/pressnews, 08. 04. 2008.

Air Berlin, airberlin.com-news, 29. 10. 2007, in interrets sub: http://www.airberlin.com/site/pressnews, 08. 04. 2008.

Air Berlin, airberlin.com.news, 26. 03. 2008, in interrete sub: http://www.airberlin.com/site/pressnews.dr.php?ID=768&LANG=deu, 08. 04. 2008.

Air Berlin, airberlin.com, Non-Executive Directors, in interrete sub: http://ir.airberlin.com/aufsichtsrat.2.php, 08. 04. 2004.

Air Berlin, airberlin.com, in interrete sub: http://ir.airberlin.com/aufsichtsrat.php?lang=de, 08. 04. 2008.

Air Berlin, Air Berlin — About Data, in interrete sub: http://www.airberlin.com/site/aboutdata.php?LANG=deu, 25. 10. 2007.

Air Berlin, Firmenprofil, in interrete sub: http://www.airberlin.com/site/abouthistory, 31. 10. 2007.

Air Berlin, Firmenprofil, in interrete sub: http://www.airberlin.com/site/aboutvorstand_detail.php?vorstand=1&LANG=deu, 06. 04. 2008.

Air Berlin, Non-Executive Directors, in interrete sub: http://ir.airberlin.com/aufsichtrat.php?lang=de, 08. 04. 2008.

Airport Bremen, Anfahrt, in interrete sub: http://www.flughafen-bremen.de/ueber-den-flughafen/geschichte.html, 29. 11. 2008.

Airport Bremen, 22×pro Woche nach Palma de Mallorca, in interrete sub: http://www.flughafen-bremen.de/news-events/aktuelle-informationen, 22. 08. 2008.

Airport Nürnberg, Der Konzern und seine Funktionen, in interrete sub: http://www.airport-nuernberg.de/unternehmen/konzern/structur/art187,9687, 25. 09. 2008.

Airport Weeze, Historie des Airports Weeze, in interrete sub: http://www.airport-weeze.de/webEdition/we_cmd.php, 08. 08. 2008.

Airport Weeze, Lage und Anfahrt, in interrete sub. http://www.airport-weeze.de/webEdition/we_cmd.php, 08. 08. 2008.

Airport Weeze, Zahlen & Fakten — Technische Daten, in interrete sub: http://www.airport-weeze.de/webEdition/we_cmd.php, 08. 08. 2008.

BDF, Historie, in interrete sub: http://www.bafaero/der_bdf/index.php, 29. 01. 2008.

BDF, Mitglieder in interrete sub: http://www.bdfaero.de/der_bdf/mitglieder/index.php, 29. 01. 2008.

BDF, Stellungsnahme, "Drohendes Nachtflugverbot in Frankfurt, Verschläft Deutschland den Wettbewerb?", Berlin, 03. 09. 2007 in interrete sub: http://www.bdfaero.com/themen/stellungnahmen.php?year=2007, 30. 01. 2008.

Berliner Flughafen, Geschäftsführung, in interrete sub: http://www.berlin-airport.de?DE/UeberUns/DasUnternehmen/Geschaefsfuerung, 21. 03. 2008.

Berliner Flughäfen, Unternehmensporträt, in interrete sub: http://www.berlin-airport/DE/BBI/Flughafen, 25. 03. 2008.

Berliner Flughäfen, Zeitplan, in interrete sub: http://www.berlin-airport.de/DE/BBI/FlughafenDerZukunft/Zeitplan/index.html, 25. 03. 2008.

Berliner Untergrundbahn, U-Bahn-Chronik, in interrete sub: http://www.berliner-untergrundbahn.de/cu-20.htm, 07. 04. 2008.

Bremer Verein für Luftfahrt e.V., BVL Über uns, in interrete sub: http://www.bvl-ev/bvl/bvl-a-2.html, 30. 11. 2008.

bus2fly, Flughafenbus Hamburg City — Ryanair Bremen, in interrete sub: https://www.bus2fly.de/, 29. 11. 2008.

Cirrus Airlines, Daten und Fakten, in interrete sub: http://www.cirrusairlines.de/de/company/dates_facts/, 10. 06. 2008.

Cirrus Airlines, Portrait, in interrete sub: http://www.cirrusairlines.de/de/company/portrait/, 10. 06. 2008.

Deutsche Lufthansa AG, Liste der Anteile der Deutschen Lufthansa AG, Stand: 31. 12. 2004, in interrete sub: http://www.lufthansa-financials.de/, 05. 08. 2005.

Dortmund Airport, Historie, in interrete sub: http://www.dortmund-airport.de/index.php?id=70, 01. 11. 2008.

Dortmund Airport, Zahlen/Daten/Fakten, in interrete sub: http://www.dortmund-airport.

de/geschaeftsbericht_html, 18. 11. 2008.

EDMO-Flugbetrieb GmbH, Akutuelles, in interrete sub: http://www.edmo-airport.de/ Service/Aktuelles.html, 27. 01. 2008.

EDMO-Flugbetrieb GmbH, Unternehmen, in interrete sub: http://www.edmo-airport.de/ Seiten/Unternehmen_Satndort.html, 27. 01. 2008.

ELFAA, in interrete sub: http://www.elfaa.com.

EuroAirport, Unternehmensporträt des EuroAirport, in interrete sub: http://www.euroairport.com/DE, 09. 12. 2008.

Flughafen Dresden GmbH, Einzugsgebiet des Flughafens, in interrete sub: http://www.dresden-airport.de/de/struktur/wirtschaftspartner/einzugsgebiet.html, 23. 05. 2008.

Flughafen Dresden GmbH, Geschishte — 1984 bis 1934, 1935 bis 1945, 1945 bis 1960, 1961 bis 1989, 1989 bis 2001 et 2001 bis heute, in interrete sub: http://www.dresden-airport.de/reisende_und_besuchcher/willkommen/geschichte, 18. 06. 2008.

Flughafen Dresden GmbH, Technische Daten — An- und Abreise, Parken — Öffentlicher Nahverkehr, in interrete sub: http://www.dresden-airport.de/de/struktur, 13. 06. 2008.

Flughafen Dresden GmbH, Wichtige Etappen in der Geschichte, in interrete sub: http://www.dresden-airport.de/struktur/projekt_slb/geschichte-7.html, 18. 06. 2008.

Flughafen Düsseldorf International, Bahn, in interrete sub: http://www.duesseldorf-international.de/dus/bahn/, 08. 08. 2008.

Flughafen Düsseldorf International, Flughafen Düsseldorf GmbH, in interrete sub: http://www.duesseldorf-international.de/dus/flughafen_duesseldorf/, 10. 06. 2008.

Flughafen Düsseldorf International, Selbstverständnis, in interrete sub: http://www.mgl.de/d/06_unternehmen/unternehmen/selbstverstaendnis/inhalt_html, 26. 07. 2008.

Flughafen Düsseldorf GmbH, Unternehmen, in interrete sub: http://www.mgl.de/06_unternehmen/unternehmen/gmbh/inhalt_html, 26. 07. 2008.

Flughafen Düsseldorf Mönchengladbach, Gewerbeflächen, in interrete sub: http://www.mgl.de/d/10_gewerbe/inhalt.html, 26. 07. 2008.

Flughafen Düsseldorf Mönchengladbach, Zeitreise, in interrete sub: http://www.mgl.de/d/06_unternehmen/zeitreise/inhalt.html, 26. 07. 2008.

Flughafen Frankfurt-Hahn, Statistik 1996-, in Basis-Information Frankfurt-Hahn in OWF, in interrete sub: http://www.flughafen-hahn.de/default.aspx, 21. 03. 2008.

Flughafen Köln/Bonn GmbH, Airport Aktuell/Allgemeines, 06. 08. 2007, in interrete sub: http://www.koeln-bonn-airport.de/, 25. 04. 2008.

Flughafen Leipzig/Halle GmbH, Flughafendaten Leipzig/Halle — Mit der Bahn, in interrete sub: http://www.leipzig-halle-airport.de/index/unternehmen_flughafen/zukunft_flug,

04. 06. 2008.

Flughafen Leipzig/Halle GmbH, Flughafendaten Leipzig/Halle, in interrete sub: http://www.leipzig-halle-airport.de/index/unternehmen_flughafen/flughafen_lej, 04. 06. 2008.

Flughafen Leipzig/Halle, Geschichte, in interrete sub: http://www.leipzig-halle-airport.de/de/index/unternehmen_flughafen/geschichte, 22. 05. 2008.

Flughafen Leipzig/Halle GmbH, Leipzig/Halle — 1989-1994, in interrete sub: http://www.leipzig-halle-airport.de/de/index/unternehmen_flughafen/geschichte/, 22. 05. 2008.

Flughafen Leipzig/Halle GmbH, Leipzig/Halle — 1995-1998, in interrete sub: http://www.leipzig-halle-airport.de/de/index/unternehmen_flughafen/geschichte/, 22. 05. 2008.

Flughafen Leipzig/Halle GmbH, Leipzig/Halle — 1999-2000, in interrete sub: http://www.leipzig-halle-airport.de/de/index/unternehmen_flughafen/geschichte/, 22. 05. 2008.

Flughafen Leipzig/Halle GmbH, Leipzig/Halle — 2001-2003, in interrete sub: http://www.leipzig-halle-airport.de/de/index/unternehmen_flughafen/geschichte/, 22. 05. 2008.

Flughafen Leipzig/Halle GmbH, Leipzig/Halle — 2004-2006, in interrete sub: http://www.leipzig-halle-airport.de/de/index/unternehmen_flughafen, 22. 05. 2008.

Flughafen Leipzig/Halle GmbH, Verkehrsstatistik, in interrete sub: http://www.leipzig-halle-airport.de/index/unternehmen_flughafen/flughafen_lej, 04. 06. 2008.

Flughafen Leipzig/Halle GmbH, Zahlen, Daten, Fakten, in interrete sub: http://www.leipzig-halle-airport/de/index/unternehmen_flughafen/zukunft_flug, 04. 06. 2008.

Flughafen München GmbH, Flughafenausbau — Gründe für den Ausbau, in interrete sub: http://www.mic-ausbau.de/gruende.html, 20. 05. 2008.

Flughafen München GmbH, Gesellschafter der Flughafen München, in interrete sub: http://www.munich-airport.de/company/struktur/fmg/index.jsp, 12. 05. 2008.

Flughafen München GmbH, Zahlen und Fakten, in interrete sub: http://www.munich-airport.de/de/company/facts/diagramm/verk_struk_daten, 07. 06. 2004.

Flughafen Münster/Osnabrück International Airport, Bahn/Bus/Zubringer, in interrete sub: http://www.flughafen-fmo.de, 23. 11. 2008.

Flughafen Münster/Osnabrück International Airport, Entwicklung, in interrete sub: http://www.flughafen-fmo.de, 23. 11. 2008.

Flughafen Münster/Osanbrück International Airport, Unternehmen, in interrete sub: http://www.flughafen-fmo.de/, 14. 10. 2008.

Flughafen Schönefeld Berlin, in interrete sub: http://www.berin-airport.de/PubDeutsch/Pubschoenefeld, 27. 07. 2005.

Flughafen Stuttgart GmbH, Geschäftsführung: vita Walter Schoefer et Prof. Georg Fundel, in interrete sub: http://www.flughafen-stuttgart.de/sys/index, 26. 20. 2008.

Flughafen Stuttgart GmbH, Zahlen, Daten, Fakten, in interrete sub: http://www.flughafen-stuttgart.de/sys/index.php, 02. 10. 2008.

Flughafen Stuttgart GmbH, Zahlen, Daten, Fakten, in interrete sub: http://www.flughafen-stuttgart.de/sys/index.php, 26. 10. 2008.

Flughafen Tegel Berlin, in interrete sub: http://www.berin-airport.de/PubDeutsch/PubTegel, 27. 07. 2005（このサイトは現在、休止している）.

Flughafen Tegel TXL, Berlin Erfahrungsbericht Berlin's Hauptflughafen, in interrete sub: http://reisen.ciao.de/Flughafen_Tegel_Berlin, 27. 03. 2008.

Flughafen Tempelhof Berlin, in interrete sub: http://www.berlin-airport.de/PubDeutsch/PubTempelhof, 27. 07. 2005（このサイトは現在、休止している）.

Flugplatzgesellschaft mbH Halle/Oppin, Flugplatz Halle/Oppin, in interrte sub: http://www.flugplzta-halle-oppon.de/history.html, 02. 06. 2008.

Flycar, in interrete sub: http://www.fly-car.de, 29. 09. 2004.

Frankfurt-Hahn, Basis-Information Frankfurt-Hahn in OWF, in interrete sub: http://www.flughafen-hahn.de/default.aspx, 29. 09. 2004.

Frankfurt-Hahn, Basis-Information Frankfurt-Hahn in OWF, in interrete sub: http://www.flughafen-hahn.de/default.aspx, 21. 03. 2008.

Frankfurt-Hahn — der erste deutsche Low-Cost-Flughafen, Basis-Information Frankfurt-Hahn in OWF, in interrete sub: http://www.flughafen-hahn.de/default.aspx, 29. 09. 2004.

Frankfurt-Hahn, Fracht in Bewegung — Geschäftsbereich Cargo, in Basis-Information Frankfurt-Hahn in OWF, in interrete sub: http://www.flughafen-hahn.de/default.aspx, 21. 03. 2008.

Frankfurt-Hahn, Gesamtflugplan Frankfurt Hahn, in interrete sub: http://www.hahn-airport.de/Gesamtflugplan.aspx, 22. 03. 2008.

Frankfurt-Hahn, Linienflüge ab Frankfurt-Hahn, Basis-Information Frankfurt-Hahn in OWF, in interrete sub: http://www.flughafen-hahn.de/default.aspx, 21. 03. 2008.

Frankufurt-Hahn, OWF, in interrete sub: http://www.flughafen-hahn.de/default.aspx, 22. 03. 2008.

Frankfurt-Hahn, Offizielle Webseite des Flughafen Frankfurt-Hahn（Abk.OWF）, in interrete sub: http://www.flughafen-hahn.de/default.aspx, 29. 09. 2004.

Frankfurt-Hahn, Mit drei Low-Cost-Airlines auf Erfolgskurs, Basis-Information Frankfurt-Hahn in OWF, in interrete sub: http://www.flughafen-hahn.de/default.aspx, 20. 03. 2008.

Fraport AG, Aktionärsstruktur, in interrete sub: http://www.fraport.de, 01. 03. 2008.

Fraport AG, Basisdaten, in interrete sub: http://www.fraport.de, 01. 03. 2008.

Fraport AG, Das Top-Management der Fraport AG in interrete sub: http://www.fraport.de, 13. 02. 2008.

Fraport AG, Fraport-Unternehmen-Chronik, in interrete sub: http://apps.fraport.de/fraportchronik/de/jsp/unt_chronik_bannerjsp, 24. 02. 2008.

Fraport AG, Töchter & Beteiligungen in interrete sub: http://www.fraport.de/cms/fraport_worldwide/rubril/14/13385.toechter_beteiligungen, 24. 02. 2008.

50 Jahre Airport Nürnberg, in interrete sub: http://www.airport-nuernberg.de/unternehmen/geschichte, 25. 09. 2008.

Germanwings, Facts & Figures: Summer Schedule 2008, in interrete sub: http://www.germanwings.com/en/Infos-and-Service, 07. 05. 2008.

Germanwings GmbH, germanwings.com in interrete sub: http://www.36.germanwings.com/, 30. 07. 2005.

Gerrmanwings GmbH, germanwings.com in interrete sub: http://www.36.germanwings.com/, 05. 08. 2005.

Hamburg Airport, Flughagengelände, in interrete sub: http://www.airport.de/de/das_gelaende.html, 11. 08. 2008.

Hamburg Airport, Historie, in interrete sub: http://www.airport.de/de/historie_799.htm, 17. 08. 2008.

Hamburg Airport, Neue Hamburg Airport, in interrete sub: http://www.airport.de/de/der_neue_hh_airpot.html, 11. 08. 2008.

Hamburg Airport, U- und S-Bahn, in interrete sub: http://www.airport.de/de/u_und_s_bahnen.html, 11. 08. 2008.

Hamburg Airport, Was ist HAM 21?, in interrete sub: http://www.airport.de/de/was_ist_ham_21.html, 11. 08. 2008.

Hamburg Airport, Wirtschaftsdaten, in interrete sub: http://www.airport.de/de/wirtschftsdaten.html, 11. 08. 2008.

HOCHTIEF Airport GmbH, Chronik der wichtigen Ereignisse, in interrete sub: http://www.hochtief-airport.de/airport/12.jhtml, 29. 06. 2008.

HOCHTIEF AirPort GmbH, Unternehmen/Struktur, in interrete sub: http://www.hochteif-airport.de/airport/10.jhtml, 20. 06. 2008.

Hannover Airport, Flughafen-Informationen: Daten und Fakten, in interrete sub: http://www.hannover-airport.de/daten_und_fakten.html, 09. 03. 2008.

Hannover Aipport, Flughafen-Informationen: 1950 bis 1959, in interrete sub: http://www.hannover-airport.de/153.html, 09. 03. 2008.

Hannover Aipport, Flughafen-Informationen: 1960 bis 1969, in interrete sub: http://www.

hannover-airport.de/153.html, 09. 03. 2008.

Hannover Aipport, Flughafen-Informationen: 1970 bis 1979, in interrete sub: http://www.hannover-airport.de/153.html, 09. 03. 2008.

Hannover Aipport, Flughafen-Informationen: 1980 bis 1989, in interrete sub: http://www.hannover-airport.de/153.html, 09. 03. 2008.

Hannover Aipport, Flughafen-Informationen: 1990 bis 1999, in interrete sub: http://www.hannover-airport.de/153.html, 09. 03. 2008.

Hannover Aipport, Flughafen-Informationen: ab 2000, in interrete sub: http://www.hannover-airport.de/153.html, 09. 03. 2008.

Hapag-Lloyd Express GmbH, HLP.com, in interrete sub: http://book.hlx.com/de/, 12. 10. 2005.

Hapag-Lloyd Express GmbH, Unternehmen-Milestones Unternehmens, in interrete sub: http://book.hlx.com/de/, 12. 10. 2005.

IHK Oberfranken, Flughafen Nürnberg, in interrete sub: http://www.bayreuth.ihk.de/xist4c/web/-23-10-07--Oberfraenkische-Ueberflieger, 26. 09. 2008.

KfW IPEX-Bank GmbH, Aout IPEX-Bank GmbH, in interrete sub: http://www.kfw-ipex-bank.de/EN_Home/KfW_IPEX-Bank/index.jsp, 06. 07. 2008.

Köln Bonn Airport, Presse/Geschichte, in interrete sub: http://www.koeln-bonn-airport.de/, 14. 04. 2008.

Köln Bonn Airport, Das Unternehmen/Flughafen Köln/Bonn GmbH, in interrete sub: http://www.koeln-bonn-airport.de/, 14. 04. 2008.

Köln Bonn Airport, Das Unternehmen/Flughafen Köln/Bonn GmbH, in interrete sub: http://www.koeln-bonn-airport.de/, 14. 04. 2008.

Landeshauptstadt München Referat für Arbeit und Wirtschaft, Beteiligungsmanagement, in interrete sub: http://www.muenchen.de/Rathaus/raw/beteiligung/37789/index.html?is, 12. 05. 2008.

Lufthansa, Chronicle, in interrete sub: http://konzern.lufthansa.com/en/html/ueber_uns/geschichte/chronik/index.html, 20. 05. 2008.

Lufthansa Cargo, in interrete sub: http://www.lufthansa-cargo.de, 28. 07. 2005.

Lufthansa CityLine GmbH, Historie, in interrete sub: http://www.lufthansacityline.com.de/html/historie, 25. 07. 2005.

Lufthansa CityLine GmbH, Portrait, in interrete sub: http://www.lufthansacityline.com/de/html/portrair/index.html, 28. 04. 2008.

Mitteldeutsche Flughafen AG, Geschäsfürung/Gesellschafter/Aufsichtsrat, in interrete sub: http://www.mdf-ag/de/gesellschaften/airport_drs/overvies_drs.html, 22. 05. 2008.

Mitteldeutsche Flighafen AG, Vorstand/Aktionäre/Aufsichtsrat, in interrete sub: http://www.mdf-ag.com/de/mf_ag/associates.html, 22. 05. 2008.

Rebstock Projektgesellschaft mbH, Rebstockpark Frankfurt am Main — Herkunft mit Zukunft, in interrete sub: http://www.rebstockpark-ffm.de/rebstock.htm, 24. 02. 2008.

Stadt Fürth, Alter Flugplatz Atzenhof, in interrete sub: http://www.fuerth.de/desktpodefault.aspx/tabid-269/314_read-2240/, 30. 06. 2008.

TUI-AG, Fact Sheet TUI Konzern-Fluggesellschaft, in interrete sub: http://www.tui.com/de, 02. 10. 2005.

TUIfly, TUI.com — Über TUIfly, in interrete sub: http://www.tuifly.com/de/service/ueber_tui_wer_wir_sind.html, 07. 05. 2008.

ドイツ語研究書・研究論文・社史

anon., *Flughafen Düsseldorf. Vom Flugplatz Lohausen zu Düsseldorf International*, Düsseldorf, 2007.

Anspach, Ingo, *Wie im Flug — Die 50-jährige Geschichte der Flughafen München GmbH*, München, 1999.

Aviatic Verlag GmbH, *90 Jahre Hamburg Airport 1911-2001*, Hamburg, 2001.

Berliner Flughafengesellschft mbH, *Gelandet in Berlin — Zur Geschichte der Berliner Flughäfen*, Berlin, 1974.

Deutsche Verkehrswissenschaftliche Gsellschaft, *Privatisierung deutscher Flughäfen*, Bergisch-Gladbach, 1996.

Edition Axe Menges, *Brunnert und Partner — Flughafen Leipzig/Halle*, Stuttgart et London, 2004.

Flughafen Dresden GmbH, *Flughafen Dresden — Geschichte und Gegenwart der Dresdener Luftfahrt*, Dresden, 2002.

Flughafen Dresden GmbH, *Kurzer Streifzug durch die Geschichte der Dresdner Luftfahrt*, 2005.

Flughafen Frankfurt/Main AG, *60 Jahre Flughafen Frankfurt 1936-1996*, Frankfurt a.M., 1996.

Flughafen Frankfurt Main AG, *50 Jahre Flughafen Frankfurt 1936-1986*, Frankfurt a.M., 1986.

Flughafen Hamburg GmbH, *Chronik Flughafen Hamburg 1911-1986*, Hamburg, 1986.

Flughafen Hamburg GmbH, *Vom Flugbahnhof zum Terminal — Flughafen Hamburg 1929-1999*, Hamburg, 1999.

Flughafen München GmbH, *Flughafen München Perspektiven*, Planegg, 1993.

Flughafen Münster/Osnabrück GmbH, *Zurück in die Zukunft — 20 Jahre FMO*, Osnabrück, 1992.

Fraport AG, *80 Jahre Flughafen-Gesellschaft in Frankfurt 1924-2004*, Frankfurt a.M., 2004.

Grenzdörfer, Joachim et al., *Berliner Flughäfen im Wandel*, Koblenz, 1990.

Grenzdörfer, Jpachim et al., *Geschichte der ostdeutschen Verkehrsflughäfen*, Bonn, 1997.

Hackelsberger, Christoph, *Flughafen München Terminal 2*, Basel, 2004.

Hesse, Wolfgang et al., *70 Jahre Flughafen Leipzig Halle*, Leipzig, 1997.

Högl, Günter, *Horizonte — Zur Wirtschfts- und Kulturgeschichte des westfälischen Luftverkehrs*, Essen, 2001.

Institut für Verkehrswissenschaft an der Universität zu Köln, *Die regionalwirtschftlichen Auswirkungen des Low cost-Markets im Raum Köln/Bonn*, Köln, 2004.

Institut für Verkehrswissenschaf an der Universität zu Köln, *Wirtschftliche Effekte des Airports Berlin Brandenburg International BBI*, im Auftrag der Flughafen Berlin Schönefeld GmbH, Köln, 2005.

Knode, Mareike, *Tempelhof — Das Fliegende Herz Berlins*, München et Berlin, 2005.

Knorts, Heike, *Ökonomische Integration und Desintegration am Oberrhein*, Frankfurt am Main et al., 2003.

Kuhlmann, B., *Schönefeld bei Berlin: Ein Amt, ein Flughafen und elf Bahnhöfe*, Berlin, 1996.

Kutscher, Markus, *Geschichte der Luftfahrt in Frankfurt am Main*, Frankfurt, 1995.

Laurenz, D., Paesxhke, C-L., *Flughafen Tempelhof*, Berlin, 1998.

Reiche, Dirk, *Privatisierung der internationalen Verkehrsflughäfen in Deutschland*, Wiesbaden, 1999.

Schmitz, F., *Flughafen Tempelhof*, Berlin, 1997.

Spörer Siegfried, *Airport Bremen*, Bremen, 1999

Spörer, Siegfried, *Bremen und sein Airport — Aufbruch in's Jahre 2000*, Bremen, 1988.

Stadt Filderstadt und Geschichtswerkstatt Filderstadt, *Der Flughafen Stuttgart 1937-1992*, Filderstadt, 1992.

Stöver, Gerd, *Entwicklungsmöglichkeiten von Regionalflughäfen am Beispiel Münster/Osnabrück*, 2005.

Treibel, Werner, *Geschichte der deutschen Verkehrsflughäfen*, Bonn, 1992.

Tschörner, Thomas, *50 Jahre Flughafen Hannover*, Hannover/Langenhagen, 2002.

von Przychowski, Hans, *Luftverkehr in Berlin — Die Flughäfen im Wandel der Zeit 1945-1996*, Berlin, 1996.

von Przychowski, Hans, *Luftbrücken nach Berlin — Der alliierte Flugverlehr*, Berlin, 1996.

Windsheimer, Bernd, *50 Jahre Airport Nürnberg — Geschichte der Luftfahrt in Nürnberg 1955-2005*, Nürnberg, 2005.

Wolf, Hartmut, Privatisierung der Flughäfen? Zu dem Rahmenbedingungen für eine effiziente Flughafenpolitik nach der Liberalisierung des EU-Luftverkehrs in: *Die Weltwirtschaft*, Heft 2, 1996.

Wolf, Hartmut, *Grundsatzfragen einer Flughafenprivatisierung in Deutschland*, Kiel, 1997.

ドイツ語未刊行博士論文

Schönberg, Mirko, Flughafenstreit: Die Kontroverse um den Ausbau des Düsseldorfer Flughafen von 1952 bis zum Angerland-Vergleich, Marburg, 2006/ Zugl. Bochum Univ. Diss. 2006.

ドイツ語未刊行修士論文

Rita,Csörgis, Der Flughafen Nürnberg und seine Entwicklung nach der Osterweiterung der Europäischen Union, Masterarbeit im Studiengang International Business der Friedrich-Alexander-Universität Erlangen-Nürnberg, 2006.

ドイツ語未刊行卒業論文

Jedelsky, M., Geschichte und Zukunfut des Flughafen Tempelhof: Zurück in die Zukunft, Diplomarbeit, Technische Universität Berlin, 1995.

英語資料（紙媒体）

ACI, *Worldwide Airport Traffic Report 2005*.

AeroLogic GmbH, Press Release, Frankfurt/Bonn, 28 January 2008.

Airports Council International, *Cargo Traffic 2000, 2001, 2002, 2003, 2004, 2005*, et *2006*.

Airports Council International, *Passenger Traffic 2000, 2001, 2002, 2003, 2004, 2005, 2006*, et *2007*.

Airports Council International, *Statistics: The Top 10 World Airports*, July, 2007.

Artisan Funds, Artisan International Fund Portfolio Holdings as of 12/31/2007, unaudited.

BAA, BAA issues letter to shareholders informing them of the Ferrovial Consortium's expression of interest in BAA, 09. 02. 2006.

Copenhagen Airports, *Travel Planner 01. 09. 08-30. 11. 08*.

DHL, Presse Release, 10. 11. 2004.

easyJet, *Annual Report and Accounts 2001.*

easyJet, *Preliminary Results 2003 for the 12 months to September.*

easyJet, *Preliminary Results 2004 for the 12 months to September.*

easyJet, *Preliminary Results for the 12 months to September 2003*, November 2003.

easyJet, *Preliminary Results for the 12 months to September 2004*, November 2004.

easyJet, Press Release, 8. May 2002 DBA.

easyJet, Press Release 18 March, 2003.

easyJet, Press Release, 13, 02. 2004.

easyJet, Press Release, 05. 11. 2004.

easyJet, Press Release, 15. September 2005.

ELFAA, *Liberalisation of European Air Transport: The Benefits of Low Fares Airlines to Consumers, Airports, Regions and Environment*, Brussels, 2004.

European Low Fares Airline Association, *Members' Statistics*, January 2005.

GDP: Aviaion in Kooperation mit Flughafen Frankfurt-Hahn GmbH, *Frankfurt-Hahn — Europe's Benchmark for Low-Cost Airport Operation*, Liverpool, 2005.

MAA, *BAA Limited Annual Report for the year ended 31 december 2007*, p. 2-3, 8, 29-30.

Macquarie Airports, *Annual Report 2002.*

Macquarie Airports, *Annual Report 2004.*

Macquarie Airports, *Annual Report 2005.*

Macquarie Airports, Press Release, 25. Jun. 2002.

Macquarie Airports, Press Release, 24. October, 2005.

Macquarie Airports, Press Release, 14. December 2005.

Macquarie Group, Press Releae, 15. July 2002.

Macquarie Group, Press Releae, 09. No. 2004.

Maquarie Airports, UK Press Release, 15. July 2002.

Ryanair, *Annual Report and Financial Statement*, 1999.

Ryanair, *Annual Report and Financial Statement*, 2000.

Ryanair, *Annual Report and Financial Statement*, 2001.

Ryanair, *Annual Report and Financial Statement*, 2002.

Ryanair, *Annual Report and Financial Statement*, 2003.

Ryanair, *Annual Report and Financial Statement*, 2004.

Ryanair, *Annual Report and Financial Statement*, 2005.

Ryanair, *Annual Report and Financial Statement*, 2006.

Ryanair, Half Year Commentary & Press Release, 30. 09. 2001.

Ryanair, Press Release, 12. 02. 2005.

Ryanair, Press Release, 19. 03. 2004.
Ryanair, Press Release, 05. 04. 2004.
Ryanair, Press Release, 14. 05. 2004.
Ryanair, Press Release, 21. 05. 2004.
Ryanair, Press Release, 09. 06. 2004.
Ryanair, Press Release, 05. 07. 2004.
Ryanair, Press Release, 14. 07. 2004.
Ryanair, Press Release, 10. 08. 2004.
Ryanair, Press Release, 14. 09. 2004.
Ryanair, Press Release, 19. 09. 2006.
Ryanair, News Release, 24. 07. 2003.
Ryanair, News Release, 01. 08. 2003.
Ryanair, News Release, 26. 08. 2003.
Ryanair, News Release, 30. 08. 2008.
Ryanair, News Release, 09. 12. 2008.
Ryanair, News Release, 16. 12. 2008.
SAS Group, *Annual Report 2005*.
SAS Group, *Annual Report 2006*.
SAS Group, *Annual Report & Sustainability Report 2005*.
SAS Group, Press Release, 20. 04. 2001.
SAS Group, Press Release, 28. 01. 2004.
SAS Group, Press Release, 10. 03. 2004.
Tirana international Airport, Press Release, 06. 05. 2005.
Tirana international Airport, Press Release, 14. 06. 2005.
UPS, *Annual Report 2004*.

英語オンライン情報

AAEF, Main Page and Mission, in interrete sub: http://www.aaef.com/, 09. 07. 2007.
AeroLogic GmbH, Location, in interrete sub: http://www.aerologic/aeb/en/About?us/, 04. 06. 2008.
AeroLogic GmbH, Network, in interrete sub: http://www.aerologic/aeb/en/About?us/, 04. 06. 2008.
AeroLogic GmbH, Technology, in interrete sub: http://www.aerologic/aeb/en/About?us/, 04. 06. 2008.
Aer Rianta International, in interrete sub: http://www.dublinairportauthority.com/doing-

business/aer-rian, 01. 07. 2008.

AIA, Airport Company, in interrete sub: http://www.aia/file://c:\DOCUME~1\Ttemp\30XRMMPZ.htm, 12. 07. 2008.

Air Industry, 20. 09. 2007, in interrete sub: http://www.forimmedaiterelease.net/pm/656.html, 23. 04. 2008.

Artisan Funds, Artisan International Fund, in interrete sub: http://www.artisanfunds.com, 06. 03. 2008.

Atens International Airport Eleftherios Venizelos, Shaholders Scheme, in interrete sub: http://www.aia.gr/pages.asp?pageid=1182&langid=2, 12. 07. 2008.

Australian Government Australian Taxation Office, Stapled securities and capital gains tax, in interrete sub: http://www.ato.gov.au/, 20. 08. 2006.

Bonbardier, bonbardier.com http://www.aerospace.bombardier.com/, 25. 07. 2005.

Budapest Airport Art., Ownership, in interrete sub: http://www.bud.hu/print/english/about_us/ownership, 07. 07. 2008.

Capital Group Companies, Timeline, in interrete sub: http://www.capgroup.com, 06. 03. 2008.

DEG, Welcome to DEG, in interrete sub: http://www.deginvest.de/EN_Home/index.jsp, 06. 07. 2008.

easyJet, about company, in interrete sub: http://www.easujet.com/en/About/information/, 27. 07. 2005.

easyJet, Information, in interrete sub: http://www.easyjet.com/EN/Information/infopack, 27. 07. 2005.

easyJet, Routeinformation und Datum der Ersteinfürung, in interrete sub: http://www.easyjet.com/DE/Unsere/Informationspaket/, 15. 01. 2008.

EU Commision, Study on Freight Integrators to the Commision of the European Communications---Final Report, Service Contract N° ETU/B2-7040B-S07.18491/2002, 16. 09. 2003, in interrete sub: http://europa.eu.int.comm/transport/logistics, 14. 08. 2005.

Ferrovial, Press Release, 30. 11. 2006 et Grupo Ferrovial, Ferrovial Group, in interrete sub: http://www.ferrovial.com,en/index.asp, 09. 07. 2008.

GIC, Overview, in interrete sub: http://www.gic.com.sg/aboutus.htm, 06. 07. 2008.

Hastings Funds Management Limited, Hasting Funds Management: About Us, in interrete sub: http://www.hfm.com.au/about/history/, 11. 07. 2008.

IATA, Scheduled Passengers Carried, in interrete sub: http://www.iata.org/ps/publications/wats-passener-carried.htm, 16. 04. 2008.

Julius Bär Group, in interrete sub: http://www.juliusbaer.com/global, 06. 03. 2008.

Macquarie, Macquarie's infrastructure vehicles in interrete sub: http://www.macquarie.com.au/au/corporatopns/sfpc/infrastructure.funds, 20. 08. 2006.

Macquarie Airports, investment, in interrete sub: http://www.macquarie.com.au/au/map/investor_centre/facts.htm, 17. 08. 2006.

Macquarie Airports, macquarie.com, about macquarie, in interrete sub: http://www.macquarie.com.au/au/aorporations/sfpc/infrastructure.funds, 17. 08. 2006.

Macquarie Airports, macquarie.com, about company in interrete sub: http://www.macquarie.com/uk/about/index.htm, 17. 08. 2006.

Osborne, Alistair, Ryanair suspends flights to Strasbourg, in Website of the Telegraph Media Group, in interrete sub, www.telegragh co.uk/finance/2861458/Ryanair-susupends-flights-to-Strabourg.html, 17. 12. 2008.

Ryanair, About Ryanair, in interrete sub: http://ryanair.com/, 24. 03. 2008.

Ryanair, About Ryanair, in interrete sub: http://ryanair.com/about, 29. 09. 2004.

Ryanair.com-Where We Fly, in interrete sub: http://www.ryanair.com/SITE/EN, 17. 03. 2008.

SAS Japan, Facts and History, in interrets sub: http://www.sasgroup.co.jp/ja.groupfacts/history/1918.html, 12. 12. 2006.

SAS Japan, The SAS story, in interrete sub: http://www.flysas.com/jp/jpAbout-SAS/The-SAS-story/, 25. 12. 2008.

Taube Hodson Stonex Partners Limited, in interrete sub: http://www.sjpp.co.uk 05. 03. 2008.

Tirana International Airport SHPK, The Shareholders, in interrete sub: http://www.tirana-airport.com/, 09. 07. 2008.

UPS, Company,in interrete sub, http://www.ups.cpm/content/de/about/facts/, 23. 10. 2005.

Westpac Banking Corporation, Westpac Internet — Our proud history, in interrete sub: http://www.westpac.com.au/internet/publish.nsf/Content/WICP+Our+proud+history, 11. 07. 2008.

英語研究書・研究論文

Airline Industry Information, 13. 11. 2002.

Airport Council Internatiional, *The Social and Economic Impact of Airports in Europe*.

Andreas Moeser and Marc Jones, Air Berlin to buy Condor from Thomas Cook, in: *Reuters*, 20. 09. 2007.

ELFAA, *Liberalisation of European Air Transport: The Benefits of Low Fares Airlines to Consumers, Airports, Regions and Environment*, Brussels, 2004.

Emmet Oliver and Aaron Kirchfeld, Air Berlin to buy airline from Thomas Cook, in: *Internatiional Herald Tribune*, 20. 09. 2007.

Jones, L., *easyJet, The Story of Britain's Biggest Low-Cost Airlines*, London, 2005.

Vold, L., *Cases and Materials on the Law of Sales*, 3rd edition, 1960.

デンマーク語資料（紙媒体）

Københavns Lufthavne A/S, CPH News, Information til Aktionærer i Københavns Lufthavne A/S, 1/06.

Københavns Lufthavne A/S, *Koncernårsrapport 2005*.

Københavns Lufthavne A/S, *Koncernårsrapport 2006*.

Københavns Lufthavne A/S, *Koncernårsrapport 2007*.

Københavns Lufthavne A/S, Pressemelding, 12. 01. 2000.

Københavns Lufthavne A/S, *Årsraport 1998*.

Københavns Lufthavne A/S, *Årsraport 2000*.

Københavns Lufthavne A/S, *Årsraport 2001*.

Københavns Lufthavne A/S, *Årsraport 2002*.

デンマーク語オンライン情報

CPH, Aktienærfordeling fra 2002 til 2004, in interrete sub: http://www.cph.dk/CPH/DK/Investor/Aktieinformation/Ejerhold/, 14. 12. 2008.

CPH, Aktienærfordeling fra 2002 til 2008, in interrete sub: http://www.cph.dk/CPH/DK/Investor/Aktieinformation/Ejerhold/, 14. 12. 2008.

CPH, Aktienærfordeling 2004, in interrete sub: http://www.cph.dk/CPH/DK/Investor/Aktieinformation/Ejerhold/, 14. 12. 2008.

CPH, Aktienærfordeling 2005, in interrete sub: http://www.cph.dk/CPH/DK/Investor/Aktieinformation/Ejerhold/, 14. 12. 2008.

Københavns Lufthavne A/S, International Ejerstruktur — Kina, in interrete sub: http://www.cph.dk/CPH/DK/OmCPH/International/Kina/Ejerstruktur, 31. 12. 2006.

Københavns Lufthavne A/S, International Ejerstruktur — Mixico, in interrete sub: http://www.cph.dk/CPH/DK/OmCPH/International/Mixico/Ejerstruktur, 31. 12. 2006.

Københavns Lufthavne A/S, International Ejerstruktur — Storbritannien, in interrete sub: http://www.cph.dk/CPH/DK/OmCPH/International/Storbritannien/Ejerstruktur, 31. 12. 2006.

Københavns Lufthavn, Om CHP — Fakta om lufthavnen, in interrete sub: http://www.cph.de/CPH/DK/OmCPH/Fakta/, 05. 12. 2006.

参考文献 355

Københavns Lufthavn, Om CHP — Historie, in interrete sub: http://www.cph.de/CPH/DK/OmCPH/Historie/Lufthaven+2000+plus.htm, 04. 12. 2006.

Københavns Lufthavn, Om CHP — Historie — Interkontinental, in interrete sub: http://www.cph.dk/CPH/Historie/Intercontinental+1940-1972.htm, 04. 12. 2006.

Københavns Lufthavn, Om CHP — Historie — Knudenpunkte, in interrete sub: http://www.cph.dk/CPH/DK/OmCPH/Historie/Knudepunkte+1973-1999.htm, 04. 12. 2006.

Københavns Lufthavn, Om CHP — Historie — Pioniertiden, in interrete sub: http://www.chp.dk/CHP/DK/OmCHP/Historie/Pioniertiden+1929-1939.htm, 04. 12. 2006.

Københavns Lufthavn, Om CPH Trafikstatistik, in interrete sub: http://www.cph.dk/CPH/DK/OMCPH/trafikstatistik/, 21. 12. 2008.

Øresundsbron, Om OS, in interrete sub: http://osb.oeresundsbron,dk/frontpage, 21. 12. 2008.

フランス語資料（紙媒体）

Convention franco-suisse relative à la construction et à l'exploitaion de l'aéroport de Bâle-Mulhouse, à Blozheim, conclue le 4 juillet 1949, Approuvée par l'Assemblée fédérale le 21 décembre 1949, Instruments de ratiofication échangée le 25 novembre 1950, RS 0.748.131.934.92.

Aéroport International Straubourg, *Rapport d'activité 2005*.

EuroAirport, communiqué de presse, 21. 02. 2005.

EuroAirport, communiqué de presse, 22. 03. 2005.

EuroAirport, communiqué de presse, 13. 04. 2005.

EuroAirport, communiqué de presse, 15. 05. 2005.

EuroAirport, communiqué de presse, 16. 05. 2005.

EuroAirport, communiqué de presse, 14. 09. 2005.

EuroAirport Basel — Mulhouse — Freiburg, *Guide horaires été 2008*.

フランス語オンライン情報

Caisse de depot et placement du Québec, Les investissments marquants, in interrete sub: http://www.lacacaisse.com/fr/lacaisse/Pages/investissements.aspx, 07. 07. 2008.

Caisse de depot et placement du Québec, Liste des Déposants 2008, in interrete sub: http://www.lacaisse.com/fr/deposants/liste/Pages/liste.sspx, 07. 07. 2008.

EuroAirport, Organigramme de l'Aéroportde Bâle-Mulhouse, in interrete sub: http://www.euroairport.com/FR/euroairport.php, 14. 12. 2008.

オランダ語資料（紙媒体）

De gelderlander, 14. 05. 2005.

オランダ語オンライン情報

Airport Weeze, Kurzportrai — Organisation & Manajement, in interrete sub: http://www.airport-weeze.de/webEdition/we_cmd, 08. 08. 2008.

チェコ語オンライン情報

Flughafen Dresden GmbH, Úvondi stránka, in interrete sub: http://www.dresden-airport.de/cs-iso/index.html?newLangauge=cs-iso, 18. 06. 2008.

ポーランド語オンライン情報

Flughafen Dresden GmbH, Strona startowa, in interrete sub: http://www.dresden-airport.de/pl/index.html?newLanguage=pl, 18. 06. 2008.

日本語文献

秋葉賢一「信託を利用した流動化スキームと会計問題」日本銀行金融研究所『金融研究』1998年10月。

ヴィクター・P. フーガァンティンク（Victor P Hoog Antik）「オーストラリアLPT：発展の要因」『ARES』4号、2003年。

金城昭一「オーストラリアLPT（上場不動産信託）考察」『ARES』2号、2003年。

久保寛展（訳）「ドイツにおけるコーポレート・ガバナンスの最近の展開」(Baum, Harald, Reform der Corporate Governance in Deutschland)『同志社大学ワールドワイドビジネスレビュー』5-1、2003年。

黒川洋行「ドイツの銀行システムにおける公的銀行──貯蓄銀行および開発復興公庫の政府保証をめぐるEU欧州委員会との合意──」関東学院大学『経済系』第227集、2006年。

斉藤実・林克彦・矢野祐児『現代企業のロジスティックス』中央経済社、2003年。

住信基礎研究所編『オーストラリアのプロパティー・トラスト』近代セールス社、2002年。

内藤伸浩「新・不動産証券化入門」『ARES』15号、2005年。

国土交通政策研究所「EUにおける都市政策とイタリア・ドイツにおける都市政策の展開」『国土交通政策研究』第16号参照。

鳩澤歩『ドイツ工業化における鉄道業』有斐閣、2006年。

森下哲郎「国際証券決済法制の展開と課題」『上智法学論集』第47巻第3号、2004年。

本田良巳「ドイツ・コーポレート・ガバナンス・コードの概要」『大阪経大論集』59巻第

4号、2008年。
山田洋『大規模施設設置手続きの法的構造』信山社、1998年。
拙著『ドイツ資本主義と鉄道』日本経済評論社、2001年。
拙稿「ドイツにおける情報関連企業——SAPの事例研究——」『跡見学園女子大学文学部紀要』第33号、2000年。
拙稿「ドイツ企業の空間的構成——上場企業の地域解析——」『跡見学園女子大学文学部紀要』第36号、2003年。
拙稿「ミュンヘン経済の構造分析——EU、ドイツ、バイエルンとミュンヘン——」『跡見学園女子大学文学部紀要』第37号、2004年。
拙稿「ミュンヘン『フランツ・ヨゼフ・シュトラウス空港』——München leuchtet noch!——」『跡見学園女子大学文学部紀要』第38号、2005年。
拙稿「もうひとつのフランクフルト空港——国際ハブ空港 フランクフルト・ハーン——」『立教経済学』第58巻第4号、2005年。
拙稿「イージージェットとドイツ航空市場」『人文学フォーラム』（跡見学園女子大学）第4号、2006年。
拙稿「ケルン／ボン『コンラート・アデナウワー空港』——政治空港からローコスト・キャリアとインテグレーターのハブへ——」『跡見学園女子大学文学部紀要』第39号、2006年。
拙稿「北欧の結節点『クブンハーウン空港』」『跡見学園女子大学文学部紀要』第40号、2007年。
拙稿「国際的資本関係とクブンハーウン空港株式会社」『人文学フォーラム』（跡見学園女子大学）第5号、2007年。
拙稿「ニュルンベルク経済の基礎構造——人口の空間移動を中心として——」『跡見学園女子大学文学部紀要』第41号、2008年。
拙稿「ドイツにおける国際空港の定量比較」『人文学フォーラム』（跡見学園女子大学）第6号、2008年。
拙稿「ニュルンベルクと都市間旅客輸送——ドイツ再統一と鉄道改革は鉄道運行に何をもたらしたか——」『跡見学園女子大学文学部紀要』第42号、2009年。
拙稿「もうひとつのデュッセルドルフ空港」『人文学フォーラム』（跡見学園女子大学）第7号、2009年。
渡邉尚「EUの内部国境——ドイツ・オランダ国境地域に即して——」『東京経済大学学術研究センター年報』2005年度第6号、2006年。
渡邉尚「『地域のヨーロッパ』の再検討——ドイツ・ネーデルラント国境地域に即して——」(1)『東京経大学会誌』第247号、2005年。
同 (2)『同誌』第251号、2006年。

同（3）『同誌』第255号、2007年。
同（2）『同誌』第257号、2008年。
『月刊ロジスティック・ビジネス（LOG-BIZ）』2005年7月号。
「米国のSPE新連結基準（上）（下）」『商事法務』2003年3月15日号、25日号。
「SPEの連結基見直しで米国金融界に大きな衝撃」『金融ビジネス』2003年7月号。

日本語オンライン情報

ANA、ANA国際線——航空券予約・空席紹介・運賃案内サイト　ルフトハンザドイツ航空、in interrete sub: http://www.ana.co.jp/int/airinfo/codeshare/lh.html, 26. 01. 2009.

佐川急便代表取締役発、総務省郵政企画管理局企画課信書定義担当者充て『『信書に該当する文書に関する指針（案）』についての意見」付帯資料、in interrete sub: http://www.yuseimineika.go.jp/dai8/7siryou3.pdf, 25. 09. 2005.

若林祐二「拡大する国際航空貨物」、in interrete sub: http://www.fukoku-life.co.jp/download/report29.12pdf.p.2, 10. 11. 2005.

SAS Japan, www.flysas.co.jp, 16. 12. 2006.

引用空港一覧

空港（IATA-Code）	日本語表記（国）
Aalborg（AAL）	オールボー（デンマーク）
Aberdeen（ABZ）	アバディーン（スコットランド）
al-Basra	バスラ（イラク）　→ Başra
Alicante（ALC）	アリカンテ（スペイン）
al-Kuwayt	クウェート（クウェート）　→ Kuwait
Almaty（ALA）	アルマティー（カザフスタン）
al-Sharqa（SHJ）	シャルジャ（アラブ首長国連邦）　→ Sharja
Altenburg-Noritz	アルテンブルク／ノリツ（ドイツ）
Amsterdam-Schipol（AMS）	アムステルダム・スキポール（オランダ）
Anchorage（ANC）	アンカレジ（アラスカ／アメリカ）
Ankara（ESB）	アンカラ（トルコ）
Antalya（AYT）	アンタルヤ（トルコ）
Arvidsljaur（AJR）	アルヴィッツヤウル（スウェーデン）
Astana（TSE）	アスタナ（カザフスタン）
Athens International Airport（ATH）	アテネ国際（ギリシャ）
Atlanta（ATL）	アトランタ（ジョージア／アメリカ）
Augsburg	アウグスブルク（ドイツ）
Århus（AAR）	オーフス（デンマーク）
Baghdad（SDA）	バグダッド（イラク）
Bahrain（BAH）	バーレーン（バーレーン）
Balaton（SOB）	バラトン（ハンガリー）
Bangalore（BLR）	バンガロール（インド）
Bangkok（BKK）	バンコク
Bari（BRI）	バリ（イタリア）
Basel/Mouhlouse/Freiburg　→ EuroAirport	
Barcelona-Aeroport del Prat（BCN）	バルセロナ（スペイン）
Barcelona-Girona（GRO）	バルセロナ・ジローナ（スペイン）
Barcelona-Reus（REU）	バルセロナ・レウス（スペイン）
Barth（BBH）　Ostseeflughafen Stralsund-Barth	バルト（ドイツ）

Bastia-Corse (BIA) バスティア・コルス (フランス)
Baṣra (BSR) バスラ (イラク)
Bayreuth (BYU) バイロイト (ドイツ)
Beijin (PEK) 北京 (中国)
Belfast (BFS) ベルファスト (北アイルランド)
Beograd (BEG) ベオグラード (セルビア・モンテネグロ)
Bergamo (BGY) ベルガモ (イタリア)
Bergen (BGO) ベルゲン (ノルウェー)
Berlin Schönefeld (SXF) ベルリン・シェーネフェルト (ドイツ)
Berlin-Tegel (TXL) ベルリン・テーゲル (ドイツ)
Berlin-Tempelhof (THF) ベルリン・テンペルホフ (ドイツ)
Berlin-international, Berlin/Brandenburg ベルリン・ブランデンブルク国際 (ドイツ)
 (BER)
Bilbao (BIO) ビルバオ (スペイン)
Billund (BLL) ビルン (デンマーク)
Birmingham (BHX) バーミンガム (イングランド)
Bologna (BLQ) ボローニア (イタリア)
Bombei → Mumbai
Bornholm (RNN) ボーンホルム (デンマーク)
Bournemouth (BOH) バーマス (イギリス)
Bordeaux (BOD) ボルドー (フランス)
Bratislava (BTS) ブラチスラバ (スロバキア)
Braunschweig (BWE) ブラウンシュヴァイク (ドイツ)
Breslau → Wroclaw
Bristol (BRS) ブリストル (イングランド)
Bremen (BRE) ブレーメン (ドイツ)
Brussels-Zaventem (BRU) ブリュッセル (ベルギー)
Brussels-Charleroi (CRL) ブリュッセル・シャルルロワ (ベルギー)
Bucharest (OTP) ブカレスト、ブクレシュティ (ルーマニア)
Budapest (BUD) ブダペスト (ハンガリー)
Burgas Bourgas (BOJ) ブルガス (ブルガリア)
Bydgoszcz (BZG) ビドゴシュチ (ポーランド)

Calccutta (CCU) コルカタ、カルカッタ (インド)
Cancün (CUN) カンクン (メキシコ)

引用空港一覧　361

Cardiff（CWL）　　　　　　　　　カーディフ（イングランド）
Carcassone（CCF）　　　　　　　　カルカソンヌ（フランス）
Catania（CTA）　　　　　　　　　 カターニア（イタリア）
Celle（ZCN）　Heeresflugplatz Celle　ツェレ（ドイツ）
Chemnitz/Jahnsdorf（ZTZ）　　　　ケムニッツ／ヤーンスドルフ（ドイツ）
Chennai（MAA）　　　　　　　　　チェンナイ（インド）
Chicago-O Hare（ORD）　　　　　　シカゴ・オー・ハレ（イリノイ／アメリカ）
Cincinnati（CVT）　　　　　　　　シンシナティ（オハイオ／アメリカ）
Chişinău（KIV）　Aeroportal International　キシナウ（モルドバ）
　Chişinău
Clark（ARK）　　　　　　　　　　 クラーク（フィリピン）
Cluj（CLJ）　　　　　　　　　　　 クルージュ・ナポカ（ルーマニア）
Columbia（COU）　　　　　　　　　コロンビア（サウスカロライナ／アメリカ）
Constanţa（CND）　　　　　　　　 コンスタンツァ（ルーマニア）
Cork（ORK）　　　　　　　　　　　コーク（アイルランド）
Cottbus-Neuhausen（CBU）　　　　　コットブス／ノイハウセン（ドイツ）
Coventry/Buginton（CVT）　　　　　コヴェントリー（イギリス）
Cozumal, Cozumel（CZM）　　　　　コスメル（メキシコ）
Cracow-Balice　→ Kraków-Balice

Dallas（DFW）　　　　　　　　　　ダラス（テキサス／アメリカ）
Damascus（DAM）　　　　　　　　　ダマスカス（シリア）
Delhi（DEL）　　　　　　　　　　　デリー（インド）
Denver（DEN）　　　　　　　　　　デンバー（コロラド／アメリカ）
Dubrovnik（DBV）　　　　　　　　 ドゥブロヴニク（クロアチア）
Dortmund（DTM）　　　　　　　　　ドルトムント（ドイツ）
Dresden（DRS）　　　　　　　　　　ドレスデン（ドイツ）
Dubayyi（DXB）　　　　　　　　　 ドバイ（アラブ首長国連邦）
Dublin（DUB）　　　　　　　　　　ダブリン（アイルランド）
Düsseldorf International（DUS）　　デュッセルドルフ（ドイツ）
Düsseldorf Mönchengladbach（MGL）　デュッセルドルフ・メンヒェングラードバッハ（ドイツ）

Edinburgh（EDI）　　　　　　　　　エディンバラ（スコットランド）
Egelsbach（QEF）　　　　　　　　　エゲルスバッハ（ドイツ）

Eindhoven (EIN)	エイントホーヴェン（オランダ）
Eisenach-Kindel (EIB)	アイゼナハ・キンデル（ドイツ）
Erfurt (ERF)	エアフルト（ドイツ）
Essen/Mühlheim (ESS)	エッセン／ミュールハイム（ドイツ）
EuroAirport Basel-Muhlouse-Freiburg (EAP)	ユーロエアポート（フランス）
Basel (BSL)	バーゼル（スイス国内線の場合）
Muhlouse (MLH)	ミュールーズ（フランス国内線の場合）
Faro (FAO)	ファロ（ポルトガル）
Faroe (FAE)	フェロー（デンマーク）
Sonderflughafen Finkenwerder (XFW)	フィンケンヴェルダー（ドイツ）
Firenze (FLR)　Aeroporto di Firanze Peretola	フィレンツェ（イタリア）
Fort Myers (RSW)	フォルトマイヤーズ（フロリダ／アメリカ）
Frankfurt-Hahn (HNN)	フランクフルト・ハーン（ドイツ）
Frankfurt Rhein/Main (FRA)	フランクフルト・ライン／マイン（ドイツ）
Friedrichshafen (FDH)	フリードリヒスハーフェン（ドイツ）
Fuertventura (FUE)	フェルトヴェントゥラ（スペイン）
Galway (GWY)	ゴールウェイ（アイルランド）
Gdańsk (GDN)	グダニスク（ポーランド）
Genève (GVA)	ジュネーヴ（スイス）
Gera	ゲーラ（ドイツ）
Gerona (GRO)	ヘロナ（スペイン）
Glasgow-Abbotsinch (GLA)	グラスゴー（スコットランド）
Glasgow-Prestwick (PIK)	グラスゴー・プレストウィック（スコットランド）
Gran Canaria (LPA)　Aeropuerto de Gran Canaria	グラン・カナリア（スペイン）
Graz (GRZ)	グラーツ（オーストリア）
Göteborg Landvetter (GSE)	イェテボリ・ラントヴェッター（スウェーデン）
Göteborg City/Saave (GOT)	イェテボリ・シティー（スウェーデン）

引用空港一覧　363

Hainan Meilen（HAK）　Meilan	海南美蘭（中国）
Hamburg（HAM）	ハンブルク（ドイツ）
Hannover（HAJ）	ハノーファー（ドイツ）
Hartford（CDL）	ハートフォード（コネチカット）
Helsinki（HEL）	ヘルシンキ（フィンランド）
Heraklion（HER）	ヘラクリオン（ギリシャ）
Heringsdorf（HDF）	ヘリングスドルフ（ドイツ）
Hof-Plauen（HOQ）	ホフ・プラウエン（ドイツ）
Hong Kong（HKG）　Chek Lap Kok Intl.	香港（中国）
Huátulco（HUX）	フアツルコ（メキシコ）
Hurghada（HRG）	フルガダ（エジプト）
Ibisa, Ibiza（IBZ）	イビザ、イビサ（スペイン）
Inchen Seoul（ICN）	インチェン国際（韓国）
Innsbruck（INN）	インスブルック（オーストリア）
Iraklion	イラクリオン　→ Herakulion
Istanbul-Atatürk（IST）	イスタンブール・アタテュルク（トルコ）
Istanbul- Sabiha Gokcen（SAW）	イスタンブール・サビア・ギョクチェン（トルコ）
Izmil（ADB）	イズミル（トルコ）
Jena-Schöngleina（ICAO-Code: EDBJ）	イエナ・シェーングライナ（ドイツ）
Johannesburg（JNB）	ヨハネスブルク（南アフリカ）
Jönköping（JKG）	イェンチェーピン（スウェーデン）イエンシェーピング
Klagenfurt（KLU）	クラーゲンフルト（オーストリア）
Kalmar（KLR）	カルマル（スウェーデン）
Kaliningrad（KGD）	カリーニングラード（ロシア）
Karachi（KHI）	カラチ（パキスタン）
Karlsruhe/Baden-Baden（FKB）	カールスルーエ／バーデン・バーデン（ドイツ）
Karlstad（KSD）	カールスタード（スウェーデン）
Karup（KRP）	カルプ（デンマーク）
Kassel（KSF）	カッセル（ドイツ）

Katowice (KTW) カトヴィーツェ (ポーランド)
Kaunas (KUN) カウナス (リトアニア)
Kaválla (KVA) カヴァラ (ギリシャ)
Kayaseri (ASR) カイセリ (トルコ)
Keflavik (KEF) ケヴラヴィーク (アイスランド)
Keri Limni Keri (ZTH)　Zakynthos ケリ (ギリシャ)
Kief (KBP) キエフ (ウクライナ)
Kiel (KEL) キール (ドイツ)
Klagenfurt (KLU) クラーゲンフルト (オーストリア)
Klaipeda/Palanga (KLJ) クライペダ／パランガ (リトアニア)
Köln/Bonn (CGN)　Konrad Adenauer ケルン／ボン (ドイツ)
Korfu (CFU)　Kerkyra/Corfu コルフ (ギリシャ)
Königsberg → Kaliningrad (KGD)
Konya (KYA) コンヤ (トルコ)
Knock (NOC) ノック (アイルランド)
Kraków (KRK) クラクフ (ポーランド)
Kristiansand (KRS) クリスティアンサン (ノルウェー)
Kuwait (KWI) クウェイト (クウェイト)
København (CPH) コペンハーゲン国際 (デンマーク)
København Roskilde (RKE) コペンハーゲン・ロスキル (デンマーク)

Lahore (LHE) ラホール (パキスタン)
Lahr (LHA) ラール (ドイツ)
Lamerzia Terme (SUF)　Aeroporto di Internazionale Lamezia Terme ラメツィア・テルメ (イタリア)
Lanzarote (ACE) ランサロテ (スペイン)
Larnaca (LCA) ラルナカ (キプロス)
Las Palmas (LPA) ラス・パルマス (スペイン領カナリア) → Gran Canaria
Leeds (LBA) リーズ (イギリス)
Leningrad → St. Peterburg (LED)
Leipzig/Halle Flughafen Leipzig/Halle (LEJ) ライプツィヒ／ハレ (ドイツ)
Lille (LIL) リール (フランス)
Lima (LIM) リマ (ペルー)
Linköping (LPI) リンシェーピング (スウェーデン)

Linz (LNZ)	リンツ（オーストリア）
Lisbon (LIS)	リスボン（ポルトガル）
Liverpool John Lenonn Airport (LPL)	リヴァプール（イギリス）
Ljubljana (LJU)	リュプリャナ（スロベニア）
London-City (LCY)	ロンドン・シティ（イギリス）
London-Gatwick (LGW)	ロンドン・ガトウィク（イギリス）
London-Heathrow (LHR)	ロンドン・ヒースロー（イギリス）
London-Luton (LTN)	ロンドン・ルートン（イギリス）
London-Stansted (STN)	ロンドン・スタンステッド（イギリス）
Los Angels (LAX)	ロスアンゼルス（カリフォルニア／アメリカ）
Louisville (SDF)	ルーイビル（アメリカ）
Lübeck (LBC)	リューベック（ドイツ）
Luxembourg (LUX)	ルクセンブルク
Lyon (LYS)　Saint-Exupery/Satolas	リヨン・サンテグジュベリ（フランス）
Madrid (MAD)	マドリード（スペイン）
Magdeburg (CSO)	マグデブルク（ドイツ）
Málaga (AGP)	マラガ（スペイン）
Malmø (MMX)	マルメ（スウェーデン）
Malta (MLA)　Malta Luqa	マルタ（イタリア）
Manchester (MAN)	マンチェスター（イングランド）
Manheim (MHG)	マンハイム（ドイツ）
Marrakech (RAK)	マラケシュ（モロッコ）
Marseille (MRS)	マルセイユ（フランス）
Memmingen (FMM)	メミンゲン（ドイツ）
Memphis (MEM)	メンフィス（テネシー／アメリカ）
Mérida (MID)	メリダ（メキシコ）
Metz (ETZ)	メッス（フランス）
Miami (MIA)	マイアミ（フロリダ／アメリカ）
Mikonos, Mykonos (JMK)	ミコノス（ギリシャ）
Milano (MIL)	ミラノ（イタリア）
Minatitlán (MIT)	ミナティトラン（メキシコ）
Milano-Malpensa (MXP)　Aeroporto internazionale Milano-Malpensa	ミラノ・マルペンサ（イタリア）

Milano-Linate (LIN)　Aeroporto internaz-　ミラノ・リナーテ（イタリア）
onale Milano-Linate
Milano-Bergamo (BGY)　Aeropoto di Mi-　ミラノ・ベルガモ（ミラノ）
lano-Orio al Serio
Minsk (MSQ)　ミンスク（ベラルーシ）
Monastir (MIR)　モナスティール（チュニジア）
Mönchen-Gladbach (NGL)　メンヒェン・グラードバッハ（ドイツ）
Moskva- Domodedowo (DME)　モスクワ・ドモジェドヴォ（ロシア）
　- Shermetyevo (SVO)　モスクワ・シェレメーチエヴォ（ロシア）
　- Vnukovo (VKO)　モスクワ・ヴヌーコヴォ（ロシア）
Montpellier (MPL)　モンペリエ（フランス）
Munbai　Mumbai (BOM)　ムンバイ（インド）
München (MUC)　Flughafen München　ミュンヘン（ドイツ）
Franz Josef Strauß (FMG)
Flughafen München Riem　ミュンヘン・リーム（ドイツ）
Flugplatz Oberwiesenfeld　オーバーヴィーゼンフェルト（ドイツ）
Münster/Osnabrück (FMO)　ミュンスター／オスナブリュック（ドイツ）
Murcia (MJV)　ムルシア（スペイン）

Nantes (NTE)　ナント（フランス）
Napoli (NAP)　Aeroporto di Napoli-Capo-　ナポリ（イタリア）
dichino
Neubrandelburg (FNB)　ノイブランデンブルク（ドイツ）
Newark (EWR)　ニューアーク（ニュージャージー／アメリ
カ）
New Castle (NCL)　ニュー・カスル（イングランド）
New York-J.F.K (JFK)　ニューヨーク・ジョン・F. ケネディ（ニュー
ヨーク／アメリカ）
Nice (NCE)　ニース（フランス）
Niederrhein　→ Weeze
Norrköping (NRK)　ノルシェーピング（スウェーデン）
Nottingham East Midlands (EMA)　ノッティンガム・イースト・ミドランズ（イ
ギリス）
Novosibirsk (OVB)　ノヴォシビルスク（ロシア）
Nürnberg (NUE)　ニュルンベルク（ドイツ）

Sonderflughafen Oberpfaffenhofen	オーバーファッフェンホフェン（ドイツ）
Oazaca（OAX）	オアハカ（メキシコ）
Olbia Sardinia（OLB）	オリビア（イタリア）
Ontario（ONT）	オンタリオ（カリフォルニア／アメリカ）
Osaka（KIX）	大阪（日本）
Osijek（OSI）	オシイェク（クロアチア）
Oslo-Torp（TRF） Sandefjord lufthavn, Torp	オスロ・トルプ（ノルウェー）
Oslo-Gardermoen（OSL）	オスロ・ガーデモエン（ノルウェー）
Oslo-Sandefjord（TRF） → Oslo-Torp	
Örebro（ORB）	エーレブルー（スウェーデン）
Oulu（OUL）	オウル（フィンランド）
Paderborn/Lippstadt（PAD）	パーダーボルン／リップシュタット（ドイツ）
Palermo（PMO）	パレルモ（イタリア）
Palma de Mallorca（PMI）	パルマ・デ・マジョルカ（スペイン）
Paris-Charles de Gaule（CDG）	パリ・シャルル・ド・ゴール（フランス）
Paris-Orley（ORY）	パリ・オルリ（フランス）
Paris-Beauvais（BVA）	パリ・ボヴェ（フランス）
Passau/Vilshofen	パッサウ／フィルスホーフェン（ドイツ）
Perpignan（PGF）	ペルピニャン（フランス）
Pescara（PSR）	ペスカラ（イタリア）
Philadelphia（PHL）	フィラデルフィア（アメリカ）
Pisa（PSA）	ピサ（イタリア）
Porto（OPO）	ポルト（ポルトガル）
Poznań（POZ）	ポズナン（ポーランド）
Praha（PRG）	プラハ（チェコ）
Priština（PRN）	プリシュティナ（セルビア・モンテネグロ）コソボ
Pula（PUY）	プーラ（クロアチア）
Rennes（RNS）	レンヌ（フランス）
Reus	レウス → Barcelona-Reus
Reykjavik（KEF）	レイキャビック（アイスランド）

Riga (RIX)	リガ (ラトビア)
Rijeka (RJK)	リエーカ (クロアチア)
Rio de Janeiro (GIG)	リオ・デ・ジャネイロ (ブラジル)
Rockford (RFD)	ロックフォード (イリノイ／アメリカ)
Rodhos (RHO)	ロードス (ギリシャ)
Roma-Fiumcino Aeroporto internazionale Leonardo da Vinci (FCO)	ローマ・フィウミチーノ (イタリア)
Roma-Ciampino Aeroporto internazionale Giovan Battists Pastine (CIA)	ローマ・チアンピーノ (イタリア)
Rotterdam (RTM)	ロッテルダム (オランダ)
Rostock-Laage (RLG)	ロストック・ラーゲ (ドイツ)
Rygge (RYG)	リュッゲ (ノルウェー)
Saarbrücken (SCN)	ザールブリュッケン (ドイツ)
Salzburg (SZG)	ザルツブルク (オーストリア)
San Francisco (SFO)	サンフランシスコ (カリフォルニア／アメリカ)
Sandefjord (TRF)	サンフィヨル (ノルウェー) → Torp/Oslo
Sankt Peterburg (LED)	サンクト・ペテルブルグ (ロシア)
Sarajevo (SJJ)	サラエボ (ボスニア・ヘルツェゴビナ)
Schwerin-Parchim (SZW)	シュヴェリン・パルヒム (ドイツ)
Seatle (SEA)	シアトル (ワシントン／アメリカ)
Seoul Gimpo (SEL)	金浦 (韓国)
Seoul Incheon (ICN)	仁川 (韓国) → Incheon Seoul
Sevilla (SVQ)	セビーリヤ (スペイン)
Shanhai (PVG)	上海浦東 (中国)
Shanhai (SHA)	上海虹橋 (中国)
Shannon (SNN)	シャノン (アイルランド)
Sharjah (SHJ)	シャルジャ (アラブ首長国連邦)
Sharm el-Sheikh (SSH)	シャルム・アッシャイフ (エジプト)
Siegerland (SGE)	ジーガーラント (ドイツ)
Simferopol' (SIP)	シンフェロポリ (ウクライナ)
Singapore (SIN)	シンガポール (シンガポール)
Skopje (SKP)	スコピエ (マケドニア)
Småland- Växjö	スメラント (スウェーデン)

引用空港一覧　369

Sochi（AER）	ソチ（ロシア）
Sofiya（SOF）	ソフィア（ブルガリア）
Sønderborg（SGD）	セナボー（デンマーク）
Søndre Strømfjord（SFJ）	ソンドレ・ストロムフィヨア（グリーンランド）
Speyer/Ludwigshafen（ZQC）	シュパイヤー／ルードヴィヒスハーフェン（ドイツ）
Split（SPU）	スプリト（クロアチア）
Stavanger（SVG）	スタヴァンゲル（ノルウェー）
Stendal-Borstel（ZSN）	シュテンダル／ボルステル（ドイツ）
Stettin → Szczcin-Goleniów	
Stockholm-Arlanda（ARN）	ストックホルム・アーランダ（スウェーデン）
Stockholm-Skavsta（NYO）	ストックホルム・スカブスタ（スウェーデン）
Stockholm-Bromma（BMA）	ストックホルム・ブロンマ（スウェーデン）
Stockholm-Vâsterås（VST）	ストックホルム・ヴェステロース（スウェーデン）
Straubourg（SXB）	ストラスブール（フランス）
Stuttgart（STR）	シュトゥットガルト（ドイツ）
Southwest Florida International（RSW）→ Fort Myers	
Sydney（SYD） Kingsford Smith International Airport	シドニー（オーストラリア）
Sylt（GWT）	ズュルト（ドイツ）
Szczcin-Goleniów（SZZ）	シュチェチン（ポーランド）
Sáemellék, Sármellék（SOB）	シュメルレーク（ハンガリー）
Taipei（TPE）	台北（台湾）
Tallin（TLL）	タリン（エストニア）
Tampere（TMP）	タンペレ（フィンランド）
Tapachula（TAP）	タパチュラ（メキシコ）
Tbilisi（TBS）	トビリシ（グルジア）
Tehran（THR） Tehran Mehrabad International	テヘラン・メヘラバード空港（イラン）
Tehran（IKA） Beinol-melali-ye Emām Khomeinī	テヘラン・エマーム・ホメイニー空港（イラン）＊英語表記はなし。
Tel Aviv（SDV）	テル・アヴィヴ（イスラエル）

Tenerife Sur (TFS) Aeropuerto de Tenerife Sur	テネリフェ南（スペイン）
Thessaloniki (SKG)	テッサロニキ（ギリシャ）
Thisted (TED)	ティステズ（デンマーク）
Tilfis/Tbilisi (TBS)	トリビシ（グルジア）
Timisora (TSR)	ティミショアラ（ルーマニア）
Tirana (TIA) Tirana-Rinas	マザー・テレサ空港（Aeroport: Nënë Tereza）（アルバニア）
Tokyo-Haneda (HND)	羽田（日本）
Tokyo-Narita (NRT)	成田（日本）
Toulouse (TLS)	トゥールーズ（フランス）
Treviso (TSF)	トレヴィーゾ（イタリア）
Trondheim (TRD)	トロンヘイム（ノルウェー）
Turku (TKU)	トュルク（フィンランド）
Twente-Enschede (ENS)	トゥウェンテ（オランダ）
Vaasa (VAA)	ヴァーサ（フィンランド）
Varna (VAR)	ヴァルナ（ブルガリア）
Valencia (VLC)	バレンシア（スペイン）
Venezia (VCE) Aeroporto di Venezia Marco Polo	ヴェネツィア（イタリア）
Venezia-Treviso (TSF) Aeroporto di Treviso-Sant'Angelo "Antonio Canava"	ヴェネツィア・トレヴィーゾ（イタリア）
Veracruz (VER)	ベラクルス（メキシコ）
Verona (VRN)	ヴェローナ（イタリア）
Växja Växjö (VXO)	ヴェクシェ（スウェーデン）
Villahermosa (VSA)	ビリャエルモサ（メキシコ）
Vil'nys (VNO)	ビルニュス（リトアニア）
Vitoria (VIT)	ビトリア（スペイン）
Washington-Dulles (IAD)	ワシントン・ダレス（バージニア／アメリカ）
Washington Ronald Reagan (DCA)	ワシントン・ロナルド・レーガン（バージニア／アメリカ）
Warszaw-Okie (WAW)	ワルシャワ（ポーランド）
Waterford (WAT)	ワーターフォード（アイルランド）

Weeze (NRN)	ヴィーツェ (ドイツ)
Welzow (ICAO-Code: EDCY)	ヴェルツォヴ (ドイツ)
Westerland/Sylt (GWT)	ヴェスターラント/ズュルト (ドイツ)
Wien (VIE)	ウィーン (オーストリア)
Winnipeg (YWG)	ウィニペグ (カナダ)
Wroclaw (WRO)	ブロツワフ (ポーランド)
Zadar (ZAD)	ザダル (クロアチア)
Zagreb (ZAG)	ザグレブ (クロアチア)
Zürich (ZRH)	チューリッヒ (スイス)
Zweibrücken (ZQW)	ツヴァイブリュッケン (ドイツ)

引用エアライン一覧

Airlines	IATA-Code	ICAO-Code	Nationality
Adorian Airways	JP	ADR	Slovenia
AEA			
Aegean Airlines	A3	AEE	Greece
Aer Lingus	EI	EIN	Ireland
Aeroflot Russian Airlines	SU	AFL	Russian Federation
Aeroflot Cargo	SU	RUF	Russia Federation
Air Baltic	BT	BTI	Latvia
Air Berlin	AB	BER	Germany
Air Dolomiti	EN	DLA	Italy
Air Europa	UX	AEA	Spain
Air France	AF	AFR	France
Air Polonia	4P	APN	Poland
Airlinair	A5	RLA	France
Alitalia	AZ	AZA	Italy
American Airlines	AA	AAL	USA
Augusburg Airways	IQ	AUB	Germany
Austrian Airlines	OS	AUA	Austria
Belair Airlines	4T	BHP	Switzerland
Blue Wings	QW	BWG	Germany
BRA Transportes Aéreos	B7	BRA	Brazil
British Airways	BA	BAW	UK
British Midland	BD	BMA	UK
Brussels Airlines (Sabena)	SN	BEL	Belgium
Cathy Pacific	CX	CPA	Hong Kong
CCM Airlines	XK	CCM	France
Centralwings	C0	CLW	Poland
Cimber Air	QI	CIM	Denmark
Cirrus Airlines	C9	RUS	Germany
Clickair	XG	CLI	Spain

Condor Flugdienst	DE	CFG	Germany
Contact Air	C3	KIS	Germany
Continental Airlines	CO	COA	USA
Correndon Airlines	7H	CAI	Turkey
Croatia Airlines	OU	CTN	Croatia
CSA Czech Airlines	OK	CSA	Czech Rep.
dba	D1	BAG	Germany
Delta Air Lines	DL	DAL	USA
DHL Air UK	D0	DHK	UK
Dutchbird	5D	DMR	Netherlands
easyJet	U2	EZY	UK
easyjet Switzland	DS	EZS	Switzerland
Edelweiss Air	WK	EDW	Switzerland
Egyptair	MS	MSR	Egypt
Emirates	EK	UAE	United Arab Emirates
Estonia Air	OV	ELL	Estonia
EuroCypria Airlines	UI	ECA	Cyprus
Eurofly	GJ	EEZ	Italy
European Air Express	EA	EAL	Germany
EuroLOT	K2	ELO	Poland
Eurowings	EW	EWG	Germany
FedEx/Federal Express	FX	FDX	USA
Finnair	AY	FIN	Finland
flybe	BE	BEE	UK
Germania	ST	GMI	Germany
Germanwings	4U	GWI	Germany
Hamburg International	4R	HHI	Germany
Hahn Air Rooster	HR	HHN	Germany
Hainan Airlines	HU	CHH	China
HapagFly	HF	HLF	Germany

Iberia	IB	IBE	Spain
Iceland Express	SW	FHE	Iceland
Inter Airlines	GK	INX	Turkey
Inter Ekspres	6K	INX	Turkey
Intersky	3L	ISK	Austria
Iran Air	IR	IRA	Iran
Iraq Airways	IA	IAW	Iraq
Japan Airlines	JL	JAL	Japan
KD Avia	KD	KNI	Russian Federation
KLM Royal Dutch Airlines	KL	KLM	Netherlands
Korean Air Lines	KE	KAL	Korea
Kras Air	7B	KJC	Russian Federation
Lauda Air	NG	LDA	Austria
LGW Luftfahrtgesellschaft Walter	HE	LGW	Germany
LOT Polish Airlines	LO	LOT	Poland
LTU Internatiional Airways	LT	LTU	Germany
Lufthansa	LH	DLH	Germany
Lufthansa Cargo	LH	GEC	Germany
Lufthansa Cityline	CL	CLH	Germany
Luxair	LG	LGL	Luxembourg
Malev Hungarian Airlines	MA	MAH	Hungary
Norwegian Air Shuttle	DY	NAX	Norway
NIKI	HG	NLY	Austria
Northwest Airlines	NW	NWA	USA
OLT Ostfrieseische Lufttransport	OL	OLT	Germany
Olympic Airlines	OA	OAL	Greece
Pan American Airways	PA	PAA	USA

Pegasus Hava Tasimaciligi	H9	PGT	Turkey
Rossiya Russian Airlines	FV	SDM	Russia
Royal Air Maroc	AT	RAM	Morocco
Royal Jordanian	RJ	RJA	Jordan
Ryanair	FR	RYR	Ireland
Sabena	SN	SAB	Belgium
Scandinavian Airlines Norge	SK	CNO	Norway
Sacndinavian Airlines International/ Danmark/Sverige	SK	SAS	Denmark/Sweden
Siberia Airlines	S7	SBI	Russian Federation
Singapore Airlines	SQ	SIA	Singapore
Sky Airlines	SY	SHY	Turkey
Sky Europe Airlines	5P	HSK	Hungary
Sky Wings	—	GSW	Greece
Skyeurope Airlines	NE	ESK	Slovakia
Skyways Express	JZ	SKX	Sweden
Spanair	JK	JKK	Spain
Stering Airlines	NB	SNB	Denmark
Sun Express	XQ	SXS	Turkey
Swiss International Air Lines	LX	SWR	Switzerland
Sylt Air	7E	AWU	Germany
Tarom Romania Air	RO	ROT	Romania
TAP Portugal	TP	TAP	Portugal
Thai Airways International	TG	THA	Thailand
TNT Airways	3V	TAY	Belgium
transavia.com	HV	TRA	Netherlands
TUIfly	X3	HLX	Germany
TUIfly Nordic	6B	BLX	Sweden
Tunis Air	TU	TAR	Tunisia
Turkish Airlines	TK	THY	Turkey
Twinjet	T7	TJT	France
Turkuaz Airlines	—	TRK	Turkey

Tyrolean Airways	VO	TYR	Austria
UPS Airlines	5X	UPS	USA
V Bird	5D	VBA	Netherlands
VLB Rubens	VG	VLM	Belgium
Volare	VE	VLE	Italy
Welcome Air	2W	WLC	Austria
Wideroe	WF	WIF	Norway
Wizz Air	W6	WZZ	Hungary
XL Airways	9E	GXL	Germany
XL Airways France	SE	XLF	France

あとがき

　平成14年から入試部長を務め、平成18年から副学長を務めている状況にあっては、研究時間の確保は至難の業であった。

　早朝の4時から5時までの時間帯、通勤中の湘南新宿ラインにおける1時間が唯一の研究時間であり、またこの時間は私にとって至福の2時間であった。

　私事であるが、空港を研究テーマに据えるきっかけとなったのは、2003年よりコブレンツ経営大学院（WHU）に留学していた長男から、「フランクフルト・ハーン空港」、「ライアンエア」、「格安航空券」、「ローコスト・キャリア」、「使いまわされてぼろぼろになった搭乗券」について情報を得たことによる。これらの言葉は私にとって未知の世界であるばかりでなく、当時わが国でほとんど知られていなかった。

　「ドイツ資本主義」を空間的に再構成することに興味を抱き、かつ「地域派」（鳩澤歩『ドイツ工業化における鉄道業』有斐閣、2006年、10頁）の末席を汚す研究者として、私は都市、地域と空港を媒介とする空間的輸送関係および空港への投資を通じた連邦政府、州政府、自治体の空間的資本関係を本格的に分析することとなった。

　19世紀の鉄道史を長年研究テーマにしてきた私は、21世紀の交通インフラとしての空港の重要性を次第に認識するとともに、わが国の空港が欧州のそれから一時代遅れた存在であることを痛感した。

　空港に関する研究がある程度、進行した今、この5年間の研究の棚卸をした結果が本書である。

　この研究を進める上で、刺激を受けてきたのは、なんといっても新旧「ドイツ資本主義研究会」（ADWG）（ADWG　NF）における活発な議論であり、またそのメンバーからの啓発であった。特に、渡邉尚先生の研究視角、研究テーマには常に共感を得ていた。渡邉先生には直接指導を受ける機会がなかったにもかかわらず、私が独自に研究を進める過程において浮かぶアイディアには、すでに先達

の後姿があった。

　拙い拙稿の抜き刷りをお送りするたびに、的確なコメントをいただいた石坂昭雄先生、大河内暁男先生、励ましの言葉を頂いた柳澤治先生、高橋秀行先生に謝意を表したい。

　私が、さまざまな外国語に抵抗なく接触できることになったのは、2人の恩師による。それは、大学院のゼミにおいてフランス語の文献購読を強制してくれた故高橋幸八郎先生とDAAD留学生時代、エアランゲン／ニュルンベルク大学においてさまざまな文献史料を提供してくれた故ケレンベンツ教授とその当時の助手シュナイダー博士であった。

　本書の執筆にあたって、跡見学園女子大学の同僚から固有名詞の日本語表記についてご教示をいただいた。クロアチア語を含む東欧言語については石田信一教授、イタリア語、スペイン語については篠塚二三男教授、フランス語については村田宏教授から参考となるご意見を賜った。ドイツの航空会社表記については、Rudi Henning兼任講師からアドバイスをいただいた。

　本書を出版するにあたり「跡見学園女子大学出版助成費」を受けた。また、毎年8月にドイツにおいて資料収集するための時間を与え、時には出張旅費を提供してくれた跡見学園女子大学に感謝する。

　本書の刊行にあたり、日本経済評論社の栗原哲也社長、同社取締役谷口京延氏にご配慮を頂き、お世話になったことを記して謝意を表したい。

　2009年5月10日

山田　徹雄

［追記］本書を、校正中に他界した母に捧げる。

【著者略歴】

山田　徹雄（やまだ・てつお）

　1947年　神奈川県茅ヶ崎市に生まれる
　1975-77年　DAAD留学生としてエアランゲン・ニュルンベルク大学
　　　　　留学
　1979年　早稲田大学大学院商学研究科博士課程単位取得退学
　　　　　跡見学園女子大学専任講師就任
　1982年　跡見学園女子大学助教授を経て
　1988年　跡見学園女子大学教授就任、現在に至る

〔主要著作〕
『経済学のエッセンス』（共著、八千代出版、1992年）
『経済史・経営史研究の現状』（分担執筆、三嶺書房、1996年）
『EU経営史』（分担執筆、税務経理協会、2001年）
『ドイツ資本主義と鉄道』（日本経済評論社、2001年）

ドイツ資本主義と空港

2009年9月4日　　第1刷発行　　　定価（本体6000円＋税）

　　　　　　　　　著　者　山　田　徹　雄
　　　　　　　　　発行者　栗　原　哲　也
　　　　　　　　　発行所　株式会社　日本経済評論社
　　　　　〒101-0051　東京都千代田区神田神保町3-2
　　　　　　電話　03-3230-1661　FAX　03-3265-2993
　　　　　　　　　E-mail：info8188@nikkeihyo.co.jp
　　　　　　　　　URL：http://www.nikkeihyo.co.jp/
装幀＊渡辺美知子　　　印刷＊文昇堂・製本＊山本製本所

乱丁落丁はお取替えいたします。　　　　　　Printed in Japan
ⓒ YAMADA Tetsuo 2009　　　　　ISBN978-4-8188-2064-7

・本書の複製権・翻訳権・上映権・譲渡権・公衆送信権（送信可能化権を含む）
　は㈳日本経済評論社が保有します。
・JCOPY　〈㈳出版者著作権管理機構　委託出版物〉
　本書の無断複写は著作権法上での例外を除き禁じられています。複写される
　場合は、そのつど事前に、㈳出版者著作権管理機構（電話03-3513-6969、
　FAX03-3513-6979、e-mail: info@jcopy.or.jp）の許諾を得てください。

山田徹雄著
ドイツ資本主義と鉄道
A5版　四二〇〇円

私有鉄道から国有鉄道への移行過程、商品流通市場、資本調達の問題など様々な角度から検討し、ドイツ資本主義の発展構造を実証的に解明する。

森　宜人著
ドイツ近代都市社会経済史
A5版　五六〇〇円

世界の「模範」となったドイツの都市。電力がもたらしたダイナミズムを軸に、都市の近代化の歩みを実証的に解明する。

坂巻　清著
イギリス毛織物工業の展開
――産業革命への途――
A5版　六五〇〇円

世界最初の産業革命はどのようにして始まったのか。欧米の最近の研究動向をふまえ、イングランド西部、ヨークシャー、ランカシャーなど地域繊維工業に即して実証的に分析。

小川　功著
虚構ビジネス・モデル
――観光・鉱業・金融の大正バブル史――
A5版　五六〇〇円

ハイリスクを選好する虚業家はいつの世にも存在した。本書は大正バブル期の泡沫会社の典型的事例を収録する。現下の金融危機での虚構とのあまりの酷似に驚かされよう。

雨宮昭彦／J・シュトレープ編著
管理された市場経済の生成
――介入的自由主義の比較経済史――
A5版　三八〇〇円

大恐慌、ファシズム、世界戦争のなかで資本主義は「管理された市場経済」へと進化する。経済的自由主義は〈統治のテクノロジー〉へと変容をとげる。比較経済史の可能性を追求する国際共同研究の成果。

（価格は税抜）　　日本経済評論社